权威·前沿·原创

皮书系列为

“十二五”“十三五”国家重点图书出版规划项目

Y

YELLOW BOOK

智库成果出版与传播平台

阿拉伯黄皮书

YELLOW BOOK OF ARAB

阿拉伯发展报告（2020）

ANNUAL REPORT ON DEVELOPMENT OF ARAB (2020)

教育部国别和区域研究培育基地
北京语言大学阿拉伯研究中心
主　编／罗　林
副主编／田文林　涂龙德

社会科学文献出版社
SOCIAL SCIENCES ACADEMIC PRESS (CHINA)

图书在版编目（CIP）数据

阿拉伯发展报告. 2020 / 罗林主编. -- 北京：社会科学文献出版社，2021. 1
（阿拉伯黄皮书）
ISBN 978 - 7 - 5201 - 7878 - 5

Ⅰ. ①阿… Ⅱ. ①罗… Ⅲ. ①区域经济发展 - 研究报告 - 阿拉伯国家 - 2020②社会发展 - 研究报告 - 阿拉伯国家 - 2020 Ⅳ. ①F137. 14

中国版本图书馆 CIP 数据核字（2021）第 026336 号

阿拉伯黄皮书
阿拉伯发展报告（2020）

主　　编 / 罗　林

出 版 人 / 王利民
责任编辑 / 张晓莉　李明伟　王丽影

出　　版 / 社会科学文献出版社 · 国别区域分社（010）59367078
地址：北京市北三环中路甲 29 号院华龙大厦　邮编：100029
网址：www. ssap. com. cn
发　　行 / 市场营销中心（010）59367081　59367083
印　　装 / 天津千鹤文化传播有限公司

规　　格 / 开 本：787mm × 1092mm　1/16
印 张：24. 75　字 数：373 千字
版　　次 / 2021 年 1 月第 1 版　2021 年 1 月第 1 次印刷
书　　号 / ISBN 978 - 7 - 5201 - 7878 - 5
定　　价 / 158. 00 元

《阿拉伯发展报告（2020）》
编　委　会

主要编撰者简介

罗　林　阿拉伯语语言文学博士，先后毕业于北京大学、北京外国语大学。现任教育部高等学校外国语言文学类专业教学指导委员会副主任委员、阿拉伯语专业教学指导分委员会主任委员、教育部国别和区域研究工作秘书处主任、教育部国别和区域研究培育基地北京语言大学阿拉伯研究中心主任，中国外国文学学会阿拉伯文学研究分会副会长，北京语言大学学术委员会副主任委员，中东学院院长、国别和区域研究院院长，教授、博士生导师，博士后合作导师，主要研究领域为阿拉伯伊斯兰文化和中东问题等。中国中东学会常务理事，中国亚非学会理事，中国阿拉伯友好协会理事、中信改革发展研究基金会咨询委员、中信改革发展研究院资深研究员、察哈尔学会高级研究员。国家社会科学基金重大项目“阿拉伯史学经典《历史大全》的汉译与研究（19ZDA238）”首席专家，北京市高精尖学科国别区域学负责人，主持教育部国别和区域研究重大课题“一带一路”沿线国家研究系列智库报告、教育部“中非高校20+20合作计划－北京语言大学与埃及苏伊士运河大学合作项目”。2006年荣获“北京市优秀教师”称号，2014年8月获“第十届北京市高校教学名师奖”，2016年享受国务院政府特殊津贴。

田文林　法学博士，中国人民大学国际关系学院教授，中国人民大学“杰出学者”，兼任中东学会常务理事，中信改革发展研究基金会资深研究员、中国世界政治研究会特邀研究员、北京语言大学中东学院客座教授、西北大学叙利亚研究中心特邀研究员等职，主要研究中东政治、民族宗教和国际战略问题，曾在《世界经济与政治》《现代国际关系》《当代世界与社会主义》《马克思主义研究》《国际问题研究》《世界民族》《西亚非洲》《阿拉伯世界研究》《求是》等核心期刊发表学术论文上百篇，著有《困顿与突围：变化世界中的中东政治》《走出依附性陷阱：第三世界的发展困境与道路选择》等，主持参与多项国家社科课题，担任多家媒体特约评论员，在《人民日报》《光明日报》《环球时报》《世界知识》《瞭望》等时政媒体上发表评论数百篇。

涂龙德 北京语言大学中东学院教授，阿拉伯语译审。1991年毕业于上海外国语大学阿拉伯语系，同年进入中国国际广播电台（现中央广播电视总台）阿拉伯语部工作，曾任中国国际广播电台中东问题首席专家，2011年被确定为全国宣传文化系统“四个一批”人才，享受国务院政府特殊津贴。2018年调入北京语言大学中东学院任教，2020年入选第五批国家“万人计划”哲学社会科学领军人才。长期从事与中东地区相关的新闻工作和学术研究，著有《伊斯兰激进组织》（合著），发表相关学术论文若干篇。

摘　要

在百年变局大背景下，2019 年中东变局仍处在调整期。

第一，阿拉伯世界整体衰落趋势仍在持续。2011 年“阿拉伯之春”是阿拉伯国家各种弊病长期累积的结果，也是阿拉伯国家探索复兴之路的新尝试。然而，阿拉伯国家始终未找到适合自己的发展道路，导致各国内生性矛盾依旧明显，经济发展深陷恶性循环。2019 年，因经济发展缓慢、民生日趋艰难，多个阿拉伯国家出现民众抗议乃至政权更替。谋发展成为阿拉伯国家摆脱困境的关键。阿拉伯国家仍未找到适合自身的发展道路，由此导致中东国家经济发展前景并不乐观。发展问题解决不好，导致阿拉伯国家无暇在地区事务中发挥更多影响力，整体影响力日渐衰减。

第二，权力转移加剧中东地缘博弈，地区国家普遍存在战略透支问题。阿拉伯国家地区影响力下降，使原本处于“配角”地位的土耳其、伊朗、以色列等非阿拉伯国家“相对崛起”、地区影响力相应放大。近年，这些国家的地区政策咄咄逼人，日趋将阿拉伯世界当成了地缘博弈的主战场。然而，由于自身实力有限，此轮地缘博弈不仅造成更多“次生灾害”，这些非阿拉伯国家自身也面临更大的困境。

第三，美国中东政策总基调是战略收缩，“后美国时代”加速来临。特朗普政府上台后，在策略层面上，其中东政策处处与奥巴马政府“对着干”，但在战略层面上，特朗普政府延续了奥巴马时期的战略收缩态势。特朗普执政风格飘忽不定，其中东收缩政策呈现出“总体收缩，精准介入”的“波浪式后退”特点。在“后美国时代”加速来临背景下，俄罗斯加速填补“权力真空”。俄罗斯在中东的地缘影响力明显上升，与中东国家经贸合作日趋密切。

《阿拉伯发展报告（2020）》内容主要分为六个部分：第一部分是总报告，主要探讨阿拉伯内外处境、地区大国博弈态势及后果、美国在中东战略收缩及“后美国时代”博弈；第二部分是国别篇，主要对沙特、伊拉克、叙利亚，也门、突尼斯、利比亚、阿尔及利亚、苏丹年度形势进行了评估；第三部分是专题篇，主要围绕中东权力格局“再阵营化”、中东经济发展、土耳其与阿拉伯国家关系、“世纪协议”与巴以问题、中东“去极端化”、“后伊斯兰国时代”的反恐形势、新冠肺炎疫情对中东影响等问题进行深入分析；第四部分是大国对阿政策，分别探讨美国、俄罗斯、欧盟在中东的博弈态势；第五部分是中阿关系，探讨新冠肺炎疫情下的中阿经济合作、中阿合作中的第三方因素问题；第六部分是附录，整理了阿拉伯国家年度大事记。

关键词： 阿拉伯国家　中东变局　大国外交　“后美国时代”

目　录

Ⅰ　总报告

Ⅱ　国别篇

Ⅲ　专题篇

Ⅳ　大国对阿政策分析

Ⅴ　中阿关系

Ⅵ　附录

皮书数据库阅读使用指南

总 报 告

General Report

Y.1

百年大变局下的中东变局：2019年中东形势评估

田文林*

摘　要： 当前，中东正处于百年未有之大变局。从国内治理看，阿拉伯世界发展滞后导致2019年出现“阿拉伯之春2.0版”，阿拉伯世界整体处于衰落趋势；从地区形势看，阿拉伯世界影响力下降，伊朗、土耳其、以色列等非阿拉伯国家乘机加大“填补真空”力度，由此导致中东“冲突频率上升，冲突烈度下降”；从国际环境看，特朗普政府加紧战略收缩导致“后美国时代”加速来临，俄罗斯加紧在中东扩大影响力。

关键词： 百年变局　阿拉伯世界　地缘博弈　后美国时代

* 田文林，中国现代国际关系研究院研究员，主要从事中东政治和国际问题研究。

当今世界正处于百年未有之大变局，南北力量对比（尤其是中美）呈现此消彼长态势。中东权力格局同样正在发生百年未有之大变局：一方面是过去长期占据中东舞台中央的阿拉伯世界影响力持续下降；另一方面则是伊朗、土耳其、以色列等非阿拉伯国家影响力相对上升。2019 年以来，这种权力格局变动带来的影响更加明显，中东正在进入新一轮动荡期。

一　阿拉伯世界整体衰落趋势持续加剧

（一）发展滞后导致“阿拉伯之春2.0”

阿拉伯世界过去一直是中东政治舞台的绝对主角。但近几十年来，由于始终未找到适合自身的发展道路，阿拉伯世界内外交困，在地区舞台的影响力持续下降。2011 年“阿拉伯之春”就是阿拉伯国家各种弊病长期累积的结果，各国内生性矛盾依旧在不断积聚释放，由此导致民众抗议不断。而政局动荡反过来又影响经济发展，使相关国家发展陷入恶性循环，阿拉伯世界整体衰落趋势更加明显。

2019 年阿拉伯世界最显著的特征，就是经济发展缓慢、民生日益艰难而导致了大范围的民众抗议潮，部分国家甚至出现政权更迭。苏丹自 2018 年底以来民众抗议持续不断，最终促使军方在 2019 年 4 月 11 日发动政变，将执政 30 年的巴希尔总统赶下台。阿尔及利亚自 2019 年 2 月 22 日以来，当地民众举行大规模抗议活动，15 个反对派组织和 4 个工会组织支持抗议活动，最终迫使已 82 岁高龄的布特弗利卡总统收回谋求第 5 次连任的申请，并最终在 4 月份辞职。伊拉克自 2019 年 10 月 1 日起，多个城市持续爆发民众抗议，导致大量人员伤亡（截至 2020 年 2 月已造成 500 人死亡），总理迈赫迪被迫宣布辞职。黎巴嫩自 2019 年 10 月 17 日以来，爆发大规模民众抗议活动，最终迫使总理哈里里辞职。此外，埃及、约旦等其他阿拉伯国家也爆发了大规模民众抗议，埃及抗议者还罕见地喊出“塞西下台”的口号。总体看，此轮抗议活动范围之广、持续时间之长、对政治影响之大，堪称

“阿拉伯之春2.0版”。

从表面看，这次的“阿拉伯之春2.0版”与2011年的所谓“阿拉伯之春”如出一辙，都是先有大规模民众抗议，后是政权垮台。但从抗议民众的主要动机和诉求看，2019年的阿拉伯乱局与2011年“阿拉伯之春”最大的区别，就是此轮民众抗议潮主要是不满经济恶化、要求改善民生，并无政治转型的深层次诉求。有分析称，“人们的这种勇气并非源自某种更具眼光的战略，而是来自纯粹的愤怒和绝望。青年失业率极高、发展前景无望，几乎在所有阿拉伯国家都构成一个令人不堪重负的大问题，而迄今，统治者们未能提供解决该问题的方案”[①]。原因很简单，2011年“阿拉伯之春”及其后的政治转型，大多以悲剧结果收场，因此其他国家并不想重蹈覆辙。由此不难理解，在苏丹和阿尔及利亚，即使巴希尔总统和布特弗利卡总统已经下台，抗议者依然占据街头，其诉求就是要求改善生活条件，获得更高的收入。[②]

经济基础决定上层建筑。对绝大多数普遍民众来说，他们对走马灯式的政坛变化并无太大兴趣，其最关心的还是衣食住行等基本生计问题。经济搞不好，政治即使稳定也会出现不稳定。2016年1月21日，习近平主席在阿盟总部的演讲中说：“中东动荡根源出在发展，出路最终也要靠发展。”解决中东问题，首先要从发展经济上想办法。然而，在阿拉伯世界，除了极少数产油国，多数阿拉伯国家的经济状况普遍令人担忧。这里不妨列举一些具体国家的经济状况。

伊拉克

自2003年萨达姆政权被推翻后，伊拉克走上西式民主道路，但民主化并未带来稳定繁荣，反而出现中央政府失灵、教派矛盾升温、安全形势恶化、经济状况萧条、贪污腐败猖獗等一系列新问题。

---

① 《中东四处骚动——阿拉伯之春2.0?》，https：//www.thenewslens.com/article/127594，登录时间：2020年1月20日。

② Manal Lotfy, “Second Wave Arab Spring”? *Al-Ahram Weekly*, Issue 1440, April 25 – May 1, 2019.

一是经济形势日趋恶化。目前伊拉克石油收入占总收入的 85% ~90%。2019 年伊拉克财政预算是基于油价每桶 56 美元、日出口 388 万桶的预期。2019 年油价上涨使该国经济出现 4.6% 的增长率。即便如此，因管理混乱、贪腐严重，伊拉克民生状况仍很艰难。据国际货币基金组织的统计数据，目前伊拉克有 32.9% 的人口（约 1300 万人）生活在贫困线以下。伊拉克 25 岁以下年轻人占总人口的 60%，其中 40% 的年轻人没有工作。据伊拉克统计局数字，伊拉克总失业率估计约 23%。伊拉克“Al-Nama”估计，妇女失业率超过 80%。更糟的是，伊拉克就业率仍在呈现下滑：2016 年就业率为 43.2%，2018 年降至 28.2%。进入 2020 年后，伊拉克原指望借助高油价实现经济振兴，不料沙特与俄罗斯因限产问题未达成一致，沙特随即增产降价，仅 2020 年 3 月 9 日一天，国际油价就从每桶 45 美元暴跌至 32 美元。在这种情况下，伊拉克未来经济状况只会更加糟糕。

二是腐败严重。据“透明国际”报告，伊拉克“腐败指数”在全球 180 个国家中排名 168 位，是阿拉伯世界最腐败的国家之一。据“伊拉克廉洁委员会”（Iraqi Integrity Committee）2015 年 10 月称，在马利基政府（2006 ~2014 年）执政 8 年期间，伊拉克石油收入共 8000 亿美元，此外还收到 2500 亿美元国外援助，但其中 5000 亿美元不翼而飞。该委员会称，这是“历史上最大的政治腐败丑闻”。世界银行将伊拉克列为世界上治理最糟糕的国家之一，将伊拉克政府列为最腐败的政府之一。迄今为止，伊拉克政府几乎没有重建那些被“伊斯兰国”摧毁的城市，也没有做出任何缓解种族和教派矛盾的举措，大部分石油财富被政客、官员和政府部门消耗掉，因而成为世界上投入产出比最低的国家之一。

三是伊拉克的公共服务和经济状况也很糟糕。目前，伊拉克电力供应每天只有 5 ~8 个小时，水卫生体系失修导致水污染严重。腐败、资源浪费和大量购买军事装备，导致伊拉克政府财政赤字持续攀高：2013 年为 167 亿美元，2016 年增至 200 亿美元，2019 年达到 230 亿美元。2019 年 12 月 18 日，伊拉克议会财政委员会主任 Haitham Al-Jubouri 称，伊拉克外债大约 500 亿美元，其中 200 多亿美元已过了支付最后期限。根据其他官员的说法，伊拉克仍欠外国 270 亿美元，另外还有萨达姆政府欠沙特的 410 亿美元。伊拉克议员 Majida Al-Tamimi 证实，2005 年伊拉克从世界银行借款 12 亿美元，2006 年又借了 14 亿美元。因此，78% 的伊拉克人感觉伊拉克经济“糟糕”或“非常糟糕”。①

此外，民主转型导致伊拉克教派意识复苏，中央政府权力日趋碎片化。目前伊拉克注册登记的政党就有 263 个。政客为了获得选票和民众支持，上台执政的政党将大量工作机会和合同给予选举时的支持者，以确保下次选举中继续获得选票支持。这种收入分享/庇护体系导致公共基础设施投资所剩无几，经济陷入恶性循环。② 2019 年，伊拉克政府预算的 40% 用于政府雇员工资，这比 16 年前增加了 3 倍。③

总之，当前伊拉克问题成堆，政府无力满足民众基本生活需求，由此导致民众对政府日趋绝望。2003 年美国入侵伊拉克时，无论什叶派还是逊尼派都对其生活质量感到满意，但到 2018 年，只有 65% 的什叶派民众和 75% 的逊尼派民众感到满意。随着“伊斯兰国”威胁减退，民众对政府无力解决治理和就业问题日益愤怒。2012 年，59% 的什叶派民众相信，伊拉克政府可以使国家形势日趋改善，但 2018 年只有 40% 的什叶派民众持此观点。④目前，困扰伊拉克最大的三个问题依次是：腐败（47%）、失业（32%）、安全（21%）。伊拉克面临的问题与 2011 年发生“阿拉伯之春”的埃及、突尼斯、利比亚、叙利亚等国十分类似。⑤

由此不难理解，尽管什叶派民兵武装血腥镇压，伊拉克民众仍持续进行抗议活动。据统计，2019 年伊拉克共有 2392 名平民死亡，其中 500 多人是

---

① Dirk Adriaensens, “Iraq: The October Revolution of 2019 and the Iran-US Conflict”, *Global Research*, January 3, 2020.

② Bilal Wahab, “As Protests Explode, Iraq Must Get Serious About Reform”, *The Washington Institute for Near East Policy*, October 4, 2019.

③ Samya Kullab, “How Iraq's oil revenues evaporate”, *The Arab Weekly*, November 17, 2019.

④ Munqith Dagher & Karl Kaltenthaler, “Polling Insights on Iraq's Shia Revolt”, *The Washington Institute for Near East Policy*, November 8, 2019.

⑤ Bulent Gokay and Lily Hamourtziadou, “Neoliberalism and the Killing for Profit in Iraq”, *Global Research*, January 4, 2020.

政府安全部队打死的抗议者。[①] 因中央政府未能改善其生活条件，伊拉克巴士拉地区还出现了分裂苗头，当地议会要求效仿高度自治的库尔德地区，赋予南部省份联邦自治地位。[②]

阿尔及利亚

阿尔及利亚经济主要依靠出口能源，油气出口占出口总量的95%和国家预算的60%。相比之下，非能源出口仅占出口总量的6%（2018年数据）。[③] 过去相当长的时期，高油价使阿尔及利亚政府可以“花钱买稳定”，通过向民众提供各种福利换取民众对政府的政治支持。然而，2014年以来，国际油价持续暴跌，阿尔及利亚外汇储备从2014年的1780亿美元，降至2019年的620亿美元。[④] 2019年1月，阿油气出口收入21.4亿美元，比2018年1月缩水40%。[⑤] 在这种情况下，政府已无力为民众提供社会福利，此前“花钱买稳定”的政策难以维系。此外，严重依赖石油工业的畸形经济结构，还导致该国失业率居高不下。阿尔及利亚有54%的人口在30岁以下，这些人中的26.4%处于失业状态。[⑥] 2019年阿尔及利亚的抗议者，主要就是抗议经济停滞、年轻人失业和公共服务落后。[⑦]

苏丹

苏丹经济过去高度依赖石油出口。2008年，石油出口占苏丹GDP的21.5%（此后增长率达到11.5%）。油价高企确实使苏丹过了几年好日子。“人无远虑，必有近忧”，苏丹大部分油田位于南部地区，但2011年

---

① Bulent Gokay and Lily Hamourtziadou, “Neoliberalism and the Killing for Profit in Iraq”, *Global Research*, January 4, 2020.

② Azhar Al-Rubaie, “Iraqis in Basra call for federalism”, *The Arab Weekly*, March 10, 2019.

③ Simon Speakman Cordall, “How unemployment helped drive Algeria protests”, *Al-Monitor*, April 19, 2019.

④ Simon Speakman Cordall, “Algeria's protesters vie for uncertain legacy”, *Al-Monitor*, May 7, 2019.

⑤ Lamine Ghanmi, “Capital flight a concern in turbulent Algeria”, *The Arab Weekly*, March 31, 2019.

⑥ Oussama Romdhani, “Lessons Algeria and Sudan can learn from other transitions”, *The Arab Weekly*, April 4, 2019.

⑦ Ben Fishman, Bouteflika Resigns, “Next Steps in Uncharted Territory”, The Washington Institute for Near East Policy, April 3, 2019.

南苏丹公投独立后，苏丹损失了75%的石油资源。2014年国际油价急剧下滑，导致苏丹经济随之快速衰落。据IMF统计，到2019年8月，苏丹外债超过620亿美元。IMF要求苏丹政府削减补贴、本币贬值，由此加剧了苏丹经济恶化。2018年苏丹经济缩减2%～3%。[①] 目前苏丹50%人口生活在贫困线以下，通胀率将近70%，外汇只够几周进口之用，年轻人失业率超过27%。[②] 苏丹民众生活日趋艰难，除了起身抗议已经没有任何其他选择。

埃及

埃及过去长期实行新自由主义政策，导致"去工业化"和贫富悬殊加剧，最终迫使执政三十多年的穆巴拉克总统黯然下台。然而，政权更替并未解决埃及的经济问题。民选的穆尔西政府执政一年，国内安全形势持续恶化，经济发展无从谈起。2013年塞西政府掌权后，埃及政治秩序重新恢复到强人政治、铁腕统治时代。从2017年4月10日至2019年10月，塞西政府已经连续10次延长国家紧急状态。2019年4月20～22日，埃及又以全民公投形式通过宪法修正案第14条，将现任总统塞西的任期从四年延长至六年，并允许再竞选一届总统。这意味着塞西连任，可以干到2030年。这种态势使埃及政治稳定性增强，但又埋下重蹈穆巴拉克覆辙的伏笔。民调显示，49%的埃及民众认为政府在反腐方面无所作为；48%的民众认为政府措施不力；43%的民众认为政府在保护公民自由方面毫无作为。[③]

在经济领域中，塞西政府大搞基础设施建设，以刺激经济、增加就业；同时开源节支，大力减少能源、饮用水和电力等基本生活品补贴。从表面看，埃及经济出现好转迹象。经济增长率2018年为4.2%，2019年增至

① Vijay Prashad, "What Happened in Sudan?", *Global Research*, October 3, 2019.

② Oussama Romdhani, "Lessons Algeria and Sudan can learn from other transitions", *The Arab Weekly*, April 21, 2019.

③ David Pollock, "In Egypt, One-Third Still Like the Muslim Brotherhood; Half Call U.S. Ties 'Important'", The Washington Institute, December 10, 2018.

5.3%；外汇储备也从 2016 年的 170 亿美元增加到 2019 年 3 月的 440 亿美元。[①] 公共债务从占 GDP 的 108% 降至 98%，有望在 2019～2020 财年降至 89%。[②] 失业率也开始逐渐下降（2018 年第三季度为 11.3%，第四季度为 10%，2019 年第一季度为 8.9%），大体回到埃及政坛剧变前的水平（2010 年第四季度为 8.92%）。[③] 惠誉已将埃及主权信用从 B 调整至 B+，穆迪将埃及信用展望等级从“稳定”调至“积极”，标普 2018 年 5 月将埃及主权信用等级从 B－调至 B。[④]

然而，在经济指标表面好转的背后则是实体经济的持续下滑。据 HIS 的报告，埃及采购经理人指数（PMI）从 2019 年 12 月的 48.2，降至 2020 年 1 月的 46.0，成为 34 个月以来最低值。这表明埃及经济明显下滑。[⑤] 对普通埃及人来说，削减补贴、经济自由化等经济改革是灾难性的。目前埃及的贫困率已从 2015 年的 27.8% 增加到 2019 年的 32.5%。[⑥] 此外，汇率自由兑换导致埃镑贬值，由此引发食品价格上涨 3 倍，上百万人不能满足最基本的生存需求。根据埃及官方 2019 年 8 月报道，埃及的贫困率已经达到 32.5%。政治自由受限、食品价格飙升、失业率攀高、腐败和贫困蔓延，这些问题导致埃及民众持续抗议。[⑦]

黎巴嫩

黎巴嫩国小力薄，经济深受外部环境影响。2011 年叙利亚内战爆发后，大批叙利亚人涌入黎巴嫩，导致黎巴嫩额外增加了约 20 万贫穷人口及 25

---

① Amr Emam, "Unemployment down in Egypt but maintaining trend is a challenge", *The Arab Weekly*, May 26, 2019.

② Niveen Wahish, "The economic way ahead", *Ahram Weekly*, Issue 1439, (April 18－24, 2019).

③ Menna A. Farouk, "Egypt's unemployment rate declines to pre-revolution levels amid economic recovery", *Al-Monitor*, March 4, 2019.

④ Hany Abou El-Fotouh, "Thumbs up for the Egyptian economy", *Ahram Weekly*, Issue 1436, March 28－April 3, 2019.

⑤ Menna A. Farouk, "Egypt's non-oil private sector activity declines despite banking flourishing", *Al-Monitor*, February 14, 2020.

⑥ "Poverty bites remote Egyptian village", *Middle East Online*, December 4, 2019.

⑦ Ahmed Megahid, "Egyptian government mulls new reforms after wave of street protests", *The Arab Weekly*, October 5, 2019.

万～30万失业人士，这使该国经济形势更加困难。2019年，黎巴嫩贸易赤字155亿美元（进口192亿美元，出口37亿美元），由此导致黎巴嫩外汇日渐枯竭，黎镑贬值超过60%。与此同时，银行被迫进行资本管控，限制提取美元和对外转账。许多黎巴嫩人丢掉工作或薪水减半。[①] 黎巴嫩是世界上债务比率最高的国家之一，公共债务相当于GDP的150%，财政赤字相当于GDP的11%。每年公共债务的利息达40亿美元。[②] 2019年8月，信用评级机构惠誉将黎巴嫩主权债务评级调降至CCC（垃圾级）。可以说，黎巴嫩面临自1975～1990年内战结束以来最严重的经济危机。在这种情况下，哈里里政府被迫想方设法开源节流。然而，2019年10月黎巴嫩政府原打算对免费的WhatsApp及其他通信软件每月加征6美元税收，但此举直接引发了全国范围的持续民众抗议，抗议者最初是要求取消收费，进而要求惩治腐败、建立技术官僚政府、改善社会经济形势。最终，哈里里政府"改革未捷身先死"，以被迫下台收场。

突尼斯

突尼斯经济原本就很脆弱。2011年本·阿里政府倒台后，突尼斯经济状况并未好转，因而因营商环境恶化，出现了经济增长缓慢、失业率居高不下、外汇枯竭等一系列新问题。到2019年底，突尼斯债务已经达到300亿美元。预计到2020年底，突尼斯债务占GDP比重将达到75.1%，而2010年这一数字仅为37%。2019年，突尼斯向世界银行、非洲发展银行等国际金融机构借款超过30亿美元。这些借款只有15.5%用于创造财富、减少失业的生产领域，其余都用于政府日常开销、购买消费品和发放工资。[③] 因此，近年来，几乎每年"茉莉花革命"周年之际，都会出现大规模民众抗议活动。

---

① "After lull, Lebanese ramp up protests", *Middle East Online*, January 14, 2020.

② Simon Speakman Cordall, "Hezbollah's support for Iran exposes its vulnerabilities at home and abroad", *The Arab Weekly*, January 19, 2020.

③ Riadh Bouazza, "Tunisia's borrowing not a solution to economic crises", *The Arab Weekly*, November 24, 2019.

即使是以富庶著称的中东产油国，也因油价下跌出现经济增长放缓。据国际货币基金组织 2019 年 10 月的报告预计，2019 年海湾国家经济增长率可能只有 0.7%，远低于 4 月预测的 2.1%。最大产油国沙特经济增长率只有 0.2%，阿联酋为 1.6%。利比亚经济增长率更是下降了 19.1%。[①]

（二）阿拉伯国家仍未找到摆脱发展困境之路

在这种情况下，谋发展成为阿拉伯国家摆脱困境的关键。当前阿拉伯世界处于转型之中，改善社会经济是核心目标。据“阿拉伯战略论坛”和《阿拉伯新闻》2019 年 12 月一项民调，经济问题是当前呼唤变革的主要催化剂。61% 的受访者希望政府将经济列为优先事项，42% 的受访者“最关心”失业问题，57% 受访者认为腐败是“最大问题”。[②]

然而，展望未来，中东国家解决经济发展的前景并不乐观。

首先，找到适合自身的发展道路并不容易。从历史角度看，中东国家已经尝试了几乎所有发展道路，但始终未找到行之有效的发展路径。20 世纪五六十年代，阿拉伯社会主义风靡中东，其对应的是进口替代战略。到 70 年代中后期，中东国家又改弦易辙，转而奉行国家资本主义和自由资本主义，其对应的是“开放”政策和新自由主义，指望通过私有化、去管制化、全面开放实现经济发展，结果事与愿违：私有化导致贫富差距急剧拉大；去管制化导致资本逻辑肆虐；全面开放导致本土工业衰落。其最终结果就是这些国家“有增长无发展”，最终导致 2011 年“阿拉伯之春”爆发。此后，中东国家又将“民主转型”作为实行发展的终南捷径，结果导致更大程度的混乱和萧条。时至今日，相关国家并未根本上调整经济路线，反而在国际货币基金组织等机构的诱导下，大力削减财政补贴，由此导致物价飞涨，民众怨声载道，乃至冲击政权安全。这从侧面证明，中东国家至今仍未找到适

---

① John Bambridge, “IMF sharply lowers regional growth projections”, *MEED MEDIA*, October 28, 2019.

② Editorial, “The Arab world in transition”, *The Arab Weekly*, December 15, 2019.

合自身的发展道路。

其次，阿拉伯国家谋发展的政策空间越来越小。阿拉伯国家普遍面临发展资金匮乏、外汇短缺、财政赤字扩大、外债激增等一系列现实问题。在这种情况下，中东国家面临两难选择：一种方式是“增收节支”，但增加赋税很容易引发民众抗议（如黎巴嫩），削减民众福利（如食品和燃料补贴），又导致物价飞涨，民众生活状况更加困难，乃至起身抗议和造反；另一种办法是向 IMF 和世界银行等国际金融机构贷款，但对方提出的条件就是缩减财政开支、削弱民众福利开支、贱卖国企等新自由主义药方——这些药方已经被证明是导致国家衰败的“慢性毒药”。

最后，谋发展的外部经济环境日趋恶劣。中东国家经济高度依赖国际环境，因此国际经济发展状况直接影响中东国家的经济复苏步伐。问题在于当前国际经济环境整体仍在恶化。自 2008 年全球金融危机爆发后，美国滥发货币，国际大宗商品价格上涨，导致埃及、突尼斯等非产油国进口费用剧增，外汇入不敷出，最终引爆政治危机。2015 年 12 月以来，美元开始加息，由此使投资者纷纷从新兴市场国家抽资，埃及、土耳其、伊朗等发展中国家相继出现货币危机。迫使这些国家高息吸引外汇（土耳其利率高达 24%，埃及存贷款利率高达 16.75% 和 17.75%），由此导致相关国家处于“饮鸩止渴”状态。

美元增发还导致国际油价持续下跌，中东产油国的经济日趋艰难。2020 年 3 月 9 月，沙特因与俄罗斯等非欧佩克产油国未能就“减产保价”达成一致，转而增产降价，导致国际油价当日从每桶 45 美元降至 32 美元，降幅超过 20%。低油价将中东产油国收益大幅减少，维持“福利换稳定”越来越难。IMF 预计 2019 年全球经济增长率从 3.5% 降至 3.3%，为 2009 年以来最低水平。[①] 全球经济形势不佳，直接影响中东国家经济发展。

---

① Ferdinando Giugliano, “How Populists Can Ruin a Global Recovery”, https://aawsat.com/english/home/article/1674441/ferdinando-giugliano/how-populists-can-ruin-global-recovery，登录时间：2019 年 9 月 20 日。

（三）阿拉伯世界的地区影响力衰减

经济是政治的基础，外交是内政的延伸。阿拉伯国家发展问题解决不好，导致相关国家内忧不断，无暇在地区事务中发挥更多影响力，由此使阿拉伯世界整体影响力日趋减弱。这主要表现在以下几个方面。

从国家层面看，阿拉伯核心国家对地区事务的塑造能力日趋下降。在过去相当长时期，埃及一直是阿拉伯世界的“领头羊”。但 1978 年埃以媾和导致埃及被阿拉伯世界集体孤立和抵制，其地区影响力大打折扣。2011 年埃及政坛剧变后，国内面临经济和安全两大问题困扰，在地区事务中（特别是巴以问题）话语权空前减弱。为了获得沙特等海湾国家的资金支持，埃及不得不迎合沙特的外交胃口，为其站队跟班。例如，沙特 2015 年入侵也门，以及 2017 年沙特与卡塔尔断交后，埃及均站在沙特一边，昔日地区大国风范早已荡然无存。沙特作为 2011 年“阿拉伯之春”后阿拉伯世界新的“领头羊”，其外交政策一度咄咄逼人，但其诸多重大对外行动（如发动也门战争、参与颠覆阿萨德政权、与卡塔尔断交、与伊朗对抗升温、制造哈苏吉事件等），基本都是败笔，这些做法不仅彻底搅乱阿拉伯世界，还使沙特自身内外交困，地区争雄的雄心和锐气日渐衰减。

从地区层面看，阿拉伯世界内部四分五裂，更容易被外部力量各个击破。自二战以来，阿拉伯世界始终未能像欧盟那样实现团结联合，对外“用一个声音说话”。相反，在一系列重大历史事件中，阿拉伯国家相互内耗，政治碎片化趋势持续加剧。一是 1977 年埃及单方面与以色列媾和，由此导致埃及被整个阿拉伯世界孤立，阿盟总部还一度从开罗迁至突尼斯。二是 1990 年伊拉克入侵科威特，这一兄弟相残的举动，导致阿拉伯世界再次陷入分裂，多数国家反对伊拉克的武力吞并，唯有约旦、巴勒斯坦等少数国家站在伊拉克一边。三是 2011 年“阿拉伯之春”，这次剧变不仅折射出阿拉伯世界国家治理的深刻危机，还导致阿拉伯世界的深度分裂：以沙特为首的传统君主国与西方国家沆瀣一气，共同策动推翻叙利亚、利比亚等国政权，导致阿拉伯世界冲突热点增多，阿拉伯国家联合的最后希望化为泡影。

四是 2014 年沙特领导的联军发动也门战争，这次战争不仅使也门陷入最严重的人道主义灾难，也使沙特这一阿拉伯世界新的“领头羊”深陷战争泥潭。五是 2017 年沙特与卡塔尔断交，导致以团结著称的海合会公开分裂。阿拉伯世界四分五裂，一方面导致许多阿拉伯国家（如伊拉克、叙利亚、利比亚等）从昔日的地缘棋手，沦为任人宰割的地缘棋子；另一方面也使阿拉伯世界在面对以色列和西方霸权主义时，难以形成合力。

近年来，以色列不断侵占巴勒斯坦领土，血腥镇压当地民众的反抗。美国特朗普政府也在巴以问题上明显偏袒以色列，其不仅将美国驻以使馆从特拉维夫迁到耶路撒冷、承认戈兰高地为以色列领土，还推出“金钱换和平”的所谓“世纪协议”，完全置巴勒斯坦的合法权益于不顾。面对这些屈辱性的政策，阿拉伯世界反应平淡，无所作为。沙特不仅以停止经济援助胁迫巴勒斯坦接受“世纪协议”还在国内竭力打压反以色列情绪。巴林法院也判处一名公开烧毁以色列国旗的男子三年有期徒刑，释放出亲以信号。据报道，2019 年 10 月 24 日，巴林国王哈马德·哈利法还与以色列总理内塔尼亚胡在匈牙利秘密会晤，强调他代表沙特和阿联酋，渴望与以色列建立关系，并称以色列政权的安全也是阿拉伯国家的安全，特别是波斯湾的阿拉伯沿海国家。这表明，阿拉伯温和国家已打算与昔日宿敌握手言和。阿拉伯世界在事关阿拉伯民族尊严和集体安全的巴以问题上尚且如此软弱，遑论在地区事务中发挥更大作用。

二　权力转移加剧中东地缘博弈，地区国家普遍存在战略透支问题

阿拉伯世界地区影响力下降，使原本处于“配角”地位的土耳其、伊朗、以色列等非阿拉伯国家“相对崛起”，地区影响力相应放大。近年，这些国家的地区政策咄咄逼人，日趋将阿拉伯世界当成了地缘博弈的主战场。然而，这些非阿拉伯国家自身实力有限，因此在此轮地缘博弈中不仅造成更多“次生灾害”，自身也面临更大的困境。

（一）伊朗加紧构建“什叶派新月地带”，由此为地区动荡增添新的变量

伊朗素有大国抱负，早在巴列维时期就矢志成为“地区警察”。1979 年伊斯兰革命后，伊朗自诩占据道义制高点，地区扩张多了一张意识形态王牌。进入 21 世纪以来，地缘格局也越来越有利于伊朗：美国接连发动阿富汗和伊拉克战争，客观上帮伊朗清除了两大宿敌；2011 年“阿拉伯之春”使阿拉伯世界前所未有动荡，为伊朗“填补权力真空”提供了难得机遇。伊朗抓住有利于自己的地区局势，明显加大地区扩张力度，积极构筑“什叶派新月地带”。

伊朗在中东地区扩张主要采取扶植代理人的方式。它利用与阿拉伯国家什叶派的宗教纽带，在阿拉伯邻国加大渗透力度。在伊拉克，伊朗重点扶植什叶派民兵武装“人民动员部队”（PMF），该组织总人数超过 14 万人，名义上属于伊拉克内政部，但该组织领导人与伊朗关系密切。据泄露出去的总共 700 多页的伊朗情报报告，伊拉克总理迈赫迪、前总理阿巴迪、贾法里，以及前议长加布里等，均与伊朗关系密切。[①] 在黎巴嫩，伊朗大力扶植黎巴嫩真主党。该组织拥有大量火箭弹和导弹，同时在黎巴嫩政坛拥有巨大影响力。2011 年以来，真主党在叙利亚战场上表现活跃，是支持阿萨德政府的主要外部援军。在也门，伊朗大力支持胡塞武装。据媒体 2020 年 1 月 31 日报道，联合国监督对胡塞武装实施武器禁运的专家小组的报告称，胡塞武装 2019 年获得一些新武器，包括无人驾驶飞机。这些武器的“技术特征与伊朗伊斯兰共和国制造的武器类似”。美国的“战略与国际问题研究中心”（CSIS）2019 年 3 月发布的报告称，伊朗的代理人力量从 2011 年开始扩张，伊朗代理人的战斗力量，已从 2011 年的 11 万 ~ 13 万人增至 2018 年的 14 万 ~ 18 万人。而且，这些代理人的武器装备越来越先进。

---

① “Intelligence leaks shed light on Iran ‘vast influence’ network in Iraq”, *The Arab Weekly*, November 18, 2019.

从效果看，地区扩张政策使伊朗地区影响力达到1979年以来的最高峰。几乎所有中东热点问题背后都有伊朗的身影，每个地区问题的解决都离不开伊朗的参与。然而，凡事有一利必有一弊。伊朗地区扩张日渐超过自身国力所能承受范围，由此带来的负面影响日趋显现。

首先，加剧伊朗经济负担，导致民众不满和政局不稳。伊朗每年向阿萨德政权投入30亿～60亿美元。据伊朗前外交官曼苏尔·法汗（Mansour Farhang）估算，伊朗在叙利亚至少投入了300亿美元军事和经济援助。中东学者纳迪姆·沙哈迪（Nadim Shehadi）估算，伊朗每年向叙利亚投入就达150亿美元，总额达到1050亿美元。[①] 另外，伊朗支持真主党的费用，每年约为7亿～8亿美元。[②] 另据美国国务院2019年11月发表的2018年度恐怖主义国家报告，伊朗被列为全球最大的支援恐怖主义国家，每年花近10亿美元支援相关组织。有媒体称，这些地区代理人俨然将伊朗当成了供养他们的"奶牛"。由于承担义务超过自身的承受范围，"第四波斯帝国"正在衰落。[③]

然而，伊朗毕竟只是中等强国，综合国力有限，加之近年遭受美国严厉制裁，石油出口急剧下降，自身经济十分困难。伊朗的地区扩张政策，不仅导致伊朗与美国及其中东盟友矛盾激化，还使伊朗国力透支，财政状况捉襟见肘。按照伊朗总统鲁哈尼的说法，政府需要向6000万贫困人口提供生活补贴。"要么增加税收，要么减少现有（汽油）补贴，将利润返还给需求迫切的群体。"2018年初，伊朗爆发全国性反政府抗议活动，抗议者高喊"不要巴勒斯坦，放开叙利亚，我的生命给伊朗"等口号，表明许多伊朗民众对伊朗地区扩张政策强烈不满。2019年11月15日，伊朗政府宣布上调汽油价格，每升上涨5000里亚尔（约合0.3元人民币），家用汽车每月限购

---

① Borzou Daragahi, "Iran Wants to Stay in Syria Forever", *Foreign Policy*, June 1, 2018.

② 《美媒称空袭无法"打疼"巴沙尔：对伊朗发动金融战才是上策》，《参考消息》2018年5月2日。

③ Hassan Mneimneh, "The Decline (and Fall?) of the 'Fourth Persian Empire'", https://www.washingtoninstitute.org/fikraforum/view/the-decline-and-fall-of-the-fourth-persian-empire，登录时间：2019年10月5日。

60 升汽油。但此举引发全国 100 多个城市示威抗议活动，上百家银行、商店遭洗劫或纵火，约 1000 名示威者被捕。这表明伊朗因对外扩张背负的沉重包袱，已经影响国内政局稳定。

其次，恶化了伊朗与部分阿拉伯国家的关系。伊朗在阿拉伯国家内部扶植什叶派代理人，无异于在这些国家培植“国中之国”，必然加剧这些国家内部矛盾，引发当地民众对伊朗不满。例如，伊朗在伊拉克培植什叶派民兵武装，试图将伊拉克变成附属国，由此导致伊拉克教派矛盾深化，伊拉克民众不满情绪上升。不少伊拉克人（包括什叶派民众）声称，他们首先是伊拉克人，绝不接受伊朗的殖民主义。[①] 2019 年 10 月以来，伊拉克出现持续抗议活动，抗议者除了不满国内腐败和民生问题，还有就是不满伊朗的插手和控制。部分抗议者高喊“伊朗滚出去”“巴格达自由”的口号，[②] 抗议者还焚烧伊朗驻卡尔巴拉领事馆，足见伊拉克民众多么不欢迎伊朗的地区政策。

伊朗扶植黎巴嫩真主党同样存在类似问题。黎巴嫩真主党本身存在双重认同：在国内是强大的什叶派武装组织，在国外则是伊朗外交的代理人和“抵抗轴心”成员。[③] 在民间层面，伊朗扶植真主党无形中加剧了黎巴嫩人的认同分裂。2019 年 11 月一项民调显示，75% 的黎巴嫩什叶派民众对真主党的态度“非常积极”，70% 的什叶派民众认为与伊朗保持良好关系“非常重要”；但逊尼派民众中只有 51% 的人对真主党“非常积极”，只有 20% 的人认为与伊朗保持友好“有点重要”；在基督教徒中，仅有 33% 的人对真主党持积极态度，仅有 33% 的人认为与伊朗保持关系很重要，只有 17% 的人喜欢哈梅内伊。[④]

---

① Khairallah Khairallah, “Iraq’s long liberation war”, *The Arab Weekly*, October 10, 2019.

② Qassim Abdul-Zahra, “Protests rattle post-war order in Lebanon and Iraq, threaten Iran’s grip”, *The Arab Weekly*, October 26, 2019.

③ Simon Speakman Cordall, “Hezbollah’s support for Iran exposes its vulnerabilities at home and abroad”, *The Arab Weekly*, January 19, 2020.

④ David Pollock, New Lebanon Poll, “Despite Protests, Most Shiites Still Back Hezbollah, while Sunnis and Christians Turn More Negative”, https://www.washingtoninstitute.org/fikraforum/view/new-lebanon-poll-despite-protests-most-shiites-still-back-hezbollah-and-ira, 登录时间：2019 年 12 月 6 日。

从更大范围看，伊朗在阿拉伯世界构筑“什叶派新月带”，还激起了沙特为首的阿拉伯逊尼派国家的恐惧和反弹。早在2003年伊拉克战争结束后不久，约旦国王阿卜杜拉二世就警告，中东可能出现“什叶派新月带”。事实表明，这种担心并非多余。这些年来，伊朗的地区扩张使“什叶派新月地带”基本成形。这种局势让作为阿拉伯世界新“领头羊”的沙特难以接受，进而对伊朗进行全方位的围堵和打压。这些年来，双方争夺涉及外交、经济、舆论乃至军事等各个领域，沙伊矛盾俨然已成为中东地区的主要矛盾。沙特国王萨勒曼称，伊朗除非放弃扩张政策和破坏性思想，否则难以摆脱在国际社会的孤立处境。[①] 2019年9月，沙特外交大臣阿萨夫在联合国大会上，针对沙特阿美石油设施遇袭等事件称，伊朗政权持续威胁国际和平与安全、能源和全球经济安全。

此外，伊朗的地区扩张政策还导致伊朗和以色列矛盾激化，尤其是伊朗在叙利亚增加军事存在，使一贯追求“绝对安全”的以色列感受到威胁，因此多次对叙境内的伊朗军事设施和目标发动袭击，双方直接爆发战争的风险明显上升。

最后，伊朗与美国矛盾白热化。美国一直将伊朗视为称霸中东的最大障碍，千方百计地对伊朗进行外交孤立、经济制裁、军事威胁和舆论妖魔化。近年来，伊朗利用“相对崛起”势头加大地区扩张，更使美国如坐针毡，竭力谋求将伊朗重新“推回”。2017年特朗普政府上台后，明确将伊朗视为地区稳定的最大威胁。2018年《美国国防战略报告》指出：“伊朗正在与其邻国竞争，谋求建立影响和动荡之弧。伊朗为了争夺地区霸权，通过国家资助恐怖活动、建立代理人网络、导弹研发等方式，实现其目标。”2019年，美国《世界威胁评估》认为，伊朗在叙利亚、伊拉克、黎巴嫩现存的什叶派代理人，强烈反对美国及其地区盟友。[②] 美国副总统彭斯公开称伊朗是“中东和平与安全的最大威胁”，国务卿蓬佩奥警告要反击伊朗的扩张行动，

① AFP, “Saudi king urges Iran to quit ‘harmful’ expansionism”, *Al-Monitor*, November 20, 2019.

② Phillip Smyth, “The Shia Militia Mapping Project”, The Washington Institute, May 2019.

称美国决定“说服全世界所有国家”，让其明白遏制伊朗政权的威胁最符合这些国家的利益。①

在行动层面上，美国在 2018 年 5 月单方面退出伊核协议，并对伊朗“极限施压”，试图切断伊朗包括石油出口和金融对外联系在内的所有对外关系。此外，美国还加大对伊朗“颜色革命”力度。美国国务院高官表示，自 2018 年伊朗出现抗议以来，美国向伊朗民众提供与外界沟通的通信工具，包括各种 App、服务器和其他通信技术，以便使其可以访问被禁止的网站。②

这些“极限施压”固然未能压垮伊朗，但使伊朗经济承受了前所未有压力。伊朗石油出口从 2018 年 5 月特朗普制裁前的每天 280 万桶，降至制裁后的每天 50 万桶。2019 年 1 ~ 9 月，伊朗与欧盟的贸易额同比下降 74.92%。③ 伊朗出现增长放缓、通胀加剧、外汇短缺等一系列问题。据伊朗议会研究中心的评估，由于美国制裁，伊朗经济 2018 ~ 2019 财年将下降 0.8%，2019 ~ 2020 财年将下降 2.5%。国际货币基金组织 2018 年 10 月估计，伊朗经济 2018 年将下降 1.5%，2019 年将下降 3.6%。伊朗总统鲁哈尼 2020 年 3 月表示，在两年多的时间里，美国对伊朗的制裁至少给伊朗造成 2000 亿美元损失。

（二）土耳其积极在阿拉伯世界拓展“势力范围”

土耳其脱胎于奥斯曼帝国，一直梦想重温奥斯曼帝国荣光。过去相当长时期，土耳其一直“向西看”，试图借投靠西方实现逆势崛起。然而，由于加入欧盟夙愿屡屡受挫，自埃尔多安上台后，土耳其转而“向东看”，重点在伊斯兰世界扩大影响。埃尔多安的外交顾问伯哈蒂丁·杜兰（Burhanettin

① “Iran ‘greatest threat’ to Middle East peace & security warns Pence”, *The Middle East Magazine*, February 15, 2019.

② Katrina Manson, “US Boosts Funding of Tech Companies to Help Anti-Tehran Protests”, *Financial Times*, January 20, 2020.

③ Paul Antonopoulos, “U. S. Efforts to Force Iran Out of European Energy Markets Has Failed”, *Global Research*, December 10, 2019.

Duran）在报纸撰文指出，埃尔多安治下的土耳其日益把自己视为独立的地区大国，可以追求不同于美国和欧洲的国家利益。西方国家必须接受土耳其外交政策已不同于传统模式的事实。“那些援引土耳其与西方传统关系来批评埃尔多安外交政策的人们必须认识到，旧的自由秩序已不再适用，新动能正在发挥作用。”①

2011 年阿拉伯世界陷入空前动荡，为埃尔多安政府推行“新奥斯曼主义”提供了难得历史机遇。正是在这种背景下，土耳其一改此前“与邻国零问题”的全方位和平外交政策，转而全方位在中东渗透扩张，彰显地区影响力。一是蚕食叙利亚领土。叙利亚危机爆发后，土耳其先是大力扶植叙反对派，谋求武力推翻阿萨德政权。该措施受挫后，转而直接出兵叙利亚。2019 年 10 月 9 日，土耳其以打击库尔德武装和“伊斯兰国”为名，发动“和平之泉”军事行动，占领了叙利亚北部地区。土耳其在当地开设土语课程、悬挂土耳其国旗和埃尔多安肖像，准备长期占领该地区。二是在海湾地区扩大影响。土耳其借 2017 年卡塔尔与沙特断交之际，在卡塔尔设立军事基地，部署 3000 名士兵。2019 年，土耳其还与科威特强化经济合作，并举行联合军演，意味着土耳其已进入沙特的势力范围，开始关注海湾局势。② 三是借哈苏吉刺杀事件频频羞辱沙特，谋求充当伊斯兰世界的新领袖。四是在非洲（特别是北非）扩大影响力。自 2002 年埃尔多安上台以来，土耳其在非洲使馆从 12 个增加到 42 个。土耳其与非洲贸易额从 40 亿美元增加到 230 亿美元。土耳其贸易部长称，“2020 年将是我们的非洲年”，计划 2020 年 4 月举办“土非伙伴峰会”，“更多敞开非洲的大门”。土耳其还加大在非洲的军事存在。2017 年土耳其派兵帮助索马里军队训练，还与苏丹签署重建红海 Suakin 岛协议，可能在这里建立海

---

① Thomas Seibert, “Ankara clashes with EU as it flexes muscles in Mediterranean”, *The Arab Weekly*, December 15, 2019.

② Clayton Crockett, “Are GCC States Seeking Alternatives to Saudi Arabia?” *the National Interest*, January 23, 2019.

军基地。[①] 2019年11月27日，土耳其与利比亚“民族团结政府”签署军事合作备忘录，以及“海事管辖权”谅解备忘录，就两国在地中海边界线达成一致。2020年1月，土耳其直接出兵利比亚，维护利比亚“民族团结政府”。

埃尔多安政府改变原来“与邻国零问题”政策，强势介入中东热点问题，主要目的就是重温“奥斯曼帝国梦”，在中东地区称王称霸。意识形态渗透和地缘政治扩张则是土耳其地区扩张的两大政策工具，二者相辅相成，共同构成了土耳其中东战略的核心内容。

土耳其最初的政策重点是意识形态渗透，即借助“伊斯兰”这一旗帜、依托穆斯林兄弟会这一组织网络，在阿拉伯世界扩张影响。埃尔多安所在的“正义与发展党”宗教色彩很浓，宗教信念与埃及穆兄会高度类似。有分析称，埃尔多安将奥斯曼帝国与伊斯兰世界的历史和文化联系作为外交政策工具。因此其想方设法拉近与阿拉伯人和穆斯林的距离。[②] 历史学家素纳·卡格皮塔（Soner Cagaptay）指出：“200多年来，土耳其一直追随其想象出来的西方道路，现在则恰恰相反。其他国家开始追随其想象出来的土耳其道路，即21世纪民粹主义。”这种民粹主义部分来自昔日奥斯曼帝国的辉煌，部分来自对凯末尔世俗主义的摒弃。由此构成了埃尔多安的外交政策：当土耳其致力于在中亚、非洲乃至以色列、亚美尼亚扩大影响时，它仍与穆斯林兄弟会（或伊赫万）保持密切关系。[③]

此外，埃尔多安还利用巴勒斯坦问题拉近与阿拉伯人的关系。2004年以色列定点清除“哈马斯”精神领袖亚辛后，埃尔多安将以色列称为“恐怖主义国家”；2006年以色列军事入侵黎巴嫩后，埃尔多安对以色列进行尖锐批评；2008年以色列对加沙发动军事打击，埃尔多安称这是“针对巴勒

---

① Thomas Seibert, “Turkey seeks to expand its reach throughout Africa”, *The Arab Weekly*, February 2, 2020.

② Jeremy Salt, “Turkey and Syria When ‘Soft Power’ Turned Hard”, https://www.onacademic.com/detail/journal_1000040848070510_f9be.html, 登录时间：2019年12月20日。

③ Gareth Smyth, “Imperial vision and Ikhwan links drive Turkey's Erdogan”, *The Arab Weekly*, January 19, 2020.

斯坦的系统屠杀”；2010 年以色列拦截土耳其向加沙运送人道主义物资的船只，埃尔多安称以色列政府残忍、好斗、厚颜无耻、不负责任、卑劣、懦弱、鲁莽、恶毒。①

2011 年“阿拉伯之春”发生后，阿拉伯世界陷入全面动荡，土耳其转而将政策重点转向直接进行地缘扩张。有分析指出，土耳其军事介入叙利亚冲突和利比亚内战，目的就是试图创造一个“新奥斯曼帝国”。该计划最初不是基于领土扩张，而是创造一个忠于土耳其的穆斯林兄弟会网络。② 土耳其先后发起“幼发拉底盾牌”（2016 年 8 月）、“橄榄枝”（2018 年 1 月）、“和平之泉”（2019 年 11 月）军事行动。出兵叙利亚点燃了土耳其人的民族主义情绪。有民调显示，80% 的土耳其受访者支持军事介入叙利亚，并在当地建立“安全区”。③

2019 年以来，土耳其转而将目光转向利比亚，开始向利比亚派兵。据报道，土耳其将数千名“圣战”分子从叙利亚运往利比亚。这些人公开宣称他们为“奥斯曼哈里发”而战。④ 2020 年 1 月 14 日，埃尔多安公开宣称，利比亚人是奥斯曼帝国的后裔，土耳其与利比亚有着“深厚的历史和社会联系”，“我们有义务保护我们在利比亚的同族”。⑤ 需要指出的是，无论在叙利亚还是利比亚，土耳其支持的都是当地的伊斯兰反叛组织。可以说，民族主义色彩的“奥斯曼帝国梦”与穆斯林兄弟会的宗教纽带，共同构成了土耳其地区扩张的两大法宝。

然而，从效果看，土耳其在中东“四面出击”，尤其是日渐诉诸“炮舰

---

① Jeremy Salt, “Turkey and Syria: When ‘Soft Power’ Turned Hard”, https://www.onacademic.com/detail/journal_1000040848070510_f9be.html，登录时间：2019 年 12 月 20 日。

② Paul Antonopoulos, “Turkish Intervention in Libya: Another Erdogan Reckless Attempt to Revive Neo-Ottoman Empire”, *Global Research*, January 24, 2020.

③ Thomas Seibert, “Erdogan enjoys domestic boost from Syria move but economy weighs on citizens' minds”, *The Arab Weekly*, November 3, 2019.

④ Paul Antonopoulos, “Turkish Intervention in Libya: Another Erdogan Reckless Attempt to Revive Neo-Ottoman Empire”, *Global Research*, January 24, 2020.

⑤ Claude Salhani, “One more twist in Erdogan's imperial mindset”, *The Arab Weekly*, January 19, 2020.

外交”，使土耳其和中东地区均处于危险状态。[①] 简言之，这种冒险政策使土耳其变得日趋虚弱和孤立。[②]

从国内看，地区扩张政策使土耳其经济更加困难。当前土耳其经济正处于停滞状态。2019 年土耳其人均 GDP 不到 9000 美元，比 2010 年少了 1000 美元。这意味着，当前土耳其人均 GDP 比埃尔多安完全控制土耳其政坛之前少了 25%。[③] 土耳其 2019 年第一季度经济萎缩了 2.4%，第二季度下降 1.4%。世界银行预测，土耳其 2019 年全年的经济增长率可能降至零。失业率达到 14%，通胀率上升 14%。[④] 国际货币基金组织预计，2019 年土耳其经济增速将从 2018 年的 3.5% 下滑至 0.4%。土耳其经济疲软，除了货币里拉贬值和借贷成本上升外，重要原因就是过度卷入地区事务，导致经济负担无端加重。

搅乱叙利亚是土耳其外交的最大败笔。叙利亚与土耳其，唇齿相依，客观上形成“与荣与损”的共生关系。然而，土耳其谋求颠覆叙利亚政府，导致叙利亚出现大量无家可归的难民，并不断逃往境外。据联合国高级难民署数据，到 2018 年 5 月，土耳其境内有 350 万叙利亚难民，设有 20 多个难民营，土耳其政府为此花费了约 300 亿美元。毗邻叙利亚的东南部省份，经济制裁使当地跨境贸易和旅游业遭受重挫。[⑤] 土耳其花费数 10 亿美元用于破坏叙利亚，但无论从经济还是安全上都一无所获，反而使土耳其陷入外交孤立、经济萧条和治安恶化。[⑥] 土耳其出兵利比亚同样不得人心。民调显

---

① Claude Salhani, “Erdogan's gunboat politics is dangerous”, *Middle East Online*, December 15, 2019.

② Paul Antonopoulos, “Turkish Intervention in Libya: Another Erdogan Reckless Attempt to Revive Neo-Ottoman Empire”, *Global Research*, January 24, 2020.

③ Stephen Starr, “The Turkish decade that will live in infamy”, *The Arab Weekly*, December 22, 2019.

④ Thomas Seibert, “Erdogan enjoys domestic boost from Syria move but economy weighs on citizens' minds”, *The Arab Weekly*, November 3, 2019.

⑤ Jeremy Salt, “Turkey and Syria: When ‘Soft Power’ Turned Hard”, Middle East Policy Council.

⑥ Paul Antonopoulos, “Erdoğan's Adventurism in Syria and Libya Has Left Turkey Weaker and Isolated”, *Global Research*, December 26, 2019.

示，49.7%的受访者反对将土耳其士兵派往利比亚，只有37.7%的受访者表示支持。1月10日发布的另一项民调显示，58%的受访者反对向利比亚派兵，只有34%的民众支持该计划。分析认为，这是因为土耳其民众从这次军事行动中看不到任何好处。①

在这种情况下，埃尔多安的国内统治地位日趋动摇。2019年4月1日，土耳其举行地方选举，“正义与发展党”虽然赢得土耳其39个省的选举，但失掉首都安卡拉和最大城市伊斯坦布尔等多个城市，“正义与发展党”及其政治盟友“民族行动党”控制的城市从21个降至16个，反对派控制的城市则从8个增加到14个。②

从国际层面看，地区扩张使土耳其国际处境日趋孤立，从“与邻国零问题”到“与邻国零朋友”。中东地区矛盾错综复杂，牵一发而动全身。土耳其在中东到处进行军事冒险，无形中触动其他国家的“奶酪”，土耳其“四面出击”导致“四面树敌”。在埃及问题上，埃尔多安支持穆尔西政府及其背后的穆斯林兄弟会，并谴责推翻穆尔西政府后上台执政的塞西总统“扼杀民主”，由此使埃土关系打成死结，同时还得罪了与塞西政府关系密切的沙特和阿联酋；在叙利亚问题上，土耳其竭力谋求颠覆阿萨德政府，结果“鸡飞蛋打”，不仅未能如愿，反而彻底得罪阿萨德政府，并因争夺伊德利布，与俄罗斯、伊朗关系闹僵。阿拉伯世界也强烈反对土耳其入侵阿拉伯领土。阿盟秘书长艾哈迈德·阿卜杜勒·盖特2019年10月12日表示，阿盟“正考虑中断与土耳其的经济、投资、文化，旅游和军事合作”③。甚至连欧盟也拒绝接受土耳其在叙利亚设立缓冲区的计划。2020年2月17日，北约28个国家公开宣布，“不打算”对土耳其在叙利亚北部的军事行动提供支持。理由是土耳其是在外国领土上作战，已超出北约军事同盟“集体

① Thomas Seibert，“Turkish majority opposes Erdogan's Libyan policies”，*The Arab Weekly*，January 7，2020.

② Bulent Aliriza，“Erdogan's Electoral Setback and Its Aftermath”，CSIS，April 2，2019.

③ Semih Idiz，“Turkey faces uphill battle to improve image after Syria operation”，*Al-Monitor*，November 8，2019.

防卫”的条约规定范围。部分欧洲国家已经停止对土耳其的军售。

土耳其出兵利比亚更是激起众怒。埃及总统塞西坚决反对土耳其“控制”邻国利比亚。[①] 阿盟谴责“土耳其干涉阿拉伯国家”，“直接威胁阿拉伯安全和国际和平与安全”。[②] 希腊、塞浦路斯、以色列、沙特、阿联酋等国也站在土耳其对立面，反对“民族团结政府”和土耳其的扩张政策。在国际上，美国、欧盟、俄罗斯均反对土耳其向利比亚派兵。美国认为，土利两国的地中海“海事管辖权”谅解备忘录会损害美国盟友的利益；希腊已驱逐利比亚驻该国大使，并向联合国起诉利比亚；塞浦路斯也提出了反对意见。欧盟领导人“明确”支持成员国希腊和塞浦路斯；俄罗斯则力挺哈夫塔尔领导的“利比亚国民军”。换言之，土耳其几乎是“能得罪的都得罪了”，国际处境空前孤立。希腊报纸称，“土耳其表现得像个不需要任何国家支持的超级大国。它抓住每个机会为所欲为，毫不顾忌国际社会（包括美国）的反应”。[③]

（三）以色列借助天时地利态势，加快实现“大以色列”梦想

以色列自建国以来，始终处在敌对的阿拉伯世界包围之中，地缘环境极为恶劣。近年来，随着阿拉伯世界的整体衰落，以色列地缘生存环境明显改善。2011 年“阿拉伯之春”后，阿拉伯世界元气大伤，“以强阿弱”态势更加明显。在新形势下，以色列在阿以问题上态度更加强硬，建立“大以色列”野心重新萌生。从策略上来看，以色列主要采取“远交近攻”政策。

所谓“远交”，就是尽可能与没有领土纠纷和利害冲突的伊斯兰国家搞好关系，目标就是让这些国家认识到，巴勒斯坦问题已经微不足道。衰落中的阿拉伯世界同样需要确定“敌我友”。以沙特为代表的海湾国家同样采取“远交近攻”策略：它们将邻国伊朗视为最大威胁，为遏制伊朗，海湾国家

---

① “Egypt's Sisi slams attempts to ‘control Libya’”, *The Arab Weekly*, December 17, 2019.

② “Amr Eltohamy, Egypt escalates campaign against Turkey's Erdogan”, *Al-Monitor*, October 28, 2019.

③ “Yavuz Baydar, Is Erdoğan's Turkey a rogue state”? *The Arab Weekly*, December 22, 2020.

“病急乱投医”除了继续依靠美国，还与以色列暗通款曲，将以色列视为抗衡伊朗的重要力量。

在这种情况下，阿拉伯世界与以色列关系整体趋向缓和，许多阿拉伯国家与以色列保持“秘密联系”。2018年10月25日，以色列总理内塔尼亚胡高调访问阿曼，这是以色列领导人继1994年之后第二次访问阿曼。此后，以色列与阿拉伯世界互动频繁：2019年10月，以色列代表参加了在巴林举行的针对伊朗和胡塞武装的海上安全问题国际会议；10月底，以色列外长卡茨披露，其近期访问阿联酋，目的是参加保护海湾贸易通道安全的国际联盟；11月8日，以色列外长宣布，沙特电影导演曼苏尔获得在耶路撒冷举办的“妇女电影节”的“最佳导演候选人”；12月26日，以色列外长在本国接待了阿拉伯记者代表团，许多记者所在国与以色列并无外交关系。此外，卡塔尔在2019年9月接待了以色列体育代表团，并允许在多哈升起以色列国旗。可以说，许多阿拉伯国家正谋求与以色列实现“正常化”。[①]

在非洲地区，穆斯林人口占多数的几内亚、马里和乍得三国，本来已分别与以色列断交关系52年、48年和47年，但在以色列外交努力下，这些国家在2019年对以色列态度日趋积极，意味着更多国家已不再关注巴勒斯坦问题。[②] 2020年2月3日，内塔尼亚胡还与政变后的苏丹领导人阿卜杜勒·法塔赫·布汗（Abdel Fattah al-Burhan）在乌干达会晤，讨论了关系正常化问题，苏丹很有可能成为第三个正式承认以色列的阿拉伯国家。[③]

以色列所谓“近攻”政策，就是对毗邻的巴勒斯坦、叙利亚、黎巴嫩等阿拉伯国家态度强硬。随着阿以博弈力量天平向以色列一边倾斜，以色列

① Iman Zayat, “Is the Arab world moving closer to normalisation with Israel?”, *The Arab Weekly*, November 29, 2019.

② Rashmee Roshan Lall, “Why Israel is pushing for a reset in relations with the Muslim world”, *Middle East Online*, January 28, 2019.

③ “Sudan leader's meets with Netanyahu in Uganda”, *Middle East Online*, February 4, 2020.

针对阿拉伯邻国的政策日趋咄咄逼人。对巴勒斯坦，以色列继续蚕食巴勒斯坦领土、镇压巴勒斯坦人反抗；对叙利亚，以色列公然吞并原属叙利亚的戈兰高地，并动辄对叙境内军事目标发动空袭；对黎巴嫩，以色列屡屡越境打击黎巴嫩真主党，乃至大规模摧毁黎巴嫩基础设施建设。面对以色列的打击，这些国家基本无可奈何，日渐成为任人宰割的案上鱼肉。这其中，最典型、最突出的，是在巴勒斯坦问题上的超强硬态度。

一方面，血腥镇压巴勒斯坦人反抗活动。2018 年 3 月 30 日，巴勒斯坦人发起“愤怒日大游行”，以色列士兵对手无寸铁的巴勒斯坦抗议群众悍然开枪。整整一年之后的 2019 年 3 月 30 日，加沙地带的巴勒斯坦健康部长表示，自 2018 年 3 月 30 日（“巴勒斯坦领土日”）巴勒斯坦人举行大游行以来，以色列士兵已杀死 266 名巴勒斯坦人，并造成 30398 人受伤。[①] 2019 年 11 月 12 日，为报复巴勒斯坦发射火箭弹，以色列出动 F－35 战斗机对加沙地带狂轰滥炸，导致数十名平民伤亡，此外还入侵叙利亚，炸死在大马士革的巴勒斯坦武装部队高级领导。据联合国 2019 年的报告，自 2014 年以色列对加沙发动军事打击以来，以色列打死了 2205 名巴勒斯坦人，其中至少 1483 名（占 67%）是平民，而以方只有 71 人死亡，其中仅 4 名（占 6%）是平民。[②]

另一方面，不断蚕食巴勒斯坦领土。2019 年 4 月 6 日，也就是以色列举行第一次议会选举前夕，以色列总理内塔尼亚胡公开表示，其一旦胜选，将在约旦河西岸的犹太定居点宣示主权，进一步蚕食巴勒斯坦领土。2019 年 9 月以色列第二次议会选举前，内塔尼亚胡再次表示，如果当选，他将吞并约旦河谷和死海北部等有争议地区，并在这些地区实行以色列的法律。其主要竞争对手“蓝白党”的甘茨并未谴责内塔尼亚胡的这番话。以色列国防部长本内特声称，他不仅打算吞并上述重要地区，还宣布将在 C 区（占

① IMEMC, Health Ministry, “Army Killed 266 Palestinians in One Year”, *IMEMC News*, March 31, 2019.

② Tim Anderson, “Tel Aviv Is Afraid of ‘The Axis of Resistance’”, The Syria Times, May 13, 2019.

西岸 60%）建立 7 个自然保护区。[①]

以色列侵占巴勒斯坦领土，最典型的方案就是美国抛出的“世纪协议”。美国在巴以冲突中一直偏袒以色列，特朗普上台后尤甚。特朗普除了否认“两国论”、迁馆耶路撒冷、承认以色列吞并戈兰高地等出格举动外，核心举措就是精心酝酿、炮制了“世纪协议”。2019 年 6 月，美国公布了“世纪协议”经济部分，主题就是“金钱换和平”，即国际社会（主要是海湾国家）出资 500 亿美元，用于巴勒斯坦经济建设。2020 年 1 月 28 日，美国曝光了“世纪协议”有关政治安排的内容，其主要内容是：将约旦河西岸部分领土留给巴勒斯坦人，条件是将耶路撒冷所有权划归以色列，让巴勒斯坦在现有土地上重建一个首都。根据以色列的盘算，以色列将拥有西岸地区 61% 的领土，新建的巴勒斯坦不仅是个迷你国家，还缺乏独立的军事力量。[②]

“世纪协议”显然是个不公平的交易。它与联合国 242 号、338 号、193 号决议相违背——这些决议均要求以色列从 1967 年被占的巴勒斯坦领土撤军，换取巴以和平。“世纪协议”还否认了巴勒斯坦难民的回归权和自决权。特朗普为取悦于犹太复国主义和极端分子，力推“世纪协议”，公开违反了现有的联合国决议，也违背了 1993 年达成的《奥斯陆协议》。[③]

对此，许多有识之士进行了严厉批评。有评论认为，美国和以色列正谋求重新分配中东地缘版图。特朗普“世纪协议”实际是以色列“亚农计划”（亚农时任以色列外长）的更新版，目的就是永久埋葬巴勒斯坦。[④] 还有学者认为，这份协议不仅偏袒以色列，而且很像一份不成熟的犹太复国主义宣传品。例如，文件中反复提到“暴力”，但主要指的是阿拉伯人的暴力，只

---

① Kamel Hawwash, “With Israeli talk of annexing the Jordan valley, does anyone worry about peace”? *The Arab Weekly*, January 26, 2020.

② Suha Aljundi, “Deal of the Century in the International Law”, *Middle East Online*, December 3, 2018.

③ Suha Aljundi, “Deal of the Century in the International Law”, *Middle East Online*, December 3, 2018.

④ “亚农计划”1982 年出台，最终目标就是瓦解所有地区对手，最终建立一个大以色列，乃至统治整个中东。Pal Steigan, “Imperialism and Liberation Strategies in the Middle East”, *Global Research*, February 3, 2020.

字未提以色列人针对巴勒斯坦的暴力。事实上，近十年来双方被杀比率是80∶1。该协议还将难民问题作为一种类似蝗灾的麻烦现象，只字未提正是当年以色列的驱逐造成该问题。[①] 还有学者认为，根据“世纪协议”，以色列将吞并整个约旦河谷，犹太复国主义者建立从约旦河到地中海的“大以色列梦”已经完成。巴勒斯坦作为政治实体的主权则被完全否定，巴勒斯坦国领土支离破碎，加沙与约旦河西岸只能通过一条以色列控制的隧道相连接。而且巴勒斯坦没有武装，根本无法控制边境和领空、保卫自身及其水资源。该协议不仅是领土合并计划，还是种族隔离的代名词。[②]

然而，面对这份显失公平的“世纪协议”，阿拉伯世界整体反应却模棱两可，含糊其词。该协议出台后，巴勒斯坦方面当然强烈反对。巴勒斯坦总统阿巴斯称，这份协议是“世纪耳光”，更表示要断绝与以色列和美国的“一切关系”。巴勒斯坦外长马利克称该协议“不仅是个没有和平的计划，而且是投降的条件”[③]。在阿拉伯世界，除约旦和突尼斯明确拒绝接受该计划外，其他国家表态含糊。海合会表示，“赞赏”特朗普政府所做的努力，但认为该计划没有必要。沙特此前曾以停止经济援助相要挟，逼迫巴勒斯坦接受“世纪协议”。该协议出台后，沙特国王萨勒曼给阿巴斯打电话表示：“在巴勒斯坦问题和巴勒斯坦人民权益上的坚定立场”沙特不会改变；阿联酋称该计划是“起点”；科威特和巴林对该计划表达谨慎支持；卡塔尔称“赞赏美国政府为寻求巴以冲突解决之道的努力”；埃及外长称“赞赏美国为全面公平地先解决巴勒斯坦问题的持续努力”；摩洛哥外交部称“赞赏美国政府为中东实现公正、可持续和公平的解决办法提出的建设性努力”。[④]

---

① Craig Murray, “Trump's ‘peace deal’ for Israel, and it is breathtaking”, *Craig Murray*, February 1, 2020.

② Philip Giraldi, “Trump Green Lights Greater Israel: Palestinians lose again”, *Global Research*, February 4, 2020.

③ Stephen Lendman, “Trump Regime Demand for Palestinian Surrender. Washington's ‘Peace Process’ is a Colossal Hoax”, *Global Research*, May 27, 2019.

④ Mohammed Alkhereiji, “Reactions to US Mideast peace initiative reflect regional divide”, *The Arab Weekly*, February 2, 2020.

事实表明，尽管“世纪协议”极端偏袒以色列、严重损害巴勒斯坦合法权益，但阿拉伯世界反应平淡。这表明，以色列在阿拉伯世界的处境已经转危为安。

相比之下，阿拉伯世界之外的伊朗和土耳其则强烈斥责“世纪协议”：伊朗认为，特朗普的目的是“将十字军和犹太复国主义的目标化为现实”；埃尔多安则称该协议是个“占领计划”。这两个国家都将巴勒斯坦问题当成在伊斯兰世界扩大影响的王牌。①

总体看，借阿拉伯世界整体衰落之际，中东地区的非阿拉伯国家纷纷加大地区扩张力度。然而，当前地区大国竞相参与地缘博弈，却不懂得目标与实力相匹配的基本原则，普遍存在野心大于实力问题，由此不同程度面临实力透支问题。利德尔·哈特曾指出：“历史提供了大量的例证，说明许多文明国家的失败，由敌人入侵而造成者少，由内部分裂和战争消耗实力而造成者多。”② 土耳其、伊朗、以色列等国地区政策看似风光无限，实则暗含更大危机。

（四）地缘争夺导致中东地区“冲突频率上升，冲突烈度下降”

有道是“城门失火，殃及池鱼”。中东权力转移加快、地缘争夺加剧，导致中东进入新一轮政治动荡期，直接后果就是“冲突频率上升、冲突烈度下降”。

所谓“冲突频率上升”，就是中东冲突数量和热点问题增加，由此使中东进入多事之秋。中东地区矛盾原本错综复杂，热点问题层出不穷。当前地区大国竞相参与地缘博弈，导致国家间矛盾摩擦不断，代理人战争明显增多，弱国日渐沦为博弈筹码。中东旧热点未解决，又出现新热点，新旧热点相互交织，中东进入多事之秋。具体地说，这主要体现在几个方面。一是巴以冲突解决无望。以色列对巴勒斯坦咄咄逼人，加上美国出台“世纪协

---

① Mohammed Alkhereiji, “Reactions to US Mideast peace initiative reflect regional divide”, *The Arab Weekly*, February 2, 2020.

② 〔英〕利德尔·哈特：《战略论》，军事科学院译，战士出版社，1981，第492页。

议”，使巴以问题实现公正地和平解决越发不可能。二是叙利亚冲突了犹未了。叙利亚内战持续将近十年，总体局势趋于缓解，但土耳其出兵叙利亚导致叙利亚问题再度复杂化。三是利比亚问题增添新变数。自卡扎菲政权倒台后，利比亚政坛四分五裂，当前形成“两会”（以伊斯兰组织为主的国民大会和以世俗派为主的国民代表大会）、“两府”（西部的“民族团结政府”和东部的图卜鲁格政府）分庭抗礼之势。2019 年 4 月 4 日以来，哈夫塔尔领导的“国民军”向的黎波里发起强大攻势，试图统一全国，由此使利比亚内战升温。土耳其 2020 年初出兵力挺“民族团结政府”，导致该国内战国际化、复杂化。四是也门战争仍在持续。2019 年阿联酋退出联军，但沙特仍在苦苦煎熬，也门南北对峙僵局仍未打破。2019 年 10 月 20 日，联合国儿童基金会发布报告称，因该地战火不断和局势急剧动荡，目前中东北非地区 1600 多万 5 岁以下幼童严重营养不良，特别是叙利亚、也门、利比亚和苏丹四国最为严重。

需要特别指出的是，参与地区博弈的代理人组织（如胡塞武装、真主党等），不像主权国家那样顾忌国际道义和政治影响，行动无所顾忌，结果难以预料，由此导致中东“黑天鹅事件”不断。例如，在沙特与伊朗地区博弈升温的大背景下，海湾地区出现了许多无人负责的“无头案”。例如，2019 年 5 月 14 日，沙特阿美石油公司的两处油泵站及其他能源基础设施遭无人机袭击，迫使阿美石油公司暂时关闭输油管道。9 月 14 日，沙特两处石油设施遭无人机袭击，导致沙特石油产量每天减少 570 万桶；10 月 11 日，伊朗油轮在吉大港附近遭遇导弹袭击。这些袭击事件到底是谁干的，至今仍是谜。有学者指出，沙特石油设施遭袭至少表明三点：一是随着科技特别是武器越来越先进，弱势一方只需花费几千美元就能对强势方造成不可估量的损害。[①] 二是沙特石油设施的脆弱性。三是美国对沙特的安全承诺是不可靠的。[②]

---

① Federico Pieraccini, “Iran Is China's Secret Weapon for Killing off the US Dollar's Global Reserve Status”, *Strategic Culture Foundation*, October 3, 2019.

② Karen Young, “Going it alone: Saudi Arabia's economic realities after oil attacks”, *Al-Monitor*, October 10, 2019.

中东地缘争夺加剧，还为恐怖主义提供喘息之际，反恐长期化趋势更加明显。近年，在国际社会共同努力下，一度肆虐中东的“伊斯兰国”遭受重挫，尤其2019年10月27日巴格达迪被打死，标志该组织日薄西山，但“伊斯兰国”残余势力仍不容小觑。仅2019年4月1日至5月16日的一个半月期间，“伊斯兰国”及其附属机构就在从西非到东南亚的9个区域内，制造了482起恐怖袭击事件，共造成2800人伤亡。其中仅4月21日斯里兰卡系列恐怖袭击案，就造成320人死亡，500人受伤。据报道，“伊斯兰国”还制定新的行动计划，打算利用在叙利亚、伊拉克及13个分支机构的极端分子，在亚洲、非洲和欧洲地区发动新的恐怖袭击。①

当前中东地缘博弈加剧，客观上为“伊斯兰国”等极端恐怖势力提供休养生息乃至发展壮大的机遇。例如，2019年10月11日，土耳其在叙北部发动代号“和平喷泉”的军事行动，企图消灭叙境内库尔德武装，但叙东北部库尔德武装控制区有30处“伊斯兰国”分子羁押营地，共有约1.2万在押人员，包括2000多名外籍圣战人员。路透社10月13日报道，当日土耳其炮击一个关押“伊斯兰国”要犯的监狱，致使950名恐怖分子成功逃脱。这种现象在中东应不在少数。

所谓“冲突烈度下降”是指参与地缘政治博弈的地区大国（如沙特、伊朗、土耳其、以色列等），其活动能量总体有限，因此地区博弈“掀不起大的风浪”，因此基本态势是有惊无险。而且，随着这些国家实力透支加剧，相关国家越来越有意降低冲突规模和烈度。由此不难理解，“缓和”成为中东热点问题的总趋势。

一是沙特与伊朗对抗趋缓。自2015年沙特萨勒曼国王上台后，沙特与伊朗对抗全面升级，沙特甚至扬言将进攻伊朗。2015年3月沙特出兵也门打击胡塞武装，堪称沙特抗衡伊朗地区影响力的巅峰之作。然而，沙特出动15万士兵和苏丹雇佣军，使用美国先进战机，却始终未将胡塞武装赶回北

---

① Ahmed Kamel Al-Beheiri, “Islamic State’s new strategy”, *Ahram Weekly*, Issue 1444, May 23 - 29, 2019.

部山区，反而使也门成了持续消耗沙特国力的另一场“越南战争”。[①] 尤其2019年9月14日胡塞武装用无人机袭击沙特油田设施，导致沙特石油产量减半，经济损失达数10亿美元。沙特负责情报部门的图尔基亲王称，沙美石油设施遭袭事件对沙特王室产生了“戏剧性影响”，促使沙特王储转而考虑与伊朗缓和关系。[②] 2019年9月29日，沙特王储小萨勒曼在美国哥伦比亚广播公司“60分钟”节目中表示，他支持通过政治途径解决沙特与地区对手伊朗的问题，并拒绝将战争作为政策选项，称这种战争“不仅损害沙特或中东国家，还会导致全球经济总崩溃”[③]。

伊朗因地区扩张已达极限，同样不愿与沙特对抗到底。2019年9月25日，伊朗总统鲁哈尼在出席联合国大会期间，提出霍尔木兹海峡和平倡议，表示这致力于实现波斯湾地区持久和平。此后，伊朗政府已将总统鲁哈尼提出的霍尔木兹海峡和平倡议全文传递给海合会成员国和伊拉克，并得到各方积极回应。2019年9月30日，伊朗议长拉里贾尼积极回应沙特王储释放的缓和信号，称欢迎沙特王储“通过与伊朗谈判解决问题”的意愿。[④]

二是沙特与卡塔尔关系出现缓和迹象。沙特与卡塔尔自2017年断交后，对卡塔尔高压政策未果后，态度也转趋缓和。沙特与阿联酋宣布，将参加2019年11月26日在卡塔尔举行的海湾足球邀请赛。沙特国王还邀请卡塔尔埃米尔参加12月10日在沙特举行的海湾峰会。这两大举动被视为两国断交30个月后的和好迹象，而卡塔尔方面也反应积极。2019年10月，卡塔尔外交大臣突然前往利雅得与沙特高官会晤。为恢复双方关系，卡塔尔外交大臣还提出一项出乎意料的建议，即多哈方面愿意断绝与穆斯林兄弟会的联系。

三是也门战争降温。2018年12月，在联合国斡旋下，也门政府和胡塞

---

① Paul Antonopoulos, “Yemen Is Now Saudi Arabia's ‘Vietnam War’”, *Global Research*, October 1, 2019.

② Andrew Parasiliti, “Saudi Arabia still awaiting signs of ‘goodwill’ from Iran”, *Al-Monitor*, November 1, 2019.

③ Al-Monitor Staff, “Iran welcomes Saudi signals for de-escalation”, *Al-Monitor*, October 1, 2019.

④ Al-Monitor Staff, “Iran welcomes Saudi signals for de-escalation”, *Al-Monitor*, October 1, 2019.

武装就荷台达停火、战俘交换等重要议题达成一致，2019 年 2 月 25 日，胡塞武装开始执行荷台达第一阶段撤军计划。此后，虽然停火协议未得到完全遵守，但也门战争降温成为大势所趋。2019 年 11 月 5 日，也门政府与也门南方过渡委员会在利雅得签署一项权力分配协议。根据协议，也门政府将在 7 天内返回临时首都亚丁；也门所有军事编制由内政部和国防部统一管辖；也门将组建一个高效的政府，人员将在南部和北部省份平均分配。该协议至少避免了也门进一步分裂势头。

四是叙利亚冲突持续降温。叙利亚内战持续时间将近十年，但随着阿萨德政府日渐站稳脚跟并进行全国反攻，叙利亚内战整体趋于尾声。随着叙利亚危机降温，涌向欧洲的非法移民也从 2017 年的 1.42 万人降至 2018 年的 1.37 万人。[①] 在这种情况下，阿拉伯国家纷纷重新与叙利亚恢复外交关系。2019 年 3 月，叙利亚重新获得阿盟成员国资格。同时，阿联酋、巴林、苏丹等阿拉伯国家也相继与叙利亚重新恢复外交关系。约旦也重新开放与叙利亚边境。土耳其一度想长期占领叙利亚北部地区，但最终不得不在 2020 年 3 月与俄罗斯达成停火协议。

三　美国中东政策总基调是战略收缩，“后美国时代”加速来临

（一）战略收缩是美国中东政策的主基调

自冷战结束以来，美国就一直是主导中东事务的最大域外国家，由此使中东格局打上了浓重的“美国制造”的烙印。但近年来，“反恐战争”失利使美国硬实力消耗巨大；“伊拉克民主改造”和“阿拉伯之春”失败，使美式价值观吸引力下降。软硬实力严重受损，使美国独霸中东越来越难。从 2009 年奥巴马政府（事实上从小布什政府后期）开始，美国就逐渐在中东

① “Illegal migrant arrivals in EU fall sharply”, *Middle East Online*, February 20, 2019.

进行战略收缩。2017 年特朗普政府上台后，其中东政策看似处处与奥巴马政府“对着干”，但总体收缩态势并未改变。在策略层面上，特朗普的中东政策与奥巴马时期截然相反：奥巴马疏远以色列、沙特等传统盟友，并与伊朗缓和关系；特朗普则强化与以色列、沙特等地区盟友关系，同时加大遏制伊朗力度。但从战略层面看，特朗普政府延续了奥巴马时期的战略收缩态势，尽可能低成本维护自身利益；降低反恐调门、停止“输出民主”等。

需要指出的是，特朗普执政风格飘忽不定，外交政策面临无战略共识、无政治框架、无执行团队的“三无”状态。① 由此使特朗普的中东收缩政策呈现出“总体收缩，精准介入”的“波浪式后退”特点，即一面进行力量收缩，一面适度增加介入力度，但总体处在“退潮”状态。

一方面，美国持续加紧力量收缩力度。这主要表现在以下几个方面。

一是加紧从叙利亚、阿富汗撤军。叙利亚危机后，美国逐渐从幕后转向台前，美军向叙利亚派兵，并大力扶植库尔德武装。2019 年 10 月 6 日，特朗普突然宣布，美军将从叙土边境地区撤离。特朗普发推文称，美国在叙利亚耗时漫长但效果不彰，“我们继续战斗，却越陷越深，看不到目标”②。美国匆忙撤军等于抛弃了在打击“伊斯兰国”中并肩作战的叙利亚库尔德武装。对此，特朗普的解释是库尔德人没有在二战期间支持美国。此外，美国还急于从阿富汗撤军。2020 年 2 月 29 日，美国与阿富汗塔利班签署和平协议，美国以近乎全面投降的屈辱条件，换取从阿富汗全面撤军，结束这场耗时 19 年的漫长战争。

二是不愿与伊朗军事对抗。2019 年 6 月 19 日，伊朗击落美国价值上亿美元的“全球鹰”无人侦察机，但美国却“打不还手”，没有对伊朗进行对等反击。2020 年 1 月 3 日特朗普贸然下令刺杀伊朗伊斯兰革命卫队领导人苏莱曼尼后，伊朗旋即对美国驻伊拉克军事基地发射导弹进行报复，但特朗

---

① 黄靖：《汲取美苏冷战经验，冷静管控中美关系》，《国别和区域研究》2019 年第 1 期，第 24 页。

② 黄培昭、陈欣：《美撤军为土耳其打击叙利亚北部开绿灯》，https://news.sina.com.cn/w/2019-10-08/doc-iicezuev0638861.shtml，登录时间：2019 年 11 月 2 日。

普表态是“一切尚好”。美国国会众议院也在2020年1月9日通过一项议案，旨在限制特朗普政府对伊朗进行军事行动。1月30日，众议院再次通过两项民主党人提出的议案：第一个议案是《禁止对伊朗战争法》。该法案提出，在没有国会批准下，不向五角大楼提供任何针对伊朗的军事行动的资金。第二个议案是针对2002年《授权使用军事力量》的修正案，旨在废除2002年生效的授权对伊拉克使用武力的法案。[①] 这表明美国国会不愿与伊朗开战。

三是以实用主义态度对待地区盟友。特朗普以“美国利益最大化”为标准，衡量地区盟友价值，“合则用，不合则弃”。对待沙特，美国不断向其推销巨额军火和核技术，借以从中渔利。但2019年9月沙特石油设施遭袭后，特朗普却宣称“我是不喜欢发动战争的那类人”，强调“那是针对沙特的袭击，不是针对我们”。有评论认为，沙特石油设施遭袭，让世人见识了沙特的脆弱性以及沙特保卫其石油设施的能力，还直接挑战了美国确保国际能源市场稳定的承诺。就此而言，这次袭击不仅针对沙特，还是对美国在阿拉伯半岛领导权的攻击。[②] 与此同时，美国国会还拟通过《反石油生产和出口卡特尔法案》（NOPEC，英文缩写恰好是“无欧佩克”的意思），授权美国法院对欧佩克提起反垄断诉讼，目标直指沙特等海湾产油国。沙特已扬言，若美国国会通过该法案，沙特将考虑石油结算与美元脱钩的选项。对待土耳其，特朗普为兑现“美国第一”目标，向土耳其发动贸易战，阻止土耳其购买俄罗斯S-400防空系统，由此迫使土美离心离德，对抗情绪日增。这些事件表明美国已无暇从战略高度衡量地区盟友价值，由此使其在地区盟友中的影响力衰落到无以复加的地步。

另一方面，美国间歇性地增加对中东介入力度。这主要表现在以下几个方面。

一是美国高官频频访问中东，凸显美国对中东事务的重视。2019年1

---

① 龙玥：《限制特朗普对伊朗动武，众议院再通过两项议案》，观察者网，2020年1月31日。

② Karen Young, “Saudi oil facility attack challenges Washington’s regional commitment”, *Al-Monitor*, September 16, 2019.

月，美国总统国家安全事务助理博尔顿访问以色列和土耳其。美国国务卿蓬佩奥随后访问中东9国，并批评奥巴马政府在中东“缺席太多”“不愿施加影响”，并称“一旦美国撤出中东，混乱将随之而来。我们不能忽略我们的朋友”。[①] 这些论调表明，美国相当部分决策者仍希望继续留在中东。

二是加大遏制伊朗力度。2015 年各方达成的伊核协议原本使美国摆脱伊朗事务的纠缠，但特朗普上台后，于 2018 年 5 月单方面退出伊核协议，随后启动对伊朗“极限施压”，并积极筹组“阿拉伯北约”制衡伊朗。2019 年 4 月 8 日，美国又将伊朗革命卫队列为“恐怖组织”，首开将外国政府机构列为“恐怖组织”的先河。这使美国重新被伊朗问题缠住。

三是在中东驻军“欲去还留”。2019 年 5 月，特朗普决定向中东增兵1500 人，以应对伊朗的威胁。[②] 2019 年 10 月特朗普刚宣布将从叙利亚撤军不久，又在 2019 年 12 月初宣布向叙利亚增兵，以保护代尔祖尔地区的油田。2019 年 12 月，为“反击伊朗”，特朗普称正在考虑增加在中东军力部署，新计划包括增加 12 艘战舰、增加军事设施和部署 1.4 万名士兵。[③]

特朗普政府在中东政策上首鼠两端，在收缩与介入之间摇摆不定，主要原因是美国既想继续在中东维持霸权统治，又想尽可能降低维持霸权的成本。然而，美国要想实现如意算盘并不容易。

这其中，“伊朗因素”是阻碍美国低成本维持中东霸权的最大难点。特朗普退出伊核协议并对伊朗“极限施压”，目的是削弱伊朗经济实力，抑制伊朗地区扩张势头，乃至颠覆伊朗政权。然而，中东局势正在发生百年未有之大变局，中东地缘争夺白热化、地区动荡长期化、恐怖活动持久化，所有这些变化带来的不确定因素，使中东局势始终在激烈变化，美国试图低成本

① Ali Alfoneh, “Is Trump's America a force for good in the Middle East?”, *Middle East Online*, January 13, 2019.

② Bryant Harris, “Trump declares Iran emergency to bypass Congress on Gulf arms sales”, *Al-Monitor*, May 24, 2019.

③ Jason Ditz, “Trump Considers 14, 000 Troop Deployment to Middle East to ‘Counter Iran’”, https: //smallwarsjournal. com/blog/trump - administration - considers - 14000 - more - troops - mideast，登录时间：2019 年 12 月 20 日。

维持霸权根本是不可能的。在这其中，“伊朗因素”是美国难以摆脱中东泥潭的最大变量。

第一，伊朗核问题再次升温使美国面临两难选择。2015 年伊朗与六方（主要是美国）达成伊核协议，使原本一度剑拔弩张的伊朗核问题得到极大缓解。然而，2018 年 5 月特朗普单方面解除核协议并重启对伊制裁，使已经“软着陆”的伊朗核问题重新激化。按照特朗普的盘算，撕毁伊核协议后，美可通过“极限施压”逼迫伊朗签署更苛刻的新协议，不料伊朗“不按套路出牌”，反而重启核计划。2019 年以来，伊朗以 3 个月为一个周期，逐渐重启伊核活动。2020 年 1 月 5 日，伊朗宣布废除伊核协议有关离心机数量的限制，伊核协议已经形同虚设。

伊朗退出伊朗核协议的民意呼声也越来越高。部分伊朗议员认为，伊朗继续留在伊核协议没有意义，建议退出核协议。① 根据 2019 年 10 月发布的民调，2015 年 8 月，85% 的伊朗受访者支持伊核协议，现在该数字仅为 42%（其中只有 12% 强烈支持该协议），59% 的人认为应退出核协议。② 伊朗核问题重新升温，使美面临“打还是不打”的巨大困扰：不武力打击，伊核研发进程势必会步步推进；武力打击，美将再次陷入战争泥潭。

第二，伊朗的地区扩张迫使美国不得不加大应对力度。近年来，伊朗利用“阿拉伯之春”后出现的中东大乱局，以及美国在中东战略收缩的历史机遇，不断加大在阿拉伯世界扩张和渗透力度。特朗普政府对伊朗“极限施压”，促使伊朗“外线突破”，加大在中东驱赶美国力度。2020 年 1 月 3 日美国刺杀伊朗伊斯兰革命卫队领导人苏莱曼尼，导致美伊仇怨越结越深。这些年，伊朗利用中东地缘政治变动，积极构建“什叶派新月地带”，地区影响力达到几十年巅峰。伊美在中东利益分布多有交叉，伊朗很容易利用地利优势，采取低烈度、非对称方式报复美国，目的就是将美国彻底赶出中

---

① Al-Monitor Staff, “Hard-liners joined by Reformist in questioning use in staying in Iran nuclear deal”, *Al-Monitor*, April 25, 2019.

② Barbara Slavin, “Majority of Iranians now want to quit nuclear deal”, *Al-Monitor*, October 16, 2019.

东。伊朗对美国死缠烂打，迫使美国要么彻底退出中东，要么在中东持续加大投入，卷入新的地区战争。

第三，美国施压促使伊朗国内强硬派日趋得势，美国未来面临更加棘手局面。美国单方面退出伊核协议并对伊朗极限施压，促使立场相对温和的总统鲁哈尼和外长扎里夫处境尴尬，国内政治地位持续下降。据统计，到2019年10月，只有42%的伊朗人支持鲁哈尼，这一数字比2015年8月时的61%下降了19个百分点；外长扎里夫的支持率则从2015年的56%，降至26.6%。[①] 在2020年2月22日举行议会选举，受美伊关系恶化影响，改革派仅赢得290个席中的20个席位，强硬派则赢得超过200个席位。此外，伊朗还更换掉任期尚未结束的革命卫队司令贾法里，换上更加强硬的萨拉米。萨拉米的强硬言论包括“内塔尼亚胡需要学会怎样在地中海游泳”“地区事务没有伊朗拍板不行”“我们对任何军事袭击的反应都是军事性的，而不是政治性的”。[②] 可以想见，未来伊朗对美国的政策将更加强硬，这使美国不可能在中东低成本维系其霸权统治。

（二）“后美国时代”加速来临，俄罗斯加速填补“权力真空”

俄罗斯的前身苏联在中东地区，特别是中东共和制国家中具有举足轻重影响。苏联解体后，俄罗斯一度自顾不暇，在中东地区的影响力持续衰退。然而，近年来，随着俄罗斯国力复苏，其重返中东步伐日趋加大。以2015年9月底俄罗斯武力介入叙利亚危机为标志，俄罗斯在中东地区影响力前所未有增强。

首先，俄罗斯在中东的地缘影响力明显扩大。2015年9月俄罗斯军事介入叙利亚使阿萨德政权转危为安，乃至转守为攻。这使俄罗斯在塔尔图斯港的地位得以巩固。同时，俄罗斯还在叙利亚建立新的军事基地。2019年10月，特朗普抛弃叙利亚库尔德武装，宣布从叙利亚撤军，这为俄罗斯扩大

① Barbara Slavin, “Majority of Iranians now want to quit nuclear deal”, *Al-Monitor*, October 16, 2019.

② Al-Monitor Staff, “IRGC commander leaves sooner than expected”, *Al-Monitor*, April 22, 2019.

地缘影响力提供了新的历史契机。2019 年 10 月 22 日，俄罗斯和土耳其就两国接管此前被库尔德武装控制的叙利亚东北部地区达成协议。美国媒体哀叹，“普京和埃尔多安跃升为该地区主要的地缘力量经纪人”，“美国在塑造叙利亚的未来方面将没有一席之地”。此外，俄罗斯在叙利亚的胜利，使其赢得中东其他国家的尊重，俄罗斯俨然成了中东地区炙手可热的“座上宾”。

其次，俄罗斯与中东国家经贸合作日趋密切。伊朗与俄罗斯于 2019 年 9 月建立了一套金融电子信息系统（SEPAM），这使两国可以绕开美国的第三方制裁，解决了经贸往来的金融结算问题。据俄罗斯海关统计，2019 年前 7 个月，俄罗斯与伊朗经贸额增长 24.6%，达到 13.3 亿美元。伊朗在俄罗斯外贸总额中的比重从 0.3% 增加到 0.4%。而且，双方贸易有 25% ~ 30% 是通过双方货币结算。[①] 2019 年 3 月 4 日，俄罗斯外长拉夫罗夫访问卡塔尔、沙特、科威特、阿联酋等海湾国家，加强与这些国家的外交和经贸合作。[②] 2019 年 10 月 14 ~ 15 日，俄罗斯总统普京访问沙特和阿联酋。在沙特，双方签署涉及经贸、能源等领域二十多项合作协议，包括同意在石油输出国组织框架内加强合作，以稳定全球原油市场；在阿联酋，双方签署六项合作协议，总值超过 13 亿美元，涉及能源、高科技和医疗卫生等领域。俄媒体认为，普京对与海湾国家培育正式和非正式关系很感兴趣，希望海湾国家加大在俄罗斯投资。俄罗斯在叙军事行动的成功，使普京赢得海湾国家尊重。美国从海湾地区收缩，则使俄罗斯在海湾地区渗透变得更加容易。[③] 2019 年 10 月，俄外长拉夫罗夫访问伊拉克，加强两国经济和军事合作。

最后，加强与中东国家军事领域合作。近年来，俄罗斯利用中东地区动荡加剧、各国竞相加强军备的契机，乘机断向中东国家推销军火。土耳其已

---

① Alireza Noori, “Russia’s future in Iran looks brighter as Europe, US fadc”, *Al-Monitor*, September 30, 2019.

② Yury Barmin, “Russian FM puts politics above economics on GCC tour”, *Al-Monitor*, March 5, 2019.

③ Anna Borshchevskaya, “Russian Moves in the Gulf and Africa Have a Common Goal”, https://www.washingtoninstitute.org/policy-analysis/view/russian-moves-in-the-gulf-and-africa-have-a-common-goal，登录时间：2019 年 12 月 2 日。

经购买并采用俄罗斯的 S－400 导弹防御系统，叙利亚、伊朗采购了 S－300 反导系统。2019 年 9 月沙特油田设施遭袭后，俄罗斯借机向沙特兜售 S－400 系统，普京称“该系统将能保卫沙特任何设施”[①]。俄罗斯还与中东国家举行联合军演，借以强化双边合作。2019 年 10～11 月，俄罗斯与埃及首次举行代号“友谊之箭”的联合军演。埃及国家安全委员会成员 Tamer al-Shahawi 认为，双方军事领域合作意味着俄罗斯的影响力已经超出叙利亚，“俄罗斯已经成为地区舞台的主要玩家”，并有意在非洲扩大其经济和军事影响。[②] 2019 年 12 月，俄罗斯、中国与伊朗三国海军首次在海湾地区举行联合军演。有分析人士认为，中俄伊在麻烦成堆的中东举行联合军演，意味着对长期独霸海洋的西方的新挑战。[③]

小　结

中东百年大变局是个历时漫长、不断反复的曲折过程。阿拉伯世界作为具有悠久历史和辉煌文明的古老民族，不会甘于沉沦，而会想方设法探索治国理政新路，进而谋求在中东事务中继续发挥主导性影响。土耳其、伊朗、以色列等非阿拉伯国家看似咄咄逼人，实则同样内外交困。例如，以色列自 2019 年 4 月至 2020 年 3 月，已连续进行三次议会选举，但始终无法成功组阁，凸显以色列“多党民主”弊端；土耳其国内经济危机不断，地区扩张频频受挫；伊朗则因美国严厉制裁、新冠肺炎疫情等使本国元气大伤，地区扩张政策难以维系。从国际层面看，美国在中东地区“欲去还留”，仍在中东地区发挥不可估量的影响。在这种复杂情况下，中东地区到底“谁主沉浮”仍充满变数，这种曲折反复反过来加剧了中东局势的不确定性。

---

① Maxim A. Suchkov, “What's behind Putin's arms sale proposal to Saudis”, *Al-Monitor*, September 17, 2019.

② Hassan Abdel Zaher, “Egypt, Russia bolster military cooperation with first joint air defence exercise”, *The Arab Weekly*, November 3, 2019.

③ John C. K. Daly, “Iranian-Chinese-Russian naval exercise muddies troubled Gulf waters”, *The Arab Weekly*, December 15, 2019.

国 别 篇

National Concerns

Y.2
沙特迎来百年未有之大变局

丁 隆*

摘 要： 萨勒曼继任国王后，改变王位传承方式，开启“萨勒曼王朝”。王室权力集中于穆罕默德·本·萨勒曼王储，他不断巩固权力，为继位做好准备。面对俄罗斯和美国等产油大国的竞争，沙特采取激进的石油政策，导致国际油价暴跌，加剧沙特经济困境，影响“2030 愿景”顺利实施。同时，沙特正在实施的“去瓦哈比化”社会文化改革，引发了宗教阶层和保守派反对。沙特在政治、经济和社会文化领域中的全方位深度改革，冲击家族统治、石油美元和宗教信仰的三大立国支柱，预示着沙特面临充满不确定性的前景。

* 丁隆，对外经济贸易大学海湾研究中心主任、教授，主要从事阿拉伯问题研究。

关键词： 沙特 穆罕默德·本·萨勒曼 石油美元 瓦哈比主义

2015 年萨勒曼继任国王以来，沙特内政外交经历建国以来最为剧烈的转型。在政治方面，王位传承方式和王室权力结构均发生根本性变化，还将面临一次关键而敏感的王位传承。在经济方面，萨勒曼继位后，发生国际油价暴跌、阿美石油公司油田遇袭等事件，沙特石油产业遭遇前所未有的挑战。在“2030 愿景”指引下，沙特正在推行经济“去石油化”战略，阿美石油公司成功上市，募集资金用于投资非石油产业。在社会文化方面，沙特冲破宗教文化禁忌，展开以妇女赋权为中心的社会文化改革，取消宗教机构的社会管理职能，向“去瓦哈比化”甚至世俗化迈进。这样，沙特立国的三大支柱——家族统治、石油美元和宗教信仰均受到严重冲击，沙特迎来建国以来未有之大变局。

一 权力传承布局完成

萨勒曼继位后，改变了阿卜杜勒·阿齐兹国王去世后“兄终弟及”的沙特王位继承模式。萨勒曼两次废黜王储，最终立其子穆罕默德·本·萨勒曼为王储。这使沙特家族、苏德里系的其他支系均失去王位继承权，沙特开启“萨勒曼王朝”。在萨勒曼国王不遗余力地扶植下，穆罕默德先后担任国防大臣、经济与发展事务委员会主席、副王储和王储，从政坛非核心人物到离王位一步之遥仅用了短短的两年时间，这种火箭式的擢升和继承方式的变化，使王储面临合法性不足的问题。

王室权力结构也随继承方式变化而变化。自建国以来，沙特王室始终保持权力中心多元且相互制衡的传统模式，包括苏德里系与其他支系的制衡，以及苏德里系内部的制衡等。为了确保王室内部权力平衡，实现集体决策，各派系的亲王控制着沙特国家强力部门，并长期担任关键职位。在穆罕默德担任王储后，打破了传统的分权模式，他不仅亲自出任多个关键部门的领导，还将国家政治、经济和军事大权揽入自己手中，多层次构建新的核心权势圈，不断扩大自身影响力。现任能源大臣阿卜杜勒·阿齐兹和国防部副大臣哈立德分别为穆罕默德同父异母的兄长以及亲弟弟；文化大臣巴德尔·本·阿卜杜拉和国民卫队部大臣阿卜杜拉·本·班达尔也均为其王室内部盟友。除此之外，他还提拔一些非王室近臣出任一些历来由王室成员担任的职务，如曾任情报总局副局长的艾哈迈德·阿斯里（已因哈苏吉事件被免职）、旅游大臣艾哈迈德·哈提卜，现任大臣级王室顾问兼娱乐事务总局局长图尔基·谢赫等。

为了进一步巩固权力，逐步清除外部威胁，穆罕默德王储展开了针对性的政治行动。2017 年，由穆罕默德王储领导的最高委员会以损害国家利益和侵占公共财产为由，将多位王公贵胄关押在利雅得丽思卡尔顿酒店，冻结了近 8000 亿美金的资产及现金。此次反腐行动为其有效扫清了局部威胁，但并未触及挑战王权的核心人物。2020 年 3 月，沙特政府以叛国罪为由逮捕了萨勒曼国王的胞弟艾哈迈德、前王储穆罕默德·本·纳伊夫及其弟纳瓦夫等三名地位显赫的亲王。这个事件是此前沙特发生的易储、反腐等一系列行动的延续，同时也为穆罕默德登顶王位扫除了最后的障碍。

这次行动的主要对象是艾哈迈德亲王和穆罕默德·本·纳伊夫亲王，两人具有不少共同特点：拥有王位继承权，都是苏德里集团核心成员，在王室和百姓中拥有较高人气，背后都有西方势力支持，最重要的是他们都反对穆罕默德王储继位。艾哈迈德是萨勒曼国王唯一在世的亲弟弟，本有合法的继承权，但是因为他属于苏德里派系，受到已故阿卜杜拉国王刻意排挤打压而无缘王位。艾哈迈德已经多次表示对王位并无兴趣，但却是萨勒曼父子的坚决反对者。2017 年改任穆罕默德为新王储时，他是效忠委员会（负责推举国王和王储的机构）中仅有的三位反对者之一。2018 年，在与沙特驻英国使馆门前的也门战争抗议者对话时，他直言不讳地批评萨勒曼父子。同年，在英国帮助他获得在沙特安全保证后，他回到沙特，但并未改变政治立场。萨勒曼国王曾多次召见其弟艾哈迈德，试图说服他支持王储继位，但遭其断然拒绝。穆罕默德·本·纳伊夫更具威胁性，他是穆罕默德前一任王储，在

2017 年被革去王储职位后，一直处于软禁状态，此前长期负责国家安全和反恐事务，与英美情报机关和安全机构交往甚密，做事谨慎且成熟稳健，被部分西方政客认为是最合适的王位人选。因此，这两位亲王是王位继承唯一可预见的威胁，打击他们可起到以儆效尤的作用，使王室内部的反对派群龙无首，也使外国干涉势力失去抓手。

经过几年来的人事布局，穆罕默德王储继位之路已铺平。近期沙特王室内部变动不是政局动荡的标志，还表明哈苏吉事件的负面影响基本消除，王室内部矛盾已平息，不确定性已消除。

二 “石油战”引发多重危机

2019 年 5 月，以沙特为代表的欧佩克产油国，与以俄罗斯为代表的非欧佩克产油国举行谈判过程中，沙特提出的进一步减产的提议遭到俄罗斯拒绝，导致“欧佩克 +”联盟破裂。为向俄罗斯施压，沙特发起“石油战”，以“降价 + 增产”冲击国际石油市场，抢占市场份额。此举使供求失衡的油市大幅下跌，国际油价几日内便下跌近 40%，创下近 30 年来最大跌幅。

沙特采取激进原油政策主要为报复俄罗斯。沙特一则认为俄罗斯与其利益一致，原油政策应同进退；二则认为俄罗斯并未严格遵守限产协议，一直在“搭便车”。然而，沙特的激进政策极具冒险性，不仅承担双方谈判可能破裂的风险，还要应对油价暴跌引发的次生效应。沙特经济严重依赖石油红利，石油收入占国内生产总值的 40%，财政收入的近 70%，出口收入的近 80%。[①] 沙特每桶原油生产成本仅 10 美元左右，而 2020 年度财政预算以每桶原油 58 美元的标准，实现经常账户平衡则需要油价在每桶 88 美元，但实际油价仍处于低位运行，难以达到预算要求，财政赤字局面或将持续。

---

① “Saudi Arabia: Selected Issues, International Monetary Fund, Middle East and Central Asia Dept”, Country Report No. 19/291, September 9, 2019, https://www.imf.org/en/Publications/CR/Issues/2019/09/09/Saudi-Arabia-Selected-Issues-48660，登录时间：2019 年 10 月 24 日。

相比而言，俄罗斯每桶原油生产成本为17美元左右，2020年度财政预算按原油每桶42美元标准，与实际油价相差小，且有规模超过1000亿美元的主权财富基金用于平衡赤字。俄罗斯的另一优势是能源多样化，天然气全球储量第一，大大降低了出口对原油的依赖性。总体而言，俄罗斯经济的韧性和抗风险能力都明显高于沙特。俄罗斯反对减产并非针对沙特和欧佩克，而是对疫情影响下的油市不看好，不愿伸手接“高山滚石”。俄罗斯认为一味限产保价将使美国页岩油生产商获得盈利空间，传统产油国市场份额会下降。

2020年2月，特朗普称美国成为世界最大石油和天然气生产国，已实现能源独立。沙特原油政策导致美国页岩油行业集体亏损，申请破产的页岩油企业数量不断攀升，对美国经济造成的不利影响持续发酵。近年来，石油上下游产业在美国经济中的地位不断提升，页岩油开发成为刺激美国经济增长的新热点。许多页岩油企业通过银行贷款和发行债券获得大量的资金支持，一旦页岩油生产企业大面积破产，无法按期偿还资金，将可能导致美国金融市场动荡，甚至引发新一轮的全球金融危机。当前，新冠肺炎疫情与石油危机形成叠加效应，致使以美国为代表的全球资本市场遭受重挫，10余个国家的股市发生熔断，引发对全球金融危机爆发的担忧。虽然此次危机的主因是新冠肺炎疫情，但沙特的激进石油政策无疑起到催化剂的作用。原油市场动荡发生后，美国总统特朗普没有联系萨勒曼国王，而是直接致电穆罕默德·本·萨勒曼王储，显然是向后者施加压力。

沙特石油政策极具冒险性，不仅打击了俄罗斯和美国，也损害自身和其他产油国利益，还引发国际金融市场波动，置世界经济于险境。近年来油价低迷，沙特经济增长缓慢，2019年增长率仅为0.3%，石油收入降低3.6%。[①] 沙特每年财政赤字均达数百亿美元，短短几年，外汇储备已由最

---

① “Saudi economy grew 0.3% in 2019, below expectations-official data”, Reuters Financials, March 1, 2020, https://www.reuters.com/article/saudi-economy-gdp/saudi-economy-grew-03-in-2019-below-expectations-official-data-idUSD5N29W00Z，登录时间：2019年12月8日。

高点的7312亿美元降至4906亿美元。[1] 若油价继续下跌，沙特或不堪重负。

沙特推出的“2030愿景”包含多项经济改革计划，旨在实现经济多元化，摆脱对石油的依赖。其中，沙特阿美石油公司上市是这个规划的重要组成部分，其部分私有化筹集到的资金以及后续盈利收入直接汇入沙特主权财富基金——公共投资资金（PIF），用于支持非石油产业的发展。经过3年的波折，阿美公司1.5%的资产于2019年底在沙特利雅得证券交易所上市，创造了募集资金最多、市值最大等多个世界第一纪录。然而，阿美公司上市时机不佳，前有油田遇袭，后有新冠肺炎疫情致使全球石油需求剧减。国际金融机构普遍认为阿美公司发行价高估，沙特政府采取了广泛动员公民和国内机构认购，并提供专项贷款和补助，以确保新股发行。受本轮油价暴跌的影响，阿美公司在上市不到半年的时间里，股票便跌破发行价，净利润也同比大幅度下降，这些会直接影响公司后续的上市计划。

三　社会变革引发争议

沙特“2030愿景”是一项全方位、多领域的改革计划，鉴于经济改革的艰巨性和长期性，沙特领导层选择着手于社会领域的改革，以期取得立竿见影的效果。沙特打破文化禁忌，积极推进以妇女赋权为中心的社会改革，大力发展体育、娱乐和旅游等文化休闲产业。

这些改革实质上是以社会改革面目出现的宗教改革，旨在使沙特国内伊斯兰教“回归温和”，实现“去瓦哈比化”甚至世俗化的目标，增强沙特社会活力。这些改革举措得到占人口大多数的沙特青年人的拥护和欢迎，同时也赢得国际社会的广泛赞誉。

然而，这些改革措施损害了瓦哈比派宗教阶层的利益，遭到他们的强烈反对。“2030愿景”将发展旅游业作为经济多元化转型和解决失业问题的重

① “Saudi Arabia Foreign Exchange Reserves”, CEIC Data, January 2020, https://www.ceicdata.com/en/indicator/saudi-arabia/foreign-exchange-reserves，登录时间：2020年2月5日。

要推手，提出将每年的朝觐人数提升至3000万人，并于2019年首次开放电子签证。据报道，签证放开后已有多名非穆斯林游客进入只允许穆斯林进入的圣城麦加和麦地那。有保守派人士以此批评沙特政府正在将朝觐“旅游化”，破坏了其宗教功修的性质。

新冠肺炎疫情暴发后，沙特吸取伊朗库姆市的教训，避免出现“超级传播”，史无前例地宣布关闭麦加禁寺，暂停副朝，但一度允许电影院开门营业，体育比赛、演唱会等大型文体活动照常进行，却遭到保守派的批评。在保守派的压力之下，沙特只得恢复有限开放麦加禁寺，说明保守势力不可小觑。新冠肺炎疫情之下，正朝的挑战更加严峻，正朝朝觐者达200余万人，且多为中老年人，其中相当比例的人有基础疾病。

四　外交重归温和

在外交领域中，萨勒曼继位后，沙特外交政策由传统温和向激进强硬转变，趋向采取军事手段解决外交问题。在与大国关系方面，由于美国调整中东政策、减少地区投入，沙特需独自应对外交和安全挑战，以“石油换安全”为基础的美沙传统同盟关系有所松动。然而，沙特发动“石油战”抢占市场份额，使沙特与俄罗斯和美国的关系面临考验。同时，面对国际能源市场的新变化，沙特需要与俄罗斯在能源政策上加强协调，与中国等亚洲国家在石油出口和经济转型方面加强合作。因此，沙特外交自主性不断增强，在继续维持与美国盟友关系的同时，也在寻求合作伙伴的多元化，以维护其经济利益和国际石油市场份额，对冲特朗普给美沙关系带来的不确定性。然而，沙特激进的外交政策遭遇诸多挫折，也门战争久拖不决、媒体人哈苏吉遇害引发国际关注、阿美石油公司油田设施遭袭等一系列问题，迫使沙特不得不审视其激进的外交和安全政策，重新确定自身的地区和国际角色。

萨勒曼继位以来，沙特外交政策不断调整，呈现经济优先、激进化和进攻性的趋势。沙特把经济外交放在优先位置，注重发展与中国等亚洲国家的关系，深化与阿联酋的盟友关系，试图开拓新的外部经济和发展资源。同时，外交政策也日益趋向激进化，其外交政策是国内政治变化的外部投射，进攻性的外交政策是其国内政治经济动荡的反映。穆罕默德王储放弃了王室内部集体决策和官僚体系参与决策，沙特国家决策呈现“去官僚化”的趋势。随着“去瓦哈比化”和“世俗化”成为沙特国内改革的重点，宗教和教派不再是影响沙特外交的关键因素，瓦哈比主义由沙特软实力的重要组成部分变为负资产。沙特民族主义取代泛伊斯兰主义和阿拉伯民族主义成为沙特外交的意识形态基础，以利益和权力为核心的现实主义成为沙特外交的指导原则。

与此同时，沙特采取激进的外交和安全政策正在不断遭遇挫折。沙特对伊朗的强硬政策，不仅未能遏制伊朗扩张，反而在也门、伊拉克、叙利亚、黎巴嫩等地区事务上屡屡受挫。面对诸多挫折，沙特外交政策不得不进行再调整，呈现出去激进化的趋势。在也门问题上，沙特已开始为结束也门战事寻找政治解决方案。2019 年 11 月，在沙特的主持下，也门政府与南方过渡委员会（STC）签署了《利雅得协议》[①]。同月，在阿曼的斡旋下，沙特与胡塞武装举行了间接和谈。[②] 沙特对伊朗的态度也出现了缓和迹象。2019 年 10 月，沙特外交国务大臣朱拜尔对伊朗外长扎里夫关于恢复两国外交关系的表态做出回应，表示“随时准备与我们的邻国合作”。沙特虽然与伊朗长期对峙，但沙特无力与伊朗宣战。沙特阿美石油公司的遇袭已经说明，沙特无力独自抗衡伊朗，仍需依靠美国提供安全保障。因此，沙特对伊朗政策只能跟随美国。在美伊双方保持克制的情况下，沙特对伊朗的态度才具备缓和的现实条件。2020 年 9 月，阿联酋、巴林与以色列签署《亚伯拉罕协议》，并实现关系正常化。对此，沙特并未跟风与以色列建交，只是默许了海湾国家的重大外交行动。2020 年 12 月，沙特外交大臣在访美期间，表示将致力

---

① “Arab World Welcomes Signing of Riyadh Agreement on Yemen”, https://aawsat.com/english/home/article/1978416/arab-world-welcomes-signing-riyadh-agreement-yemen，登录时间：2019 年 11 月 25 日。

② Ramadan Al Sherbini, “Oman: Saudis, Al Houthis interested in deal”, https://gulfnews.com/world/gulf/yemen/oman-saudis-al-houthis-interested-in-deal-1.68090645，登录时间：2019 年 12 月 5 日。

于解决与卡塔尔的关系问题。

总体而言，沙特外交屡屡受挫的根源是国家实力难以与其战略雄心相匹配，出现国家安全接受者与地区安全提供者的角色错位。事实证明，在美国战略收缩的背景下，沙特激进的外交政策失去外部支持，必然遭遇挫折。当前，沙特面临的国内压力远大于国际压力，沙特政府须将重心放在国内经济、社会转型发展上。

身处“百年未有之变局”中的石油王国，正在经历转型之痛，未来还将面临更严峻的挑战。在未来一个时期内，沙特将面临王位传承、“2030 愿景”实施、稳定油价等若干大事。此外，沙特目前担任二十国集团轮值主席国，已借助此平台成功举办二十国集团领导人应对新冠肺炎疫情特别峰会，并于 2020 年 11 月以视频方式举办二十国集团领导人峰会，这是沙特历史上承办的最高规格的国际会议。沙特高度重视此次会议，将其视为展现开放、变革新形象的重要契机和现代化进程中具有里程碑意义的事件。

Y.3

伊拉克抗议潮：表现、根源与影响

史廪霏 *

摘　要： 自2019年10月起，伊拉克爆发大规模反政府抗议活动，引发本轮抗议潮的表面原因是政府腐败和经济民生问题，但根源则是2003年伊拉克战后经济重建的失败、政治体制的缺陷、武装力量的失控和伊朗等外部势力的介入。本轮抗议潮对伊拉克国内政治、经济贸易和对外政策产生了更加深远的影响。

关键词： 伊拉克　反政府抗议　国家重建　迈赫迪

2019年10月，伊拉克爆发大规模反政府抗议活动，随后活动不断蔓延和升级，是2003年萨达姆倒台以来最严重的一次反政府抗议活动。本次反政府抗议活动是伊拉克战后国家重建的种种问题积累到极点后的大爆发，不仅引起了伊拉克政坛的强烈震动，也加剧了地区局势的紧张程度，表明伊拉克国家重建所面临的问题已经到了不得不解决的地步。

一　本轮抗议潮的基本表现

伊拉克战争后开始国家重建阶段，伊拉克民众生活水平不但没有提升，

* 史廪霏，博士，北京语言大学国别和区域研究院助理研究员，主要研究领域为中东政治、阿拉伯国家国情。

反而持续倒退，从而导致街头抗议的周期性爆发。2018 年 7～9 月，电力短缺和饮用水严重污染事件是此次抗议活动的导火索，巴士拉等伊拉克中南部省份爆发抗议示威活动。除水电问题，示威者还抗议政府腐败问题，以及伊朗对伊拉克的干涉。抗议者攻击了包括执政党达瓦党（Dawa Party）在内的政党办公室和政府机关，以及伊朗领事馆，并与伊拉克安全部队发生冲突，造成至少 12 名示威者死亡。① 但在伊拉克政府打压和安抚的双重策略下，这些抗议活动最终都逐渐得以平息。

2019 年 10 月，伊拉克再次爆发大规模抗议活动。本轮抗议潮是近年来伊拉克民众周期性抗议的最新表现，但不同于以往的抗议活动，本论抗议潮持续时间更长，参与人数更多，冲突更加激烈，政治倾向更加鲜明，所提政治诉求更为彻底。

本轮抗议的直接导火索是 2019 年 9 月 27 日伊拉克总理阿迪勒·阿卜杜勒·迈赫迪（Adel Abdul Mahdi）宣布将在对“伊斯兰国”作战中战功累累、广受好评的反恐部队副司令阿卜杜勒·瓦哈卜·萨阿迪（Abdel-Wahab Al-Saedi）中将降职，许多伊拉克人对这一无法解释的举动感到愤怒，有人认为此举是受到伊朗势力的影响。② 还有人认为，这是因为萨阿迪坚持与腐败势力斗争。③ 这一事件助燃了伊拉克国内的不满情绪，从而引发民众大规模抗议潮。本轮抗议可分为三个阶段。

第一阶段民众主要抗议国内经济问题。自 2019 年 10 月 1 日起，从首都巴格达开始，伊拉克多地陆续爆发抗议活动，抗议民众的抗议主题涉及政府腐败与不负责任、公共服务差、青年失业率高等问题。抗议者还要求总理迈

① “The violent protests in Iraq, explained”, *Vox*, September 8, 2018, https://www.vox.com/world/2018/9/7/17831526/iraq-protests-basra-burning-government-buildings-iran-consulate-water，登录时间：2019 年 12 月 7 日。

② “Iraq's removal of counterterrorism chief sparks controversy”, *Military Times*, September 29, 2019, https://www.militarytimes.com/flashpoints/2019/09/29/iraqs-removal-of-counterterrorism-chief-sparks-controversy/，登录时间：2019 年 11 月 8 日。

③ “Iraq protests: What's behind the anger?” *BBC*, October 7, 2019, https://www.bbc.com/news/world-middle-east-49960677，登录时间：2019 年 10 月 17 日。

赫迪辞职，尽管他当选还不到一年。抗议者广泛使用的口号是“没有家园”“我们想要一个国家”，反映出民众对于政府治理失败的不满以及对正常生活的渴望。①

第二阶段开始出现强烈的反伊朗色彩。2019 年 10 月 25 日，卡尔巴拉的抗议者高呼反对伊朗的口号，撕毁伊朗最高领袖哈梅内伊的照片。② 11 月 3 日，抗议者冲进伊朗驻卡尔巴拉领事馆，在大楼周围放火，并将伊朗国旗换成了伊拉克国旗。③ 在什叶派聚居的纳杰夫市，也有示威者向伊朗领事馆纵火。这一时期抗议者广泛使用的口号是“伊朗滚出去”，以示对伊朗干涉伊拉克国内事务的强烈不满。与此同时，示威者开始冲击政府机构与政党办公室，与伊拉克安全部队发生严重冲突。从中可以看出，抗议民众对伊拉克政府无能的抗议，最终导致民众迁怒于伊朗。抗议者认为，伊朗对伊拉克内政控制权过大，是伊拉克政府的帮凶。

第三阶段的抗议目标从单纯抗议伊朗，转向同时抗议伊朗和美国。2019 年 12 月 29 日，美国对伊拉克和叙利亚境内“真主党旅”目标进行报复性空袭后，美国驻巴格达大使馆遭到亲伊朗抗议者的包围。2020 年 1 月 5 日，美国在伊拉克暗杀伊朗“圣城旅”指挥官卡西姆·苏莱曼尼（Qasem Soleimani）和伊拉克民兵组织“人民动员”（PMF）领导人阿布·迈赫迪·穆汉迪斯（Abu Mahdi al-Muhandis）后，伊拉克卡尔巴拉、巴格达等多地的抗议活动主题，转向反对伊朗和美国在伊拉克的角色，抗议口号也变成了“不要伊朗，也不要美国”。2020 年 1 月 24 日，在伊拉克什叶派宗教和政治领导人穆克塔达·萨德尔（Muqtada al-Sadr）的号召组织下，巴格达爆发了一场要求美军从伊拉克撤军的游行，示威者更是打出了“美国滚出去”的

---

① “In Iraq, demonstrators demand change—and the government fights back”, *The Washington Post*, October 10, 2019, https://www.washingtonpost.com/politics/2019/10/10/iraq-protestors-demand-change-government-is-fighting-back/，登录时间：2019 年 10 月 12 日。

② في كربلاء... هتافات ضد إيران وتمزيق صورة خامنئي, *ImLebanon*, October 25, 2019, https://www.imlebanon.org/2019/10/25/karbala-protests-against-iran0，登录时间：2019 年 10 月 27 日。

③ “Iraq unrest: Protesters attack Iranian consulate in Karbala”, *BBC*, November 4, 2019 https://www.bbc.com/news/world-middle-east-50287644，登录时间：2020 年 1 月 17 日。

标语，估计有20万~25万人参与游行示威。[①] 这次抗议声势浩大，有可能扭转此前反伊朗的抗议主题。在2月份的抗议中，抗议者内部出现了分裂，萨德尔的支持者和反对者在新总理提名问题上矛盾突出，关系非常紧张。[②]

纵观本轮抗议潮的三个阶段，尽管不少特点与以往抗议活动相似，但也存在不同于以往的突出特点。

（一）抗议时间持续较长，死伤者众多

本轮抗议潮自2019年10月爆发以来，至今仍抗议不断，且不明袭击和暗杀活动频繁，抗议过程中人员伤亡惨重。截至2020年2月3日，伊拉克国家电视台报道称，抗议活动引发的死亡人数已达556人，其中有13名为安全部队成员。[③] 这一伤亡数字远高于以往的抗议活动。在本轮抗议潮爆发以来，政府采取断网、宵禁、出动安全部队等强力措施，示威者和人权组织指责安全部队使用暴力驱散抗议人群，但政府却声称安全部队接到严格指令，不得对示威者使用实弹和其他致命性武器。据媒体报道，抗议活动中存在不明身份武装分子的枪击。例如2019年12月8日，有不明身份的武装分子驾驶汽车向巴格达的抗议者开枪，造成25人死亡，包括3名警察，约130人受伤。[④] 另据伊拉克人权事务高级委员会（IHCHR）称，自10月1日反政府示威活动开始以来，已有64名活动人士被不明组织绑架。半岛电视台报道，袭击抗议者的武装人员不属于联邦政府安全部队，但隶属于民兵组织“人民动员”（PMF）。“人民动员”是伊拉克政府为对抗“伊斯兰国”

---

① “Protesters Mass in Baghdad, Demanding U. S. Leave Iraq”, *The New York Times*, January 24, 2020, https://www.nytimes.com/2020/01/24/world/middleeast/protests-iraq-baghdad.html.

② “Iraqi protesters face off against cleric's followers”, *Al Arabiya*, February 4, 2020, https://english.alarabiya.net/en/News/middle-east/2020/02/04/Iraqi-protesters-face-off-against-cleric-s-followers.html，登录时间：2020年2月17日。

③ “Who is cracking down on Iraq's anti-government protesters?” *Post of Asia*, February 3, 2020, https://postofasia.com/who-is-cracking-down-on-iraqs-anti-government-protesters/，登录时间：2019年10月17日。

④ “Iraqi officials raise toll to 25 killed in Baghdad bloodshed”, *AP News*, December 8, 2019, https://apnews.com/3925083b3b12b9c08d7d7c909fbd5fc4，登录时间：2020年4月17日。

而整合什叶派民兵组建的军事力量。然而伊拉克政府也未对造成抗议民众伤亡的原因做出澄清，这进一步加大了局面的混乱。

（二）本轮抗议没有统一组织，也没有贯穿始终的既定目标

本轮抗议不同于以往的大多数抗议活动，它不代表特定群体的利益，没有统一的目标，甚至抗议者内部也出现不同派别和分歧。本轮抗议于2019年10月1日在首都巴格达爆发，国内各大政治组织并没有对抗议者表示支持。有消息称，示威活动是几天前不明身份人士在社交平台上发起的。[①] 从抗议的三个阶段看，除抗议政府腐败、公共服务差、失业问题这些不变的主题外，抗议者的口号还出现了一些新的变化，抗议重点从国内经济民生问题逐渐转向反对美国、伊朗国外势力干涉伊拉克内政，说明本轮抗议诉求不是单纯针对某一方面问题，而是随着事态变化逐渐升级，抗议者内部也在不断分化。攻击美国大使馆事件和萨德尔的介入，表明抗议已经从最初的民众自发运动演变成多方势力参与，并企图主导抗议走势、以获得更多的利益。

（三）民众对政府不信任升级，伊拉克政府越来越难以取得民众信任

本轮抗议自2019年10月爆发后，伊拉克政府还是采取与以往类似的应对措施，总理迈赫迪在采取高压措施的同时，宣布了一揽子方案以回应示威者诉求，包括为低收入群体建造数千套补贴住房、为失业者提供津贴、为青年提供培训和贷款等。[②] 但他拒绝提前进行选举，因此抗议民众并未买账，并重返街头。而在迈赫迪辞职后，阿萨德·艾达尼（Asaad Al Eidani）被提名为总理而继续受到抗议者的拒绝。2020年2月1日，伊拉克总统巴勒姆·萨利赫（Barham Salih）任命前通信部长穆罕默德·陶菲克·阿拉维

① 《已致104人死亡的伊拉克大规模示威游行起因蹊跷，疑似有外国势力在背后插手》，《文汇报》2019年10月9日。

② 《已致104人死亡的伊拉克大规模示威游行起因蹊跷，疑似有外国势力在背后插手》，《文汇报》2019年10月9日。

（Mohammed Tawfiq Allawi）担任伊拉克新总理，但抗议者马上在巴格达以及伊南部各省的城市举行集会，拒绝阿拉维担任新任总理。尽管阿拉维发表电视讲话时承诺组建代议制政府，提前举行议会选举，确保公正对待针对抗议者的非法行动，以及解决抗议者提到的其他要求，但截至 2020 年 3 月 1 日，伊拉克议会还是未能批准阿拉维的新内阁，这使他别无选择，只能卸任总理一职。根据伊拉克宪法，总统萨利赫在未来 15 天内提议新总理。在近期的抗议中，抗议者已提出要求任命一位独立人士来组建新政府，充分体现了伊拉克民众对体制内政客的不信任。3 月 17 日，萨利赫授权前纳杰夫省省长阿德南·祖尔菲组阁，但同样以失败而告终。

二　本轮抗议潮的主要根源

自 2003 年伊拉克战后，政治腐败、治理失败、经济困境、安全缺失、民生等问题就一直伴随着伊拉克国家重建的进程。近年来，伊拉克抗议者的主要诉求就是要求政府整治腐败、裙带关系和失业问题，要求教派之间待遇平等，同时改善电力、交通、医疗等公共服务。本轮抗议潮还是由这些问题引发，是近年来民众周期性抗议的一环。但从根源上看，本轮抗议潮背后存在一些深层次的原因，既来自伊拉克自身历史进程，也源于外部势力的强势介入。

（一）经济重建的失败

伊拉克战后经济形势一直未见好转。2018 年，伊拉克国内生产总值（GDP）2242.28 亿美元，人均国内生产总值 5040 美元，经济年增长率为 -0.56%，近 20% 人口生活在贫困线以下。[①] 缺乏就业机会和高失业率，同时政府无力提供水电等基本服务，无力修复受损严重的基础设施，这已经成

① 数据来源：世界银行，http：//data.worldbank.org/country/iraq，登录时间：2019 年 10 月 23 日。

为近年来伊拉克经济社会发展的痼疾，这也是导致本轮抗议潮爆发的主要诱因。然而，这些问题背后的深层次原因，都可以归结于伊拉克战后国内经济重建的失败。

首先，伊拉克政府未能修复在战争中遭到破坏的基础设施。在1991年海湾战争和2003年伊拉克战争中，美国不仅打击伊拉克军事目标，还轰炸、摧毁了伊拉克民众赖以生存的重要基础设施，如自来水和能源供给系统、污水处理系统、农业灌溉系统以及伊拉克的工业和交通运输基础设施，[①] 因此，战后伊拉克亟须修复和重建国内基础设施。然而，重建费用严重缺乏、国内局势持续动荡等，导致基础设施建设停滞不前，不但不能保障民众日常生活，还成为石油产业发展的最大制约因素。经历伊拉克战争和“伊斯兰国”的破坏，伊拉克大部分损坏的基础设施仍未得到重建，供电能力只有需求的一半，还有20%的地方未通自来水。[②] 基础设施落后，严重影响经济活动正常运行和民众日常生活。

其次，伊拉克的失业现象十分严重，年轻人越来越难以找到合适的工作。伊拉克战争后，美国遣散了大批伊拉克官员和职员，解散了伊拉克军队和安全部队，使伊拉克的失业率一度超过60%。[③] 近年来失业现象虽有所好转，但失业率一直在10%以上。[④] 青年人口中有超过40%的人未接受教育、就业或培训，[⑤] 大量青年无事可做，成为抗议的主力军。

最后，伊拉克的石油部门未在经济重建中发挥应有作用。伊拉克国民经济高度依赖政府主导的石油产业，石油部门提供了90%的政府收入，但却仅雇用了全国4%的人口，石油带来的收益既没有用到修建基础设施、改善

---

① 田文林：《中东去除病根才能摆脱困境》，https：//opinion. huanqiu. com/article/9CaKrnKnxxC，登录时间：2019年10月27日。

② 唐恬波、马成文编著《伊拉克国情报告》，社会科学文献出版社，2019，第3页。

③ 赵国忠：《伊拉克战后重建及面临的困难》，《和平与发展》2004年第1期。

④ 数据来源：世界银行 https：//data. worldbank. org/indicator/SL. UEM. TOTL. ZS？ locations = IQ，登录时间：2019年10月23日。

⑤ 数据来源：世界银行，https：//data. worldbank. org/indicator/SL. UEM. TOTL. ZS？ locations = IQ，登录时间：2019年10月23日。

公共服务上，也没有用到提高就业、改善民生上，普通民众难以享受到石油带来的福利。

（二）政治体制的缺陷

本轮抗议开始后，民众对经济民生问题的不满逐渐发展成反腐败抗议活动。同时，政府对抗议活动的处置不当，又加剧了抗议者的愤怒，由反政府抗议变成了要求改革整个伊拉克政治体制的“阿拉伯之春 2.0”。

伊拉克现行政治体制是在 2003 年战后由美国主导建立起来的。2005 年 10 月由全民公决产生的“永久宪法”规定，伊拉克实行议会民主制，总理掌握行政实权并兼任三军总司令，总统是名义上的国家元首。根据伊拉克国内各政治派别达成的默契，总理出自什叶派，总统由库尔德人担任，逊尼派人士出任议长。这种民族宗派配额体制看似能兼容整合这三大政治派别，三大主要政治力量之间实则互不妥协，明争暗斗，相互拆台，滋生了很多问题。

（三）裙带关系盛行，选举沦为形式

伊拉克政坛讲究出身，个人的政治立场首先由其家族、部落、教派和民族决定，各大政治派别的领导人大都出身名门望族，且有父子传承的传统。如伊拉克主要什叶派政党“萨德尔运动”的领导人穆克塔达·萨德尔出身于著名的萨德尔家族，其家族是伊拉克政治宗教界两大最有名望的家族之一，出过多名政治和宗教领袖，达瓦党创始人即来自该家族；两大家族中的另一家族——哈基姆家族的继承人阿马尔·哈基姆（Ammar al-Hakim），则是伊拉克伊斯兰最高委员会的领导人，由他组建的“希克玛运动”（Hikma，也被译作“全国智慧运动”）目前是伊拉克重要的什叶派政党之一。伊拉克前总理海德尔·阿巴迪（Haider al-Abadi）、库尔德自治区一把手马苏德·巴尔扎尼（Massoud Barzani）等亦是出身于当地的著名政治家族。在这种政治传统下，各派领导人首先提拔家族成员，任人唯亲，导致伊拉克政坛实则是被同一拨政治精英掌控，选举也沦为换汤不换药的

形式主义，民众的投票热情每况愈下，2018 年的议会大选投票率仅为 44.5%，创历史新低。

（四）腐败现象严重

根据透明国际（Transparency International）发布的《2019 年贪腐印象指数》，伊拉克位列 180 个国家中的第 162 位。民调显示有 82% 的伊拉克人担心或非常担心政府高层的腐败，有 83% 的人认为腐败在加剧。① 腐败现象已渗透到伊拉克的各级政府，官员们贪腐基本不受法律惩罚，政治领导人也受益于各种有利可图的赞助网络。腐败问题严重影响民众对政府的信心，多次引发抗议浪潮，极大地削弱了政府执政的合法性，已成为对抗“伊斯兰国”胜利后影响伊拉克稳定的最大因素。

伊拉克的腐败问题已蔓延到政治经济社会生活各领域，上到政府高层，下到警察乃至公立医院的护士，呈现出高度制度化的特点。在立法层面上，伊拉克的主要反腐败法是《责任法案》，该法案将主动和被动贿赂、勒索、洗钱和滥用职权定义为刑事犯罪，但由于政府部门对于制度角色缺乏共识、政治意愿缺失、立法和监管职责不清、透明度不高等，该法律得不到有效执行。在司法层面上，虽然伊拉克 2005 年宪法第 87 条保证了司法独立，但实际上司法决定容易受到政治操纵。比如在一些腐败大案中，案件的审理往往需要总理批准，这一方面削弱了法院的权威；另一方面使得案件审理带有很强的政治目的。腐败也已侵入警察系统，2013 年进行的一项调查显示，在过去一年与伊拉克警方接触的人中，有 35% 的人曾向警方行贿。② 油气产业因其巨额利润而成为腐败重灾区，主要体现在政府从招标到分配石油收入的整个过程缺乏透明度。此外，政府官员还参与石油走

① “Toby Dodge, Corruption Continues to Destabilize Iraq”, October 1, 2019, https://www.chathamhouse.org/expert/comment/corruption-continues-destabilize-iraq，登录时间：2019 年 10 月 23 日。

② “Coralie Pring, Iraq: Overview of corruption and anti-corruption”, *U4 Anti-Corruption Resource Center 2015*, p. 5.

私，滋生了一个涉及政治宗教界高层人士的走私石油、牟取暴利的腐败犯罪网络。①

（五）内斗内耗严重，各派不能形成合力

2003 年战后，伊拉克局势动荡，许多重建设施需要巨大的人力投入和财力支持，涉及面广，需要一个有担当的强大政府推行和协调。然而战后伊拉克政坛没有形成一个强有力的政治力量，各派别之间互相掣肘，很多政策的出台受到各种利益集团的阻挠。战后伊拉克什叶派凭借人口优势在政坛占据优势，但什叶派内部争斗不断，2018 年议会大选后什叶派形成五大政治力量，分别是萨德尔运动、巴德尔组织、胜利联盟、法治国家联盟和希克玛运动，在政府组建问题上，各派别互不让步，都希望扩大自身实力，最终只能提名独立人士迈赫迪出任总理。迈赫迪下台后，伊拉克新任总理人选组阁失败，也与议会内部各派斗争有关。

（六）武装力量的失控

在本轮抗议潮中，伊拉克武装力量的失控是造成冲突升级、大规模死伤的原因之一，而什叶派民兵组织——“人民动员”在其中所起到的作用引人关注。伊拉克现有武装力量包括安全部队和什叶派民兵组织。安全部队是在 2004 年美国占领当局宣布解散萨达姆政权的政府军后重新组建的，当局禁止以逊尼派复兴党党员为主体的军官从军，导致新组建的军队缺乏军事人才，人员任免落入以总理为代表的文官政府手中。2006～2014 年任总理的努里·马利基（Nouri al-Maliki）将大量缺乏军事经验的什叶派亲信安插到军队担任军官，导致军队战斗力进一步下降。而在与“伊斯兰国”作战过程中，政府军的败退为什叶派民兵的兴起提供了空间。以“巴尔德旅”为代表的什叶派民兵组织迅速发展壮大，他们作战英勇，得到了大量什叶派民

---

① “Coralie Pring, Iraq：Overview of corruption and anti-corruption”, *U4 Anti-Corruption Resource Center 2015*, p. 6.

众的支持。对“伊斯兰国”作战取得胜利后，伊拉克政府将大部分什叶派民兵组织整编为“人民动员”组织，由政府提供资金支持。但伊拉克政府并不能完全控制这一支武装力量，什叶派民兵在训练和作战中倚重伊朗军事顾问，桀骜不驯，其领导人甚至公然违背伊拉克政府的命令。[①] 近年来，代表什叶派民兵的政治组织——“巴德尔组织”已经进入政坛，其影响力进一步扩大，在2018年议会大选后成为伊拉克什叶派重要的政治力量，与“萨德尔运动”等派别在组阁等问题上时常存在分歧，进一步加大了什叶派阵营的内斗，并且更加不利于伊拉克政府对国内武装力量的掌控。

（七）外部势力的介入

在本轮抗议潮中，反对外国势力干涉伊拉克内政是一大抗议主题尤其是反对伊朗和美国。近年来，伊拉克国内抗议多次出现反对伊朗的呼声。究其原因，是伊拉克民众对伊朗过度渗透的不满。在萨达姆时期，伊朗是伊拉克的劲敌，多年来一直支持海外反对萨达姆的什叶派流亡人士和政治组织。萨达姆倒台后，伊朗凭借宗教和地缘上的优势迅速介入伊拉克事务，除了与什叶派政治力量保持密切联系，在军事上支持什叶派民兵等手段，还在经贸、文化等方面全方位地影响伊拉克。近年来，伊拉克一直是伊朗最大的出口目的国，2018年两国间的贸易额达到120亿美元，两国之间的贸易合作机制日臻完善，未来还将呈现大幅度增长趋势。[②]

然而，伊朗在与伊拉克的贸易上获得大量的贸易顺差，其中一部分原因是伊朗的保护主义政策和政府补贴，伊朗出口商获得了重大税收减免和其他激励政策，同时伊朗却对伊拉克的商品征收高额进口关税。伊朗对伊拉克的出口主要包括新鲜农产品，加工食品，廉价消费品，汽车以及水泥、玻璃和砖块等建筑材料，这些获得补贴的廉价食品和商品削弱了伊拉克本土的农业

---

① 唐恬波、马成文编著《伊拉克国情报告》，社会科学文献出版社，2019，第34页。

② “Minister says Iran-Iraq trade volume to rise to ＄20 billion”，*IRNA*，October 6，2019，https：//en. irna. ir/news/83505754/Minister－says－Iran－Iraq－trade－volume－to－rise－to－20－billion，登录时间：2019年12月23日。

和制造业，引起了伊拉克人的不满。随着伊朗对伊拉克内政影响的扩大，对伊拉克国内事务介入的增多，伊拉克民众将对政府不作为的失望转化为对伊朗干涉的愤怒，抗议政府对伊朗的态度，认为伊朗是伊拉克政府治理失败和腐败的帮凶。

在本轮抗议中反对美国在伊拉克存在的直接原因，则是美国在 2019 年底以来在伊拉克领土发动的数次军事行动，不但是对伊拉克主权的粗暴侵犯，还将伊拉克卷入了美国和伊朗之间的冲突。美国此举激起伊拉克国内普遍的反美情绪，甚至原本对美国态度温和的民众也对美军行动表示不满。

事实上，美国主导的伊拉克战后重建与伊拉克的国家利益并不一致，这一直被认为是伊拉克重建失败、国家陷入混乱和动荡的根源所在。[①] 但是，目前伊拉克的政治制度是在美国的主导下建立起来的，美国一度被认为是维系伊拉克国内三大政治势力和联邦制国家团结的纽带。2020 年 1 月 6 日伊拉克议会通过的要求外国驻军结束驻扎的决议是在逊尼派议员和库尔德议员缺席投票的状态下通过的，说明在驱逐美军和对美态度问题上，伊拉克国内分歧很大，逊尼派和库尔德人仍有不同意见。

三　本轮抗议潮的影响

相较于以往抗议活动，本论抗议潮持续时间更长，参与人数更多，冲突程度更加激烈，政治倾向更加鲜明，政治诉求更为彻底，对伊拉克内政、经济贸易和对外政策产生了更加深远的影响。

一是对现有政治体制造成冲击。值得注意的是，在本次抗议潮中，抗议者表达的不是对时任政治领导人的不满，而是对伊拉克现有政治体制的抗议。面对抗议者提出的整治腐败、改善公共服务、解决就业等问题，伊拉克政府既没有资金也没有能力去解决，这不是某一任政治领导人造成的，而是

① 王丽影、王林聪：《伊拉克国家重建困境的根源及出路》，《西亚非洲》2019 年第 3 期。

体制因素引起的累积的、结构性的难题。事实上，很多伊拉克人认为迈赫迪领导的技术官僚政府是2003年以来几届政府里最好的。但现有民族宗派配额体制滋生了裙带关系、腐败加剧、权力争夺等一系列问题，民主选举产生的政府对于抗议者的承诺总是无法兑现，且完全看不到解决的希望，抗议者于是提出了改变现有政治体制的要求。如果伊拉克政府不能妥善应对这些问题，那么未来任何一个导火索、任何一个突发事件，都可能会再次引发民众抗议。同时，伊拉克国内也出现了希望政治强人上台、建立中央集权政府的呼声，足以看出伊拉克民众对于现有政治制度全面失望与不满。因此，本轮抗议潮对伊拉克现有政治体制提出了严峻挑战。

二是使原本困难的经济形势雪上加霜。本轮抗议潮对伊拉克国内经济和对外贸易造成比以往抗议活动更加严重的影响。一方面，抗议潮对伊拉克国家财政收入造成一定影响。港口海关税收是伊拉克国家财政收入的重要来源，而抗议者封锁了伊拉克的两个主要商品进口港口——乌姆盖斯尔和霍尔祖拜尔，导致对外贸易活动数次中断，伊拉克只能从通过北部与土耳其接壤的边境进口更多商品。另一方面，抗议潮使伊拉克经济体系中最脆弱的私营企业损失惨重，动荡的局势使私营企业遭受商品受损、市场中断以及消费者出于对未来的担忧而缩减开支等难题。由于私营企业提供了大量的就业岗位，未来可能引发大规模失业潮。此外，抗议潮还引发外国投资者对伊拉克国内局势的严重担忧，导致一些正在洽谈的投资项目搁浅，对伊拉克未来招商引资造成不利影响。

三是引发伊拉克国内民族主义运动。在本轮抗议潮中，为了抗议伊朗对伊拉克倾销廉价商品，抗议者们还发起了支持伊拉克国货的运动，特别是抵制外国和伊朗的商品，这类运动是伊拉克国内民族主义情绪高涨的表现。伊拉克近年来在中东的处境可谓是每况愈下，不但丧失了在阿拉伯世界的话语权，还受制于伊朗、土耳其等非阿拉伯邻国。作为传统的阿拉伯强国，伊拉克民众对这种处境充满愤怒，为阿拉伯民族主义运动在伊拉克的开展提供了民意基础，将对伊朗继续在伊拉克扩大影响造成阻碍。

四是改变地缘政治格局。本轮抗议潮使伊拉克国内反美反伊朗情绪高涨，将对伊拉克政府未来外交政策产生一定影响。近年来伊拉克已减少对美国的依赖，在美国驻军伊拉克、制裁伊朗等问题上与美国存在分歧，在本轮抗议潮中民众呼声将进一步削弱美国在伊拉克的影响力，对未来美国和伊拉克在反恐等问题上的合作造成不利影响。同时，地区大国沙特也越来越重视伊拉克在地缘政治格局中的作用，将伊拉克视为遏制伊朗影响的潜在盟友，大力发展与伊拉克的外交关系。2016 年 1 月，伊拉克重开关闭二十余年的沙特驻巴格达大使馆，随后而来的高层访问、经济接触，说明伊沙双边关系得到较大改善。沙特还通过为其支持的伊拉克政治派别领导人提供选举资金等方式进行政治投资，并承诺进行大额的经济投资。目前伊拉克国内反对伊朗的呼声将进一步有利于沙特扩大在伊拉克的影响力，助推该地区的地缘政治格局的改变。

Y.4
深陷内战泥潭的叙利亚

曹 磊*

摘 要： 2020年，叙利亚内战进入第十个年头，虽然巴沙尔·阿萨德政权重新稳固了统治地位，但战火并未完全停止，领土尚没全部收复，经济秩序也处于混乱之中。国际货币基金组织在2016年工作报告中曾指出，叙利亚要想恢复到内战前的水平至少需要20年，甚至更长的时间。[①] 2020年新冠肺炎疫情使叙利亚的重建之路更加困难。

关键词： 阿萨德政权 叙利亚内战 叙利亚重建

一 总体形势

（一）战场形势：山河破碎难重整

2018年底，俄罗斯开始掌控叙利亚战场的主导权，俄力挺下的阿萨德政权借势稳固了统治地位，夺回大部分领土。猖獗一时的“伊斯兰国”转入地下活动，重建被提上了议事日程，统一与和平初现曙光。但近两年过去，叙利亚依旧四分五裂，有多处领土被其他势力割据，国家统一遥遥无期。

---

* 曹磊，北京语言大学中东学院讲师，主要从事阿拉伯语教学与研究。

① Jeanne Gobat，Kristina Kostial：“IMF Working Paper：Syria's Conflict Economy”，June，2016.

在叙利亚西北和北部，土耳其已经完全吞并阿夫林（Afrin）地区，将其编为本国第82个行政省，实施土耳其化的管理。在阿省再往南的伊德利布（Idlib）地区，土耳其逐步将战斗力较弱的叙利亚反政府武装转入利比亚战场，替换成土耳其正规军，掩护残余的反叙政府武装，与俄叙联军在M4公路沿线形成对峙。利用所谓的和谈和反恐行动来拖延时间，土耳其在该区域内放弃采取类似阿夫林地区的民事归化措施，转而修建密集的军事观察站，以长期盘踞的姿态，实施防守反击。在尽量避免大规模正面冲突的同时，土耳其又指使叙反政府势力实施秘密渗透，不断骚扰叙政府军阵地。至此，伊德利布地区实际已沦为军事缓冲区。

在缺少俄军直接掩护的情况下，只凭伊朗组织的什叶派民兵武装的援助，叙政府军难以抵挡土耳其和反政府势力的联合攻击，包括著名的第四装甲师、第六装甲师、“老虎师”（Qawat al-Nimr）在内的叙政府军主力，在2020年初的军事行动中皆遭遇挫折，[1] 前线将领也遭遇无人机攻击，损失惨重。[2] 与早先夺回的M5公路相似，M4公路也是贯穿叙利亚东西的交通命脉，但这一地区沿线多为山地，一旦失去对其控制，将丧失对整个北部的俯瞰优势，无法保障物资的运送安全，叙西部地中海贸易枢纽——拉塔基亚港（Latakia）的作用也将被严重削弱。与此同时，在该地区的长期对峙，使俄叙联军无法拉平前线V字形防线，牵扯了较多军事投入。

2015年，俄罗斯高调军事介入叙利亚内战时，适逢美国中东政策迎来调整窗口期。美俄在叙利亚“俄进美退”的基本格局，实际符合特朗普政权经济优先的基本施政方针。此后，对叙政策已成为美国整体中东战略和全球战略的次要矛盾，美方选择降低投入成本，通过土耳其、以色列、沙特、库尔

---

① أمين العاصي: «معركة مصير في إدلب ومحيطها: المعارضة تسعى لاستعادة المبادرة»، العربي الجديد، 3 يناير 2020، https://www.alaraby.co.uk/politics/2020/1/2/معركة-مصير-في-إدلب-ومحيطها-المعارضة-تسعى-لاستعادة-المبادرة，登录时间：2020年5月1日。

② أورينت نت: «بالأسماء.. مقتل قائد عمليات ميليشيا النمر وعشرات العناصر والضباط بإدلب(صور)»، 3 مارس 2020، https://orient-news.net/ar/news_show/177806/0/بالأسماء-مقتل-قائد-عمليات-ميليشيا-النمر-وعشرات-العناصر-والضباط-بإدلب-صور，登录时间：2020年5月1日。

德人等“代理人”，消耗俄罗斯和伊朗实力，图谋将其拖入战争泥潭。目前，美军主力仍继续驻守叙利亚的阿特坦夫（At-Tanf）地区，人数虽然不多，但俄叙联军在北方战事未平的情况下，都没有在该地区部署主要的军事力量，并极力避免任何形式的武装冲突。况且这一地区是阿拉伯沙漠边缘，没有重要的战略资源。然而这样的“三不管”却逐渐成为攻击阿萨德政权的另一重要据点，反政府势力和“伊斯兰国”的残余势力都在该地区频繁活动，以鲁克班（Rukban）难民营为掩护，继续集结力量，并不断潜入政府军控制区实施破坏。此外，以色列空军也在美军阵地掩护下，绕过叙南部边界，穿越库尔德人控制区，对阿勒颇（Aleppo）等地区的伊朗军事目标实施域外轰炸。①

库尔德人势力在东部，沿幼发拉底河一带继续与叙政府军割据。失去了欧美国家对其建国的支持，库尔德人内部派系纷争愈演愈烈，土耳其乘机在北部不断蚕食库尔德人控制的区域。但坐拥“新月沃地”的水源和农耕良田，以及丰富的油气资源，库尔德人正以之前“伊斯兰国”的经营方式继续发展，并以“领土”、“领空主权”和自然资源等，换取欧美国家的军事庇护。再考虑到西部以色列控制的戈兰高地，及其越过黎巴嫩领空的直接打击能力。阿萨德政权实际控制区域仅占原国土面积的2/3左右，依旧四面楚歌，资源匮乏，统一全国之路漫漫。

（二）经济形势：发展停滞难复兴

世界银行、世界贸易组织、国际货币基金会作为全球经济指标研究的三大权威机构，在叙利亚内战伊始就失去了关于该地区的基础信息来源，随之也不得不中断了对叙利亚各项数据的研究。十年来，即使有零星的报告，也都特别注明基本数据的不完整性和不确定性。截至2020年第一季度，完整的数据和正式的研究依然空缺。这种空缺足以证明，目前叙利亚的经济依然处于停滞状态，经济秩序没有得到恢复，诸如重建计划、重建预算、国际招

---

① الجزيرة: طائرات مجهولة تقصف مواقع سورية وتوقع قتلى في صفوف مليشيات تابعة لإيران، 17 مايو 2020، https://www.aljazeera.net/news/politics/2020/5/17/سوريا-إيران-إسرائيل-البوكمال，登录时间：2020年6月1日。

商引资等消息更多还是停留在规划层面。

关于叙利亚经济最新最完整的研究报告仍是国际货币基金组织 2016 年的报告，这也是该组织前任总干事克里斯蒂娜·拉加德（Christine Lagarde）发表“叙利亚需要至少 20 年重建”观点的理论依据。[1] 同样，由于基本研究信息的不完整性和不确定性，我们无法百分百认同拉加德女士的观点，但参考过往长期战乱国家，尤其是也门、伊拉克、黎巴嫩等中东国家内战后的国情，上述论断并非危言耸听。

从叙利亚内战爆发前的诸多经济问题来看，诸如贪污腐败、财阀垄断、贫富差距悬殊等问题，非但不可能因战争而解决，反而会进一步加剧。自 2020 年以来，不断爆出政府军高级军官通过战争敛财的新闻，[2] 以及以最大财阀拉米·马赫卢夫（Rami Makhlouf）家族成员为代表的富豪，在战争期间大肆挥霍的消息，[3] 在支持阿萨德政权的民众中也引起强烈的不满。

零散的财经资讯透露出的各项数据也在预示着叙利亚的经济振兴之路必定坎坷。联合国相关部门统计，2020 年 3 月，叙利亚需要人道主义救援的人口数量达到 1100 多万人，其中约有 560 万难民和 610 万流离失所者，非正式定居点和集体营地中需求庇护的流离失所者人数同比增加 42%，总计达到 120 万人，处于粮食危机边缘的人口高达 790 万人。[4]

世界银行公布有限的零散数据显示，内战以来叙利亚的人口流失从未停止（见图 1），尤其代表主要劳动力的 25 ~ 29 岁男性青年人口数量持续下滑（见图 2），使经济重建缺乏足够劳动力。此外，世行对叙利亚整体发展能力水平估值仅为 26.7，与科索沃、索马里并列排在全球有数据统计国家中的末尾。

---

① Christine Lagarde：“The Calculus of Conflict in the Middle East”，IMF BLOG，September 16，2016，https：//blogs. imf. org/bloggers/christine - lagarde/，登录时间：2019 年 12 月 10 日。

② العربية: «عراب التعفيش..هجمة غربية ضد قوات النمر في سوريا»، 2 يناير 2020، https：//www. alarabiya. net/ar/arab - and - world/syria/2020/06/02/عراب-التعفيش-انقلاب-ناعم-على-قوات-النمر-في-سوريا，登录时间：2020 年 5 月 1 日。

③ جيرمي بوين: «رامي مخلوف: انشقاق في قلب الأسرة الحاكمة في سوريا»، 20 مايو 2020، https：//www. bbc. com/arabic/middleeast - 52740742，登录时间：2020 年 6 月 1 日。

④《叙利亚冲突即将进入第十年：1100 万人需要人道援助》，https：//news. un. org/zh/story/2020/03/1052601，登录时间：2020 年 4 月 10 日。

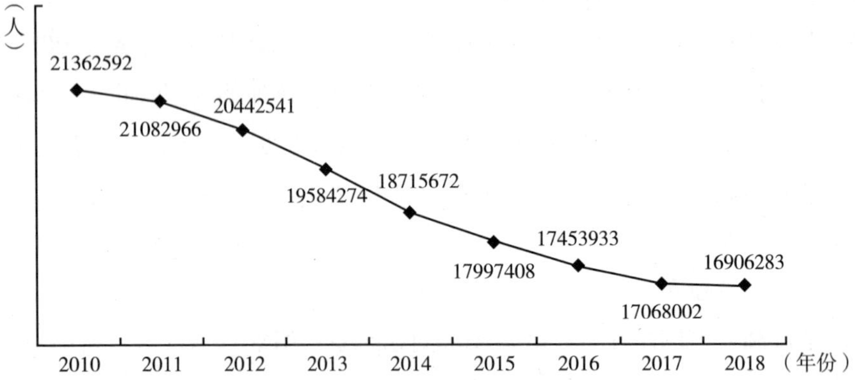

图 1　2010～2018 年叙利亚人口总数

数据来源：世界银行统计数据 https：//data. worldbank. org. cn/。

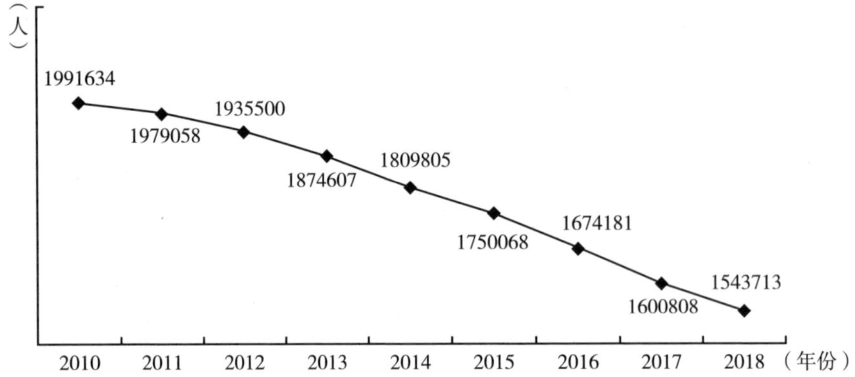

图 2　2010～2018 年叙利亚 25～29 岁男性人口

数据来源：世界银行统计数据 https：//data. worldbank. org. cn/。

从金融市场看，官方汇率已由战前的 47 叙镑兑换 1 美元，跌至 440 叙镑兑换 1 美元。黑市价格则达到 1000∶1 左右。① 在美国宣布对叙经济制裁后，更飙升至 3000∶1。黎巴嫩一度成为叙利亚资金的避风港，但 2019 年 10

① 《叙利亚打击地下汇市遏货币贬值》，https：//baijiahao. baidu. com/s？ id = 1656476295704869427&wfr = spider&for = pc，登录时间：2020 年 5 月 2 日。

月爆发的金融危机使黎政府实施外汇管制，加剧了叙利亚货币贬值。叙利亚中央银行对金融市场几乎无能为力，与2010年的206亿美元外汇储备相比，2018年1月叙利亚外汇和黄金储备总价值不超过4.07亿美元。政府在石油、旅游等传统创汇产业无法恢复的情况下，不得不禁止进口以美元结算的商品，并加大力度查抄民间金融机构私自囤积的美元。2019年阿萨德发布法令，增加退休人员和政府雇员的薪水，希望通过他们带头消费，把新印制货币流通到市场中以刺激经济。遗憾的是，既得利益者从银行提取了大部分资金，并将其再投资于其他国家，使市场中资金的流动性依然匮乏，国家经济陷入恶性循环。[①]

2019年底，美国参议院通过的《凯撒叙利亚平民保护法》（Caesar Syrian Civilian Protection Act），[②] 是对早已千疮百孔的叙利亚经济的釜底抽薪。该法案以侵犯平民权利为由，对阿萨德政权核心成员及其支持者实施制裁，同时对俄罗斯、伊朗支持叙利亚能源、国防和建筑的相关机构进行制裁，并牵连了其他国家的投资机构，导致外资纷纷停止对叙利亚的资金注入，资本市场对叙利亚重建信心跌入低点。

（三）盟友支持力度遭遇挑战

自叙利亚重建被列入议题后，阿萨德政权多个部门负责人先后表示，未来的重建工作将主要靠俄罗斯、中国和伊朗，这三国也是叙内战以来支持阿萨德政权的主要力量。但近年来，上述三国无一例外都是以美国为首的西方势力的打击对象，其中中国更是成为它们的重点打击对象。2020年新冠肺炎疫情使全球经济倍受打击，根据国际货币基金组织2020年4月《世界经济展望》预测，疫情的影响远比2008～2009年世界金融危机更为严重，

① عربي 21، «هل ستقرر الانتخابات الأمريكية مستقبل الأسد في سوريا»، 4 يونيو 2020، https://arabi21.com/story/1274816/هل-ستقرر-الانتخابات-الأمريكية-مستقبل-الأسد-في-سوريا，登录时间：2020年6月5日。

② The US Congress：H. Rept. 116－333－National Defense Authorization Act For 2020，December 11，2020.

2020年全球经济预计将急剧收缩3%。[①]

俄罗斯是对叙利亚直接援助力度最大、遭受欧美势力围剿时间最长的国家，也是在2020年遭受石油期货价格危机和新冠肺炎疫情影响最严重的国家之一。诸多不利因素导致俄罗斯减少了对叙利亚的援助，转而向阿萨德政权索要回报，加强划分在叙境内的势力范围，并加强与土耳其合作。俄叙双方在开放主权、资源共享、军队改制等焦点问题上屡屡发生矛盾，莫斯科也罕见地发出对阿萨德政权批评的声音。[②] 这与早先俄多次力挺阿萨德政权的态度形成鲜明对比。目前，俄方主要经略M4－M5公路附近控制权，排斥伊朗甚至阿萨德政权势力，试图独自打通阿勒颇—哈萨卡（Hasaka）—艾因伊萨（Ain Issa）道路，以俄式管理方式恢复上述地区的经济秩序和公共服务，并针对美国经济制裁法案，开拓一条可能的规避通道。

伊朗对叙利亚的援助是搏命式的弱者逻辑，伊方一直坚定认为，无论是否介入叙利亚内战，欧美国家、以色列、逊尼派等势力对其的全面围剿都不会解除或是减弱，[③] 因此直接在叙境内发展自己的势力，加大军事支援力度，拉近与一线敌人以色列的攻击距离，维护黎巴嫩－叙利亚－伊拉克－巴林－伊朗－也门的什叶派阵线的贯通，继续对海湾逊尼派国家施压，进而要挟背后支持的欧美力量。在自身国力有限的情况下，伊朗维护如此长的阵线困难重重，尤其2020年以来全球经济危机对伊朗的打击。目前，伊朗选择在叙利亚境内大张旗鼓地接管军事要塞，全力发展亲伊的什叶派民兵组织，抢占本不属于自己的资源，与叙、俄两国的矛盾都在日益加剧，对阿萨德政权的帮助力度正在减弱。

---

① 国际货币基金组织：《世界经济展望》，2020年4月。

② 半岛新闻：《俄罗斯媒体刊文批评阿萨德　俄叙关系破裂了吗?》，2020年5月6日，https：//chinese. aljazeera. net/news/2020/5/6/has－the－ties－between－moscow－and－damascus－cracked，登录时间：2020年5月6日。

③ فاطمة الصمادي: «إيران في سوريا: تنسحب أم تعيد بناء استراتيجيتها؟»، 12 مايو 2020، https：//studies. aljazeera. net/ar/article/4674，登录时间：2020年5月4日。

至于叙利亚周边国家，如沙特隶属于逊尼派阵营，长期对什叶派阿萨德政权充满敌意；或如伊拉克、黎巴嫩、约旦忙于国内事务，只能消化叙利亚部分难民；或如土耳其、以色列与叙利亚存在激烈的地缘竞争关系，争斗不断。这些国家都不能对叙利亚提供有力的支持。

二　困境中的求生策略

2020 年新冠肺炎疫情对叙利亚无疑是雪上加霜，阿萨德政权只能在困境中谋求生存之策。

（一）谋求收复失地

内战前期，阿萨德政权岌岌可危，丧失大量领土，不得不收缩力量，全力守卫政权核心所在的大马士革地区。在击溃“伊斯兰国”后，尚未收复的领土主要是西北面与土耳其交界处，以及东北部库尔德人控制区。这两处地方恰好处于“新月沃地”，土地肥沃，资源丰富，人口密集，经贸活动最为活跃。当年阿萨德政权被迫断臂求生，现阶段着眼重建，没有这两支“臂膀”，只凭残体生存维艰。目前，在土耳其方面，土耳其与俄罗斯或战或谈，但阿萨德政权已是局外人，只能看人脸色行事。即便在俄的帮助下收复失地，也必须付出代价。

库尔德人是阿萨德政权敌对势力中最弱的，并且内部左翼库尔德工人党（PKK）和右翼库尔德民盟（PYD）等派系内耗不断。美国 2019 年底开始从该地区撤军，目前只有收缩在拉卡（Raqqa）等要塞的 600 余人。俄罗斯有意识回避该地区问题，库尔德人处境越来越险恶。按照库尔德高官巴德兰·吉亚·库尔德（Badran Jia Kurd）的说法，国际同盟和美国放弃了对库尔德人的保护，并为土耳其的进攻开了绿灯。库尔德人不得不寻求与大马士革和莫斯科和谈，因为他们面对的威胁是一场全面的歼灭战。卡耐基中东研究中心研究员穆罕默德·哈吉·阿里（Mohanad Hage Ali）

认为，库尔德人被迫向俄叙联军寻求合作，对他们而言，阿萨德政权比土耳其危害小。①

而阿萨德政权在库尔德人问题上十分暧昧，一方面拒绝承认库尔德人独立，但也愿意给予有条件的自治权；另一方面在与俄罗斯建立了缓冲带和隔离区的情况下，却放任土耳其在该地区的推进和对库尔德人的屠杀。阿萨德本人在 2020 年 5 月谈论土耳其与叙利亚境内库尔德人关系问题时，释放出愿意与土耳其达成协议的可能。② 无论怎样，收复库尔德控制区域是叙利亚收复领土的重要一步。

（二）经济开源节流

叙利亚经济状况本就困难，2019 年又遇到美国制裁，叙利亚不得不依靠国际救援度日。尽管联合国儿基会（UNICEF）、世界粮食计划署（WFP）等国际机构都不断呼吁结束冲突，加强援助，但在叙境内开设的人道主义医院、学校、救助点收效甚微，不足以解决日益严重的难民问题。加之各方政治博弈的结果，直接的资金和物资援助主要落实在土耳其或叙反政府势力控制的几个境外难民营。对阿萨德政权和大多数叙利亚民众来说，能得到的外界救助犹如杯水车薪。

新冠肺炎疫情的暴发意外缓解了政治博弈对人道主义救援的干涉，增强

---

① العرب: «أكراد سوريا أمام تحدي الحفاظ على مكاسبهم»، 9 أكتمبر 2019، , https: //alarab. co. uk/أكراد-سوريا-أمام-تحدي-الحفاظ-على-مكاسبهم, 登录时间：2020 年 2 月 12 日。

② ديمقراطية حرية عدالة مساواة: «ليس الأسد وحده من يناهض الأكراد السوريين»، 9 مارس 2020، , https: //www. syriahr. com/ليس-الأسد-وحده-من-يناهض-الأكراد-السوري/? _ _ cf_ chl_ jschl_ tk_ _ = ea35b8fb1a6a868a7f23cfbf5687a6b9725e4b73 - 1591653201 - 0 - Ad8YfRT1FbJkBQ_ JxvS - E9RAowTlBM5HJWlN7SdIdqT8snPr2yWRkQXTOuNJjaMxHLST9vMdf9RyMoxlm4OnJlCcOCrJeGi96p2aZoggIegAS3iTzL - O6JLXfWgvPtoyqYbAzd3KwPSYlvu9axl_ Er2dwhbdDVJxf3ncGHVtmZxUxBtXrfONW0SgRY6yYr34had0YjHbi0zqM8_ f22HsaOV3DmWO_ KvhJjxn4Dtgr3aqNPZBH9h5ccN8FUA7_ Pf0LWEn - g1nubgO5rzzMIE9KDboszUjhnEw - _ BdjUlMkJZJ - FdwLTR1T9Wj9Wia0qARm2trSYVL4sx24d_ f355EJUkcTEEJBDtJrZmUr3orFS_ B7CmLK2r1MbMn8YWfOA_ x6InWmugdGs6JXaKmleroF57CfAQ0UK_ MJGRvrr8SZkPsh7krehFDXepO1EQeibSFCiBkrThakkFueNfxgHGjqubz6F2JjCfBUBypvTvOMT2kKfeCWsL2W6BJBGgIsttnw_ gNT_ 45tXWqWciJbT3ooC7eejYkB3Fo0vCpPOsZW8li，登录时间：2020 年 6 月 1 日。

了国际社会对叙利亚尤其是对阿萨德政权的援助力度。世界卫生组织在大马士革设立了第一个病毒检测中心，并在一个月内陆续在阿勒颇、拉塔基亚和霍姆斯等地开设类似的检测点，为阿萨德政权控制的地区提供全套病毒检查设备和试剂，并现场培训技术员。[①] 联合国人道主义事务协调办公室（OCHA）已拨专款约 2300 万美元，用于叙利亚全境的新冠肺炎疫情防控工作。安理会于 2020 年 1 月通过第 2504 号决议，延长在叙利亚授权的跨境援助，并于 5 月 10 日正式实施。世界卫生组织的车队开始在叙伊边境叙利亚一侧的卡米什利地区（Qamishli）运送医疗用品。而另一侧，从巴布萨拉姆（Bab al-Salam）和巴布哈瓦（Bab al-Hawa）两个过境点入境的救援运输车队在 4 月已超 1000 车次，运输能力同比增长 130% 以上。[②] 中国政府援助叙利亚抗疫物资于 4 月 15 日[③]和 6 月 4 日[④]分两批运抵大马士革，此外还有其他一些物资和人道主义资金都陆续交付阿萨德政权。

俄罗斯对叙利亚的援助主要落实在军事方面。自 2015 年 9 月以来，俄罗斯在出售给阿萨德政权武器的同时，也在叙利亚战场测试新型武器的实战效果，其中包括了 SU－55 和 SU－27 两个新的战斗机型，以及 Pantaser 和 S－400 两个最新型的防空系统。对叙利亚大规模军售帮助俄罗斯在 2019 年的武器销售总额比上一年增长了 102%。[⑤] 5 月 30 日第二批米格－29 战斗机交付给阿萨德政权，并在 6 月投入实战。[⑥] 与此同时，俄罗斯还在逐步扩大

---

① :«تأكيد 25 حالة إصابة بكوفيد–19 في سوريا ووفاة شخصين ––والوكالات الإنسانية تجاهد للمساعدة» 14 ابريل 2020، أخرار الأمم المتحدة, https://news.un.org/ar/story/2020/04/10532222，2020 年 5 月 12 日。

② 《叙利亚新冠肺炎疫情堪忧　联合国加大跨境援助力度》，https://news.un.org/zh/story/2020/05/1057862，登录时间：2020 年 5 月 19 日。

③ 《中国援助叙利亚首批抗疫物资运抵大马士革》，https://baijiahao.baidu.com/s?id=1664101837923888089&wfr=spider&for=pc，登录时间：2020 年 4 月 15 日。

④ 《中国使馆向叙利亚捐赠防疫物资》，https://baijiahao.baidu.com/s?id=1668582757256408752&wfr=spider&for=pc，登录时间：2020 年 6 月 4 日。

⑤ المدن: «بوتين:مبيعات الاسلحة الروسية تضاعفت.. بفضل سوريا»، 10 ابريل 2020، https://www.almodon.com/arabworld/2020/4/10/بوتين-حرب-الاسلحة-في-سوريا-لرفع-مبيعاتها，登录时间：2020 年 5 月 22 日。

⑥ آر تي: «القوات السورية تتسلم الدفعة الثانية من مقاتلات «ميغ 29» الروسية المتطورة » 30 مايو 2020، https://arabic.rt.com/middle_east/1119454-القوات-السورية-تتسلم-الدفعة-الثانية-من-مقاتلات-ميغ-٩٢-الروسية-المتطورة, 登录时间：2020 年 5 月 30 日。

在叙利亚机场和港口的驻扎权限，其中塔尔图斯港（Tartus）已经率先签署了49年的长期租赁合同，这是俄罗斯最为看中的地中海出海口，俄方将为该港投资120亿卢布的一期建设费用。① 此外，俄罗斯强力干预叙利亚军队制度改革，扶持“老虎师”原指挥官苏海尔·哈桑（Suheil al-Hassan）为代表的非阿萨德家族出身的草根军官，给予他更多的武器装备、战术指导、资金和情报支援，吸收逊尼派雇佣兵扩充战斗力。②

伊朗的援助更多是出于自身考虑，虽然联合了伊拉克、黎巴嫩等国的什叶派武装进入叙利亚境内作战，但物资援助主要落实在了亲伊朗的什叶派民兵组织身上。在包括俄罗斯在内的国际舆论质疑其在叙境内活动合法性的情况下，伊朗依旧表现出一如既往的坚定态度，并声称只要叙利亚政府和人民有需要，伊方就会继续存在于叙利亚境内，并愿意在任何领域中提供支援。③

阿萨德政权为熬过经济凛冬而加大节流力度。叙利亚商贸部宣布，将从2021年开始施行更为严格的计划经济管控措施，通过智能卡技术，以补贴价格为每个登记过的叙利亚公民每月发放1公斤糖、1公斤大米、200克茶叶的生活必需品，每个家庭无论大小，每月最多发放4公斤糖、3公斤大米和1公斤茶叶。④ 此外，叙政府还集中一切资源优先恢复电力供应，并对天然气等其他资源实施配额供给。阿萨德政权还决心着手治理国内贪污腐败问题。2019年下半年的反腐行动为叙政府追回15亿叙镑。⑤ 2020年4

---

① عربي 21: «روسيا تريد نفوذا أكبر على المطارات والموانئ في سوريا»، 2 يونيو 2020، https://arabi21.com/story/1274618/روسيا-تريد-نفوذا-أكبر-على-المطارات-والموانئ-في-سوريا，登录时间：2020年6月4日。

② القدس العربي: « تجارب روسية على الجيش والأمن في سوريا: ماذا عن الأسد؟ »، 16 مايو 2020، https://www.alquds.co.uk/تجارب-روسية-على-الجيش-والأمن-في-سوريا-م/，登录时间：2020年6月4日。

③ آر تي: «إيران تعلق على المعلومات بشأن التغيير في سوريا»، 18 مايو 2020، https://arabic.rt.com/middle_east/1115194-طهران-تفند-الأنباء-المتداولة-عن-مستقبل-الحكومة-السورية/登录时间：2020年5月22日。

④ إف إم: «معاون وزير التجارة: 4كيلو سكر.. 3 كيلو رز.. كيلو شاي.. للعائلة المكونة من 4أشخاص ومافوق»، 20 يناير2020، إذاعة سام, http://sham.fm/ar/article/78600/المكونة-للعائلة-شاي-كيلو-رز-كيلو-٣-سكر-كيلو٤-التجارة-معاون-وزير.html，登录时间：2020年3月13日。

⑤ ميس حمد: «حملة حقيقية أم متنفس إعلامي.. ماذا وراء ”مكافحة الفساد“ في سوريا؟»، عنب بلدي، 5 يناير2020، https://www.enabbaladi.net/archives/353479，登录时间：2020年4月12日。

月，阿萨德总统本人在接受电视台采访时表示，反腐行动已进入军队内部。[①] 5 月大财阀拉米·马赫卢夫被勒令辞去在电信公司的职务，并没收其家族财产。[②] 这些举措除了安抚民心，也是阿萨德政权为熬过未来物资匮乏的艰难时期做好准备。

（三）化解外部压力

在盟友支援力度减弱的情况下，化解敌对势力成为有效地巩固政权方式。2008 年，叙利亚和土耳其曾签署协议建立自由贸易区，两国贸易额在两年内增加 3 亿多美元，并且增长势头不减，一度计划将约旦和黎巴嫩纳入自贸区，土叙双方有和平共处的经济基础。从历史上看，两国关系也并非水火不容。从目前双方诉求看，叙利亚优先想要消灭土耳其庇护的反政府势力，土耳其则有剿灭叙利亚境内的库尔德人武装的诉求。土叙双方存在利益交换和相互妥协的可能。阿萨德政权已经率先迈出一步，在库尔德人问题上释放出合作信号。

在与逊尼派国家的矛盾方面，随着阿萨德政权逐渐稳固，阿拉伯国家已经普遍接受这一事实。叙利亚反政府势力背后的海湾国家近年财政缩水，支援能力明显下滑，叙利亚南部反政府势力明显不如北部土耳其支持的反政府势力活跃，而这些国家孱弱的军事力量更是无力独自撑起反叙大旗。连年混战使该地区没有一个国家能独善其身。在 2019 年阿盟峰会上，各国为叙利亚保留了席位而没有邀请叙反政府势力参加。阿拉伯国家恢复阿萨德政权在阿盟的席位，解决地区冲突，缓解难民压力的呼声越来越高。加之在利比亚问题上，沙特、埃及、阿联酋等国与土耳其的矛盾日趋激化，一切因素都有利于海湾诸国与叙利亚达成和解。阿联酋更是率先于 2019 年宣布投资 20 亿

---

① خالد المستنير:» الفساد دمر سوريا اكثر من الحرب .. عرين الاسد فاسد» ، أخبار سوق عكاظ ، 15 ابريل 2020، https: //soukukkaz. com/الفساد-دمر-سوريا-اكثر-من-الحرب-عرين-ال/, 登录时间：2020 年 4 月 12 日。

② العربية : «حكومة الرئيس السوري بشار الأسد «تحجز على» أموال وممتلكات رجل الأعمال رامي مخلوف»، 19 مايو 2020، بي بي سي, https: //www. bbc. com/arabic/middleeast – 52725978，登录时间：2020 年 6 月 10 日。

美元，参与叙利亚的重建计划，[1] 直到美国通过制裁法案才告暂停。

在与以色列和美国的关系上，叙利亚并不是地区矛盾的焦点，敌对势力更多是借叙利亚问题打击伊朗。伊朗搏命式的支援，在叙利亚内战初期对维护阿萨德政权起到关键作用，叙利亚国内及俄罗斯都对亲伊朗的什叶派民兵组织的快速扩张表示担忧甚至反感。在军事冲突逐步降级的情况，削弱不必要的伊朗军事援助，反而有利于阿萨德政权的稳固。这样的思路同样也适用于黎巴嫩真主党武装的军事援助问题上。

目前，欧盟对叙利亚关注的焦点在难民问题上。土耳其主动承担难民问题，并积极插手叙利亚内战和利比亚内战，无非是想重复奥斯曼帝国的旧套路，做欧亚大陆的“中间商”。但无止境地拿难民问题要挟欧美国家，利用国际社会的人道主义救援中饱私囊，招致越来越多的反对声音及各国的警惕。难民问题也可能成为阿萨德政权斡旋欧洲的资本，它与以色列的担忧相似，落实与欧盟的和解，需要限制俄罗斯的在叙境内的势力扩张。

曾经保持中立的第三世界新型市场国家则普遍表示出对叙利亚重建的浓厚兴趣，伊朗、印度、马来西亚、中国、巴西等国都已开启和阿萨德政权的合作意向。尽管目前受新冠肺炎疫情和美国制裁法案的影响，但在国家和资本的运作下，未来依然有合作的可能。

三　命运反转的关键因素

（一）亨廷顿理论再现

当前的新冠肺炎疫情破坏力极大，各国表现出的应对策略也远远超出意识形态和政治体制的局限，更多地反映出各个文明的不同。西方文明优越

① الوسيلة: «الإمارات تدعم الأسد بـ 2 مليار دولار مقابل اتخاذه هذه الإجراءات ضد تركيا وإيران»، 23 فبراير 2019، https://www.waseelatv.com/2019/02/23/الإمارات-تدعم-الأسد-بـ-2-مليار-دولار-مقا/，登录时间：2020 年 1 月 15 日。

论、对移民的偏见等问题被无限放大，引发了国与国之间的矛盾和种族之间的冲突。民粹主义、反全球化和保守主义思想一时间在世界各地重新活跃。不同文化的冲突碰撞显得尤为突出，国际政治很大程度上开始被文化相似性与对抗性所引导。这对夹缝生存的叙利亚也许并非坏事。

叙利亚目前的主要敌人是土耳其。土耳其地处欧亚大陆交界处，是欧洲文明和伊斯兰文明圈的断裂带，自带冲突属性。随着欧盟的壮大，土耳其与欧洲国家的冲突逐渐凸显。土耳其开始转移矛盾，利用叙利亚难民问题要挟欧洲国家，并试图在海陆同时封锁地中海东部，自视为欧洲的“看门人”。尽管如此，土耳其多重文明交融的属性，注定它不能真正融入任何一个文明圈。一旦欧美国家认为其威胁过大，或由于经济危机的影响，削弱甚至放弃它“看门人”地位，土耳其也可能反过来成为叙利亚抵挡外来势力干涉的挡箭牌。

同处伊斯兰文明圈，土耳其在民族、宗教和文化上与叙利亚更为接近，在思维方式上更有默契，叙利亚内战前土叙两国一度合作共赢。目前双方虽兵戎相见，但在相互试探在伊德利布问题的底线后，共同把矛头对准了库尔德人——这个困扰两国边境多年的群体，并得到伊朗和伊拉克两国的支持，这可以成为叙利亚化解土耳其威胁的机遇。

同样在伊斯兰文明圈内部，海湾诸国在后石油经济发展背景下，支援叙利亚反政府势力的能力大大降低，武力上更是无法与什叶派联盟抗衡。逐渐小家族化的海湾王权虽然更加倚重美国的庇护，但风险对冲的思想也会同时存在。在伊朗取代叙利亚成为欧美直接打击对象的情况下，对叙利亚态度完全有可能发生转变，更何况沙特和伊朗的竞争才是决定伊斯兰文明圈走向的核心问题。因此，海湾诸国也可能模仿土耳其的方式，与叙利亚打打停停，向欧美国家要挟捞取实惠。欧美国家在伊朗、伊拉克、科威特、也门、黎巴嫩、叙利亚等中东国家制造的一系列事端，也足以让所有阿拉伯国家认识到不同文明之间的冲突。在西方世界尤其是美国放松对叙利亚控制的情况下，阿拉伯国家内部与叙利亚全面和解很有可能实现。

（二）警惕极端主义回潮

叙利亚长期陷入内战，民生问题迟迟无法得到解决，很容易使该区域成为滋生极端主义的温床。尽管“伊斯兰国”被基本肃清，但其极端思想并没有被根除。叙利亚依然具备极端主义回潮的国内经济因素和国外干预因素。美国媒体表示，“伊斯兰国”的账户已恢复在 Twitter 和 Facebook 等社交媒体网站上发布的信息，主要目标是对军队和警察进行威胁或以宗教名义吸引成员。与以往不同的是，新的宣传会使用流行网站上的流行标签来传播其出版物，而不是像五年前那样采用宗教属性明显的标签。①

在与伊拉克交界处，反政府势力的叙利亚民主军（SDF）发现了“伊斯兰国”活动的据点，并逮捕了 11 名成员。② 俄罗斯塔斯社也报道，被叙利亚安全部门捕获的极端组织成员承认，在美军和反政府监管的卢克班难民营已被恐怖分子完全控制，并截留了 90% 的人道主义援助物资。③ 因此，各国对当地极端组织回潮的趋势不容小觑。

叙利亚 2011 年开始内战，以及 2014 年“伊斯兰国”的兴起，反映出叙利亚落后的工业制造能力和贫富差距的不断加大的社会现实。这种现实容易导致民众日益绝望，失去了通过自我奋斗摆脱现状的勇气和信心。每到此时，极端主义思想就会重新活跃起来，抓住民众普遍存在的挫败感、反叛观念和渴望变革的社会情绪，蛊惑使用暴力极端手段推翻现行的公平秩序。④ 十年内战没有解决问题，却使国家千疮百孔，民不聊生。贫困可使民众为眼前利益走上极端之路；教育体系的全面崩塌可使“识文断字”为掩护的宗教激进主义继续在民间传播；医疗卫生水平的低下，民众基本医疗得不到保

① المدن : «عودة «داعش» .. بأسماء عادية»، 8 يونيو 2020، https：//www. almodon. com/media/2020/6/8/عودة-داعش-بأسماء-عادية，登录时间：2020 年 6 月 8 日。

② الاتحاد: «قسد تقبض على 11 «داعشي» في يومها الخامس من عملية «ردع الإرهاب»، 9 يونيو 2020، https：//aletihadpress. com/？ p =228096，登录时间：2020 年 6 月 10 日。

③ TASS News， “Terrorists seize up to 90% of humanitarian aid in Syria’s Rukban camp，says ex-militant”，May 19 ，2020，https：//tass. com/world/1157921，登录时间：2020 年 6 月 10 日。

④ 田文林：《伊斯兰极端主义的表现、根源和困境》，《阿拉伯世界研究》2018 年第 4 期。

障，激发其不满情绪。

在国际环境方面，霸权主义和强权政治一直是伊斯兰极端主义对抗的目标，许多激进组织原型都来自20世纪的民族解放运动，或冷战时期反霸权主义扩张的社会组织。反对外部势力入侵的同时，也往往伴随着接受其他外部势力的援助，总之都离不开外部干预的阴影。今时的中东诸国很难独立解决外部势力干涉的问题，叙利亚这样地处欧亚要冲的国家更是如此。

沙姆地区阿拉伯语别称是“بلاد الشام”，主要指托鲁斯山脉（Taurus）以南，地中海东岸，阿拉伯沙漠以北，美索不达米亚平原（Mesopotamia）以西的一大片区域。沙姆地区包括叙利亚、约旦、黎巴嫩、巴勒斯坦，“沙姆”一词也代指叙利亚。这块土地在各方势力争夺中一次次支离破碎，难以保持完整和稳定，而“沙姆”一词在阿语中亦有“战乱、灾祸、不幸”的意思。每一次外部势力的干预都在加剧这块土地上的民族仇恨，难一形成统一的认同，削弱国家主权，使下一次的分裂更加容易。

目前阿萨德政权消灭了“伊斯兰国”，击退了逊尼派反政府势力，却招来了俄罗斯的强力介入和伊朗什叶派民兵组织全面渗透，甚至尚未恢复元气的伊拉克民兵和曾经附属的黎巴嫩真主党武装也来参与角逐。原本这块土地的叙利亚居民包括库尔德人在内，并不愿意接受这样“前门驱虎后门揖狼”的处境，老百姓用咒骂、木棒、石头抗议外国军车的情况时有发生。这些都是不好苗头，只要极端主义滋根源性问题没有解决，随时可能在叙利亚死灰复燃，阻碍叙利亚的重建计划。

（三）国际经济新秩序重构

以叙利亚内战为代表的一系列中东问题，都可以看到美国是背后的因素之一。十年周期的资本主义经济危机如期而至，虽然石油价格大跌，新冠肺炎疫情暴发、种族冲突升级等多重不利因素影响美国，但其全球霸主的地位依然没有动摇。在世界各国都开始接受叙利亚重建的背景下，美国依然单方面出台针对叙利亚的经济制裁法案，并迫使欧洲各国跟进，其他世界各国望而却步。

没有新的经济基础，上层建筑无疑只是空中楼阁。美国单边霸权主义的背后是石油美元的地位仍未动摇。只要美元 > 石油 > 其他国际贸易货币 > 其他主权货币基本顺序不变，任何国家减持美元，就等于同时降低本国外汇储备的信用等级。在危急关头，美国甚至可以毫不顾及通货膨胀的风险，肆意印钞。2020 年 4 月，为配合美联储无限宽松政策，石油期货价格甚至跳水至 -37.63 美元。①

石油美元时期的美国中东政策，本质上都是为了操控石油价格，维持美元世界第一的信用等级和第一的购买力。美国维护石油美元关系的出发点不变，依旧是唇亡齿寒的结果。俄罗斯、中国、伊朗是石油交易大户，又都是叙利亚重建的关键国家。在目前的低价位石油时期，三国都损失不小。俄罗斯作为欧佩克体系外最大的石油输出国，正在空耗外汇补贴油价；中国是最大的石油输入国，却不能享受欧佩克的配额和配给价格，要么靠外贸协议价格购买，要么从俄罗斯购买高价石油；石油交易构成伊朗最主要的外汇收入，石油低价位甚至无法保障其最基本的食品和药品需求。

俄罗斯、中国、伊朗都关注叙利亚问题不是偶然，而是经济上的必然联系。国际社会如果不能携起手来，在石油美元的根本问题上做出改变，无论是叙利亚，还是其他任何国家都无法彻底摆脱被美国干涉的命运。

结　语

十年战火，叙利亚深陷战乱泥潭已成定局。这个泥潭之深，会使想要介入的外部力量一同陷落，难以自拔。从叙利亚自身来看，它可以借助外部力量暂时渡过难关，但最终解决问题还是靠叙利亚自己。叙利亚重建需要人才支撑，因此，为各领域培养人才是叙利亚重建的关键之一。对中国来说，培

① 新华社：《纽约油价 20 日暴跌　收于每桶 -37.63 美元》，2020 年 4 月 21 日，https://baijiahao.baidu.com/s?id=1664518810359730981&wfr=spider&for=pc，登录时间：2020 年 5 月 13 日。

养亲华友华的叙利亚高级技术人才，是目前符合我国利益的有效援助途径。此外，除了给予叙利亚必要的人道主义援助外，应避免大规模人力、物力的本土投入，减少美元结算的商贸、金融往来，避免与俄罗斯、伊朗等深度介入的国家发生利益交叉，应优先考虑向叙利亚输出中国制造的工艺标准，培养使用中国掌握的核心技术产品习惯，推行人民币结算的贸易或借贷活动，着眼长远，摸索出中国在国际危机问题中全新的参与模式。

Y.5
也门危机发展态势及其影响

刘欣路　杜鹏越*

摘　要： 2019年也门仍深陷战争泥潭。沙特领导的联军内部龃龉不断，阿联酋、苏丹等国相继从也门撤军，受阿联酋支持的南方过渡委员会力量不断壮大，反胡塞阵营内生嫌隙。此外，也门危机的政治进程依然艰巨，2018年底也门政府与胡塞武装达成的《斯德哥尔摩协议》并未按期落实，新的和谈难有实质进展。随着也门危机进入消耗战，也门人道主义危机不断加重，恐怖主义也随之滋生。从长远看，政治解决仍是化解也门危机的最有效途径，但也门各种力量交织，利益错综复杂，僵局仍难打破。

关键词： 也门危机　胡塞武装　沙特联军　人道危机

2019年，也门危机局势更加复杂多变，仍未迎来和平曙光。战场上，胡塞武装逐渐占据上风，反胡塞阵营内部嫌隙渐显，双方冲突不断升级，并产生较强的外溢效应。当前的也门乱象丛生，人们饱受战争摧残，国家已沦为大国博弈的舞台。也门危机的解决与地区局势发展紧密相关，同时涉及多方利益。

---

* 刘欣路，博士，北京外国语大学阿拉伯学院院长、教授、博士生导师，海湾阿拉伯国家研究中心主任；杜鹏越，北京外国语大学阿拉伯学院2018级硕士研究生。

一　也门危机背景及发展过程

也门位于阿拉伯半岛南部，具有极为重要的地理位置，是阿拉伯世界古代文明摇篮之一。但自近代以来也门长期遭受战乱，整个国家积贫积弱，南北也门长期分裂并曾独立建国，直至 1990 年 5 月才成立了统一的也门共和国。但统一后依然内乱不断，南北方在很多问题上存在根本性分歧，紧张关系长期存在，为此次也门危机的爆发埋下了导火索。

2011 年，“阿拉伯之春”席卷中东，在突尼斯、埃及等国的民众抗议浪潮影响下，也门社会隐藏的矛盾被凸显和引爆，自 2011 年 1 月中旬起，也门的主要城市均爆发大规模反政府游行，民众诉求由原先的经济改革、反腐、修改宪法等，升级为要求执政 32 年的总统萨利赫下台。尽管萨利赫采取各种措施力图在 2013 年任期结束后退位，但海湾国家、西方势力纷纷介入也门政局，最终迫使萨利赫放弃政权，由副总统哈迪领导的临时政府接管。

2012 年，哈迪正式当选也门新任总统，实现了西方国家所谓的政权“和平过渡”，但也门局势并未好转。事实上，也门作为一个典型的非同质化社会，南北方矛盾、部落情结和教派冲突交织，很多民众对国家的认同感并不强烈。在这样一个政治参与程度高、政治制度化程度低，且严重破碎化的社会中，往往需要一个强有力的政治人物才能平衡各种力量、压制各种矛盾。[①] 前总统萨利赫凭借其掌控全局的出色领导能力尚能把这些矛盾置于可控范围内，继任的哈迪显然无力填补他遗留下的这一政治真空。然而，尚处于弱势的哈迪在上任后急于清洗萨利赫家族势力，引起宰德派等传统实力派群体的强烈不满，加之中东变局以来，也门安全局势不断恶化，国家武装力量提供安全保障的能力有限，其他武装力量乘机填补“安全真空”，也门呈

① 刘欣路：《也门危机发展态势及其相关影响》，《国别和区域研究》2017 年第 1 期，第 125 页。

现出多重武装力量崛起的复杂态势。[①]

胡塞武装是发迹于也门北部萨达省的一个武装组织，属于什叶派分支宰德教派。其创始人侯赛因·胡塞于20世纪70年代组建了“青年信仰者”组织，该组织得到了同为什叶派的萨利赫政权的扶持，势力不断发展壮大，在萨利赫巩固统治时期双方并肩作战，并以领袖胡塞的名字命名为胡塞武装。但随着胡塞武装的壮大，其激进主张逐渐显露。自2004年起，胡塞武装不断发动叛乱，多次触及萨利赫底线，并被沙特等多个逊尼派国家定性为恐怖组织，遭到各方联合打击。但此时的胡塞武装背后有伊朗的支持，政治主张明确，军事力量强大，在清剿行动下也未元气大伤，反而不断扩张势力范围，利用“阿拉伯之春”、萨利赫倒台等事件造成的混乱局势和权力真空实现崛起，成为也门国内与政府军抗衡的主要力量。2014年，哈迪政府为申请紧急贷款而削减燃油补贴，此举引发民众的强烈不满，国内安全局势更加紧张，胡塞武装借机于9月攻占首都萨那，迫使总统哈迪前往沙特避难。2015年3月，胡塞武装大举南下，直逼临时首都亚丁，政府军在其激烈的攻势下节节败退，国家陷入新一轮危机。

在十分危急的形势下，哈迪向同为逊尼派的沙特政府发出求救信号。2015年3月26日，以沙特为首的多国联军对胡塞武装发动了名为“果断风暴”的军事行动，以支援政府军夺回亚丁。至此，也门内战进一步升级，外部势力的干预让也门局势更加复杂难解，内部冲突升级为地区冲突。但在联军强大兵力的打击下，受到伊朗支援的胡塞武装进行顽强抵抗，双方在战场上形成了一定程度的均势，导致也门战事持续至今。虽然交战双方曾在联合国的斡旋下进行过多次和谈努力，但因为分歧严重、缺乏互信和对自身利益的不妥协导致和谈屡屡受挫，也门战局向消耗战演变。

自多国联军介入也门局势以来，也门便成了地区大国和美欧势力在中东开辟的又一个竞技场，也门内战也变成了一场名副其实的“代理人战争”。

① 朱泉钢：《也门多重武装力量的崛起及其治理困境》，《阿拉伯世界研究》2019年第4期，第38页。

沙特在“阿拉伯之春”后超越地区传统大国埃及，在中东地区日渐强大，争夺地区话语权和领导力的野心凸显，而沙特在拓展势力范围、成为中东“领头羊”的道路上面临的最大挑战之一就是以伊朗为代表的什叶派力量。胡塞武装的兴起引起了沙特的高度警惕，为避免陷入伊朗和什叶派的包围，沙特向也门反胡塞力量投入了很高的战略成本，并牵头组成多国联军协助哈迪政府对抗胡塞武装。与此同时，因为美伊间的对抗关系，沙特在也门战场还获得了美国的大量援助，包括美国向其提供的武器装备、军事情报和人员训练等。注重实用主义的特朗普尽量避免美国直接军事介入也门，而是以“有限存在”的方式介入也门危机，在遏制伊朗的同时，也牵制了沙特，在中东地区维持了各方均势和相互牵制的平衡状态。此外，沙特领导的多国联军每年从美国购买大量的军火，陷入僵局的也门成为美国源源不断的武器出口市场。在也门危机中，美国可谓一举多得。

伊朗在与美国签署伊核协议后，得到了一定喘息空间，扭转了国内经济颓势，为向外拓展利益范围、构建“什叶派之弧”创造了条件。伊朗由此放手与沙特在叙利亚、黎巴嫩等地开拓博弈场，争夺地区主导权。但美国于2018 年 5 月宣布退出伊核协议，并对伊朗重新施加严厉的经济制裁，美伊关系再度紧张。伊朗为对抗和报复美国而重启铀浓缩活动，并在军事上更加活跃，也门便成了伊朗对抗和牵制沙特与美国的重要砝码。伊朗向胡塞武装提供大量援助，包括武器装备、军事指导和资金支持等，这些援助成为胡塞武装与政府军消耗战中的重要支撑。

此外，阿联酋在也门危机中所扮演的角色也很突出。阿联酋作为沙特领导的多国联军中的一员，与沙特合作共同打击胡塞武装。但随着战事的推进，阿联酋与沙特间根本诉求的不同开始显露，其控制也门重要港口以扩充海上军事力量的野心日益凸显。在也门战场上，阿联酋和沙特共同的敌人是胡塞武装，但是沙阿各自的盟友却因彼此立场的差异而有所不同。在面对胡塞武装威胁时，沙阿双方尚能协同作战，但随着也门危机向消耗战方向演进，阿联酋对自主权的追求而与沙特不断出现分歧。例如，在也门受到沙特支持的“伊斯兰改革集团”因其穆兄会背景而受到阿联酋的反对；阿联酋支持的“南方过渡委员会”自2017年成立以来一直追求在也门南方实现独立，并多次与沙特支持的也门政府军发生冲突。此外，阿联酋十分重视建设海上军事力量，一直以来以反恐和打击胡塞武装为名，在红海沿岸建立了多个军事基地。也门的荷台达港地理位置关键，对阿联酋海上战略布局具有重要作用，在近年来受到也门危机交战各方的争夺，阿联酋对它的重视更是不言而喻。

外部势力的干预让本就混乱的也门危机变得更加迷雾重重，战争对也门社会经济和安全造成严重破坏，导致了严重的人道主义危机。2017年底，也门前总统萨利赫被其前盟友胡塞武装击毙，引起国际社会哗然。各方势力蠢蠢欲动，致使后萨利赫时代的也门内战更加激烈，军事争夺和政治博弈持续激化，多国联军和胡塞武装借此时机争夺势力范围，也门战事范围进一步扩大，战场延伸至沙特、阿联酋境内，港口成为各方争夺重点，战争进入巷战阶段。域外大国的态度也发生些许变化，有意在也门维持可控的乱局，牵制各方势力以便从中获利。

也门内战严重威胁到当地民众的生活，极大地阻碍了地区和平进程。在此背景下，联合国安理会斡旋各方陆续举行了一系列和谈，但都未取得实质性成果，各方签署的临时停火协议也未能实现。2018年12月，在联合国的斡旋下，也门政府和胡塞武装代表在瑞典首都斯德哥尔摩举行和谈，双方在涉及停火、战俘交换和荷台达控制权等重要问题上达成一致，但不久双方就互相指责对方破坏停火协议，在荷台达再次发生激战，和平进程被迫中断。

也门危机不是单纯的内战问题，战争摧残下的也门各方力量互相交织，恐怖主义和分裂主义泛滥，人道主义危机严重，社会发展深受掣肘，持续的消耗战和屡屡失败的和谈让也门局势陷入僵局。

二　也门危机的新态势

2019年4月《斯德哥尔摩协议》的签署，似乎让人们看到也门危机解决的希望，但由于缺乏强有力的监督执行机制、执行时间表不明确、协议措辞不具体等，协议签署双方各执一词，执行屡屡落空，最终沦为一纸空文，由此体现出也门问题的复杂性。进入 2019 年，也门危机仍在变化中不断向前发展，持续消耗的同时也呈现出一些新的发展态势。

（一）沙特联军内部出现分化

沙特和阿联酋作为海湾地区重要的盟友和伙伴，在重大地区问题上基本保持一致的立场。胡塞武装攻占萨那后，沙特和阿联酋等国共同组建了多国联军支援哈迪政府，参与到也门内战中打击胡塞武装。但随着也门内战向消耗战演进，装备和兵力都更胜一筹的联军却无法彻底击败胡塞武装，反而胡塞武装势力在近期呈现上升趋势。战争回报的匮乏使联军内部离心力增大，加之本国出现的经济、政治上的诸多困难使其分身乏术、疲于应对，导致它们继续参与战斗的意愿下降。2019 年 7 月，阿联酋和苏丹相继宣布从也门撤军，10 月，阿联酋武装部队宣布其驻扎在也门亚丁省的部队已完成军事任务并返回阿联酋，维护也门亚丁省安全的责任现已移交给也门和沙特在当地的部队。①

盟友的撤军导致沙特在也门战场上更加孤立，面临的压力也越来越大，长期的消耗和巨大的损失使沙特不得不重新考虑在也门战场继续投入兵力的必要性。实际上，尽管有美国先进的武器装备、军事参谋和情报支持，沙特率领的联军在也门战场并未占得上风。首先，联军之间缺乏磨合，配合作战效率低下，而胡塞武装作战目的明确，意志坚定，且经过多年的战斗洗礼，对于游击战、非对称作战等形式的战斗积累了丰富经验。其次，胡塞武装作为伊朗在也门战场上与沙特和美国抗衡的代理人而受到伊朗的大力支持，伊朗提供的资金和武器都是胡塞武装不断提升战斗力的重要支撑。强悍的战斗力和伊朗的支持让胡塞武装越战越勇，一开始占上风的沙特联军和也门政府军反而战斗意志消沉、节节败退。仅 2019 年，胡塞武装就对沙特发动了数次高调袭击并造成了不小的破坏。随着阿联酋和苏丹的相继撤军，多国联军

---

① 《阿联酋宣布已从也门亚丁撤出部队》，http：//www. xinhuanet. com/world/2019 - 10/31/c_1125176104. htm，登录时间：2019 年 10 月 31 日。

的士气和战斗力更加低迷。

沙特与阿联酋之间的嫌隙早已存在，分歧不断扩大的原因之一就是哈迪政府在也门危机中逐渐趋于被动。此外，哈迪政府中的中坚力量——伊斯兰改革党一直被阿联酋视为穆斯林兄弟会的分支，阿联酋要求将其排除在哈迪政府之外，但遭到沙特和哈迪政府的拒绝。[①] 2017 年 5 月，被哈迪罢免的亚丁省省长埃达鲁斯·祖贝迪成立南方过渡委员会，获得阿联酋方面的支持，也门战场出现了新的力量组合。在阿联酋的经济和军事支持下，南方过渡委员会的力量不断壮大。2019 年 8 月初，同属反胡塞阵营的也门政府军和南方过渡委员会爆发激烈武装冲突，10 日，南方过渡委员会武装力量夺取也门政府位于亚丁的多个军事基地，随后占领总统府。在沙特领导的多国联军调解下，双方实现短暂停火，但 20 日南方过渡委员会武装力量攻击并占领也门政府军的一处军事基地，28 日武装冲突再次升级。南方过渡委员会的壮大、阿联酋的倒戈相向、联军之间不可弥补的嫌隙，使也门战场上的力量组合更加复杂，也门局势更加紧张。

联军内部分化的趋势是有迹可循的。从根本上看，沙特和阿联酋虽然作为联军参与到也门内战中，但双方的根本诉求并不相同，这也就造就了分歧的出现。对沙特而言，什叶派胡塞武装的壮大对沙特国家安全和发展战略构成直接的威胁。在沙特和伊朗争夺地区领导权的背景下，阻止伊朗扶植的胡塞武装控制也门、避免落入腹背受敌的境地是沙特介入也门危机的最主要原因。

阿联酋通过介入也门危机扩展它在地区的影响力，进而增强海上军事力量才是其主要目的。打压胡塞武装对阿联酋来说固然重要，但它更关注的是在也门找到海外力量建设的支点，以长久发挥影响力，保证石油运输。因此，阿联酋加大对荷台达等重要港口的争夺，并支持南方过渡委员会，就是服务于自身利益。

自萨利赫被击毙后，也门战场转变为由伊朗支持的胡塞武装和多国联军

---

① 王晋：《也门内战从两方对峙变成三方对垒》，《世界知识》2019 年第 18 期，第 37 页。

支持的哈迪政府之间的两强对决。就目前形势看，也门战场的力量组合再次变化，除了南方过渡委员会外，盘踞在也门中部、具有穆兄会背景的伊斯兰改革党也倾向于摆脱哈迪政府实现独立，甚至开始与胡塞武装建立联系。

未来，也门危机可能从“沙特＋阿联酋＋也门政府军”对抗“胡塞武装＋伊朗”的两方对峙逐渐转变为“阿联酋＋南方过渡委员会”、“沙特＋也门政府军”和“伊朗＋胡塞武装＋伊斯兰改革党”三方对垒的局面。[①] 此外，安全局势的恶化也纵容了恐怖主义的滋生，也门战场作战各方力量此消彼长，战局充满了不确定性。

（二）攻防态势出现转换

在外部力量的干预下，也门危机不断升级，胡塞武装与沙特领导的联军、哈迪政府军的冲突更加激烈，且胡塞武装呈现出进攻态势。自 2019 年 5 月以来，胡塞武装多次运用弹道导弹和无人机等方式袭击沙特油气设施，与联军的冲突进而升级。2020 年 1 月 2 日，胡塞武装公开宣布在也门与沙特吉赞省边界地区击落了三架飞机；7 日，一架对胡塞武装后方执行侦察和破坏活动的联军彩虹－4 无人机被击落；8 日又有两名潜藏在萨那的哈迪政府间谍被胡塞武装捕获；9 日和 10 日，马里布的国防大楼、情报办公室、军事训练设施遭遇袭击，造成数 10 名哈迪政府人员伤亡。作为反击，多国联军和也门政府军也多次对胡塞武装目标实施空袭，并于 2 月 2 日在荷台达击落一架胡塞武装无人机。交战各方频次的上升，严重威胁到《斯德哥尔摩协议》的落实，导致也门安全局势的恶化。

除也门境内的战斗外，胡塞武装还主动向沙特境内目标发动多次袭击。规模最大的一次是 2019 年 9 月 14 日，沙特东部城市达曼附近的两处阿美石油公司油田和炼油设施遭胡塞武装袭击，导致沙特石油大幅减产。此举不仅打击了沙特在也门的进攻势头，还对沙特国内经济造成严重影响，暴露了沙特经济的脆弱性。9 月 28 日，胡塞武装又在沙特南部边境的奈季兰省对其

① 王晋：《也门内战从两方对峙变成三方对垒》，《世界知识》2019 年第 18 期，第 37 页。

发动大规模进攻战役，一举歼灭沙特三个旅级部队。随着胡塞武装越战越勇，它对沙特和也门政府军的攻击也愈发猛烈，逐渐在这场消耗战中取得上风。

除了军事上的缠斗，胡塞武装和哈迪政府在经济领域的争斗也日趋激烈，特别是在控制燃料进口、货币政策等方面。2019 年 12 月，胡塞武装针对也门中央银行所发行的新钞票发布禁令，2020 年 1 月 18 日，该禁令正式生效。此外，哈迪政府试图对进口到胡塞武装占领下的荷台达港的燃料施加关税，而胡塞武装则凭借武力保护其商业利益。

（三）政治进程难有突破

也门危机持续数年，也门和谈进展和局势走向早已不取决于国内各派别的力量对比，而是与地区格局变化、大国政策调整等紧密相关。[①] 正因如此，也门危机的政治解决进程停滞，多次和谈最后都不了了之。2019 年，联合国在也门危机中的斡旋作用基本缺失，《斯德哥尔摩协议》没有得到有效执行，在联合国框架外的和谈亦没有取得突破。

2019 年 8 月，也门政府军与南方过渡委员会在亚丁爆发冲突，并迅速向南部其他省份蔓延。由于冲突威胁到反胡塞武装联盟内部的团结，并在内战中打开了新的战线，沙特呼吁哈迪政府与南方过渡委员会在吉达进行紧急对话，以寻求政治解决途径。11 月 5 日，双方在沙特首都利雅得签署了一项权力分配协议，根据协议，也门政府将在 7 天内返回临时首都亚丁，也门所有军事编制由内政部和国防部统一管辖，也门将组建一个高效的政府，人员将在南部和北部省份平均分配。[②] 该协议的签署被视为朝着以政治解决也门战争的方向迈出的重要一步，是反胡塞武装阵营在沙特协调下完成的又一次团结。但是，自签署协议以来，除了一些政府官员重返亚丁之外，协议规定的其他内容并未按时实施。也门政府和南方过渡委员会及其他反胡塞武装

① 李亚男：《也门问题谈判能否带来和平新希望》，《世界知识》2019 年第 5 期，第 45 页。

② 《也门政府与南方过渡委员会签署权力分配协议》，http：//world. people. com. cn/n1/2019/0914/c1002 - 31353289. html，登录时间：2019 年 11 月 6 日。

力量是否能消除彼此的不信任和敌意、稳定也门南部局势还有待观察。

此外，自2019年9月以来，沙特与胡塞武装多次举行非正式会晤，商讨如何避免冲突升级，但这些会晤并未对缓解双方冲突起到明显作用，胡塞武装近期甚至加大了对政府军和沙特的攻势。在胡塞武装的步步紧逼下，政府军和沙特领导的多国联军在战斗中开始有些力不从心。军事道路上愈发疲惫的沙特开始逐步放弃武力解决也门危机，试图通过外交途径软硬兼施，借助和谈结束战争。而该地区的其他国家，如阿曼和巴基斯坦等，在协调沙特与胡塞的会谈以及缓和沙伊紧张关系的努力中承担了中间人的角色。2019年11月，双方曾在阿曼进行间接谈判，但由于互不退让，谈判最终在12月底告以破裂。沙特领导的联军随后再次针对胡塞武装发起攻势，和谈努力付之一炬。

也门危机逐渐演变成一场没有尽头的拉锯战，政治解决也门问题似乎遥遥无期。脆弱的停火协议并不能阻止战火的蔓延，政治进程的脆弱和停滞的和谈将大大阻碍也门僵局的扭转。

三　也门危机相关影响

也门战事久拖未决，严重影响了也门的社会发展和民众生活。也门经济发展长期滞后，使民众的生活环境更加恶劣，社会问题更加严峻。

（一）战乱引发严重人道主义危机

据统计，也门危机直接导致超过10万人死亡，间接导致的死亡人数超过13万人。2019年也门的领土和政治分裂仍在继续。在也门境内，胡塞武装控制的地区相对稳定，但胡塞武装采取高压措施以加强管控，镇压异议者和宗教少数派，“铁拳”下的生活令人窒息；而由反胡塞武装阵营控制的几个地区遭受着动荡和局部战争，不同势力集团争夺权力。虽然国际上承认的哈迪政府名义上控制着这些地区，但其权威日益受到挑战。持续的战争、经济崩溃和治理薄弱，使也门人道主义危机不断加重。联合国报告统计，在也门3050万人中，有2400万人需要人道主义援助，危机导致粮食不安全状况加剧，供水和卫生系统受到严重破坏，麻疹、白喉和其他疾病肆虐，1岁以下的也门儿童中有37%的人未接种疫苗。

此外，也门的冲突已造成360万人流离失所，其中包括200万儿童。根据国际移民组织的数据，仅2019年1～11月，也门就产生了超过39万的难民。[①] 大量的难民不仅增加了本国负担，而且对邻国发展和地区建设也造成很大压力。虽然联合国粮食计划署等国际组织致力于加大对也门的人道主义援助力度，但由于来自交战各方的阻力，人道主义援助无法顺利进入也门很多地区，普通民众生活举步维艰。

（二）也门乱局进一步催生恐怖主义

也门历来是恐怖主义、极端主义的滋生地和境外“圣战”者的输出地，被美国关押在关塔那摩监狱中的中东恐怖组织成员有一半来自也门。[②] 2009年1月，基地组织在也门和沙特的分支合并成立了“阿拉伯半岛基地组织”，以也门东部为主要基地，在也门和沙特从事恐怖活动。也门危机爆发以来，该组织不断扩大地盘，夺取了东南部哈德拉毛省省会马卡拉的大部分地区。在也门危机中，阿拉伯半岛基地组织也加入混战，与极端组织“伊斯兰国”、胡塞武装、南方过渡委员会和哈迪政府军争夺势力范围。随着战事升级，也门的反恐力量被削弱，沙特和美国甚至为了打击胡塞武装而暗中放纵和支持恐怖主义力量。新美国基金会的报告称，2019年美国在也门共进行了11次针对恐怖主义的军事行动，包括4次无人机打击和7次空袭，这一数字较奥巴马时期和特朗普上台初期大幅降低，恐怖主义势力生存空间增大，也门国内反恐形势更加严峻。

---

① “Rapid Displacement Tracking”, International Organization for Migration, December 1, 2019, https://reliefweb.int/sites/reliefweb.int/files/resources/Yemen%20DTM%20Rapid%20Displacement%20Tracking%20Update%20-%20Nov%2030%2C%202019.pdf，登录时间：2019年12月16日。

② 刘欣路：《也门危机发展态势及其相关影响》，《国别和区域研究》2017年第1期，第135页。

（三）政治解决也门危机仍将是最有效途径

解决也门危机，一方取得完全军事胜利固然是一种解决方法，但就目前来看，危机中的各方均没有实力完全取胜。政治解决将是最有效可行的途径。政治解决需要冲突各方摒弃私利，增强互信，寻找共同的利益契合点，以也门社会发展和民众生活安定为出发点，达成并履行停火协议。

但也门危机的政治解决进程步履艰难，《斯德哥尔摩协议》《利雅得协议》等并未达到预期。一方面，在也门危机中，来自也门国内、地区大国甚至域外大国的各种武装力量混战，他们不同的利益诉求使局势更加复杂，厘清各方利益并满足各方要求较难实现；另一方面，斡旋方并未采取完全中立的立场，在协议达成后也未能建立监督机制督促协议落实。联合国作用的缺失既打击了和谈各方的信心，又未能给协议落实营造良好的环境，而海合会等地区组织受沙特等地区大国的支配，无法在斡旋中做到中立和公正。因此，找到一个中立的调解方对政治解决也门问题十分重要，沙特与胡塞武装于2019年11月在阿曼的会谈曾是一次达成协议的机会，但阿曼苏丹卡布斯的去世，使和谈进程也被无限搁置。

也门危机的性质很明显，它既是也门政府与胡塞武装为争夺国家资源与权力而进行的争斗，也是沙特和伊朗这两个地区大国为谋求地区影响力而进行的角力。[①] 也门特殊的地理位置，对沙特、伊朗维护自身安全、扩大势力范围都具有重要的战略意义，沙伊双方绝不会任由也门落入对方的控制之中。目前来看，深陷地缘政治危机的也门僵局能否有所突破，仍充满不确定性。复杂的地区局势和国内矛盾，域外大国的干预，胡塞武装阵营与反胡塞武装阵营的胶着都显示着也门社会失序的现状难以改变。

① 刘欣路：《中国人为何不应忽视也门战乱》，新浪网，2015年3月27日，http：//news.sina.com.cn/w/zg/gjzt/2015－03－27/2030840.html。

Y.6 迈入民主转型新阶段的突尼斯

王光远*

摘　要： 2019年，埃塞卜西总统任内去世让突尼斯总统大选提前举行，独立候选人凯斯·赛义德脱颖而出，反映民众对传统的世俗政党和伊斯兰政党缺乏信任，也标志着年轻一代正以自己的方式影响着国家的政局走势。在经济方面，突尼斯几项经济指标有所好转，但GDP增长不及预期，经济结构单一和失业率高等问题仍未得到有效解决。突尼斯在对外关系方面继续保持良好态势，与欧洲、阿拉伯国家和中国的友好往来频繁与合作进一步加深。安全形势继续好转，但恐怖袭击和难民问题仍是无法彻底解决的顽疾。未来，突尼斯需要在经济改革、反腐败和解决年轻人就业等方面做出更大努力，才能保证民主转型步入新的阶段。

关键词： 突尼斯　民主转型　经济形势　外交关系　安全局势

2019年是突尼斯的大选年。自2014年总统和议会大选以来，突尼斯的政治趋于稳定，经济形势持续好转，安全问题的改善尤为显著，民主转型渐入正轨。就在各大政党和政治力量都在积极备选之时，总统埃塞卜西的任内离世让大选提前开始，也提前拉开了突尼斯新一轮的政治博弈与变动。

---

* 王光远，博士，北京语言大学中东学院讲师，研究方向为中东国际政治、中东国际关系。

一 总统大选提前举行，年轻人渴求政治权利

（一）“不老松”总统离世

2019年6月，埃塞卜西因健康状况不佳住院，并于当地时间7月25日去世，享年92岁。埃塞卜西被称为政坛“不老松”。早在布尔吉巴时期，他就担任过内政部长、国防部长等职务，还曾任驻法国和西德大使。在本·阿里时期，他曾担任过外交部长一职，在外交领域颇有建树。2011年2月突尼斯爆发大骚乱后，他曾担任临时政府总理。2012年6月，埃塞卜西创立突尼斯呼声党，并在2014年10月赢得议会大选，取代伊斯兰复兴运动党成为议会第一大党。同年12月22日，埃塞卜西在总统选举中获胜，成为2011年突尼斯政治变革后的首位民选总统。在任期间，突尼斯政治平稳运行，继续推进民主转型，并有效地遏制住了极端组织对突尼斯的渗透和破坏，维护了国家的内部安全与稳定。此外，埃塞卜西坚定支持突尼斯的世俗化道路，推进男女平权，废除穆斯林女性与非穆斯林不能通婚的禁令。自2018年底到其住院前，埃塞卜西一直在推动“赋予妇女平等继承权”修法草案的通过和实施，以实现在遗产继承份额方面的男女平等。

但埃塞卜西的执政也存在一些非议和问题，首先就是任人唯亲。自建立呼声党以来，埃塞卜西一直致力于将他的儿子哈菲兹推上党主席的位置，并打压总理沙赫德等党内成员，引发强烈不满，致使很多党员退出呼声党，另组新党。党员出走导致呼声党在议会中的席位减少，失去了议会第一大党的地位。2018年10月后，包括时任总理沙赫德在内的一批重量级党员脱离呼声党，组建了突尼斯万岁党、突尼斯计划党和突尼斯希望党等。在埃塞卜西执政后期，呼声党与伊斯兰复兴运动党的关系也逐渐恶化并破裂。在2014年的议会选举中，伊斯兰复兴运动党排名第二，仅次于呼声党。由于所得席位均未超过议会半数，两个政党的领导人决定组建联合政府执政，呼声党居于主导地位。但两党摩擦不断，并在2017年后关系恶化。2018年9月，埃

塞卜西宣布呼声党与伊斯兰复兴运动党停止联合执政。

埃塞卜西在当政期间，虽然有效遏制住了恐怖袭击，但突尼斯的失业和腐败问题一直没有得到有效解决，罢工和骚乱时有发生。2018 年 1 月，突尼斯多地爆发民众游行示威活动，抗议高物价和糟糕的就业形势。总统埃塞卜西随后表示从 2018 年起关注青年人，向青年人提供一系列贷款优惠政策，支持他们创业，改善生活，但这一承诺并未转化为现实。2018 年 12 月，突尼斯西部的一名失业摄影记者在绝望中效仿水果摊贩布瓦吉吉点火自焚身亡。

埃塞卜西在世时，曾多次表示无意参加下届总统选举，希望为年轻人提供更多的机会。但很多人预测，埃塞卜西会像很多阿拉伯国家的领导人一样，不到最后一刻绝不放弃手中的权力。但埃塞卜西的去世让这种猜测最终未能成为现实，并提前拉开了各路政治势力竞选总统的大幕。

（二）伊斯兰复兴运动党内部分歧加剧

伊斯兰复兴运动党在 2013 年被迫下台后，在 2014 年决定不推荐本党候选人参与总统职位竞选，并一直低调行事。然而，埃塞卜西去世后，蛰伏已久的伊斯兰复兴运动党从幕后走向台前。2019 年 9 月 15 日，伊斯兰复兴运动党副主席阿卜杜勒·法塔赫·穆鲁被提名参加总统选举。10 月 6 日，伊斯兰复兴运动党主席拉希德·格努西进入议会选举的突尼斯候选人名单，参与竞选议长一职。

格努西之所以不竞选总统，主要原因是他在总统选举中的胜算较低。总统是突尼斯国家的象征，当选者应该是国家政治光谱中的最大公约数，能够被各方所接受。但格努西并不被世俗人士所接受，甚至经常被世俗人士指责与极端分子沆瀣一气，但这种指责缺乏事实根据。格努西是后伊斯兰主义的代表人物，属于接受民主政治，与极端暴力划清界限的温和伊斯兰力量。而且，格努西将土耳其模式视为学习的榜样，希望像正发党领导土耳其那样，引领突尼斯走上独立富强的发展道路。① 2011 年回归突尼斯后，格努西曾表

---

① Anne Wolf, *Political Islam in Tunisia: The History of Ennahda*, Hurst & Company, 2017, pp. 95 - 98.

示突尼斯需要向土耳其学习，但不需要土耳其式的世俗主义。此外，格努西还对加入“圣战”萨拉非组织的青年抱有某种同情，指出他们只是走错了路，需要把他们引回正路等。这些言论被断章取义，成为攻击格努西的“罪证”，并引起了世俗主义者的强烈担忧和反感。

同为伊斯兰复兴运动党创始人之一的穆鲁则更受世俗人士的认可与接收。穆鲁从年轻时起就以每天身着突尼斯传统服饰而闻名全国。他认为突尼斯的伊斯兰主义者应该尊重突尼斯传统，走符合突尼斯国情的发展道路。穆鲁坚决反对使用暴力，认为暴力既不是伊斯兰传统，也不符合突尼斯的国情。1991年，穆鲁曾因伊斯兰复兴运动党走上激进路线愤而退党。除此之外，穆鲁是演讲家，性格幽默，口才极佳，很适合参加电视公开辩论等竞选环节。

突尼斯总统大选的人选确定很顺利，但议会选举却激化了伊斯兰复兴运动党的内部矛盾。伊斯兰复兴运动党在议会选举的问题上主要存在两个分歧。一是要不要提名本党候选人竞选议长？一些党内人士认为，有必要借此机会提升伊斯兰复兴运动党在国内的话语权和影响力，应该提名本党候选人参与竞选。持相反观点的人则认为，政治伊斯兰运动已经进入低潮期，伊斯兰复兴运动党应继续低调行事，积蓄力量。二是提名谁去竞选议员？伊斯兰复兴运动党的一些高层领导指责格努西操纵党内选举，将与他关系密切的党员列入候选人名单。此外，格努西竞选议长的举动也引发了伊斯兰复兴运动党内部一些人的不满。在伊斯兰复兴运动党宣布格努西参选的当天，一位伊斯兰复兴运动党成员在 Facebook 上发帖表示将以独立人士的身份参加竞选，并要求伊斯兰复兴运动党将格努西从候选人名单中移除。①

在筹备选举期间，还有消息传出格努西有意修改伊斯兰复兴运动党的内部组织条例，以消除党主席连任不能超过两届的制度障碍，因为2011年当选主席的格努西到2020年即将任满两届。这一举措如果真的实行，必将引发伊斯兰复兴运动党的内部动荡。有分析人士认为，辞职和内部分歧的增

① Hanen Jebli, “Conflicts surface with Tunisia's Ennahda”, https: //www. al - monitor. com/pulse/ar/contents/articles/originals/2019/08/tunisia - ennahda - leader - ghanouchi - run - legislative - elections. htm，登录时间：2020年1月6日。

多，表明伊斯兰复兴运动党已经开始瓦解，有可能步人民阵线、呼声运动和共和国代表大会等已经解散政党的后尘。①

（三）政治素人赢得大选，年轻人渴望政治影响力

2019 年 9 月，第一轮总统选举投票结果公布，志在必得的伊斯兰复兴运动党候选人穆鲁仅排名第三，未能进入第二轮选举。排名前两位的凯斯·赛义德和纳比尔·卡鲁伊均不是政界人士。赛义德是一名大学教授，长期在大学从事法律教学和研究工作。卡鲁伊则是突尼斯知名媒体人。这一结果充分说明，无论是世俗政党还是以伊斯兰复兴运动党为代表的伊斯兰政党，在突尼斯人民心中的地位已经显著下降，突尼斯人对政治精英不再抱有信任。此外，45%的投票率也反映出很多突尼斯人对政治游戏的失望和不感兴趣。最终，在 10 月 13 日举行的突尼斯总统选举第二轮投票中，从未有过从政经历的政坛新人凯斯·赛义德击败卡鲁伊获胜，当选突尼斯第六任总统。

2019 年 10 月 23 日，赛义德在议会上宣誓就职，他宣称将团结突尼斯全国人民，维护国家主权和尊严，保证法制和维护妇女的权利，并继续打击各种恐怖主义。仅六天后，赛义德与总理沙赫德进行磋商后，决定解除外交部长和国防部长的职务，由外交国务秘书和司法部长分别临时接任二人的职务。

赛义德在政治和文化问题上持开放和革命的态度，但在社会问题上更倾向于保守。最引人注目的就是他拒绝了埃塞卜西生前提出的关于遗产平等的立法倡议。赛义德认为，这个问题已经在《古兰经》文本中得到解决，不需要新的解释。正因为如此，赛义德在竞选期间被描述为伊斯兰主义者，甚至认为他与伊斯兰复兴运动党存在一定的联系。赛义德在总统选举的第二轮投票中，也得到了伊斯兰复兴运动党的支持，但赛义德一再宣称自己的无党派立场，以独立候选人的身份参与总统选举。

---

① Mohamed Ali Ltifi, Members of Tunisia's Ennahda resign, say movement no longer represents them, https：//www. al - monitor. com/pulse/originals/2020/01/ennahda - politics - resignation - domestic - policy. html#ixzz6E1cWYPwe，登录时间：2020 年 1 月 6 日。

赛义德之所以能够当选，主要是因为他得到突尼斯青年人的支持。长期以来，突尼斯青年人没有代表自己利益的政党。在突尼斯政治变局中出力最大的青年人，却发现自己在政治重建和转型的过程中被边缘化了，“被政党、律师、地方法官、激进左翼分子和‘民族人士’（知识分子、艺术家、有影响力的博主）所忽视”①。在突尼斯政治变局中，青年人似乎成为唯一的输家，他们不仅在国家变革过程中一无所获，有些人情况甚至更加糟糕。在“阿拉伯之春”爆发10年后，突尼斯的青年人厌倦了无休止的党派斗争和政治倾轧，将选票投给了没有任何党派背景的独立候选人赛义德，希望赛义德可以真真正正地为突尼斯的青年人着想，关心他们的利益，解决他们的诉求，改变僵化过时的旧体制。

（四）新政府组阁一波三折

总统大选尘埃落定后，议会选举也告一段落。2019年11月8日，突尼斯议会选举最终结果公布，伊斯兰复兴运动党在议会217个席位中获得52个席位，成为议会第一大党。自由主义世俗政党“突尼斯之心”党（Qalb Tounes）获得38个席位，排名第二。格努西如愿以偿当选突尼斯议会议长。

根据突尼斯宪法，赛义德总统授权议会第一大党复兴运动组建新一届突尼斯政府。伊斯兰复兴运动党提名哈比卜·杰姆利（Habib Jemli）作为突尼斯新政府的候任总理，负责组建内阁。组阁要通过议会的信任投票，需要得到过半席位的支持票（即217票中的109票）。但伊斯兰复兴运动党在议会只有54个席位，即使加上另一个伊斯兰政党尊严联盟（Karama）的21个席位，伊斯兰复兴运动党还需要其他政党的支持。

2019年11月15日，哈比卜开始与其他政党就组建联合新政府的事宜进行磋商。22日，哈比卜与“突尼斯之心”党举行了磋商。但这在党内与党外引发了巨大的争议，因为格努西此前曾在电视访谈中表示，由于“突

① Sami Zemni, “The Extraordinary Politics of the Tunisian Revolution: The Process of Constitution Making,” *Mediterranean Politics*, Vol. 20, No. 1 (2015), p. 11.

尼斯之心”党的领导人涉嫌腐败，伊斯兰复兴运动党绝不会让该党加入新政府的组建工作中。“突尼斯之心”党的创始人是总统选举中败给赛义德的媒体人纳比尔·卡鲁伊。8 月 23 日卡鲁伊因涉嫌洗钱被控入狱，作为总统候选人的他在狱中度过了第一轮投票并成功晋级第二轮。卡鲁伊被普遍认为是“旧制度的代言人”，得到富人和世俗精英的支持。

既要树立打击腐败的良好形象，与世俗反对派握手言和，又要顾及伊斯兰主义的基本底线，伊斯兰复兴运动党的组阁之路走得颇为艰辛。总体而言，世俗政党普遍对伊斯兰复兴运动党持不信任的态度。一方面是因为意识形态的区别。即使伊斯兰复兴运动党自 2016 年起就宣布与穆兄会和极端萨拉菲主义划清界限，以穆斯林民主党的身份自居，但依然得不到左翼世俗政党的信任。这些政党坚持认为伊斯兰复兴运动党支持恐怖主义，若任由其主导政府将会是一件非常危险的事情。另一方面，很多政党认为伊斯兰复兴运动党无法有效解决突尼斯面临的经济和社会危机。此外，伊斯兰复兴运动党曾于 2011 年和 2014 年与世俗党派组成联合政府，但最后都以合作破裂而告终。前车之鉴让世俗政党不敢轻易与伊斯兰复兴运动党联合，倾向于谨慎和观望的态度。

2020 年 1 月 10 日，突尼斯议会投票否决了哈比卜的组阁计划。1 月 20 日，总统赛义德任命前旅游和财政部长埃利耶斯·法赫法赫组建下一届政府。分析人士指出，赛义德的这一任命是对突尼斯青年人呼声的一种回应。法赫法赫参政前是一名工程师，属于具有技术背景的官员。他之所以受到突尼斯青年人的青睐，是因为他呼吁突尼斯的政治家精英们允许青年人选择总理和内阁成员。伊斯兰复兴运动党接受总统的提名决定，也愿意与法赫法赫就联合组阁进行谈判，但是格努西强调这都建立在一个前提条件之上，那就是“突尼斯之心”党绝不能参与组建联合政府。

根据突尼斯宪法，议会最大党的总理人选组阁失败后，总统有权提名新总理。如议会再次否决新总理组阁，则总统有权解散议会重新举行选举。如果法赫法赫也组阁失败，那突尼斯的政坛免不了要重新洗牌，由此产生的政治动荡是各方都不愿看到的，尤其是已经获得议会第一大党地位的伊斯兰复兴运动党。因此，在与法赫法赫进行了长时间艰难谈判后，格努西及其领导的伊斯兰复兴运动党最终妥协，同意将法赫法赫的组阁计划提交议会进行信任投票。2020 年 2 月 27 日，突尼斯议会最终以 129 票支持、77 票反对、1 票弃权的表决结果批准了新内阁成员名单，避免了解散议会提前选举的命运。新政府的部长们由来自伊斯兰复兴运动党、祝福突尼斯党、民主思潮党和人民运动党的议员，以及一些独立议员担任。其中伊斯兰复兴运动党得到 6 个部长职位，居所有政党之首。“突尼斯之心”党和尊严联盟被排除在外，成为在野党。

此次突尼斯大选反映出国内的两种截然相反的变化。

一方面，青年人的力量正在越来越多地影响着突尼斯国家的政治走向。2020 年 1 月 16 日，突尼斯的青年人曾向总统提交了一份他们认为有能力领导国家的 5 人名单。除法赫法赫外，还包括巴萨拉协会[①]（Al Bawsala）主席沙伊马·布希拉尔（Shaimaa Buhilal），通信技术和数字经济部前部长曼吉·马尔祖格（Manji Marzouq），联合国教科文组织执行理事会成员法拉赫·哈莎德（Farah Hashad）和一家审计法院的法官希拉兹·塔里里（Shiraz al-Talili）。[②] 在这些人中，除了一人接近 60 岁外，其他人都在 40 ~ 50 岁，而巴萨拉协会的主席沙伊马只有 29 岁。这反映出了青年人渴望国家领导人年轻化，抵触老人政治的诉求。这在某种程度上也与阿拉伯世界领导人年轻化的大趋势相吻合。

另一方面，老一辈的突尼斯政治强人流年不利。除埃塞卜西外，曾经连任 5 届总统、统治突尼斯二十余载的威权总统扎因·阿比丁·本·阿里也在 2019 年去世。此外，在 2011 年 1 月逃亡沙特的突尼斯前总理本·阿里 2019 年 9 月 19 日在吉大达去世，享年 86 岁。本·阿里去世象征意义大于实际意义，给突尼斯强人政治画上了句号。然而，未来突尼斯的政治转型是否能够

---

① 巴萨拉协会是突尼斯的一个 NGO 组织，主要宗旨为：1. 为公民提供与当选代表保持沟通的平台，帮助其捍卫基本权利，使其重新成为政治活动的核心；2. 帮助当选代表与决策者之间建立联系，以共同努力提高治理水平，树立政治道德；3. 捍卫社会进步和公民赋权的理念。资料来源：https：//arab. org/directory/al-bawsala，登录时间：2019 年 1 月 31 日。

② Hanen Jebli，Tunisia's youth seek role in forming new government，https：//www. al - monitor. com/pulse/originals/2020/01/tunisian - caretaker - government - revolution - youth - politics. html，登录时间：2019 年 1 月 31 日。

实现稳定，应保持谨慎乐观。因为突尼斯的经济和社会存在的诸多问题始终没有得到有效解决。

二 经济增长乏力，主要挑战依旧

（一）GDP 增长不及预期

自 2016 年以来，突尼斯的国内生产总值增速连年提高。2016 年增长 1.1%，2017 年增长 2%，2018 年增长 2.7%。2019 年初，世界银行曾预计，随着经济改革的深入和旅游环境的改善，2019 年突尼斯的 GDP 增长率可达 2.9%。国际货币基金组织则预计 2019 年突尼斯的 GDP 增长率为 2.7%。[①] 但 2019 年突尼斯的 GDP 实际增长率仅为 1%，远低于 2018 年的 2.7%。前三个季度的 GDP 增长率分别为 1.1%、1.2% 和 1%，而第四季度仅为 0.8%，是自 2016 年第一季度以来最弱的增长率。[②] 总体来说，2019 年突尼斯的经济表现不尽如人意。

农业和工业出口下降是拖累经济增长的主要原因之一。突尼斯国家统计局的数据显示，2019 年突尼斯多个领域出口量下滑，其中农业和农产食品加工业下降 16.6%，成衣、纺织和铜的出口下降 6%，能源出口下降 7.3%，机电产品出口下降 2.4%。

外国直接投资也比 2018 年有所下降。2019 年上半年外国对突尼斯投资达 12.966 亿突尼斯第纳尔，与 2018 年同期相比增长 13.5%，其中占比最大的为工业投资，但下半年这一数据却大幅下降。最终，2019 年全年突尼斯吸引外国直接投资 26.5 亿突尼斯第纳尔（约合 9 亿美元），比 2018 年相比反而下降了 7.6%。

---

① 《国际货币基金组织预计突尼斯 2019 年经济增长率为 2.7%》，中华人民共和国驻突尼斯共和国大使馆经济商务处，http：//tn. mofcom. gov. cn/article/ddgk/zwjingji/201904/20190402852888. shtml，登录时间：2020 年 1 月 25 日。

② Tunisia GDP Annual Growth Rate，https：//tradingeconomics. com/tunisia/gdp – growth – annual，登录时间：2020 年 2 月 20 日。

（二）旅游业继续回暖，外汇储备与汇率有所回升

经济增长不及预期，但2019年突尼斯旅游业继续向好。2019年，突尼斯的旅客人数和旅游收入都比上一年有所增长。2019年，突尼斯接待游客942.9万人次，同比增长13.6%。其中，欧洲游客278.9万人次，同比增长15.9%；马格里布地区游客493.5万人次，同比增长15.5%；中国游客3万人次，同比增长7.3%。截至2019年12月20日，突尼斯旅游业累计创收54.8亿突尼斯第纳尔，同比增长35.7%，成为国家外汇收入的主要来源之一。[①] 另一个重点产业磷酸盐产量也出现强劲增长。2019年突尼斯磷酸盐产量达410万吨，同比增长46%。

此外，突尼斯的一些经济指标也在2019年出现可喜改善。首先，财政赤字状况有所好转。2019年突尼斯财政预算赤字为3.9%，连续第三年下降。[②] 其次，外汇储备下降的问题有所改善。到2020年1月初，突尼斯外汇储备已增长至18亿突尼斯第纳尔，可满足113天进口需求。此外，货币持续贬值的不利局面得到控制。突尼斯第纳尔兑美元价格在2019年持续上升，由2019年初的1美元兑3.08突尼斯第纳尔上升至年底的1∶2.76左右，全年升值6%。

世界银行公布的《2020年营商环境报告》显示，突尼斯在190个经济体中营商环境排名第78位，得分68.7，排名比去年上升2位，在非洲国家中位列第5。在彭博社发布的“2020创新指数排名”中，突尼斯居全球第52位，在非洲和中东北非国家中均位列第3。

（三）经济结构单一和失业率高等老问题依旧

2019年，突尼斯尽管旅游业收入继续增加，但工业扩张和投资表现不佳，高油价和欧洲等主要贸易伙伴的需求减少对突尼斯经济发展造成很大压

---

① 《突尼斯2019年接待外国游客942.9万人次》，中华人民共和国驻突尼斯共和国大使馆经济商务处，http://tn.mofcom.gov.cn/article/jmxw/202001/20200102929912.shtml，登录时间：2020年1月25日。

② 2017年突尼斯预算赤字为6.9%，2018年为4.8%。

力。此外，突尼斯的通胀问题仍得不到有效解决。自2018年初以来，突尼斯央行数次上调利率以对抗通胀，但高企的消费价格仍对家庭可支配收入产生负面影响。改革进展缓慢和社会紧张局势继续影响经济增长。

由于以上问题持续存在，突尼斯政府需要定期从国际货币基金组织（IMF）处获取援助贷款。自2011年以来，突尼斯一直接受IMF的援助，但这一援助的代价十分高昂。突尼斯必须根据IMF的指导意见进行经济改革，削减预算赤字，改革效率低下的公共机构，控制庞大的公共工资支出。但这些紧缩措施引发民众不满，并遭遇工会强烈抵制，这让突尼斯政府处于骑虎难下的境地。2019年1月16日，突尼斯政府拒绝提高67万名公务员的工资，导致与突尼斯总工会（UGTT）的谈判破裂。UGTT随即发动全国总罢工，造成学校、港口、医院、政府办公室等机构受到影响，铁路、公共汽车和空中交通则全面停止服务。由于严重依赖国际援助来为其财政赤字进行融资，IMF任何未支付的款项都可能对突尼斯的财政造成巨大影响。

除此之外，突尼斯的失业率仍高居不下。2019年第三季度，突尼斯失业率为15.1%，失业人口为62.83万人，基本与去年同期持平。[①] 如此高的失业率对社会稳定和经济发展构成巨大挑战。2019年11月30日，突尼斯中部西迪布济德省（Sidi Bouzid）杰尔马镇（Jelma）居民连日发起集会示威，抗议生活贫困和缺乏工作机会。根据专业机构的计算，突尼斯经济增长率必须达到5%～6%才可能为年轻人创造就业机会。[②] 以突尼斯目前的经济增长水平，降低失业率还有相当长的一段路要走。

三　对外关系稳步发展

自2011年以来，突尼斯在对外关系方面一直表现不错，在联合国、阿

---

① 《今年三季度突尼斯失业率为15.1%》，中华人民共和国驻突尼斯共和国大使馆经济商务处，http：//tn. mofcom. gov. cn/article/jmxw/201911/20191102914467. shtml，登录时间：2020年1月25日。

② https：//www. tap. info. tn/en/Portal－Headlines/12255263－－tunisia－must，登录时间：2019年12月31日。

拉伯联盟、伊斯兰合作组织和区域性国际组织中都比较活跃。无论在巩固与老朋友的传统友谊还是与新伙伴建立良好关系方面，突尼斯都做得可圈可点。2019 年，突尼斯与欧盟、阿拉伯国家和中国的关系都取得了新的进展。

（一）与欧盟保持紧密合作

突尼斯一直与欧盟保持着特殊的政治经济关系。2011 年，突尼斯开启民主转型后，突尼斯与欧盟的关系深入发展，来自欧盟的财政捐款也大幅增加，这些捐款大部分用于改善经济、就业、安全和其他领域。2019 年 1 月，欧盟宣布向突尼斯提供 3.05 亿欧元资金援助，其中 2.07 亿突尼斯第纳尔用于帮助青年人就业和发展，2.41 亿突尼斯第纳尔用于地方发展和缩小地区差距，5.52 亿突尼斯第纳尔用于支持旅游业、文化产业和城市发展。① 6 月 26 日，突尼斯再与欧盟签署赠款协议。根据协议，欧盟将向突尼斯提供 1.5 亿欧元，用于支持和促进突尼斯的地区发展、旅游文化遗产开发、创新项目和民主转型进程。②

除了同整个欧盟保持密切联系外，突尼斯还加强了同欧盟成员国的双边合作，特别是与法国的合作。2019 年 5 月 20 日，由来自法国与突尼斯的专家组成的“法 - 突经济合作推动小组”正式成立。法国驻突尼斯大使在成立仪式上表示：“法国很荣幸能成为突尼斯的主要经济伙伴，并打算继续保持这一趋势。”③

（二）与阿拉伯国家保持密切往来

2019 年，突尼斯继续将与北非邻国发展外交关系作为重点。2019 年，

---

① 《欧盟宣布向突尼斯提供 10.5 亿第纳尔资金援助》，中华人民共和国驻突尼斯共和国大使馆经济商务处，http：//tn. mofcom. gov. cn/article/jmxw/201901/20190102830314. shtml，登录时间：2019 年 12 月 17 日。

② 《欧盟向突尼斯提供 1.5 亿欧元赠款》，中华人民共和国驻突尼斯共和国大使馆经济商务处，http：//tn. mofcom. gov. cn/article/jmxw/201906/20190602877191. shtml，登录时间：2019 年 12 月 17 日。

③ https：//www. bansard. com/cn/node/473，登录时间：2019 年 12 月 17 日。

突尼斯与利比亚的贸易额约为 17 亿突尼斯第纳尔，与 2017 年、2018 年相比明显增长。突尼斯央行行长马鲁万·阿巴斯认为，利比亚是突尼斯除欧盟之外最重要的经济伙伴，2019 年有 15 万突尼斯人在利比亚工作，每月创收约 6000 万突尼斯第纳尔。[①] 此外，突尼斯还重视加强与其他地区阿拉伯国家的关系。2019 年 3 月，突尼斯主办了阿拉伯联盟峰会，体现了它在阿盟中的重要作用。

（三）重视发展与中国的友好合作关系

突尼斯与中国的关系在 2019 年继续稳步向前发展。在 2019 年 2 月，突尼斯发展投资和国际合作部部长齐亚德·拉扎里在访问中国期间，正式向亚投行递交了申请。2019 年 2 月 19 日，突尼斯与中国签署了关于中国派遣医疗队赴突尼斯工作的议定书。4 月 2 日，中阿合作论坛第八届企业家大会暨第六届投资研讨会在突尼斯举行，共计有 600 多名中阿政府官员及各界企业家代表参加会议。时任突尼斯总理的沙赫德表示，突尼斯政府将会以全新的政策保障促进中国及阿拉伯投资者来突投资。[②] 4 月 3 日，中国 - 突尼斯商务论坛在突尼斯召开。30 余家来自中国的企业、近 20 家在突中资企业，以及 50 余家突尼斯企业近 200 人出席论坛开幕式，并按照行业进行了对口洽谈。[③] 4 月 22 日，突尼斯正式加入亚投行。5 月 3 日，突尼斯“外交日”、突外交部建部纪念日当天，由中国政府援建的突尼斯外交培训学院项目开工仪式在突尼斯市隆重举行。突尼斯总统埃塞卜西专程出席仪式。6 月 21 日，中突两国签署了两国加强投资促进的双向合作谅解备忘录。

---

① 《2019 年突尼斯与利比亚贸易额约为 17 亿突第》，中华人民共和国驻突尼斯共和国大使馆经济商务处，http://www.mofcom.gov.cn/article/i/jyjl/k/202002/20200202934291.shtml，登录时间：2020 年 2 月 10 日。

② 《中阿合作论坛第八届企业家大会在突尼斯成功举行》，中华人民共和国驻突尼斯共和国大使馆经济商务处，http://tn.mofcom.gov.cn/article/jmxw/201904/20190402851495.shtml，登录时间：2019 年 12 月 13 日。

③ 《中国 - 突尼斯商务论坛在突尼斯成功召开》，中华人民共和国驻突尼斯共和国大使馆经济商务处，http://tn.mofcom.gov.cn/article/jmxw/201904/20190402851496.shtml，登录时间：2019 年 12 月 13 日。

四　紧急状态常态化，安全形势相对好转

自2015年3月起，突尼斯多次发生严重恐怖袭击事件，时任突尼斯总统的埃塞卜西宣布全国进入紧急状态，并在之后多次延期。2019年突尼斯总统府多次发布紧急状态的延期公告。到2019年8月31日，突尼斯临时总统纳赛尔宣布，将突尼斯全国紧急状态延长至12月31日。

总体而言，突尼斯安全形势并不十分严峻。笔者于2019年11月份时前往突尼斯进行考察和学术交流，其间感觉城市日常秩序良好，即使在晚上也比较安全，各行各业正常开展工作，感受不到紧急状态下的压抑和恐惧。但恐怖袭击依然威胁着突尼斯的安全。2019年6月27日，突尼斯市中心发生两起自杀式爆炸袭击，造成军警人员和平民1死9伤，2名袭击者当场死亡。7月16日，“伊斯兰国”在社交媒体罕见发布针对突尼斯的宣传视频，呼吁支持者在突尼斯境内发起更多袭击事件。[①] 作为回应，突尼斯政府对盘踞在山区的极端分子进行打击。10月20日“基地”北非分支“马格里布基地组织”的头目穆拉德·本·哈马迪被突尼斯军队击毙，另一名恐怖分子被打伤。

除恐怖袭击外，非法移民和偷渡问题也是突尼斯的安全隐患。自2015年以来，中东和北非地区成千上万的移民和难民尝试非法进入欧洲。突尼斯因毗邻欧洲，成为偷渡者前往欧洲的主要跳板。2019年5月10日，一艘载有非法移民的偷渡船在突尼斯东部海域沉没，造成至少65人丧生。如果恐怖主义和偷渡问题长期得不到彻底解决，突尼斯的国防和社会开支仍会不断增加，对经济发展所造成的负面影响也会一直持续下去。

结　语

从2011年向民主政体过渡以来，突尼斯政治时常处于动荡与纷争之中，

① 《ISIS武装分子威胁突尼斯的新视频》，https：//www.alsumaria.tv/news/دوليات/311746/فيديو-جديد-لداعش-مسلحون-يهددون-أمن-تونس，登录时间：2019年12月26日。

经济遭受重创，安全形势一度极具恶化。2014 年后，突尼斯局势逐渐稳定下来，各方面都有所起色。2019 年总统大选顺利结束后，突尼斯民主转型即将进入新阶段。在今年大选前后，突尼斯青年人所展现出来的强大力量，对国家政局的发展走向都施加了重要影响。青年人的热情与心气能否最终转化为对国家命运和前途的理性思考和行动，从而给突尼斯政治带来新变化；还是最终陷入情绪化的老路无法自拔，进而为国家带来新动荡，都需要进一步观察。未来，突尼斯新政府面临的挑战很多，既需要进行更为深入的结构性改革来加速经济增长和降低失业率，又要解决官僚主义和腐败所带来的社会不公平，还要改革税收和补贴制度，减少财政赤字，同时安抚工会和人民的不满情绪，应对罢工与游行。在这些相互矛盾的需求中，如何找到最佳平衡点，让突尼斯的政治和经济转型继续保持平稳过渡，考验着新一任总统赛义德的智慧。

Y.7
利比亚的局势与趋势

王金岩*

摘　要： 2019年4月，利比亚东部力量“国民军”向控制西部的民族团结政府发起首都争夺战，利比亚国内战事再次升级。出于自身利益考虑，土耳其在2020年初决议对利比利实施军事干预，支持民族团结政府打击“国民军”，此举加剧国际博弈。自2020年以来，新冠肺炎疫情在全球多地肆虐，利比亚也检测出确诊病例。利比亚医疗卫生系统因多年战乱损毁严重，难以应对疫情的发展。中国可向利方提供援助，应对全人类共同面临的人道主义灾难。

关键词： 利比亚　民族团结政府　国民军　大国博弈

利比亚自2011年战乱后始终没有实现预期的稳定与发展，反而陷入混战与困顿。自2014年至今，利比亚东西两个议会、两个政府并立对峙，并在各自内外力量的支持下冲突对抗。自2019年4月至今，两派以武力争夺首都的控制权，多国以多种方式进行干预和参与。2020年以来，新冠肺炎疫情突然暴发并在全球迅速蔓延，这对利比亚局势及外部力量的参与都产生相应影响。利比亚乱局前景难期。

* 王金岩，中国社会科学院西亚非洲研究所副研究员，主要研究阿拉伯国家的政治、社会治理问题。

一　国内冲突再起

利比亚在2011年以来陷入多派势力混战的乱局：不同地区各自为政，各行其是；教俗两派为权力与利益而加剧竞逐；民兵武装缠斗难休；部落冲突不断发生。自2014年下半年起，利比亚陷于两个议会、两个政府并立于东西两地的局面：2012年大选产生的“国民议会”控制包括首都在内的西部地区；2014年大选产生的“国民代表大会”控制东部多个城市；南部沙漠区域则因历届政府鞭长莫及而疏于管控。为弥合分裂局面，自2014年9月起，时任联合国利比亚问题特别代表马丁·科布勒①在两个议会之间展开多轮斡旋，力促和解。经过多轮谈判，双方于2015年12月17日在摩洛哥的斯希拉特市签署《利比亚政治协议》，同意结束分裂局面，组建“民族团结政府”。2016年1月9日，“民族团结政府”正式组建。

然而，《利比亚政治协议》及据此组建的“民族团结政府”，始终未能获得各个派别的广泛支持，协议中的政治安排也无从落实，由此使“民族团结政府”有名无实。更为严重的是，该协议的签署反而加深了各阵营之间的政治分歧，东西分裂加剧。“国民议会”“民族团结政府”与支持它的武装力量控制包括首都在内的西部部分地区；“国民代表大会”与哈夫塔尔领导的“国民军”联盟控制东部和中部地区、南部主要城市及部分西部城市。

更为严重的是，多个国家趁利比亚乱局之际对其实施干预，支持冲突中的一方。其中，土耳其、卡塔尔、意大利支持西部政府；埃及、阿联酋、沙特、法国等支持东部力量。这使得利比亚国内冲突演化为代理人战争，冲突更加复杂，解决难度加大。在此后几年，虽然联合国、欧洲大国及利比亚的

---

① 联合国利比亚问题特别代表即联合国利比亚支助特派团的团长。2011年9月16日，应利比亚“全国过渡委员会”的要求，联合国安理会通过决议，建立联合国利比亚支助特派团，代表国际社会为利比亚的过渡和重建进程提供帮助和支持。该组织首个任期为3个月，此后由于利比亚局势持续动荡，其任期被数次延长至今。

北非邻国多次斡旋，双方始终没能实现真正的和解，利比亚的对峙局面一直延续。

2019 年 4 月 4 日，哈夫塔尔率“国民军”向控制的黎波里的“民族团结政府”发起军事行动，声称将在 48 小时内夺取对首都的控制权。“国民军”的进攻遭到保卫西部武装力量的奋力抵抗，双方的境外支持者也在资金、武器以及武装人员方面加大了支持力度。战事没能如预期的速战速决，而是持续胶着数月，胜负难决。

2019 年 11 月 27 日，土耳其与利比亚“民族团结政府”签署两项谅解备忘录：一项是划定在东地中海域管辖领域的海事协定；另一项为涉及安全和军事合作的防务协定。前者使土耳其在东地中海拥有更大面积的专属经济区；后者规定利比亚“民族团结政府”可请求土耳其提供用于海陆空军事行动的武器装备与载具；两国可在情报共享方面展开合作；如果“民族团结政府”提出请求，土耳其还可组建“快速反应部队”进入利比亚。[①] 这两项备忘录的签署引发“国民军”及其支持者强烈不满。12 月，哈夫塔尔宣布的黎波里争夺战进入决战时刻，利比亚战事进一步升级。截至 2019 年底，本轮冲突致数千人伤亡，大约 13 万人被迫逃离家园，另有 13.5 万人滞留在前线地区。[②]

总体来看，冲突双方势均力敌，各有优势。在军事方面，“国民军”处于攻势，“民族团结政府”处于守势。在本轮冲突中，“国民军”从首都以南向北推进，已攻下首都东、南周边城市，当前的战事主要集中在首都南部区域。在道义方面，“民族团结政府”作为得到国际社会承认的利比亚的合法代表，在国际上（尤其是西方）拥有更多支持者。然而，从当前军事力量看，双方都不足以击败对方、统一全国。在谈判中，双方对未来的政治安排、权力分配等方面存在巨大分歧，难以达成一致。双方至今仍在僵持，且都寄希望于外部力量的帮助。

① 《利比亚问题土耳其高调出兵利比亚》，http：//m. people. cn/n4/2019/1225/c24 - 13533353. html，2019 年 12 月 25 日。

② 《利比亚冲突加剧人道主义灾难》，《人民日报》（海外版）2019 年 12 月 6 日。

从外部力量看，利比亚战后始终伴随外部力量的干预。本轮国内冲突激化后，多个世界大国和地区国家参与其中，有的实施军事干预；有的参与斡旋，主导和谈。然而，一些国家的干预夹带私利，一些国家和国际组织的斡旋力度有限，且难以持续。因此，利比亚冲突双方尚未实现和解，乱局仍在持续。

二　土耳其对利比亚实施军事干预

利比亚优越的地理位置和丰富的能源储藏，一直都是大国的必争之地。利比亚战争期间及战后，包括西方大国、地区国家在内的多国都曾以多种方式对利比亚实施干预。就在本轮冲突双方胶着之时，土耳其出于自身利益考虑，决议对利比亚实施军事干预。2019 年 12 月 26 日，土耳其称收到了“民族团结政府”的派兵申请。2020 年 1 月 2 日，土耳其议会以 325 票赞成、184 票反对的投票结果，通过授权土耳其政府向利比亚部署军队的议案。[①] 本轮土耳其对利比亚实施军事干预出于多方面的考虑，也将带来多层面的影响。

（一）土耳其军事干预利比亚的目的

2011 年，土耳其在利比亚战争期间就以北约成员国的身份支持反对派武装推翻卡扎菲政权。战后，土耳其继续支持利比亚过渡政府。2014 年下半年，利比亚逐渐陷入两派对峙以来，土耳其始终支持代表政治伊斯兰派别的“国民议会”及其所支持的“民族团结政府”。土方多次无视联合国的武器禁运规定，秘密将大量武器和弹药运入米苏拉塔，支持西部武装对抗东部的“国民军”。2019 年 4 月“国民军”开始进攻的黎波里后，土耳其加大了支持力度，在 5 月至 10 月共向“民族团结政府”派遣了 20 架无人机和 60 名左右的土耳其军官对其进行支援。[②] 12 月，哈夫塔尔宣布首都争夺战

---

① 《土耳其议会批准出兵利比亚或改变利比亚战局》，《环球时报》2020 年 1 月 3 日。

② Michael Young “Into the Libya Vortex”, https：//carnegie－mec. org/2020/01/14/into－libya－vortex－pub－80776，2020－1－14.

进入决战时刻，土耳其正式宣布将军事介入。本次土耳其高调介入利比亚战局，对其实施军事干预，主要有如下方面的考虑。

一是维护在利比亚的经济利益。长期以来，土耳其在利比亚有巨大的商业利益。在2011年利比亚战争之前，在阿拉伯国家居住和工作的土耳其公民中有1/4在利比亚。截至目前，土耳其在利比亚尚未履行的合同额超过180亿美元，集中在建筑和服务领域。[①] 如果哈夫塔尔夺取利比亚政权，上述业务恐不会得到实施和支付，土耳其在利比亚的贸易和商业特权也将被支持哈夫塔尔的埃及、阿联酋、沙特等国取代和排斥。未来，土耳其还希望从利比亚进口更多的原油以保障能源安全。显然，土耳其在利比亚有着多方面的经济利益。

二是扩大在东地中海域的权益。近年，石油勘探专家在东地中海域勘探出丰富的石油和天然气。据美国地质调查局探测的结果，该海域最终可以生产约10万亿立方米的天然气和35亿桶石油。[②] 土耳其作为能源需求大国，多次向该区域派遣油气钻探船进行探测。然而，该海域其他几国——希腊、塞浦路斯、埃及、以色列，甚至法国和意大利结成利益联盟，共同孤立和挤压土耳其。自2018年起，土耳其多次要求与利比亚“民族团结政府”签署一项专属经济区协议，在土耳其西部与利比亚东部之间建立一条海上走廊。[③] 直到2019年11月底，“民族团结政府”面临来自“国民军”的军事压力，才与土耳其签订这份谅解备忘录，绕过其他地中海沿岸国家“私自”划定海上管辖领域，并使土耳其获得了更大面积的专属经济区。土耳其通过帮助“民族团结政府”保持在利比亚的合法性，从而维持该备忘录的有效性，进而实现其“伸张”领海权力的目标。

三是扭转在国内的颓势。因国内经济复苏乏力、生活成本和失业率等屡

① Michael Young “Into the Libya Vortex”, https: //carnegie - mec. org/2020/01/14/into - libya - vortex - pub - 80776, 2020 - 1 - 14.

② 《希腊、以色列和塞浦路斯合作建造东地中海天然气管道，欲在孤立土耳其》，《文汇报》2020年1月5日。

③ Michael Young “Into the Libya Vortex”, https: //carnegie - mec. org/2020/01/14/into - libya - vortex - pub - 80776, 2020 - 1 - 14.

创新高，土耳其总统埃尔多安领导的正义与发展党近年来在国内的支持率大幅下降。在2019年地方大选中，该党失去了包括首都安卡拉和伊斯坦布尔在内的多座大城市。此后，一些资深党员纷纷致力于脱离正发党，创建新党。2019年12月13日，土耳其前总理艾哈迈德·达武特奥卢在安卡拉宣布组建名为“未来党”的新政党。① 在国内重压之下，埃尔多安试图通过出兵利比亚转移国内矛盾，提高民众支持率，扭转当前颓势。

四是与地区大国博弈。历史上奥斯曼帝国的辉煌和荣光仍对今日土耳其的领导者和民众具有影响，土耳其从未放弃追求在中东地域上的领导权。埃及在“阿拉伯之春”爆发前一直是该地区阿拉伯国家中的“领头羊”，但在“阿拉伯之春”后国力严重衰退，在中东地区的地位和影响力明显减弱。沙特等海湾国家因维持稳定而在中东地区的影响力显著提升。土耳其将上述两国都视为竞争对手，欲将利比亚作为与二者博弈的场地。2013年，埃及现任总统塞西推翻穆尔西的统治，并将其领导的穆兄会定性为恐怖组织。意识形态分歧使埃土两国长期不睦，土耳其将塞西上台形容为“不可被接受的政变”，并接纳数千名埃及反政府人士。埃及则谴责土耳其干预其内政，将土耳其驻埃及大使驱逐出境，并将两国关系降级。② 自2011年至今，土耳其与沙特为争夺地区领导权围绕多项地区热点问题展开激烈竞争。在利比亚问题上，埃及和沙特都站在“国民军”一边，土耳其谴责“国民军”破坏利比亚的稳定，出兵支持民族团结政府。沙特认为，土耳其军事干涉利比亚正是“新奥斯曼主义”的体现。③

五是打破外交僵局。从世界范围看，近年来，土耳其对叙利亚的军事干预引发西方国家、中东地区大国、相关国际组织以及叙利亚政府和库尔德人的反对。从地区意识形态领域看，埃尔多安在土耳其的统治是一种自下而上

---

① 《土耳其前总理达武特奥卢组建新政党》，http：//www. xinhuanet. com//2019 - 12/14/c_1125346031. htm。

② 《埃及决定召回驻土耳其大使要求土驻埃大使离开》，《中国日报》2013年11月24日。

③ 奥斯曼主义，又称“大土耳其主义”，指跨国、跨地区的民族主义，一般以恢复传统帝国为目的，主张历史上曾经生活在同一帝国后来被分割的族群恢复原有的帝国或国家。

的模式，代表了一种民粹主义，受到埃及、沙特、阿联酋等国的抵制。当前，土耳其受到国际社会及地区国家的孤立，希望通过本次出兵利比亚打破外交僵局。

（二）土耳其军事干预利比亚的影响

利比亚乱局已持续多年，本轮冲突始于2019年4月，具有持续时间长、对抗烈度强、涉及国家多、相关因素复杂的特点。土耳其的军事干预打开了利比亚政局以及所在地区局势的“潘多拉魔盒”，将在多方面产生影响。

首先，使利比亚局势复杂化。土耳其的军事干预使多年来联合国及一些地区国家在利比亚劝和斡旋的努力前功尽弃，利比亚冲突回归暴力。冲突双方仅靠自身力量都不足以击败对方，因此都寄希望于依靠外力赢得战局，这使地区国家在利比亚的博弈加剧。对立两派国家间既有意识形态分歧，又有经济利益矛盾，也为成为地区霸主而逐鹿，相互间的关系错综复杂。土耳其实施军事干预，对方国家不会坐视不理，双方间的暴力对抗将进一步升级。无论结果如何，利比亚都将遭受严重的人道主义危机，为政治解决争端制造更多难题。

其次，使东地中海域的博弈白热化。2020年1月2日，就在土耳其议会通过向利比亚部署军队议案当日，东地中海域的希腊、以色列和塞浦路斯签署了东地中海天然气管线项目协议。根据该项目协议，相关国家将在2020～2025年建成总长约1900公里的天然气管线，将以色列气田开采的天然气途经塞浦路斯和希腊输送至欧洲。[①] 此协议将使土耳其作为欧洲天然气进口枢纽的地位有所削弱，也将影响其在东地中海的话语权。土外交部发言人指责协议缔约方采取“恶性政治手段孤立土耳其”[②]。2019年12月6日，希腊对土耳其与利比亚的海上划界协议表示愤怒，称其“公然违反国际

---

① “اليونان وإسرائيل وقبرص توقع على اتفاق خط أنابيب عار لشرق المتوسط”, https: //al - ain. com/article/greece - israel - cyprus - mediterranean - gas - pipeline, 2020 - 1 - 2.

② 《希腊、以色列和塞浦路斯合作建造东地中海天然气管道，欲在孤立土耳其》，《文汇报》2020年1月5日。

法”，因此将驱逐利比亚大使。① 2019 年 12 月和 2020 年 1 月，埃及两次在地中海上举行大规模军演，并公开力挺土耳其库尔德分离主义势力。② 本轮土耳其军事干预利比亚使东地中海域国家间的博弈更趋激烈。

再次，使非洲安全局势恶化。利比亚战争后，“伊斯兰国”、“基地组织马格里布分支”等恐怖极端组织，利用利比亚乱局之际，在利比亚境内及北非和萨赫勒地区扩张势力，并在邻近国家发动恐怖袭击。近年，在西方大国和地区强国的打击下，上述恐怖组织的主体力量被击溃，化整为零的恐怖分子长期隐匿在利比亚南部沙漠区域及与多个非洲邻国的边境区域。土耳其议会批准向利比亚军事部署后，已多次向利比亚境内运送参战人员。这些作战人员成分复杂，既有土耳其的指挥官，也有叙利亚的反对派武装，还有为数众多不明来历的武装分子，他们将在利比亚接受培训后参战。本轮利比亚战乱过后，他们无疑将成为利比亚境内新的安全隐患，并在其邻近地区国家间流窜，与当地的恐怖分子或争斗，或结合，都将致使整个非洲的安全局势进一步恶化。非洲与欧洲国家曾有着复杂的历史关系，当前依然保持政治、经济、安全等多领域的密切相关性。近年，沙特、阿联酋、埃及等国也都致力于加强与非洲国家的交往和合作，以提升在非洲的影响力。可见，非洲安全局势对西方大国以及中东国家具有重要影响，因此，本轮土耳其对利比亚的军事干预引发相关国家的关注和行动。

最后，使相关地区组织进一步分化。一方面，土耳其军事干预利比亚加剧阿拉伯国家联盟的分化。21 世纪以来，阿盟的凝聚力渐趋弱化，尤其是“阿拉伯之春”以来，成员国间的裂痕进一步增大。本次土耳其决议军事介入利比亚后，2020 年 1 月 31 日，阿盟召开部长级紧急会议讨论该议题，并通过决议“呼吁禁止‘外国势力（土耳其）’干预利比亚局势”。然而，利比亚常驻阿盟代表认为，阿盟在利比亚问题上执行双重标准，即利比亚“国民军”在外国的军事支持下对利比亚合法政府进行了数月的攻击，阿盟

① 《地中海划界争端持续发酵　希腊宣布驱逐利比亚大使》，《参考消息》2019 年 12 月 7 日。

② 《向土耳其发信号？埃及军队在地中海连续搞“大动作”》，《参考消息》2020 年 1 月 7 日。

对此保持沉默；本次土耳其派兵支持民族团结政府却被视为外部干预。他甚至表示利比亚可能因此退出阿盟。[①] 另一方面，本次利比亚乱局恐将增大欧盟分化的张力。2014～2016 年，欧洲多国曾遭遇严重的难民危机。由于不同国家对接收难民的态度和能力不同，难民问题一度成为欧盟的分化因素。本轮战乱又将产生大量难民，欧盟恐将面临新一轮难民危机。且欧盟大国对于当前利比亚乱局及土耳其的军事干预立场不一。这些都将成为欧盟进一步分化的催化剂。

（三）多国的反应和国际社会的参与

至今，土耳其向利比亚运送了大量弹药、武器、数十名军事人员和 2000 余名武装人员。土耳其还计划再向利比亚输送 6000 名左右武装人员。其中，只有军事人员为土耳其籍，武装人员为叙利亚籍的民兵和战斗人员。[②] 面对利比亚乱局以及土耳其的军事干预，世界多国和国际组织都以各自的方式参与，有的用行动抗议，有的参与斡旋，有的主导和谈。

首先，双方的外部支持力量都加大了支持力度。阿联酋增加了向“国民军”提供武器装备的数量；埃及将翼龙 II 无人机部署到了西部靠近利比亚边境的军事基地；苏丹向利比亚境内输送了更多的雇佣兵和武器等。利比亚乱局以及中东地区局势因此更加紧张和复杂，暴力思维强化，国家间博弈加剧。

其次，西方大国致力于对利比亚实施斡旋，尤以德国的表现最为突出。2014～2016 年，欧洲多国遭遇第二次世界大战以来最大规模的难民潮，数百万来自非洲国家的难民和移民跨越地中海偷渡至欧洲。其中，德国接收的难民数量最多，仅 2015 年就超过百万，而利比亚乱局使利比亚成为难民和移民进入欧洲的一条优选通道。难民问题已成为以德国为首的欧洲多国政治分裂的推力、经济发展的压力、实现安全的阻力，以及加剧欧盟分裂的张

---

① 《不满阿盟“外国势力”干预决议，利比亚威胁“退群”》，《环球时报》2020 年 1 月 2 日。

② Frederic Wehirey, “Among the Syrian Militiamen of Turkey's Intervention in Libya”, *NEW YORK REVIEW OF BOOKS*, January 24, 2020.

力。因此，德国希望积极参与利比亚斡旋，从源头上遏制难民潮，保护国家安全。德国也致力于借此契机提升本国在欧盟内部的领导力和扩大在国际上的影响力。

2020 年 1 月 19 日，德国政府在柏林举行利比亚问题国际会议，邀请利比亚冲突双方、世界多个大国及相关国际组织领导人或高级别代表参会。经过艰难磋商，与会各方达成共识：同意遵守对利比亚实施的武器禁运、终止对冲突各方的军事支持，并共同促使冲突各方将停火转化为长久和平。[①] 然而，该共识并没有被切实执行，而是被相关国家用行动撕毁。在 2020 年 2 月14～16 日召开的慕尼黑安全会议上，德国国防部长卡伦鲍尔倡议：英、法、德、意四国联合起来，共同参与解决利比亚冲突。[②] 然而，法、意分别支持冲突的一方，英国自身也面临脱欧后的困境，难以在利比亚问题上发挥应有的作用。欧洲多国立场不一致，无法形成合力支持德国的倡议。西方大国的斡旋难以收获实效。

再次，联合国通过相关决议，主导冲突双方和谈。安理会于 2020 年 2 月 12 日通过了认可柏林会议成果的 2510 号决议，并据此主导利比亚冲突双方在政治、经济、军事三条轨道上展开和谈，以达成全面和解。最先启动的是军事和谈。在柏林会议期间，双方就在外部力量的促成下达成了成立一个“5＋5”模式的联合军事委员会的意向，即“国民军”和“民族团结政府”各派 5 名代表参加，目标是就利比亚全面停火进行谈判。2 月 17 日，冲突双方的代表抵达日内瓦准备参加就组建联合军事委员会的会谈。18 日，“国民军”用数枚火箭榴弹轰炸的黎波里港口，意在摧毁该港口的设施、设备和内部泊位。“民族团结政府”宣布因“国民军”数次违反停火协议而暂停谈判，双方间的和谈再次被迫停滞。时任利比亚问题特使加桑·萨拉姆称因

① 《利比亚问题柏林会议：德国或为最大赢家》，http：//www. oushinet. com/voice/commented/20200123/339571. html。

② “Munich Security Conference could present new hope for Libya”，https：//www. thenational. ae/opinion/comment/munich－security－conference－could－present－new－hope－for－libya－1. 979448，2020－2－15.

个人身体健康原因，无法继续承受压力，向联合国秘书长提出辞职要求。目前，联合国在斡旋利比亚冲突问题上也陷入暂时停滞状态，难于向前推进。

最后，利比亚的邻国多年来一直受到其乱局的袭扰。在本轮外部斡旋无果后，这些国家开始探索从内部解决利比亚问题。2020 年 1 月 23 日，利比亚 7 个周边国家的外长或代表在阿尔及利亚首都阿尔及尔举行会议，一致呼吁国际社会允许利比亚人民自己解决目前的危机，不要进行任何形式的外来干预。[①] 2 月 2 日，阿尔及利亚总统阿卜杜勒 – 马吉德 · 特本与到访的突尼斯总统盖斯 · 赛义德讨论利比亚局势时再次呼吁：唯有在利比亚人的主导下，以利比亚人选择的方式才能解决利比亚问题。两国将共同致力于促成利比亚冲突各方的直接会谈，[②] 但直至今日仍未实现。

三　利比亚乱局前景难期

从利比亚战后至今的情况看，其国内乱局与外部干预是一对悖论。后者是前者的重要原因、消极结果和解决条件。外部干预使利比亚陷入乱局，其国内乱局又为外部干预提供可乘之机，且利比亚问题难以在不借助外力的条件下获得解决。然而，一直以来，这些外部干预大多夹带私利，这不仅无助于问题的解决，反而使问题更加复杂难解。在当前形势下，只有当冲突双方都真诚接受停火，而不是口惠而实不至，且在外部势力愿意提供无私的、强有力的帮助时，利比亚乱局才有望逐渐获得解决。然而，从当前情况看，两方面条件都不具备。

2020 年以来，新冠肺炎疫情暴发并迅速在全球多地蔓延。截至目前，对该病症的研究仍在进行中，治疗方法及药物都仍处在实验阶段，全球共同面临应对该疫情的重大挑战。该疫情最初在中国大规模暴发，中国政府采取

---

① 《利比亚周边国家外长会议呼吁利比亚冲突各方停火》，http：//www. xinhuanet. com//world/2020 –01/24/c_ 1125498586. htm，2020 –1 –24。

② “وديعة جزائرية لتونس.. الرئيسان التونسي والجزائري يقترحان استضافة لقاءات لفرقاء أزمة ليبيا”，https：//www. aljazeera. net/news/politics/2020/2/2/，2020 –2 –2.

多项强有力举措，在1个多月的时间里控制住疫情的蔓延，大幅降低了感染率和病死率。进入3月以来，疫情在西方多国大规模暴发，西亚非洲国家的形势也在持续恶化中。3月24日，利比亚检测出第一例确诊病例。突如其来且迅速蔓延的疫情，对利比亚局势带来多方面的影响。

首先，利比亚具有疫情暴发的风险，加剧其国内乱局。随着利比亚周边国家和与之有密切交往的国家相继暴发疫情，利比亚开始未雨绸缪。利比亚疾病预防与控制中心主任白德尔·丁·纳杰尔在2020年3月17日接受新华社记者专访时说："虽然利比亚现在还没有确诊病例，但政府（民族团结政府）已宣布国家进入紧急状态，关闭海陆空边境3周，并做出相应拨款以应对疫情。"①

事实上，当前利比亚的医疗能力不足以应对疫情。在利比亚战争期间，包括医院、诊所在内的基础设施遭到一定程度的损毁，继而在战后混战局面中遭到更加严重的损毁。据不完全统计，利比亚的医疗设施在战后乱局中已遭遇近百次袭击，近半数医疗机构因为冲突、供电中断或建筑物受损而被迫关闭，其他医疗服务也受到影响，能力严重减弱。利比亚的医疗能力对于满足民众基本就医的需要已捉襟见肘，不具备应对新冠肺炎疫情的能力。

尤为严重的是，埃及、阿尔及利亚、突尼斯等利比亚邻国都正处于疫情的暴发和蔓延期，这些国家的医疗能力也很有限，都已经以各自的方式向中国请求援助。而且，一定数量的意大利、西班牙等国公民长期在利比亚工作或往返于两国之间，为利比亚疫情的发展带来隐患。此外，利比亚境内当前仍有为数不少的土耳其军事人员、叙利亚武装人员，以及多个非洲国家的雇佣兵往来于西亚非洲地区国家之间。总之，虽然利比亚确诊病例不多，但存在疫情进一步暴发的潜在风险。无疑，利比亚及相关国家疫情的暴发将使利比亚局势更加复杂。

---

① "كورونا النجار: ليبيا في وضع يجعلها غير قادرة على مجابهة فيروس", https://www.libya-news.com/libya-news/826446/, 2020-3-28.

其次，多国忙于应对疫情，使利比亚处于外力真空。意大利、土耳其、德国等利比亚乱局的参与国、干预国和斡旋国都暴发了较为严重的疫情。当前及今后相当长的一段时期内，这些国家都将聚焦于应对疫情而无暇他顾，利比亚将因此处于外力真空期。当前利比亚冲突双方无力在没有外部帮助的情况下解决问题。更为严重的是，哈夫塔尔已宣称将利用西方大国全力抗疫期间加紧进攻，争取攻下首都。3 月中旬以来，“国民军”向首都发起了自 2019 年 4 月以来最猛烈的进攻，仅 2020 年 3 月 18 日 1 日内就向民族团结政府控制区域发射了数百枚迫击炮弹，其力量也在向首都中心地带持续推进。① 外力真空为利比亚冲突双方的对抗留出更大的空间，对抗烈度显著增强。

最后，中国可通过向利比亚提供抗疫帮助与之加强关系。随着疫情在欧洲和非洲国家的迅速发展，利比亚的两个对立派别都于 3 月 15 日宣布其所控制领域进入紧急状态，以应对可能存在的新冠病毒传播风险。二者也都采取了相应的措施，并以各自的方式向我国寻求援助。从“国民军”方面看，哈夫塔尔宣布采取紧急措施，包括建立专门的临时医院和医疗队来进行疫情防控工作；每天下午 6 点到第二天早晨 6 点实行宵禁等。国民军总参谋长阿卜杜拉扎克·纳德胡里将军呼吁在国外的利比亚公民尽快回国，国内民众在两周内也不要前往宗教场所做祷告。目前国民军已经协调了 150 张床位应对可能到来的新冠病例。②

从“民族团结政府”方面看，萨拉杰总理采取了包括关闭机场海港及边境口岸、关闭学校、暂停体育和娱乐活动等在内的一系列措施，并向中国寻求援助。萨拉杰总理向习近平主席致函，并通过利比亚驻华使馆以及我国驻利使馆表达向我国寻求多方面援助的心愿，其中包括：寻求借鉴我国在应对该病毒传播方面的经验和做法，请求我国向利比亚派遣医疗专家和医护人

① “شبح كورونا يصل إلى ليبيا وحفتر يستقبله بمزيد من التصعيد”, https：//www. trtarabi. com/now/24890, 2020 – 3 – 26.

② 《新冠病毒来袭：利比亚国民军同意停火，哈夫塔尔向中国请求援助》，http：//k. sina. com. cn/article_ 6518815121_ 1848d399100100q6pb. html？ from = news，2020 – 3 – 23。

员，以及提供所需的诊疗技术和检测设备等。[①] 利比亚国家疾病控制中心主任白德尔·丁·纳杰尔在接受中国官方媒体采访时表示："中国具备一切必要的专业知识和医疗设备，可以应付未来可能形成的任何新的传播点。我们利比亚人希望从这一经验中受益，这将提高我们战胜本次疫病的准备水平。"纳杰尔同时说明了目前利比亚在应对疫情方面的困难，需要相关经验和医疗设备（尤其是呼吸机）方面的支持，希望中国给予利比亚相应的援助。中国已经向多个在抗击本次疫情方面遇到问题的国家提供了援助，帮助这些国家阻止新冠病毒的传播，利比亚也希望成为下一个受益者。

中国与利比亚曾长期保有稳定的政治关系、较大规模的经贸往来和多领域的人文交流。在利比亚战争爆发前，数十家我国企业长期在利比亚投资兴业，尤以承包工程领域的合作规模最大，数万华人长期工作生活于此，为利比亚建造了多座地标性建筑。利比亚战争爆发后，中国一直主张政治解决利比亚问题，反对动用武力，并积极在冲突双方间劝和促谈。当战事趋于明朗后，我国政府及时与"全国过渡委员会"取得联系和建立关系。然而，由于利比亚战后陷入长期乱局，我国企业员工难以重返利比亚恢复工作。且无论是战后临时政府还是此后成立的"民族团结政府"都对西方大国多有仰仗，与中国的合作关系不如战前密切。当前，中国应回应利方的请求，与其分享抗疫经验，并根据其需求向其提供力所能及的援助。在疫情面前，全人类是命运共同体，共同应对灾难利人利己。这样既是在世界舞台上展现中国的大国风范，也是一件有益于利比亚冲突双方及全体民众的善举，对未来中国与利比亚关系的发展大有裨益。

① "مسئول ليبي: نريد الاستفادة القصوى من تجربة الصين الرائدة لمواجهة فيروس كورونا", https：//www. chinainarabic. org/? p = 51651， 2020 - 3 - 17.

Y.8
后布特弗利卡时代阿尔及利亚政局持续动荡

陆映波*

摘　要： 阿尔及利亚前任总统布特弗利卡辞职后，军方对政府进行了接管，成立了过渡政府并积极筹备总统选举，但街头示威民众和不同政治派别对这一过程均表示强烈不满，导致了总统选举两次推迟，最终选举结果也遭集体抵制。军方主导的政府与街头示威民众长达一年多的对峙，向人们昭示阿尔及利亚政治体制改革进程步履维艰，同时说明街头示威民众已成为推动阿尔及利亚社会发生重大变革的力量。本文通过宏观政局分析、民众示威运动、经济下行压力三个方面对阿尔及利亚2019年的形势进行梳理，同时对未来政局走向进行初步预测。

关键词： 后布特弗利卡时代　阿尔及利亚　政局动荡　布特弗利卡

2019年，阿尔及利亚的政局可以用“持续动荡”四个字去形容，这一状态从年初一直持续到年末。老总统阿卜杜勒－阿齐兹·布特弗利卡的辞职、军方的直接摄政、总统选举的两次推迟、最终选举的集体抵制，都预示着2019年是阿尔及利亚政治社会发展极为重要的一年。在这一过程中，贯

---

* 陆映波，博士，北京语言大学中东学院副教授，研究方向为阿拉伯语语言文化。

穿始终并主导事件发展进程的主要力量是一度消失在人们视野中的示威民众，尤其是阿尔及利亚的青年人群体。这些青年人受过良好的教育，有着清醒的头脑和成熟的政治觉悟，希望能够通过自身力量催生社会变革。本文通过宏观政局分析、民众示威运动、经济下行压力等方面，对阿尔及利亚2019年的形势进行梳理，同时对未来的政局走向进行初步预测。

一　宏观政局分析

过去20年来，老总统布特弗利卡成功连任四次，在前10年享有较高的社会威望，又通过合理的政策安排将“阿拉伯之春”对阿尔及利亚社会的消极影响降到最低，使国家免于动荡和内乱。作为阿拉伯世界“强人政治”的代表人物，布特弗利卡在国内外政坛纵横捭阖，其势力延续的合理性基于以下几个因素。

首先，总统布特弗利卡最大的功绩在于结束了20世纪90年代持续近10年的内战。这场内战带来的巨大社会灾难，以及近20万人的死伤，直到今天依然是许多阿尔及利亚民众心中难以抚平的创伤。1999年，布特弗利卡执政时尽享“天时地利人和”，经历了持续动荡的民众普遍渴望和平，因此布特弗利卡和平导向的政策符合民众的心理预期。直到其2013年罹患中风时，大部分人仍然不愿去重温那一段“黑色十年”的痛苦记忆。其次，在布特弗利卡执政第一个10年，社会稳定主要源自国际油气市场的繁荣，政府、各大企业寡头和政治派别达成了分配政治特权与经济利益的共识。最后，布特弗利卡在军方安排心腹，加强了对国家政治事务的掌控。

在前三个任期内，老总统能够对国家各大主要政治力量进行有效制衡，同时对媒体实现有效管控。但布特弗利卡2013年罹患中风后，身体状况每况愈下，他在政府内部和军方的号召力和掌控力都明显下降。在整体经济不景气的背景下，很多人希望阿尔及利亚出现真正意义上的变革。

变革的出现首先源自人员更替。随着20世纪90年代亲历冲突的那一代人逐渐退出历史舞台，不同政治派别间意识形态的分歧逐步减弱，补充进政府机构的新一代官员更多是不同行业的精英。他们长期受到西方民主意识的影响，对执政者的弊端、贪腐的盛行和这一制度为国家所带来的负面影响有深刻认识。军队对示威人群进行镇压，同时也表现出对民众的同情，并在多种场合表达了对民众诉求的理解和支持，以至多个地方的示威民众都高举“军民如兄弟”的口号。

政坛动荡的背后还有经济原因。近年来，国际油气市场的不景气，使阿尔及利亚政府无法使用过去的高福利政策去“收买”中等收入的社会阶层。近些年，尽管政府对国家基础设施建设投入大幅增长，但依然未能为国家经济体制注入足够活力，为青年人提供足够的就业机会。此外，久病缠身的布特弗利卡谋求第5次连任，使民众的愤怒情绪升至极点，由此使民众示威活动在全国上下赢得更多合法性。

布特弗利卡总统在任时，利用军方的力量将各大反对派阵营瓦解，使其无力对当局形成真正威胁，这一各个击破战术取得了明显效果。在老总统执政后期，阿尔及利亚政坛形成了以布特弗利卡为中心的庞大关系网。从1999年至2005年，布特弗利卡的政治势力和政权牢固程度一直在不断攀升。但2005年布特弗利卡首次罹患中风，其在政坛的影响力开始逐步衰减。

与此同时，他身边的亲信不断更换，外界对继承人问题众说纷纭。在众多可能的候选人中，比总统年少21岁的弟弟赛义德·布特弗利卡（Said Bouteflika）一直作为老总统的亲信和总统顾问执掌大权，似乎具有更大继任的可能性。在布特弗利卡总统辞职前，赛义德·布特弗利卡的势力随着老总统身体的不断恶化而增长，但总统的缺位直接导致了“政府-军方”这一平衡态势的终结。随着布特弗利卡的辞职，赛义德·布特弗利卡成为军方的清洗对象，其政途前景一片黯淡。

2019年初在阿尔及利亚各地举行的反政府游行中，人们对赛义德·布特弗利卡表现出极度不信任，高举“不要布特弗利卡也不要赛义德”的标语。同时，各大反对派别纷纷加入示威人群的行列中，但无奈相互间的历史芥蒂使它们无法形成广泛的反对派同盟，即使曾经最具实力的政治派别“民族解放阵线”（FLN）也不具有足够的政治力量去抗衡军方，接管政府。

面对乱局，本可制衡军方势力的军事情报处（MIS）也选边站队，军情处的青年军官联盟加大对国内局势控制。示威民众对军方势力的壮大十分敏感，他们日趋意识到决不能重蹈“埃及模式”。因此，民众后来一直抵制选举，要求建立真正意义上民选政府。不可否认，军方是阿尔及利亚保持社会稳定的重要基石，同时也是建立民选政府的最大障碍，示威民众希望能够通过和平抗议的方式改变国家政府的整体结构。

值得一提的是，布特弗利卡辞职后，以艾哈迈德·盖德·萨拉赫（Ahmed Gaid Salah）为首的军方希望通过他们能够掌控的选举代表选出总统候选人，然后通过操控总统继续军方对国家政局的控制。但街头示威民众无法接受这点，他们一直坚持自己明确的政治诉求：通过透明合法的选举组建民选政府。这正是军方与示威民众冲突的症结所在。军方两次宣布选举，两次被迫推迟。在双方对峙期间，军方曾试图激化当地柏柏尔人与阿拉伯人之间的矛盾，用民族矛盾瓦解示威人群，逮捕反对派领袖，同时通过一系列“反腐”运动整肃布特弗利卡政府的官员。但示威民众并未因军方的恩威并济而放弃诉求，即使在2019年12月12日选举结束后，民众抗议规模不仅没有减弱，反而有所增加。2020年1月，依然有大量示威群众从各个城市涌向首都阿尔及尔，他们希望能够通过自己的努力改变持续近60年的军方摄政局面。

从宏观来看，阿尔及利亚近一年的政坛走向，主要取决于几股主要政治力量博弈的结果。这几大政治力量如下。

（一）军方

布特弗利卡总统1999年被军方推选上台，布特弗利卡掌权后一直致力于摆脱军方控制。2004年，经过激烈的斗争，他协助亲信艾哈迈德·盖德·萨拉赫赢得武装部队总参谋长一职，后将其提拔为武装部队司令，并在此要职上把持15年之久。萨拉赫与布特弗利卡的联盟从根本上改变了民选政府与军队的从属地位，使军队通过秘书处服务于民选政府，并在很大程度上瓦解了曾在政坛独大的情报和安全部（DRS）所具有的政治军事力量。

在布特弗利卡总统罹患中风后，萨拉赫在阿尔及利亚政坛的势力明显增强，并长期处于与赛义德·布特弗利卡争锋角逐的状态。面对群聚街头的示威者，萨拉赫展示出超越常人的冷静与果敢，他一方面对示威人群严厉警告；另一方面开始放弃对总统的支持。2019 年 3 月 26 日，萨拉赫代表军方对外宣称，布特弗利卡由于身体原因已无法继续担任总统一职，并正式宣布国家宪法委员会可按照宪法第 102 条进入临时状态，由此为建立临时政府，进行总统大选奠定了基础。

（二）不同政治派别

在近 20 年的历次选举中，不同政治派别都在以各种形式表达着自己的声音。虽然在前 4 次选举过程中，以布特弗利卡为主席的“民族解放阵线”（FLN，简称“民阵”）每次都处于绝对优势地位，但以“民族民主联盟”（RND，简称“民盟”）为首的其他政治派别也呈现出日趋活跃的态势，尤其在自 2011 年以来举行的历次示威活动中，不同政治派别一直充当着“旗手”的角色，在不同领域对政府施加着压力，是阿尔及利亚政治生态构建过程中不可或缺的力量。

与以往不同的是，在 2019 年阿尔及利亚的街头运动中，更多无党派的青年人走上街头，成为运动的主体与核心，而阿尔及利亚政坛的一些老牌政党都遭到不同程度的边缘化。青年人从运动伊始便提出要求将阿尔及利亚两大政党（“民阵”和“民盟”）排除在国家未来的政治蓝图之外。这种变革趋势首先体现在民盟领导人艾哈迈德·乌哈依（Ahmed Ouyahia）的命运上。他曾三次在布特弗利卡政府任职，尽管能力超群，仍被看作“前朝余党”，无法赢得较高的民众支持率并在选举中胜出。这也说明在过去一年示威民众主导的政治进程中，各政治派别的影响力虽依然存在，但已相当有限，无法左右国内政治进程的发展。

（三）示威民众

在布特弗利卡总统辞职前，示威民众主导的街头力量发挥着实质性的作用，每周五的大规模游行示威，使政府合法性被大幅度削弱；在布特弗利卡总统辞职后，军方的介入和随即而来的宪法程序，使国家机构得以继续运转，同时也在一定程度上剥夺了占领街头的青年人所应具有的政治权利。

二　民众示威运动

从2011年到2019年，整个中东地区中笼罩着一种悲凉的氛围，这很大程度上源自每况愈下的经济局势、居高不下的失业率和社会阶层的固化。青年人屡次走上街头，试图通过激进乃至暴力的方式推翻政权、建立民选政府、消除腐败、实现社会公正。这种改变社会现实的动力也成为过去8年中东地区社会问题凸显和暴力频发的主要原因。随着时间推移，民众期待民主制度与仍然具有顽强生命力的军政府之间不可调和的矛盾，清晰地显露在人们的面前。

统观全球，民众街头运动在2019年全球不同地区有着不同的表现方式。西班牙加泰罗尼亚的分裂势力通过街头运动表达自己的诉求；法国的“黄马甲”运动一直持续了近60周，锲而不舍地发出自己的声音。阿尔及利亚的民众街头运动同样在很大程度上表达了政治诉求。阿尔及尔和各大城市的民众街头运动持续近一年，其间曲折起伏，每周五集结的民众似乎从未对军方和政府做出的让步和“敷衍式”改革表示满意。反对派一直要求建立真正意义上合法的民选政府。

2019年11月1日正值阿尔及利亚独立革命65周年纪念日，阿尔及利亚各大城市都出现抗议民众，他们用各种口号、旗帜表达着自己的民主诉求，同时表达着对当下国家局势的不满。抗议者慷慨陈词地表示：“我们的先辈为了独立抗击法国殖民者而牺牲，我们愿意为抗击国内的敌人而献出我们的热血。”

在民众的压力下，阿尔及利亚政府首先出台了“路线图”计划，承诺对政府机构进行改革，提升社会各个阶层的福利。军方领导人萨拉赫积极推行这一计划，希望能够寻找到对他的提议充分支持的总统候选人，并借此打造一个“民表军里”的政府架构，实现军队对国家的有效统治，同时在民众中赢得相应的合法性，但萨拉赫的如意算盘并不顺利。街头抗议活动于2019年4月和6月两次迫使军方取消既定的选举计划，军方又将选举推迟至12月12日，并力排众议使之开展。这使此次选举成为该国历史上民众参选率最低的一次，尽管阿尔及利亚当局声称参选率达到41%，但据外媒报道，此次选举参选率仅10%～15%。这次选举的获胜者阿卜杜勒·马吉德·特本是萨拉赫的“心腹”，当局声称此人当选获得58%的支持率，但遭到示威民众一片嘘声。出乎人们意料的是，军方负责人萨拉赫在大选过后的第11天，即12月23日突然离世，国内局势由总理阿卜杜勒·阿齐兹·杰拉德执掌。但示威民众依然坚持着运动之初的信念和口号，阿尔及利亚国内各个城市的街头运动依然在如火如荼地进行。

阿尔及利亚政府不得不对示威民众的政治诉求予以高度重视。临时政府在组建之初，曾希望通过各个部委部长的任命来缓解民众的愤怒情绪，但新政府1/3强的席位仍控制在曾在布特弗利卡当局任职的官僚手中，街头示威的民众对此事显然极为介意，对政府提出的选举计划不予支持，这也导致了第一次选举的被迫延期。在示威民众看来，军方对于选举的暗箱操作早已使选举过程和这届政府失去了应有的合法性，阿尔及利亚需要的是真正意义上民选政府，而不是代表军方意志的傀儡。

在2019年阿尔及利亚的政局变动中，示威民众的街头运动在整个过程中发挥着重要作用，民众在把握政治风向过程中体现出极高的敏感性，始终拒绝被任何政治投机方所利用。作为军方代表的艾哈迈德·盖德·萨拉赫在民意大潮中将其先前的“金主”布特弗利卡请下政治舞台，将民族委员会（议会上院）议长阿卜杜勒·卡德尔·本·萨拉赫（Abdel Kader Ben Salah）推举上位。为向街头示威民众示好，萨拉赫以“反腐”为名将布特弗利卡当局的大部分高官加以肃清，首当其冲的就是布特弗利卡的弟弟赛义德·布特弗利卡，他被指控为“腐败”与“策划政治阴谋”。

尽管这样，街头运动的领导者们依然认为军方的做法并不能使政府获得更多的合法性。他们认为，这样的举动与其说是改革，不如说是一种妥协，是“断其肢以自保”的战略选择。这也就决定了未来阿尔及利亚的政坛依然蕴含着变数，难以在短期内平静。

三　经济下行压力

（一）整体表象

在政局动荡整整一年的背景下，阿尔及利亚的经济发展状况没有任何起色，依然持续低迷，社会失业率居高不下。持续的动荡使得国内经济压力增加，其对经济影响的严重程度出乎所有人的意料。2018 年，阿尔及利亚国内生产总值增长率仅为 2.3%，2019 年在此基础上又下降一个百分点。阿尔及利亚经济模式主要靠政府主导和规划。根据官方统计数据，油气出口一直占政府收入的 60% 左右，油价下跌造成经济下行压力增大，由此又造成诸多社会矛盾凸显，失业率高达 11%，30 岁以下年轻人群的失业率则高达 29%。阿尔及利亚的外汇储备在 2019 年前 4 个月较 2018 年同期下降了 72.8 亿美元，跌至 726 亿美元，与 2014 年世界原油价格位于峰值时（100 美元/桶）相比，外汇储备总量仅为当时的 40%。

随着能源消费品成本不断上涨，2019 年 1～6 月油气出口收入为 17.65 万亿美元，占国库收入的 94%，与 2018 年同期相比下降 6.3%。贸易赤字与 2018 年同期相比上升 12%。阿尔及利亚每年要进口约 500 亿美元的各种商品，以满足各阶层民众对各种生活必需品的需求。自 1962 年独立后，阿尔及利亚当局不愿让外国投资进驻本国分得国内市场红利的“一杯羹”，但也同时失去了让国外先进技术拉动本国工业化发展的机会，所以直到今天，阿尔及利亚仍然需要进口大量必需的生活物资，无法将维持社会稳定的基本生活资料的生产过程把握在自己的手中。

布特弗利卡辞职后，应示威者的要求，军队主导的过渡政府开启了一系列反腐调查，把多名商业大亨送入牢狱。[1] 这些被逮捕的商人大多是垄断各自行业的决策者，随着他们的锒铛入狱和账户冻结，阿尔及利亚在这一期间的进出口贸易也跌至冰点。大量在贸易公司就职的青年人被裁员，这也使得他们不得不加入每周五定期在全国各地举行的游行示威活动中，加剧了政局的动荡。

在国内经济政策方面，对于布特弗利卡当局所进行的"下调补贴、搞活经济"的改革计划，新政府迫于体制内外压力，不得不宣布搁浅。近年来，阿尔及利亚的国民经济收入在相当大程度上依靠国有油气公司，并希望其与埃克森美孚和雪佛兰等能源公司进行合作，借助老牌石油公司的名气进一步打开国际市场，提振经济。当局的这一构想并非没有实现的可能性。对欧洲国家而言，尽管阿尔及利亚政治走向仍不明朗，但该国依然是本地区最稳定的石油供应商。利比亚当局与反对派政府间的冲突与对峙也在当下愈演愈烈，相对而言，阿尔及利亚仍然是最稳定可控的合作伙伴。

（二）微观体现

汽车领域作为遭受政坛变动打击最大的行业，可以从侧面反映出阿尔及利亚经济所面临的压力。总统布特弗利卡辞职后，临时政府收紧汽车配件的进口配额，工业和矿业部部长贾米拉·塔玛琪（Djamila Tamazirt）认为过渡时期政府施行的配额限制是为了调节收支平衡，但这一政策所带来的一个直接影响，便是国内四大汽车装配企业的大幅减产。有道是"巧妇难为无米之炊"，国内 4000 多万人对汽车产品的刚需似乎也无法阻止汽车领域的发展颓势。

家用车企业苏瓦克（SOVAC）执行董事长穆拉德·尤勒米（Mourad Eulmi）在反腐运动中被收押调查，其引进的德国大众生产线也由于零件无法到位而全线停产。塔和库特（Tahkout）汽车装配企业主要引进韩国"现

① 阿尔及利亚大型的外贸交易需要国会的批准，这便从制度上决定了政府对大型进出口贸易企业的管控和这些企业与政府高层领导人的利益交换。在"反腐"期间，政府对多家大型企业负责人进行调查，这些企业的进出口贸易由于无法得到政府许可而相继停摆。

代”生产线和零件，配额管控而导致原材料的大量不足，最终造成生产搁置和800名装配工人被裁员。

阿尔及利亚的食品、家用电器和电子设备领域的发展也受到一定影响。国内大部分市场被中小型企业所占领，这些非能源企业由于规模较小，与政府部门的利益输送也较为有限，在2019年的“反腐”运动中受到的冲击相对较小。

此外，大型国有企业的项目也受到了明显的冲击。阿尔及利亚北部总长为185公里的铁路建设项目。企业负责人哈达德与布特弗利卡家族有染，接受调查，资金无法顺利周转，导致项目停滞，200多名工人被裁员，工程恢复遥遥无期。

四　未来形势预测

参与街头示威运动的青年人与政府的对峙蕴含着多种不确定性和危险因素，但阿尔及利亚社会拥有较大潜力和能力去包容当下政局中可能出现的变故。每周五例会式的和平示威运动持续不断，民众的决心和不断增加的运动规模向阿尔及利亚当局施加了足够的压力，政府内部的核心变革势在必行。对于国家未来的政治格局，至少会呈现以下两种可能。

第一种方案是出现新体制。倘若示威民众和主导变革的力量向旧体制持续施压，导致各方分歧加大，有可能引发阿尔及利亚社会实质变革的到来。首先进行宪法委员会成员的选举，在宪法委员会的主持下出台新的宪法，对国家政治体制加以重构。这一解决方案虽然能够满足广大示威民众的政治诉求，实质性推动国家的政治体制转型，但也在一定程度上存在风险，有可能导致集权政治体制的复辟。

首先，宪法的起草通常是一个长期而复杂的过程，阿尔及利亚社会多极林立，保守派、世俗派与军方的政治诉求严重对立。其次，宪法委员会主导的宪法起草过程耗时较长，可能被不同政治派别所利用，使其成为政治变革的既得利益者。正如突尼斯所发生的一幕，宪法委员会在3年多的时间内一直进行宪法起草和修订，但最终被居于主导地位的复兴党执掌其发展的方向，将利益代表方局限为一党一派，使立宪过程失去了其应有的代表性与合法性。

第二种方案是出现治标不治本的妥协方案。这种方案表现为反对派、示威民众与旧体制的主要政治力量一同参加总统选举。这种可能性转变成现实的障碍在于各方间一直存在的信任危机，反对派和示威民众会通过抵制选举等方式表达自己的不满，如果政府不能保证和证明选举过程的合法性和公正性，那么选举即便如期举行，示威民众的抗议活动仍不会因新总统的出现而停止。

总体而言，政治僵局和各方的对峙仍将延续，虽然可能出现一些暴力冲突事件，但不会根本上动摇国家的整体稳定性。军方不太可能对国家政局进行直接管控，而希望通过操控政府实现“垂帘听政”。1992 年军方直接干政所引发的长时间社会动荡的阴影，依然在人们心中久挥不去。现在阿尔及利亚各方需要的是在短期内实现政治经济改革，将街头示威的青年人置于政治进程之中，完成宪法改革以控制总统的权力和任职年限，改变政府管控的经济结构，消除腐败和官僚主义，为外资进驻能源领域开辟道路，为国家经济注入更多活力。这也是阿尔及利亚实现政治、经济可持续发展，维持社会稳定的必由之路。

结　语

对于阿尔及利亚而言，动荡的 2019 年意味着国家政治改革势不可当，民众自决意识不断提升使军方“一手遮天”的成本日益增加。军方和其推选的政府代表倘若不进行实质性让步，持续一年多的乱局也许很难得以收场。在经济方面，政局的动荡和党派的倾轧造成了国家经济发展的乏力和颓势，这一下行压力需要更长时间才能消解。而经济发展又与阿尔及利亚政局稳定程度直接相关。政局稳定与经济发展互为先决条件，各方政治力量对峙时间越长，国家实现政局稳定和经济向好的“拐点”出现得就越迟，社会用以“止损”的代价就越大。平息旷日持久的街头抗议、将众多青年人纳入社会建设进程，是现任政府的当务之急，需要具有足够政治智慧的人才涌现，以便在集团利益与国家利益、短期利益与长期利益之间做出正确、理性的选择。

Y.9
后巴希尔时代苏丹政治重建进程评析

黄元鹏　周　华*

摘　要：　2019年4月，执政近30年的巴希尔政权在苏丹民众的示威声中轰然倒台。作为阿拉伯世界首个由政治伊斯兰势力控制并相对长期执政的政权，巴希尔政权倒台的原因复杂，并将深刻影响地区局势，值得关注和研究。本文借鉴政治合法性的相关理论，认为对苏丹巴希尔政权而言，意识形态、执政能力和施政绩效是三个由里及外、相互联系的重要合法性资源。巴希尔政权倒台的根源，在于这三大合法性资源的流失与枯竭。本文据此分析巴希尔政权倒台的深层次原因，并对苏丹局势未来走向做出一个初步的预判。

关键词：　苏丹　奥马尔·巴希尔　政治合法性　政治伊斯兰

2019年4月，经历了持续数月的抗议示威后，执政近30年的巴希尔政权遭苏丹军方推翻。此后，苏丹政局持续动荡，军方与反对派就过渡时期治理机构设置、权力分配等议题反复博弈，直至8月才基本达成协议。2019年9月过渡政府成立后，苏丹的政治重建仍然面临重重挑战。本文对后巴希尔时代苏丹政治重建进程及面临的挑战进行分析，认为苏丹主要反对派"自由与变革联盟"在军事政变后依靠民众支持，迫使军方接受其大部分政

* 黄元鹏，中央广播电视总台前驻中东地区记者；周华，北京语言大学中东学院副教授，主要从事阿语教学与研究。

治诉求，建立了以文官政府、议会民主制为目标的过渡框架。但过渡政府成立后，需尽快解决清算旧政权、实现全面和平、缓解经济困局等多个重大问题。苏丹政治经济仍处于快速变化中，短期内较难回归稳定。

一　过渡军事委员会和“自由与变革联盟”的冲突与妥协

后巴希尔时代政治重建的第一步是解决军方与反对派之间的利益冲突。从2019年4月军方发动政变至9月过渡政府成立，过渡军事委员会和以“自由与变革联盟”为代表的反对派进行了近半年的博弈。其间，军方尽管承诺将还政于民，但并不积极推动民主过渡进程；反对派则不断发动民众抗议活动，持续向军方施压，以期尽快成立文官政府。双方不断反复交涉，多次引发严重冲突。双方最后签署的协议满足了反对派的主要诉求，包括组建文官过渡政府、平民在主权代表机构中占多数、对过往示威者遇害事件进行公正调查等。

2019年4月11日，苏丹军方发动政变，解除巴希尔总统职务并将其软禁。第一副总统兼国防部长穆罕默德·艾哈迈德·伊本·奥夫宣布成立过渡军事委员会，在未来两年的过渡期内执掌国家事务，同时宣布自当日起，晚10时至凌晨4时在全国范围内实施宵禁。

尽管推翻巴希尔政权的举动获得苏丹民众的普遍欢迎，但过渡军事委员会及其主席伊本·奥夫从一开始就没有得到反对派的信任。伊本·奥夫曾任苏丹军事情报机构主管和副参谋长，2010年退役后进入苏丹外交部，先后任驻开罗总领事和驻阿曼大使，2015年起担任苏丹国防部长，2019年2月被任命为第一副总统。2007年，美国政府以其参与达尔富尔战争为由，将其列入制裁名单。① 伊本·奥夫在巴希尔政权中谋取的高位，以及因达尔富尔危机遭美国制裁的身份，令反对派对其充满疑虑。

---

① 〔卡塔尔〕半岛电视台网站：《伊本·奥夫其人》（阿拉伯文），https：//www. aljazeera. net/news/politics/2019/4/11/وزير-الدفاع-السوداني-عوض-بن-عوف-البشير-السودان，登录时间：2019年9月29日。

4月11日政变当天，由“专业人士协会”“苏丹革命阵线”等反对派组织联合组成的“自由与变革联盟”，号召民众突破宵禁，持续在武装部队总部大楼前静坐示威，反对军队掌管国家事务，敦促军方向人民交权。12日晚，伊本·奥夫宣布辞去过渡军事委员会主席职务，由阿卜杜勒·法塔赫·布尔汉接任。布尔汉曾与武装部队总部外的示威者对话，且未被指控犯有战争罪行，是更有可能被反对派接受的军方代表。但反对派仍然呼吁民众继续静坐示威，直到军方交权给一个文官政府。①

军方领导人更替后，过渡军事委员会与“自由与变革联盟”的谈判于13日正式开始。4月中旬，军方陆续宣布解除宵禁、释放全部因紧急状态遭到拘捕者、解除原国防部长和原国家情报与安全局局长职务、宣布原执政党全国大会党成员不得参与任何过渡政府等，显示出和解姿态。但军方与反对派在很多问题上存在分歧，包括过渡期时长、过渡期权力分配与机构设置、军人与平民在过渡期机构中的人员比例等。“自由与变革联盟”认为，过渡军事委员会由巴希尔政权的“遗老”掌控，根本没有“向文官政府交权”的诚意；要求对委员会进行改组，甚至启动对部分军方将领的刑事调查；同时呼吁民众继续抗议示威，向军方施压。18日，成千上万的示威者走上喀土穆街头，展开巴希尔政权倒台后首次大规模抗议游行。24日，抗议活动升级，大量民众从外地赶到喀土穆参加游行，同时有不少法官在最高法院外举行示威活动。

面对升级的抗议活动，过渡军事委员会呼吁尽快恢复秩序，并于27日同意与反对派谈判代表成立联合委员会，尽快制定过渡路线图。5月初，“专业人士协会”声称军方即将对武装部队总部门前的静坐示威营地实施清场，遂于2日组织“百万人要求文官政府”大游行，要求过渡军事委员会满足反对派的全部要求。因过渡军事委员会未积极回应其要求，反对派组织民众在斋月（5月5日至6月3日）期间持续静坐示威。

---

①〔苏丹〕纳绥夫·艾敏：《关于奥夫的下台和布尔汉的任命》（阿拉伯文），https://www.alrakoba.net/31310940，登录时间：2019年8月29日。

双方对话在斋月期间陷入僵局，摩擦不断。在斋月结束之际，双方冲突加剧。5 月 30 日，军方以打击毒品和性交易犯罪为由，派遣“快速支援部队”和警察联合清理了北喀土穆的一个街区，造成 1 人死亡，10 人受伤。6 月 3 日，“快速支援部队”对示威者营地进行武力清场，向武装部队总部门前的静坐者开火，并在喀土穆多个街道和建筑内与示威者发生冲突，共造成 87 人死亡（军方数据，反对派组织“苏丹医生中心委员会”声称至少 128 名示威者在清场行动中死亡）。清场事件发生后，“专业人士协会”呼吁苏丹民众针对军事当局开展“公开和全面的不服从”行动，封锁全部街道和桥梁，在所有工作场所进行“政治总罢工”。在 9～11 日全国总罢工期间，90%以上的中学师生罢课，84%以上的航班取消，90%以上的铁路运输中断，86%以上的市场关闭，90%以上的公立医院暂停急诊以外的医疗服务。① 军方则否认 3 日的行动针对示威者，声称行动所涉区域已成为犯罪活动的基地，威胁国民安全。

6 月 12 日，经非洲联盟和埃塞俄比亚斡旋，过渡军事委员会同意释放全部政治犯，“自由与变革联盟”同意暂停总罢工。“自由与变革联盟”当日宣布提名阿卜杜拉·哈姆杜克担任过渡政府总理。13 日，过渡军事委员会宣布逮捕数名“快速支援部队”成员以及数名试图颠覆委员会者。30 日，巴希尔军事政变上台 30 周年纪念日，“自由与变革联盟”不顾军方警告，号召数千名民众在喀土穆等地举行抗议活动，要求军方立即将权力转交给文官政府，并审判 6 月 3 日清场事件的负责人。10 人在冲突中死亡，181 人受伤。军方和反对派相互指责对方应对示威者的死亡负责。

民众坚持不懈的抗议迫使军方回到谈判桌，并推动谈判在较短时间内取得实质进展。7 月 3 日，在非洲联盟和埃塞俄比亚的斡旋下，过渡军事委员会和“自由与变革联盟”开始直接对话。5 日，双方就过渡期时长、权力分配和治理机构设置等事项达成口头协议。17 日，双方在国际见证下签署书

① 苏丹专业人士协会：《6 月 9 至 11 日总罢工及全面不服从现场评估报告》（阿拉伯文），http：//www. sudanile. com/115922，登录时间：2019 年 6 月 23 日。

面协议。8 月 17 日，双方签署《政治宣言》和《宪法宣言》，确认此前协议中关于过渡期的各项安排。

根据《政治宣言》和《宪法宣言》，过渡期为期 39 个月，设立主要包括联合主权委员会、政府委员会和过渡立法委员会的政治架构。其中联合主权委员会由 11 人组成，包括 5 名军人，6 名平民，其中 1 名平民人选需同时取得过渡军事委员会和“自由与变革联盟”的同意；主权委员会主席为国家元首，过渡期前 21 个月由军人担任，后 18 个月由文官担任。该委员会 8 月 20 日正式成立，布尔汉任主席，过渡军事委员会同时解散。[①]

政府委员会由“自由与变革联盟”提名，政府总理为阿卜杜拉·哈姆杜克。根据过渡军事委员会与“自由与变革联盟”的协议，由哈姆杜克从后者提供的名单中确定除国防、内政部长以外的所有部长人选，而内政、国防部长将由原过渡军事委员会成员担任。哈姆杜克 9 月 5 日公布了 18 名部长人选，后增加到 20 名，包括 4 名女性。主权委员会向各部长颁发任命状，予以确认。

过渡立法委员会原计划在《宪法宣言》发布后 3 个月内成立。该委员会计划由约 300 名委员组成，女性委员比例不低于 40%，原执政党全国大会党不得进入。由于“苏丹革命阵线”等地方武装势力要求在全面和平实现后参与立法机构，而相关谈判尚未完成，过渡立法委员会截至 2020 年 1 月仍未成立。立法权暂由主权委员会和政府委员会联合行使。

二　过渡政府成立后面临的主要挑战

（一）清算巴希尔政权

苏丹 2019 年政变的发生，导火索是民众长期大规模的反政府示威活动，

① 苏丹 dabanga 电台网站：《军事委员会与自由与变革力量政治协议全文》（阿拉伯文），https：//www. dabangasudan. org/ar/all - news/article/المجلس-العسكري-وقوى-الحرية-والتغيير-نص-الاتفاق-السياسي-بين，登录时间：2019 年 9 月 13 日。

根源在于巴希尔政权合法性的彻底丧失。彻底清除前政权影响力，审判巴希尔为代表的旧权贵是过渡政府赢得民众支持、建立自身合法性的重要措施。

对巴希尔等前政权高官的逮捕和审判，在过渡军事委员会时期就已开始。2019年4月，调查人员在巴希尔住所起获690万欧元、35万美元和570万苏丹镑现金。过渡军事委员会遂正式收押巴希尔，并宣布前总统以及前政权内政部长、执政党全国大会党主席、前议会发言人、总统府助理、“伊斯兰运动”秘书长等将因腐败和谋杀示威者等罪名先后受审。过渡政府成立后，对前政要的追捕和审判进程进一步加大，先后要求国际刑警组织通缉前情报部门头子萨拉赫·古什，并启动针对巴希尔在达尔富尔内战期间所犯战争和反人类罪行的调查。

审判巴希尔等前政权政要无疑具备政治风向标意义，但所涉范围毕竟有限。在反对派和抗议民众看来，过渡政府还需要对前政权进行整体和彻底的清算。实际上，2019年4～9月军方和反对派的博弈，其主要原因之一，就是反对派认为过渡军事委员会的大部分成员仍然是巴希尔政权的“遗老”，手上沾有抗议民众的鲜血；军方也担忧将权力交给民选政府后，遭到“秋后算账”，要求过渡军事委员会成员均获得完全的刑事豁免权。双方经过反复谈判，最终同意仅主权委员会的5名军方成员拥有“相对的”刑事豁免权，此豁免权可被主权委员会通过投票解除。[①] 这一谈判结果可视为反对派有限度的胜利，为过渡政府定下了彻底清算旧政权的基调。

2019年11月28日，《粉碎救国体制法》出台。这一法律是在过渡立法委员会尚未成立的背景下，由主权委员会和政府委员会联席会议通过的，说明肃清巴希尔政权“遗毒”是过渡当局的当务之急。该法定义了具体的肃清措施，设立了得到充分授权的执行机构，体现出过渡政府的认真谋划和坚定决心。

所谓“救国体制”，即巴希尔时代政治体制的代称。1989年6月30日，

---

① 苏丹通讯社：《2019年过渡期宪法文件》（阿拉伯文），https://www.suna-sd.net/ar/single?id=286759，登录时间：2019年8月29日。

奥马尔·哈桑·艾哈迈德·巴希尔（Omar Hasan Ahmad Al-Bashir）依靠苏丹穆斯林兄弟会（简称“穆兄会”）主流派别——苏丹全国伊斯兰阵线（简称“伊阵”）策动军事政变上台执政。“伊阵”为了将新政权伪装成民族主义革命成果，争取埃及等周边世俗阿拉伯政权支持，成立“救国革命指挥委员会”作为最高统治机构，巴希尔自任该委员会主席兼政府总理、国防部长和武装部队司令。1993 年，“救国革命指挥委员会”解散，巴希尔任苏丹总统，继承了大部分原“救国革命指挥委员会”的职权，同时成立了苏丹唯一的合法政党“全国大会党”。巴希尔在苏丹执政近 30 年时间，始终不遗余力地将其党羽渗透到各级政府和各类企业、工会等组织中，以掌控苏丹政治、经济和社会生活的方方面面，建立了主导苏丹政治生活的“救国体制”。

《粉碎救国体制法》旨在全面摧毁“救国体制”的政治架构及权力关系网。该法明文规定解散全国大会党，将其从政党和政治组织注册名单中删除，将其党员从所有其他组织中清除出去，将该党全部资产收归政府，禁止其主要人物在未来 10 年内进行政治活动。

根据该法第三条中的名词解释，“全国大会党主要人物”是指曾在“救国革命指挥委员会”中担任任何职务者；曾任全国大会党协商委员会或领导委员会委员者（包括前政权期间的总统、副总统、立法委员会主席、州长、部长、安全部门主管、检察长、律师工会主席、首席大法官、宪法法院院长等）。“政治活动”包括“建立或参加政党、工会、行业协会和企业家联合会”。可以看出，这两个名词的定义比较宽泛，相对地，旧政权的权贵就将受到较大的限制。

然而，受影响者远不止于此，该法要求解雇或解散和“التمكين”有关的个人与组织。“التمكين”（阿拉伯语单词，字面意思为“使能、赋能”，下文译为“裙带关系”）可谓巴希尔时代政治生活中的一个隐语，在《粉碎救国体制法》中它被定义为“通过制定协议、划定份额等各种形式和手段，在各政府机关、国有企业、行业协会、司法机构、文化组织、学生会等各种组织机构中，以公共利益为名解雇非救国体制成员、任命救国体制成员，以直接领导或间接控制这些机构；以及任何个人或组织、机构因其所从属组织、政治出身、与全国大会党主要人员的亲近关系而获得特权、豁免权和工作职位”。该法第五条规定，解雇所有因裙带关系而在政府和民间机构中任职者，第六条规定解散所有因裙带关系而成为全国大会党附庸的各种组织。①

此外，该法律决定成立“粉碎救国体制委员会”，正副主席分别由主权委员会和政府委员会成员担任，成员包括司法部长、内政部长、卫生部长、情报机构及中央银行代表各1名，以及其他5名由总理指定的人选。委员会有权撤销任何级别的全国大会党和政府机关，解除在其中工作的任何人的职务；有权解散任何在2019年4月11日前成立的营利或非营利组织、企业、机构和委员会；有权以“粉碎救国体制”为目的，冻结任何个人、机构和金融公司账户；有权调查、收缴和分配全国大会党及其分支机构的所有财产；有权针对任何人采取所有刑事和其他法律措施，要求其返还不法所得。

《粉碎救国体制法》为大规模的政治清洗奠定了法律基础，如果得到严格执行，必将对苏丹政治生活产生广泛而深刻的影响。“粉碎救国体制委员会”在该法授权下迅速成立，并很快采取了实质性举措。2020年1月初，该委员会宣布已收缴全国大会党在喀土穆和其他州的办公场所、财产和银行存款，关闭了该党下属的多个电视频道和报纸，将“古兰经协会”收归过渡政府文化部管理。该委员会主席穆罕默德·法基（主权委员会成员之一）表示，根据情报机构提供的线索，该委员会已查封若干企业和组织的银行账户，并承诺将“一切通过裙带关系侵吞的资产、土地和工作机会返还给人民”。

然而，由于前政权已将其势力深入苏丹社会各方面，旧体制的惯性巨大，除旧布新必将面临巨大挑战。一方面，清算行动如执行过快、牵涉面太广，而又不能建立有效的新组织机制，则有可能影响社会正常运行；另一方面，清算行动也很可能引发旧势力的反扑。2020年1月，苏丹情报部门行

---

① 《2019年粉碎救国体制法全文》，“苏丹现场”网站，https：//almashhadalsudani. com/sudan - news/sudan - today/13729/，登录时间：2019年12月29日。

动部队哗变，即政治伊斯兰势力被认为是幕后的策划者，甚至有报道直指策划者是逃亡海外的前情报部门头子萨拉赫·古什。据报道，该部队有一万余名士兵，其中约半数参与推翻过渡政府的行动。这一事件被迅速平息，体现过渡当局对局势有相当的掌控能力。

（二）谋求与地方武装组织和解

地方武装对2019年4月巴希尔政权的倒台起到了推动作用。在2019年的反政府运动中，多个主要地方武装联合组成的“苏丹革命阵线”，联署了“专业人士协会”起草的《自由与变革宣言》，成为“自由与变革联盟”的成员之一。但地方武装与中央政府及不同反对派之间的矛盾由来已久，利益关系错综复杂，“自由与变革联盟”与过渡军事委员会之间达成的协议和《宪法宣言》中有关实现全面和平的条款，并未满足其全部诉求。

8月初，“自由与变革联盟”与过渡军事委员会公布《宪法宣言》草案时，“苏丹革命阵线”即发表声明，认为该宣言未吸收此前反对派武装与政府的谈判成果，要求在17日正式签署前对其进行修订，但这一要求未被接受。此后，“苏丹革命阵线”多次表示拒绝《宪法宣言》，声称其“违背和平的核心原则，为达成和平协议制造障碍”，要求“停止长久以来的欺压行为，解决迫使人们揭竿而起，导致内战的根本性问题”。9月，“苏丹革命阵线”宣布选出新领导层，“苏丹解放运动（过渡委员会）”领导人哈迪·伊德利斯任主席，“人民运动（北方局）”领导人马利克·埃卡尔任副主席，“公正与平等运动”主席杰布里勒·易卜拉欣任秘书长，并表示将继续团结其他反对派武装组织，尽快处理反对派武装之间的分歧，统一与政府谈判的立场。

在主权委员会与政府委员会成立后，过渡政权很快着手处理全面和平问题。2019年10月12日，主权委员会宣布其主席布尔汉兼任“最高和平委员会”主席，并任命主权委员会成员苏莱曼·达拜卢为首席谈判代表，负责与地方武装谈判事宜。12月28日，双方达成全面和平“路线图”，规定了解决冲突根源、难民回归、权力分配、地方武装力量整编等问题的原则。

因反对派武装之间立场分歧，谈判期间西达尔富尔州、红海州等地发生激烈部落冲突，影响谈判进程。

2020 年 1 月，新一轮谈判在南苏丹首都朱巴启动，并设定 2 月 25 日为签署和平协议的最后期限。此轮谈判将分两个阶段，第一阶段还将分为 5 个部分，分别由“达尔富尔地区”、“南科尔多凡州和青尼罗州”、“中部地区”、“东部地区”和“北部地区”的地方武装与政府进行个别谈判；第二阶段则协商全国性问题。“苏丹革命阵线”主席伊德利斯称，在包括巴希尔政权时期以内的各个历史时期，苏丹的所有非首都地区都受到政治与经济方面程度不一的“排挤”，有必要分别处理各地区的问题与诉求，最终实现各地区的平等待遇。伊德利斯还表示，除东部地区外，各地区谈判的进展顺利，均已接近达成框架协议，且“苏丹革命阵线”已与中央政府就“政教分离”等问题达成一致。①

谈判双方均有达成全面和平协议的诚意。在“苏丹革命阵线”三大成员组织中，“苏丹解放运动”和“公正与平等运动”主要在苏丹西部的达尔富尔地区活动；“人民运动（北方局）”主要在南部的南科尔多凡州和青尼罗州活动。由于东部地区各省的主要武装组织未加入“苏丹革命阵线”，且内部分歧严重，东部地区的谈判环节陷入停顿。2020 年 1 月 14 日，延期多次的“苏丹东部会议”在首都喀土穆启动，来自加达里夫州和卡萨拉州的部落武装参会，以统一各派立场，参加朱巴谈判。但这次会议遭到红海州部落武装的抵制。

因此，苏丹正在进行的和平谈判能否吸收全部地方武装加入，《全面和平协议》能否得到所有派别的认同，以达成“全面和平”的目标，仍然有待观察。

（三）破解经济困局，争取外部援助

经济状况恶化、基本民生物资短缺与恶性通胀是引发苏丹 2019 年政变

① 俄罗斯卫星通讯社：《专访“苏丹革命阵线”主席伊德利斯》（阿拉伯文），https：//arabic. sputniknews. com/interview/202001111044023336。

的导火索。到 2019 年下半年，这些问题并未得到有效缓解。2019 年下半年，苏丹通货膨胀率从 47% 上升到 60%，到 2019 年底，1 美元已可兑换 45 苏丹镑，黑市汇率更达到 1 美元兑换 90 苏丹镑，赤字率从 2018 年的 7.9% 上涨到 2019 年的 9.3%。加油站、大饼店前排起长龙仍然是日常现象。这一现象如果持续下去，势必威胁过渡时期的政治稳定。

巴希尔执政期间贪腐盛行、经济结构单一、补贴制度积重难返；加之南北分裂、石油资源流失与外部制裁等外部因素，导致苏丹经济陷入难以摆脱的长期困难。在巴希尔倒台后的权力真空期，由于监管乏力，倒卖和走私补贴面粉和燃料的现象加剧，大饼店普遍通过偷工减料节省面粉用量，并将剩余面粉倒卖；油气运输企业将补贴燃料走私到邻国，进一步加剧了必需品供应的短缺。苏丹过渡政权必须尽快扭转恶劣的经济形势，进行内部经济改革和争取外部经济援助势在必行。

2019 年 11 月，国际货币基金组织代表团在访问苏丹后提出建议，苏丹需要同时在微观和宏观层面采取改革措施，促进经济恢复。具体来说，应当实施汇率自由化，增加财政收入，并逐步取消燃料补贴。同时增加社会转移支付，以减轻对贫困群体的影响。同时，结构性改革应侧重于反腐败措施并改善治理和商业环境，以维持宏观经济稳定增长并促进包容性发展。①

实际上，苏丹过渡政府成立后，财政部长易卜拉欣·巴达维多次提出“经济结构改革”措施，包括取消燃料和面粉补贴、增加政府收入、提升收入水平、追回出逃资产等。然而，主要反对派“自由与变革联盟”在补贴问题上摇摆不定，最终要求过渡政府推迟取消补贴计划，待立法委员会成立后再决定。在 2019 年终定案的苏丹 2020 年度财政预算中，对基本消费品的政府补贴仍高达 2510 亿苏丹镑，占年度总支出的 40%。尽管如此，巴达维多次重申，取消补贴是缓解财政困境的必由之路。因此，立法委员会成立后，接受取消补贴等必将带来阵痛的改革措施，并同时做好社会保障、保持

① 《IMF 完成 2019 年度苏丹任务》（英文），国际货币基金组织网站，https：//www.imf.org/en/News/Articles/2019/12/23/pr19489 - sudan - imf - staff - completes - 2019 - article - iv - mission。

政局稳定，对苏丹执政者和人民将是一个考验。

除了上述内部改革措施，陷入巨大危机的苏丹经济急需外部投资与援助。巴希尔政权倒台后，沙特和阿联酋首先伸出援手，于2019年4月宣布联手向苏丹提供30亿美元援助。然而，这一援助计划遭到苏丹国内反对派力量的强烈反对，引发大规模抗议示威。反对派认为沙特、阿联酋是支持包括巴希尔政权在内的中东地区集权统治者的主要力量，后巴希尔时代的苏丹不但不能接受其援助，甚至应该与其断绝外交关系。示威者同时要求苏丹“快速支援部队”立即停止参与沙特牵头组织的阿拉伯联军，撤出也门。2019年10月底，在反对派的持续施压下，主权委员会副主席、“快速支援部队”领导人穆罕默德·达加洛宣布从也门战场撤回全部1万名苏丹士兵。2020年1月，达加洛宣布苏丹撤军行动基本结束，仅留下657人协助训练也门政府军。

尽管退出阿拉伯联军必将对苏丹与沙特、阿联酋的关系产生一定影响，但沙特、阿联酋依然继续向苏丹过渡政府提供援助。2019年10月，苏丹财政部宣布已收到15亿美元来自沙特和阿联酋的援助。11月，沙特驻苏丹大使宣布将再向苏丹提供5亿里亚尔（约合1.3亿美元）援助，用于支持教育和医疗部门。2020年1月，阿联酋外交国务部长在会见苏丹过渡政府总理时表示，阿联酋将继续履行援助苏丹的承诺，支持苏丹经济重建，使之成为在本地区发挥重要力量的阿拉伯大国。由此可见，苏丹过渡政府的撤军决定基本得到了沙特等国的理解，后者出于自身地区利益考量，将继续支持后巴希尔时代的苏丹重建。

除争取阿拉伯国家支持以外，苏丹过渡政府自成立以来，一直敦促美国将其从“支持恐怖主义国家”名单中删除，从而为其获取国际货币基金组织贷款、吸引外国投资、重振对外贸易铺平道路。为此，苏丹过渡政府一方面需要积极实施国际货币基金组织所建议的经济改革；另一方面也必须打消美国等西方国家对苏丹“伊斯兰主义政权”的疑虑，而这又与“清算旧政权”“实现全面和平”等问题环环相扣，其中任何一个问题得不到解决，都将推迟苏丹重返国际贸易体系的脚步。2019年11月，有美国、英国等国家参加的“苏丹友好国家大会”在喀土穆召开，本应制定各国援助苏丹的具体计划，但由于各方对苏丹的政治经济改革进程仍心存疑虑，相关援助计划被推迟到2020年4月再行协商。2020年2月，苏丹过渡政府宣布同意将巴希尔移交国际刑事法院审判，推翻了此前过渡军事委员会的决定；主权委员会主席布尔汉不顾阿拉伯世界反对，应约与以色列总理内塔尼亚胡在第三国会面，讨论双边关系正常化问题。这些都可以看作过渡政府博取西方认同、争取外部援助的举措。

专 题 篇

Special Topics

Y.10
新冠肺炎疫情对中东地区的影响与挑战

王晓丽*

摘　要： 2020年，中东绝大多数国家均出现新冠肺炎疫情。中东各国虽然采取多种措施积极应对新冠肺炎疫情，但由于各国国情和经济发展水平差异较大，防控新冠肺炎疫情成效不一。新冠肺炎疫情折射出中东地区疾控防治水平不高、政府治理能力薄弱、地区关系复杂多变的现状，强力冲击中东地区赖以为生的石油经济，同时中东地区顽疾的难民问题再次成为影响中东与欧洲关系的导火索。

关键词： 新冠肺炎疫情　中东　石油经济　难民问题

* 王晓丽，北京语言大学国别和区域研究院，主要研究方向为中东地区国际关系、教派问题。

自2020年2月19日伊朗宣布确诊首例新冠肺炎病例后，新冠肺炎疫情在中东地区迅速蔓延，呈现出以伊朗为中心并向整个地区急剧扩散之势。截至2020年4月2日，除也门外，中东地区的所有国家均出现新冠肺炎确诊病例，其中伊朗疫情形势最为严峻，确诊人数已突破5万大关，而且美国在疫情冲击下依然没有放松对伊朗的制裁；土耳其和以色列两国疫情发展速度较快，3月份日均确诊人数激增；其他大多数国家确诊病例持续增加（见表1）。总体分析，中东地区的新冠肺炎疫情尚未得到有效控制，使地区形势更为严峻复杂。

表1　中东地区新型冠状肺炎病毒疫情统计

单位：人

国家	当日新增	累计确诊	治愈	死亡
伊朗	2875	50468	15473	3160
土耳其	2148	15679	333	277
以色列	501	6211	289	30
沙特阿拉伯	157	1720	264	16
卡塔尔	54	835	71	2
阿联酋	150	814	61	8
埃及	69	779	179	52
伊拉克	34	728	182	52
摩洛哥	38	676	29	39
巴林	2	569	337	4
黎巴嫩	16	479	43	15
突尼斯	29	423	5	12
科威特	28	317	81	0
约旦	4	278	36	5
阿尔及利亚	34	264	32	19
阿曼	21	231	57	1
巴勒斯坦	17	134	18	1
叙利亚	0	10	0	2
利比亚	2	10	0	0
毛里塔尼亚	0	6	2	1
也门	0	0	0	0

注：数据截至2020年4月2日18：00。

资料来源：http：//news. ifeng. com/c/vivo/7tPlDSzDgVk？webkit = 1&srctag = exp_ national_ 0_ 0，登录时间：2020年4月2日。

一　中东地区对新冠肺炎疫情的应对措施

新冠肺炎疫情从暴发以来，呈现出传播速度快、传播地区广以及感染人数多等特点。2020 年 2 月 19 日伊朗宣布首例新冠肺炎确诊患者后，疫情已经在中东地区全面出现。中东地区多个国家逐步升级防疫措施，严格管控，以期切断传染源，阻止疫情进一步扩散。

（一）切断人员流动渠道，控制病毒感染扩散

在新冠肺炎疫情席卷整个中东地区后，也门、约旦、沙特阿拉伯、突尼斯等国家采取“停航”“宵禁”“边境管控”“封城”等严厉措施，通过切断人员流动渠道等非常规措施，努力遏制疫情进一步蔓延。作为疫情的重灾区，伊朗宣布启动国家动员计划，动用军队协助抗击疫情，疫情防疫进入准战时状态；阿联酋、黎巴嫩等国禁止大型集会，全国学校停课；科威特政府则祭出最严厉“封城”措施，停止全部进出科威特的商业航班，全国停工停学。2020 年 3 月 2 日，土耳其卫生部部长科贾宣布，为应对新冠肺炎疫情在多国发展带来的风险，土方自即日起暂不接受来自伊朗、伊拉克、韩国、中国和意大利 5 国的公民入境土耳其。[①] 可以说，严格的管控措施、减少人员流动所带来的聚集性传染是新冠肺炎疫情防治中的重要措施，中东地区各国的民众也对政府采取的管控措施予以理解和支持，在防疫期间各国社会秩序正常，未发生抗议活动和骚乱事件。

（二）加强宗教场所管理，限制大型宗教活动

宗教聚集活动是导致疫情迅速蔓延的重要原因。2020 年 2 月，韩国“新天地”教会的聚集活动，致使韩国新冠肺炎确诊者数量激增。3 月中旬，

---

① 《土耳其进一步收紧中国等五国公民入境限制措施》，中华人民共和国驻土耳其共和国大使馆官网，https：//www. fmprc. gov. cn/ce/cetur/chn/gg/t1752961. htm，登录时间：2020 年 3 月 20 日。

跨国的伊斯兰教团体达瓦宣教团（Tablighi Jamaat）在印度首都新德里尼扎穆丁地区举办了年度集会。据 livemint 报道，印度卫生与家庭部联合秘书拉夫·阿加瓦尔（Lav Agarwal）说："因为尼扎穆丁事件，病例数目激增。"①马来西亚与巴基斯坦的聚集性感染也与该团体的集会活动有关。

在中东地区，宗教活动在民众的生活中占据极为重要的位置，清真寺的集体礼拜是维系认同、动员社会的重要途径，沙特阿拉伯的麦加是全球穆斯林的朝觐圣地，伊拉克的卡尔巴拉、伊朗的库姆等地则是什叶派的圣地所在。此次伊朗疫情正是从库姆（Qom）发生且不断向外扩展，伊朗伊斯兰革命领导人霍梅尼曾在作为什叶派穆斯林最高级别的宗教学院的库姆神学院学习。因此，库姆被视作与首都德黑兰并列的政治城市，每年数以百万计的什叶派教徒来此朝拜。在库姆出现确诊病例后，宗教场所在外部压力下未能及时关闭，库姆也迟迟未能封城，疫情扩散之势无法阻挡。科威特、伊拉克、巴林、阿曼、加拿大、阿塞拜疆、阿富汗等国的一些输入性病例均与库姆的宗教活动有关，足见其影响之大。直到 3 月 15 日，伊朗才宣布关闭位于库姆的主要朝拜圣地马苏姆神庙（Masoume Shrine）。

随着新冠肺炎疫情的肆虐，中东地区相关国家纷纷采取关闭清真寺、取消周五聚礼、要求穆斯林在家礼拜等措施，以期降低聚众感染的概率，宗教活动从清真寺回归穆斯林家中。3 月 13 日，科威特禁止清真寺举行聚礼活动。3 月 17 日，卡塔尔宣布关闭境内所有清真寺等宗教场所；沙特阿拉伯宗教学者委员会发布决定，暂停全国清真寺周五聚礼和其他集体礼拜活动。3 月 18 日，阿曼宣布关闭国内清真寺及非穆斯林礼拜场所。

此外，沙特阿拉伯宣布暂停 2020 年的朝觐活动，这也是历史上第一次。每年朝觐期间，全球数百万穆斯林跨国流动，前往沙特阿拉伯麦加天房朝拜，如此大规模的人员流动为新冠肺炎病毒的全球超级传播提供了绝佳途径。虽然一年一度的朝觐活动在伊斯兰教和穆斯林的信仰中具有极其重要的

---

① 《印度版"新天地"：跨国宗教集会再引聚集性感染，多方甩锅》，澎湃新闻，https://www.thepaper.cn/newsDetail_forward_6823584，登录时间：2020 年 3 月 27 日。

意义，但基于韩国和印度的宗教聚集活动加剧疫情传播的惨痛教训，沙特暂停朝觐活动也是控制新冠肺炎疫情超级传播的无奈之举。

（三）出台经济刺激计划，对困难群体给予短期经济援助

新冠肺炎疫情的迅速传播，极大影响了中东地区普通民众的正常生活和工作秩序。以封锁和阻断为手段的防疫措施，一方面有效切断病毒的传播途径；另一方面又对经济发展产生了严重损害。中东地区各国发展状况不一，贫富不均，高失业率一直是影响地区形势的重要因素。新冠肺炎疫情对动荡不安的中东地区国家而言，无疑是雪上加霜。在新冠肺炎疫情的影响下，海湾地区倚重的石油、旅游业和资本市场均遭受重创。在防控疫情迅速传播的同时，确保民生和社会安定，成为中东各国政府必须重视的问题。为缓解国家经济受新冠肺炎疫情的影响，2020 年 3 月 14 日，中东海湾地区两个最大经济体阿联酋和沙特央行宣布了总额 400 亿美元的经济刺激计划，阿联酋监管机构计划向该国的银行和企业提供 1000 亿迪拉姆（约合 270 亿美元）的经济援助。3 月 15 日，卡塔尔贸易工业部宣布免除中小企业工业区和梅赛伊德工业区 6 个月的租金。

其他国家也出台了减轻公司赋税、完善社会保障措施、稳定物价、消除民众恐慌心理的多项措施。3 月 28 日，约旦众议院宣布，拨款 10 万约旦第纳尔（约 14.1 万美元）帮助因疫情失业的民众，并呼吁政府设立筹资基金。① 土耳其家庭、劳工和社会服务部宣布从 4 月 1 日起向 211.1 万户社会援助对象家庭提供 1000 里拉补贴。国库和财政部宣布将向在受疫情影响企业工作的公民发放 3 个月短期工作津贴。② 为困难群体提供基本生活保障，减少社会不稳定因素，有效避免国内因防疫出现的骚乱和反政府示威活动，从目前中东地区的防疫实践来看，民众大力支持政府出台的各项管控措施，除伊朗外，中东地区大多数国家疫情扩散出现小幅上升。

---

① 中阿改革发展研究中心：《阿拉伯国家新冠病毒疫情观察》（第 32 期），2020 年 3 月 28 日。

② 中国驻土耳其大使馆官网，https：//www.fmprc.gov.cn/ce/cetur/chn/xwdt/t1764654.htm，登录时间：2020 年 4 月 2 日。

二 中东地区应对新冠肺炎疫情的困难

新冠肺炎疫情是全球共同面临的难题，人员大规模跨国流动导致疫情迅速传播。在中东地区，伊朗首先暴发疫情，以伊朗为中心迅速向整个中东地区扩散。中东地区许多国家的首例确诊患者均有伊朗旅行史，或者是伊朗籍人员直接传播。因此，应对新冠肺炎疫情已不仅仅是每个国家的内部问题，是整个地区面临的公共卫生安全威胁。

（一）重灾区伊朗抗击疫情内外交困，外溢效应严重影响地区安全

伊朗作为中东地区新冠肺炎疫情的“风暴眼”，全国31个省份均有确诊病例，目前确诊病例已突破5万大关，死亡率居高不下，伊朗国民议会议长阿里·拉里贾尼、副总统玛苏梅·埃卜特卡尔、卫生部副部长伊拉吉·哈里奇、国家安全与外交委员会主席穆杰塔巴·祖努尔等多名高层官员感染病毒，议会已经无限期休会，造成政府内部一定的恐慌情绪。

在新冠肺炎疫情暴发前，美国挥舞伊朗核问题的大棒，对伊朗进行全方位经济制裁和物资封锁，导致伊朗国内经济形势严峻。为弥补政府的财政赤字，2019年11月中旬，伊朗政府宣布大幅上调油价并实行配给制，旋即引发国内多个城市持续抗议示威活动，部分地区示威活动逐渐演变成为暴力活动，政府的公信力受到持续打击。在国内形势刚刚稳定之际，2020年1月3日，伊朗伊斯兰革命卫队下属“圣城旅”指挥官卡西姆·苏莱曼尼又在伊拉克巴格达国际机场遭到美国的杀害，伊朗国内反美情绪高涨。此后，新冠肺炎疫情在伊朗大规模暴发，可谓内忧外困，雪上加霜。

伊朗的医疗卫生体系曾经在中东地区排名前列，但在美国严厉的经济制裁下，伊朗防护装备和药品严重短缺。3月12日，伊朗向国际货币基金组织申请50亿美元的紧急贷款，用于抗击疫情，这是1962年以来伊朗首次向国际货币基金组织寻求资金援助。伊朗国民议会议长拉里贾尼在致各国议会联盟和各国议长的一封信中对美国“非人道主义的制裁”表示遗憾，称其

对医疗、制药和医疗设备的制裁阻碍了伊朗全国抗击新冠肺炎疫情的努力。

伊朗成为中东地区新冠肺炎疫情重灾区后，疫情迅速向周边国家扩散，科威特、巴林、伊拉克、黎巴嫩、阿富汗等6国的首例确诊病例均有伊朗旅行史。许多海湾国家的舆论机器被动员起来，批判伊朗政府在抗疫工作上的“虚假与无能”。地区各国先后关闭与伊朗的边界，加剧了其在中东的“孤立感”。有些国家更将其视作彻底扳倒伊朗的机会。[①]

伊朗的失守引发疫情向中东地区外溢，催生出一系列国内国际政治后果。伊朗的疫情如果得不到有效控制，中东地区整体的防疫压力短期内无法缓解。同时，美国继续采取对伊朗“极限施压”的措施，国际压力与内部疫情均对伊朗现政府的控局能力造成了挑战。

（二）地区整体卫生安全水平指标较低，新冠肺炎病毒防控难度较大

2019年10月，美国约翰霍普金斯大学布隆伯格公共卫生学院（Johns Hopkins Bloomberg School of Public Health）联合核威胁倡议组织（Nuclear Threat Initiative）和经济学人智库（Economist Intelligence Unit）联合发布2019年版《全球卫生安全指数》（Global Health Security Index，简称GHS Index），对全球195个国家的卫生安全水平[②]进行了全面评估，其中此次疫情重灾区的伊朗总体医疗能力排名为全球97位（37.7分），应对流行性疾病的快速反应能力排名全球109位（33.7分），上述指标均低于全球平均值。新冠肺炎疫情在伊朗的发展速度，也印证了伊朗应对大规模流行病疫方面的短板。中东地区除沙特阿拉伯、阿联酋、卡塔尔、科威特、巴林等海湾国家经济实力雄厚，医疗条件较好之外，其他大多数国家的财力有限，在公共卫生方面的投入不足。

---

① 姚锦祥：《伊朗疫情发展及其政治效应》，中国国际问题研究院网站，http：//www.ciis.org.cn/chinese/2020－03/17/content_41094599.html，登录时间：2020年3月25日。

② 一个国家的卫生安全水平指政府是否有能力去有效预防传染病暴发，并在传染病暴发时快速查明、报告和响应。

截至2020年4月2日，中东地区新冠肺炎确诊患者总数为80638人，死亡3698人，治愈17494人，治愈率仅为21.69%。从这组统计数据中，不难看出中东地区新冠肺炎疫情防治的医疗能力整体不强，现有确诊病例的治愈还需要较长时间。新冠冠状病毒自身有7~14天的潜伏期，因此中东地区的确诊病例数还会继续增长。由于中东大部分国家的医疗水平、疫情控制能力参差不一（海湾国家医疗物资、设备充足，福利保障政策完善；伊拉克、叙利亚、也门这样的动荡国家医疗卫生系统受到常年战乱的破坏，无力应对疫情），随着新冠肺炎疫情的不断蔓延，中东疫情的防控形势不容乐观。

（三）国家动荡与政府治理能力孱弱并存，新冠肺炎疫情存在新的“风暴眼”

作为国际地缘政治博弈的“主战场”，中东地区多个国家政局动荡，经济凋敝、民生困顿。2019年苏丹、阿尔及利亚、埃及、黎巴嫩、伊拉克、伊朗等国均发生大规模抗议示威活动，派系权斗与转型挣扎构成“后阿拉伯之春”时代的政治主题。苏丹总统巴希尔、阿尔及利亚总统布特弗利卡下台；伊拉克总理迈赫迪和黎巴嫩总理哈里里辞职，导致两国政府在2019年底就被迫解散。上述国家政府权威不足，导致防疫政令难以得到有效推行。政府无力在公共卫生服务方面加大投入，医疗系统薄弱，防疫资源严重不足直接影响新冠肺炎疫情的防控工作。

值得注意的是，在新冠肺炎疫情暴发后，目前局势依然动荡的叙利亚、利比亚、伊拉克、也门、苏丹等国公布的疫情情况并不严重。但由于上述国家国内经济困难，部分地区还处于内乱状态，政府实际控制范围有限，尤其利比亚出现两个政府，因此在全国范围内开展疫情检测难度较大。目前的公开数据显然无法反映真实的疫情情况。这表明，疫情严重威胁中东地区的贫困人群和难民群体。面对肆虐的疫情和治理能力孱弱的政府，上述动荡国家很有可能成为中东地区新一轮疫情的“风暴眼”，出现更大范围的人道主义危机。

三　新冠肺炎疫情对中东地区的影响

在新冠肺炎疫情尚未暴发之前，中东地区经济形势严峻，青年人失业率居高不下。伊朗、伊拉克、苏丹、阿尔及利亚等国先后爆发了大规模抗议示威活动。2020 年新冠肺炎疫情的暴发，可以说是雪上加霜，对中东地区引发的次生灾难可能远远大于疫情本身。

（一）全球消费锐减，中东地区的石油经济遭受重创

中东地区是全球主要的石油和天然气产地，油气收入是沙特、卡塔尔、阿联酋、伊朗、伊拉克等国家的主要经济来源，国际原油市场价格波动对上述国家冲击较大。新冠肺炎疫情暴发后，为有效切断病毒传播途径，限制国际和国内人员流动是主要措施，但航空业和运输业的停摆导致能源消耗急剧下降，进一步激化了能源生产国之间的矛盾。2020 年 3 月 6 日，由沙特与俄罗斯联手建立的石油减产联盟“欧佩克 +”[①] 的新一轮减产谈判破裂，沙特随即宣布发动石油价格战，石油价格从 2 月份的 51.374 美元/桶暴跌至 28.436 美元/桶，跌幅创历史最高纪录，国际原油市场进入“1990 年海湾战争结束以来的最黑暗时代”。原油价格的大幅跳水对炼油、管道运输和储备业造成了连锁冲击。

3 月 20 日，欧佩克和国际能源署（IEA）首脑在一份联合声明中表示，由于越来越多的国家进入封闭状态以及石油需求将受到前所未有的冲击，新冠肺炎疫情大流行和油价崩溃将把那些严重依赖石油、易受攻击的发展中经济体的石油和天然气收入大幅削减 85%，达到 20 多年来的最低水平。这可能会产生重大的社会和经济后果，尤其是大幅减少诸如医疗和教育那样的关键公共部门的支出。[②] 4 月 1 日，伊拉克石油部发言人伊萨姆·吉哈德称伊

① 2017 年，沙特阿拉伯主导的石油输出国组织欧佩克与俄罗斯这一非欧佩克产油大国建立的协作机制，旨在控制石油产量，确保油价保持在合理区间。

② 《石油行业周报》（2020 年 3 月 16 日 ~ 3 月 22 日），国研网，http：//d. drcnet. com. cn/eDRCnet. common. web/DocDetail. aspx？ chnid = 6518&leafid = 26153&docid = 5781558&uid = 90040201&version = dReport，登录时间：2020 年 4 月 2 日。

拉克3月份石油收入下降了40%。[①] 截至2020年4月，全球新冠肺炎确诊患者已达110万人，欧美多国疫情形势严峻，股市大跌，油气消费锐减，中东地区的石油经济不可避免地遭受重创。

（二）难民问题再次成为影响中东地区与欧洲关系的导火索

2013年叙利亚内战的爆发、2014年极端恐怖组织"伊斯兰国"在伊拉克的迅速崛起，使中东地区的安全形势日益恶化，并产生了数百万的难民。2015年难民大军从中东地区涌入欧洲，形成新一轮中东难民危机，并对欧盟及其成员国的内部关系造成严重影响。为阻断难民通过土耳其进入欧洲，有效缓解欧洲面临的巨大难民压力，经过艰难谈判，2016年3月18日，欧盟与土耳其达成难民问题协议，其中的"一对一"转移安置原则明确欧盟每遣返一名经土耳其入境的非法移民，就需重新安置一名土耳其境内的叙利亚难民到欧盟成员国。同时，欧盟向土耳其做出了提供资金安置难民、简化土耳其加入欧盟的谈判和土耳其公民入欧盟免签等许诺。

随着新冠肺炎疫情在中东地区的全面暴发，2020年2月29日，土耳其在叙利亚战场逐渐失利的背景下，突然宣布开放土耳其与欧盟的边境，导致数万名叙利亚等国的难民迅速通过土耳其涌向希腊等欧盟国家边境，希腊边防力量与难民在边境冲突的画面充斥了世界各大媒体的主要版面。欧洲国家对土耳其利用"难民牌"进行"政治敲诈"的做法极为不满。面对来势凶猛的难民大军，欧盟承诺向希腊提供7亿欧元，以及"沿海巡逻舰、直升机和车辆"等援助，以确保在希腊边境维持秩序。

欧洲目前是新冠肺炎疫情的重灾区，西班牙、意大利确诊病例超过10万人，德国逼近10万人，法国、英国、瑞士、葡萄牙等国家确诊病例增加明显。其中，英国病死率为12.37%，位居全球首位，意大利的病死率达

---

① 《伊拉克三月份石油收入下降了40%》，中国石化新闻网，http：//www.sinopecnews.com.cn/news/content/2020－04/03/content_1797264.htm，登录时间：2020年4月3日。

12.26%，法国为11.26%，分列全球病死率第3位和第4位。[①] 欧洲国家因老龄化问题严重，防疫物资缺乏，医疗系统压力巨大，因此各国新冠肺炎疫情形势严峻。从叙利亚内战爆发至今，欧洲已经深受中东难民问题之困，德国主导的难民配额提案引发了欧盟内部的矛盾，难民也给欧洲各国的社会治理带来了诸多问题。在新冠肺炎疫情肆虐的当下，欧洲国家自顾不暇，无力应对新的难民潮，因此针对土耳其的放水行径，欧洲各国放下昔日纷争，联手支援希腊，希望从边境上拦截难民，缓解欧洲面临的压力。

（三）新冠肺炎疫情推动中东地区相关合作机制的重启

中东地区逊尼派大国沙特阿拉伯和什叶派大国伊朗于2016年断交，两大阵营间的矛盾激化；2017年沙特阿拉伯与卡塔尔断交，导致海湾合作委员会（GCC）处于停摆状态。在新冠肺炎疫情暴发前的2019年底，中东地区的相关合作机制因为诸多因素的影响无法正常运行，僵局难以打破。新冠肺炎疫情一方面加剧了伊朗在中东地区的孤立；另一方面，伊朗疫情失控也会对整个中东地区带来毁灭性影响。因此，中东地区相关国家也先后对伊朗伸出了援手。

3月1日，卡塔尔《视野报》报道，卡塔尔埃米尔塔米姆已于当日与伊朗总统鲁哈尼通话，声援伊朗抗击新冠肺炎疫情，并向伊朗提供必要支持。3月20日，卡塔尔向伊朗提供的第二批人道主义援助物资抵达德黑兰机场，包括用于预防新冠肺炎疫情的消毒剂、口罩和医疗用品。此前卡塔尔因为倡导与以色列和伊朗发展关系而受到以沙特为首的阿拉伯国家联盟孤立和制裁，而抗击疫情中的援助之举再次印证卡塔尔与伊朗关系密切的事实。阿联酋则通过世界卫生组织向伊朗提供援助，3月3日阿联酋航空与世界卫生组织合作对伊朗进行新冠肺炎病毒援助任务，派出1架载有7.5吨医疗用品的阿联酋飞机和5名世界卫生组织官员，对伊朗的15000名医护人员给予援

---

① “重点国家疫情数据”，https：//ncov. dxy. cn/ncovh5/view/pneumonia_ top？from = dxy&source = &link = &share = ，登录时间：2020年4月1日。

助；同时阿联酋外长罕见地与伊朗外长进行通话，讨论抗击疫情问题。3 月 17 日，科威特外交大臣与伊朗外交部部长通话，表示将向伊朗捐赠 1000 万美元，帮助伊朗抗击疫情。

另外，沙特阿拉伯也致力于推动海湾合作委员会与伊朗在技术层面的对话，进行抗击疫情方面的医疗和科技合作。从海湾地区上述国家的表现来看，不仅为伊朗提供人道主义援助并在一定程度上缓解了与伊朗的紧张关系，而且新冠肺炎疫情的防治工作也为海湾合作委员会等中东地区原有合作机制的重启提供契机。

新冠肺炎疫情肆虐，非传统安全威胁的“黑天鹅”与“灰犀牛”叠加，公共安全卫生、生物安全问题异军突起，中东地区各国在应对疫情过程中将遭遇未知的经济、社会与政治安全危机，在某种程度上冲击原有的叙利亚内战、伊朗核问题、中东难民等地区热点议题。新冠肺炎疫情是全球面临的共同敌人，在高度全球化的背景下，疫情大规模流行所衍生的破坏性后果从个人、社区、城市到国家和国际社会，从经济、社会到政治、外交，构成了对国家安全和国际安全的严峻威胁。

美国、俄罗斯和欧洲等多种域外力量长期在中东地区博弈，目前由于新冠肺炎疫情的影响，主要大国忙于国内抗疫，中东地区原有的民族问题、宗教矛盾等暂时被搁置一旁，但是并不意味着问题得到解决。新冠肺炎疫情可能引发全球范围内的经济衰退，对中东地区而言更是雪上加霜。由于中东地区在全球地缘政治中的独特的地位和作用，新冠肺炎疫情在中东地区引发的次生影响将会逐步显现。在中东地区全力抗击疫情的同时，以世界卫生组织为代表的国际社会应高度关注叙利亚、也门、苏丹等战乱和贫困国家，为其提供医疗物资和医护力量支持，提升抗击疫情的意识与能力，避免疫情在更大范围内的传播和扩散。

Y.11
中东经济发展问题述评：特征、改革举措与出路

姜英梅*

摘　要： 中东国家独立后，在发展民族经济过程中，出现形形色色的经济思潮和实践。但各种思潮和实践都未能解决经济发展问题，并在2011年爆发席卷中东的“阿拉伯之春”。此后十年，中东国家进入漫长痛苦的政治、经济和社会转型期。海合会等石油出口国受制于低油价，努力实施经济多元化政策；埃及等转型国家开启经济改革；叙利亚等战乱和冲突国家经济陷入崩溃。中东经济发展的阻碍因素很多，经济治理不善和政策失误，以及地缘不稳定是主要原因。迄今为止，中东国家仍未找到符合自身国情的经济发展道路。未来，中东经济发展道路必须依据自己的历史传承、文化传统、经济社会发展水平来决定。

关键词： 中东　经济发展　经济思想　经济改革

中东资源丰富，人口众多，但和平与发展问题仍是中东国家面临的两大难题。第二次世界大战后，独立后的中东国家在发展民族经济过程中，出现了形形色色的经济思潮和实践，但至今未能成功解决经济发展问题。

---

* 姜英梅，中国社会科学院西亚非洲研究所副研究员，主要从事中东经济问题研究。

一　中东国家经济探索与实践

第二次世界大战后独立的中东国家，大都奉行某种程度上的政教分离政策。共和制国家公开宣布以阿拉伯民族主义为基本国策，在经济上实行社会主义计划经济模式。以埃及为首的泛阿拉伯主义在与以沙特为首的泛伊斯兰主义抗衡的过程中占据上风。第四次中东战争后，泛阿拉伯主义声势渐衰，但大多数民族国家仍延续社会主义经济发展模式。

从20世纪50~70年代，伊朗巴列维王朝希望复制西方国家经济起飞的成功经验，走西方式的工业化道路。70年代末爆发的伊朗伊斯兰革命运动，说明伊朗“白色革命”资本主义道路行不通，促使伊斯兰世界兴起一场带有广泛群众性的宗教与社会运动，称为政治伊斯兰运动，主张在政治、经济、文化和社会等领域恢复伊斯兰教法，带有鲜明伊斯兰教烙印的金融业与各种经济实体在现代穆斯林社会应运而生，[①] 走一条既不同于资本主义也不同于共产主义的第三条道路。政治伊斯兰运动在90年代蔓延到北非国家才逐渐衰退下去。

冷战结束后，由于国内外环境的改变，西方新自由主义理论大行其道，以埃及为代表的阿拉伯社会主义国家进行经济调整，开始新一轮发展道路选择。然而，改革成果并不尽人意，在2008年国际金融危机的影响下，中东经济停滞不前。2010年“阿拉伯之春”席卷中东伊斯兰国家，统治中东几十年的世俗主义强人被民众赶下台，伊斯兰主义再度甚嚣尘上，一度成为民选合法政府。然而，再度执政的伊斯兰势力未能为积重难返的中东经济开出良方，从而难逃下台的命运。中东地区进入漫长而又痛苦的政治、经济和社会转型期。

（一）西方为导向的国家资本主义实践

1923年土耳其共和国独立之后，走上了一条以西方为效仿对象的世俗

① 刘天明：《伊斯兰社会主义的经济思想与实践》，《西亚非洲》1998年第2期，第2页。

主义现代化发展之路，并积极谋求成为欧盟的一员。[①] 政治上，土耳其建立了政教分离的共和制国家，推行土耳其民族主义。外交上，在追求同西方国家和解的同时，与苏联建立友好关系。经济上，则推行以西方为导向的工业化发展模式。土耳其是以农业立国的国家，农业是国民经济主体，但是发展极其缓慢，工业极其落后。土耳其独立后，首先采取各种措施，积极推动农业发展。为清除工业化障碍，土耳其实行国有化政策，改革关税政策，采取国家资本主义手段，通过国家计划和国家干预的途径推进工业化。

土耳其实行国家资本主义是国内外形势下的必然选择。西方国家通过两次工业革命，实现工业化和经济起飞，但自由主义经济理念也导致经济危机频发。1929 年西方世界发生严重经济危机，苏联社会主义计划经济却很少受到危机影响。为应对危机，西方世界开始推行国家干预的凯恩斯主义。土耳其也改变了原有西方化模式，制定国家计划，运用国家资源推行工业化。

为保护国内工业发展，土耳其采取了“进口替代”战略，在实现经济独立，建立国家工业体系方面发挥了积极作用，但也产生了一些弊端。第二次世界大战后，美国根据“马歇尔计划”对土耳其进行大规模援助，土耳其经济逐步恢复。1950～1960 年，随着民主党第一次大选获胜执政，土耳其开始了政治民主化和经济自由化改革时代。反对国家干预，大力发展私营经济，允许外资进入。自由化改革是对以往国家主义的纠正和否定，推动了土耳其工业化发展，但由于缺乏合理规划和明确导向，造成后期国民经济发展严重失控。1960 年土耳其军队发动政变，推翻了民主党政权，经济自由化中断。

此后二十多年，土耳其国家主义再度盛行。1960～1972 年，土耳其经济在进口导向战略下快速发展。1963～1976 年国内生产总值年均增长率高于 7%，[②] 基础工业和纺织、食品等工业基本上实现自给自足，侨汇收入为弥补财政赤字发挥重要作用。1973 年开始的全球石油危机，对严重依赖石

---

① 陈万里等：《二战后中东伊斯兰国家发展道路案例研究》，宁夏人民出版社，2015，第 90 页。

② 杨光：《土耳其的经济调整与国际环境》，《西亚非洲》1991 年第 2 期。

油进口的土耳其造成沉重打击，进口石油费用大幅增加，西方工业品进口价格也大幅攀升。伴随石油危机，西方国家出现经济滞涨危机，导致土耳其侨汇收入、国际贷款和国际投资都出现大幅下降，国际收支失衡加剧，经济增长率下降，失业率高企。

因此，从20世纪80年代开始，土耳其在全球自由化浪潮和国内经济形势恶化影响下，以新自由主义为指导思想进行结构调整和经济改革，工业政策从进口替代型转向出口导向型。这一时期，土耳其经济保持高速增长，土耳其模式广受赞誉。但土耳其经济也积累了很多弊端和矛盾，例如，持续经常账户赤字、大量外部融资需求、有限外汇储备、对短期资本流入的过度依赖，以及企业对外汇风险的高敞口。这导致土耳其经济增长基础极具脆弱性。在美国制裁及美土危机的刺激下，2018年土耳其爆发里拉危机，宣告了新自由主义在土耳其同样面临“水土不服”问题，也表明土耳其经济治理危机的严峻性。

（二）中东阿拉伯社会主义经济思想与实践

中东阿拉伯社会主义是伊斯兰主义、阿拉伯民族主义和社会主义相互协调融合的政治社会思潮，经济上普遍实行国有化和土地改革政策，以及进口替代化的工业政策。[①] 从第二次世界大战到20世纪80年代，阿拉伯社会主义思潮和运动主导中东政治格局。

19世纪末期到20世纪40年代是伊斯兰社会主义经济思想萌芽时期。泛伊斯兰主义奠基人哲马鲁丁·阿富汗尼最早将伊斯兰教与社会主义联系起来，认为伊斯兰教义所具有的公正、平等、义利统一和相对平均的观念，包含了社会主义的精神和因素。此后的宗教理论家乌巴德拉·辛迪、希赫兹·拉赫曼·西赫瓦维都论述了伊斯兰社会主义经济思想的理论框架和结构。

第二次世界大战到20世纪60年代，伊斯兰社会主义经济思想更为丰富，渐成体系，并席卷伊斯兰世界。“社会主义成为时髦而又响亮的字眼，

① 刘天明：《伊斯兰社会主义的经济思想与实践》，《西亚非洲》1998年第2期，第20页。

不同政治倾向的人竞相使用。”① 如埃及、叙利亚的穆斯林兄弟会就曾提出建立伊斯兰社会主义；巴基斯坦之父真纳提出以伊斯兰社会主义为立国根基。

伊斯兰经济思想家们纷纷著书立说，系统论述伊斯兰社会主义，首推叙利亚穆斯林兄弟会领袖穆斯塔法·西巴伊的《伊斯兰社会主义》。他提出社会主义源自伊斯兰教义，某些主张与埃及纳赛尔政府的经济政策相符，因而颇受埃及官方欢迎，成为纳赛尔主义在国内推行“土改”和企业国有化政策的理论依据。20 世纪 60 年代该书在埃及出版发行，成为畅销于伊斯兰世界的权威之作。在政府鼓励和压力下，爱资哈尔大学的一些宗教学者纷纷阐述伊斯兰社会主义，为国家政策做注解。与此同时，一些民族国家（如埃及、利比亚、阿尔及利亚、苏丹等国）在民族主义大旗下，宣布自己是某种类型的社会主义国家，从而践行了“社会主义发展道路”。

由于各国国情不同，领导人和领导集团的思想路线有所差异，各国推行的社会主义发展模式也不尽相同。埃及纳赛尔和阿尔及利亚本·贝拉实行的阿拉伯社会主义更具有民族主义特点，利比亚卡扎菲的民众社会主义更具宗教色彩和反西方色彩，突尼斯实行“宪政社会主义”，叙利亚和伊拉克实行“复兴党社会主义”，南也门实行“马克思社会主义”。但总体看，他们的经济主张大同小异：都以伊斯兰教义为其理论根源，鲜明地打出社会主义旗帜；都强调国家干预经济生活和有计划的经济政策，反对资本主义经济的无计划性，也反对社会主义计划经济模式；都在一定程度上推行土地改革和国有化，但又维护有限私有产权，反对绝对平均主义；反对剥削和贫富差异悬殊，主张劳资合作，通过互助友爱解决贫富分化和阶级矛盾，使社会各阶级都能发挥有效的职能；实行政教分离政策，改革是在世俗权威政府或领导人的强力推行下执行的。与此同时，中东君主国约旦、摩洛哥等国也以经济独立为己任，采取了不同程度的国有化、计划经济等经济发展政策。例如，摩洛哥在 20 世纪 70 年代实施“摩洛哥化”政策。

① 金宜久主编《当代伊斯兰教》，东方出版社，1995，第 182 页。

20 世纪 80 年代以后，一度如日中天的泛阿拉伯主义思潮和运动声势渐退，阿拉伯社会主义发展道路也遭受不同程度挫折。冷战结束后，由于全球化浪潮的影响和国内政治经济发展环境的改变，以埃及为代表的国家逐步放弃阿拉伯社会主义发展道路，转而在国际货币基金组织和世界银行等国际组织的指导下，进行经济改革和结构调整，走上以西方新自由主义理论为基础的发展道路。

阿拉伯社会主义运动出现挫折和失败，原因主要有以下几个方面：第一，经济发展目标未能实现，经济结构畸形发展，经济机制效益低，并未实现国家现代化，广大人民群众依然非常贫困。第二，计划经济限制了广大人民群众的生产积极性，不利于经济发展。第三，官僚体制引发腐败盛行、贫富分化严重，人民怨声载道。第四，主观上追求“民族主义发展”，客观上偏离市场经济的正常运行轨道，也给一些国家的现代化建设带来负面影响。第五，阿拉伯社会主义一直受到以沙特为首的传统伊斯兰主义和以穆斯林兄弟会为代表的宗教激进主义的批驳与抗争。

（三）泛伊斯兰主义的经济思想与实践

泛伊斯兰主义是指二战后形成的以民族国家为基础、旨在加强伊斯兰国家间团结、互助、合作的泛伊斯兰思潮和运动。泛伊斯兰主义兴起的第一个标志是伊斯兰世界大会的常态化。1962 年同样是由沙特牵头成立的伊斯兰世界联盟是泛伊斯兰主义兴起的另一个标志，其初衷是沙特等君主国家抗衡以埃及为首的阿拉伯民族主义国家。泛伊斯兰主义的侧重点是加强伊斯兰国家在对外关系各个领域中的广泛合作，其中尤以经济领域的互助合作最为明显，意图形成集团化、区域化的经济发展态势，希望建立类似欧共体那样的伊斯兰国家市场、劳务市场、金融市场和原材料市场，推进经济合作。

沙特由于在伊斯兰国家经济合作中的主导作用成为泛伊斯兰主义的旗手。巨额石油收入是沙特泛伊斯兰主义对外政策的物质基础，石油美元是启动泛伊斯兰主义外交的杠杆。通过向发展中国家提供援助，发展双边关系，实现预期的外交效应，是沙特泛伊斯兰主义对外政策的基本特征。这种做法通常被称作沙特“里亚尔外交”（里亚尔是沙特阿拉伯的货币）。为了在经济上和财力上向这些国家提供援助，沙特政府于1974年倡议成立专门的伊斯兰开发银行，并承担90%左右的份额。沙特还以政府名义和发展基金形式向其他国家和组织提供援助或建立伊斯兰银行。

泛伊斯兰主义促进了阿拉伯国家的一体化。例如，1945年成立的阿拉伯国家联盟一直致力于推动地区经济一体化，成员国之间先后签署多个协议促进贸易和投资，包括1998年正式启动的大阿拉伯自由贸易区。但由于阿拉伯各国在本国利益上难以妥协，政治议题占据主导地位，阿拉伯国家经济一体化进程起色并不大，阿拉伯国家至今仍未建立关税同盟。

海湾阿拉伯国家合作委员会（简称“海合会”）国家的一体化建设相对成功，但前景也不甚明朗。海湾货币联盟计划在运行伊始就不被看好。此外，阿拉伯国家在银行和证券市场领域的整合步伐也非常缓慢。国际金融危机和当前世界经济一体化趋势给阿拉伯国家经济一体化带来机遇，2009年举行的首届阿拉伯经济峰会强调继续推行经济一体化，促进阿拉伯国家间的贸易和投资，并在2020年成立共同市场。目前，阿拉伯国家经济一体化仍面临诸多其他挑战，包括国家利益博弈、地区局势不稳定、经济发展不均衡和政府管理体制僵化等。

（四）伊斯兰现代主义的经济思想与实践

20世纪70年代末80年代初，伴随伊朗伊斯兰革命胜利，政治伊斯兰运动如火如荼，遍布西亚北非地区，被称为伊斯兰现代主义运动，西方称之为“伊斯兰原教旨主义运动”。伊斯兰现代主义思潮出现于20世纪20年代，其标志是1928年埃及穆斯林兄弟会的成立。1978～1979年，伊朗爆发由宗教领袖霍梅尼领导的伊斯兰革命，将伊斯兰现代主义运动推向高潮，并迅速蔓延到其他中东地区，形成声势浩大的政治伊斯兰运动，直到90年代中期以后才逐渐消退下去。

“唯有伊斯兰能解决”是现代伊斯兰主义的响亮口号，也是其政治总纲领。它从宗教理论上指出，只有伊斯兰才能解决当代伊斯兰国家、社会及个人所遇到的问题。伊斯兰现代主义反对资本主义、犹太复国主义、民族主义和社会主义，反对西方殖民主义，反对世俗政治体制。霍梅尼进一步发展了这个思想，提出“不要东方，也不要西方，只要伊斯兰”。为此，霍梅尼在伊朗政治、经济和社会文化生活等领域全面推行伊斯兰化。

凭借强大的宗教力量，伊朗在革命后保持了政治稳定，但伊朗社会积累的矛盾越来越多，尤其集中在经济领域，由于单一石油经济结构，油价持续下跌严重影响伊朗经济，财政入不敷出，长达 8 年的两伊战争令伊朗经济雪上加霜。对外输出伊斯兰革命使伊朗成为阿拉伯民族主义、社会主义和传统伊斯兰主义的死对头。霍梅尼死后，拉夫桑贾尼就任总统，奉行经济发展优先的务实路线，重视国际合作而非输出革命，积极开展多边外交，摆脱国际孤立。但由于伊朗自身经济制度和政策的问题，拉夫桑贾尼执政期间经济发展并未取得多大成就。此后的继任者们也未能解决伊朗经济发展问题，在保守派总统内贾德任职末期，经济陷入崩溃边缘。

2013 年改革派人物鲁哈尼上台，调整国内外政策，优先解决经济问题，并利用美伊核谈判，为国内经济发展创造有利空间。2014 年 2 月伊朗领袖哈梅内伊宣布了新经济政策——抵抗型经济总政策，确立了伊朗经济未来的发展战略。[①] 2015 年伊核全面协议达成，2016 年初美国、欧盟、联合国取消对伊朗制裁，伊朗经济发展前景看好。然而，在“法基赫的统治”的神权政治体制下，伊朗经济发展仍具有不确定性。2018 年美国单方面退出伊核协议，对伊朗实施史上最严厉制裁。美伊矛盾逐步恶化，伊朗经济雪上加霜。

总之，伊朗伊斯兰革命推翻了巴列维王朝，说明“白色革命”资本主义发展道路的不可持续性。伊朗进而探索伊斯兰现代主义发展道路，但缺少

① 哈梅内伊指出，伊朗拥有丰富的自然资源、大量的基础设施和高素质的劳动力人口以及求发展的决心，如果奉行一种源于伊斯兰革命文化的本土的新经济模式，不仅能够战胜所有的经济困难，而且能够打败敌人强加于我们的经济战，增强本国经济的独立性和抗压性。

正常的发展环境，以及政府经济治理不善，探索并未取得成功，伊朗民生压力巨大。

（五）新自由主义与结构调整

20世纪80年代，由于各种因素的影响，中东许多国家计划经济发展模式无以为继，国有企业效率低下，经济陷入低潮，外债无力偿还。许多中东国家在世界规模的经济调整潮流影响下，反思国家过度干预下长期实行的内向型的计划经济发展模式，为获得国际货币基金组织和世界银行的援助和贷款，在这两大机构指导下开始了大范围的结构调整，走上以西方新自由主义为理论基础的发展道路。与亚洲和拉美国家的实践一样，土耳其、埃及、摩洛哥、突尼斯、阿尔及利亚等国的经济改革也是按照国际货币基金组织和世界银行开出的药方进行的，即便是伊朗也在拉夫桑贾尼和哈塔米时期开始了有限的自由化改革。

这些改革分为三步走：第一步是通过紧缩的货币和财政政策，抑制过度需求，缓和财政赤字和通货膨胀，通过大幅度货币贬值，刺激出口创汇产业的发展，同时争取减免债务和新的国际援助，以暂缓国际收支和债务危机。第二步，理顺扭曲的利率、汇率和商品劳务价格体系，为市场经济运行建立必要的金融体系；鼓励私人投资，并对国有企业实施私有化，放宽对外贸易方面的限制和保护，从而为市场经济和外向型经济的发展创造必要的条件。第三步，在调整后的环境中恢复投资和持续增长。

进入21世纪，经济全球化和新自由主义发展模式不断遭到质疑，拉美、非洲和亚洲一些国家出现经济下滑和社会动荡。2007年，发端于美国并横扫世界的国际金融危机标志着新自由主义神话的终结。中东国家的结构调整也是西方经济发展模式在中东的植入，不可避免出现“排异”反应，甚至失误。结构调整没有顾及中东国家的实际，由此带来了去工业化、失业和社会矛盾激化等问题，延缓了中东国家工业化进程。被西方国家誉为“改革模范”的突尼斯率先爆发“茉莉花革命”，从而引爆了席卷中东的“阿拉伯之春”。

二 “阿拉伯之春”后的中东经济

2008年国际金融危机和2010年底开始的“阿拉伯之春”表明，新自由主义和“看不见的手”并不是万能的，西方发达国家和一些发展中国家的新自由主义经济发展模式受到质疑，中东各国不得不探索适合自身的经济发展道路。“阿拉伯之春”已经走过十个年头了，但在国内外各种势力的角逐和干预下，这场“革命”导致地缘政治格局严重失衡，中东动荡长期化和常态化，一些国家还陷入内战边缘；转型国家进入漫长而痛苦的政治、经济和社会转型期，缺资金、少技术，面临促进就业、改善民生、实现稳定的严峻挑战。海湾等阿拉伯产油国家在石油价格持续低迷之际，经济受到严重冲击，迫切需要加快经济多元化步伐，寻找稳定的能源出口市场。

2020年，突如其来的新冠肺炎疫情在全球大流行，导致世界经济陷入衰退，国际金融市场、能源市场震荡下行，全球外贸和投资大幅降低。中东亦未能幸免，几乎所有国家出现确诊病例，伊朗、土耳其、以色列、卡塔尔和沙特等国疫情严重。中东国家正遭受疫情和油价暴跌的双重冲击，2020年经济出现大幅萎缩。

（一）中东经济多元化与经济转型

进入21世纪，随着油价开始上涨，石油出口国开始实施另一种投资战略。石油收入的增加导致石油出口国增加了基础设施投资支出，以弥补经济萧条时期投资不足。在早些时候实行自由化政策之后，国际市场对它们开放，各国进一步改善商业环境以吸引外国资本。石油出口国投资于一般用途投资，特别是基础设施和房地产，并进一步侧重于促进出口多样化的比较优势行业：与石油有关的和能源密集型行业，如铝和石油化工。阿尔及利亚、海合会成员国和委内瑞拉的非石油出口商品仍然主要是化学品和金属。此外，海合会国家着重发展服务业，特别是旅游业、物流业和金融业。[①] 海合会国家实施

---

① IMF Working Paper (WP/14/177), “Soaring of the Gulf Falcons: Diversification in the GCC Oil Exporters in Seven Propositions”, September 2014, pp. 48 – 50.

的是传统多元化战略，利用石化行业比较优势发展石化衍生品和能源密集型企业。然而，海合会国家经济仍与石化价值链密切相关。

“阿拉伯之春”后，尤其是2014年国际油价暴跌并进入低油价周期后，中东石油出口国面临着一项艰巨的任务，即重新调整其增长模式，以建立更加多样化的经济体，减少对碳氢化合物的依赖。海合会国家经济多元化的内涵发生变化，从传统方式向资产多元化转变，超越GDP产出和出口多元化概念，扩大到国家财富多元化理念。除了自然资源、生产性资产和外国资产外，还包括人力资本。

当前，海合会国家战略投资开始转向低碳产业和低碳部门，以新能源、金融产业和数字经济等资本密集型产业为优先选项。新能源不仅能满足国内日益增长的电力需求，还能促进环境可持续发展，降低对石油部门的依赖。伴随金融科技和创新，海合会国家金融业日臻成熟，正推动建立一个强大的金融技术生态系统，并将金融服务范围扩大到服务不足的私营部门，发挥金融中介促进经济发展的作用。为此，海合会各国政府纷纷制定旨在经济多元化的发展战略，例如沙特推出“2030愿景”，国内改革力度有所加大，非石油经济增长迅速。但中东石油出口国对石油经济的依赖并未降低，国家作为石油经济的既得利益者，改革三心二意。近几年，由于油价长期低位，石油出口国经济均保持低速增长，即便是经济多元化最为成功的阿联酋也不例外。2020年在新冠肺炎疫情和低油价的冲击下，石油出口国经济更是出现4.2%的萎缩。

自“阿拉伯之春”以来，埃及、约旦、利比亚、摩洛哥、突尼斯等国家进入漫长的经济转型期，经济中低速增长（经济增长率为3%～4.5%）。然而，各种不确定性使各国经济更加困难，增长乏力；失业情况恶化，特别是年轻人和大学生失业率高；商业信心受损，游客入境受到影响，国内外直接投资低迷。此外，政治和社会关系紧张制约了改革动力。东欧和中亚涉及政权更迭和体制改革的过渡经验表明，过渡可能会持续10年或更长时间，而且会带来相当大的困难。处于转型期的阿拉伯国家面临着巨大的挑战，全球经济不景气和欧洲经济疲软是对外贸易的阻碍因素。

2020年新冠肺炎疫情在全球暴发，导致中东产油国经济出现1.0%的收缩。利比亚内战、叙利亚内战、也门战争以及地区内紧张局势（尤以美伊矛盾为甚）和国内宗教政治派别斗争，降低了中东投资者的信心。尽管如此，摩洛哥、突尼斯、埃及和约旦基本实现了政治过渡，并开始实施经济改革。阿尔及利亚和苏丹在2019年爆发"阿拉伯之春"余震后，新成立的政府能否稳定政局，实施经济改革还有待验证。利比亚能否实现统一、躲过资源诅咒，开始经济多元化进程，还有待观察。对冲突不断的也门来说，过渡到可行的发展道路上，将是一个未知数。叙利亚战争持续，经济陷入崩溃，政治经济重建更无从谈起。

中东转型国家中，埃及的经济改革最为成功。埃及塞西政府执政以来，政局趋于稳定，2016年颁布"埃及2030愿景"致力于发展以私营部门为主导、具有竞争力的、基于知识库的多样化市场经济。2017年埃及颁布《新投资法》和推出其他举措改善投资环境，大力吸引外资和私人资本；力推新首都、铁路和能源建设等国家级大项目。埃及经济改革成效初显，消费、投资和出口成为拉动埃及国民经济的三驾马车，投资环境得到较大改善，经济增长势头良好，工业生产能力和出口能力不断提升，国际货币基金组织、世界银行以及欧盟对埃及经济改革给予积极评价。即使新冠肺炎疫情导致全球经济衰退，国际货币基金组织预测2020年埃及经济仍将实现2.0%的增长，是中东地区唯一经济增长率为正值的国家。同时，埃及经济依然面临政府效率不高、人力资源质量不高、科技研发投入不足等所导致的产出较低问题、高失业率问题和人均生活水平较低问题。

（二）中东国家宏观经济形势

作为世界经济体系中的一员，中东经济发展受到多重因素影响，总体表现不佳。9年来，除2016年，中东国家经济水平均低于2000～2010年平均水平。此外，大多数年份，中东经济增长率低于世界经济增长率（见图1）。与此同时，地区国家伊朗和土耳其经济恶化，沙特等海合会国家经济低迷，若干经济体增长前景不容乐观。利比亚、叙利亚和也门陷入内战，永久和平遥遥无期。2018 年土耳其出现货币危机，表面上看是美国制裁和贸易战所致，但根本上是新自由主义经济发展模式导致的国内经济脆弱性。土耳其经济对外部高度依赖，包括大量的经常账户赤字、外部融资需求和对短期资本的依赖，国内外汇储备低，储蓄率低，中央银行缺乏独立性。土耳其经济问题进一步表明新自由主义经济发展模式的种种弊端。

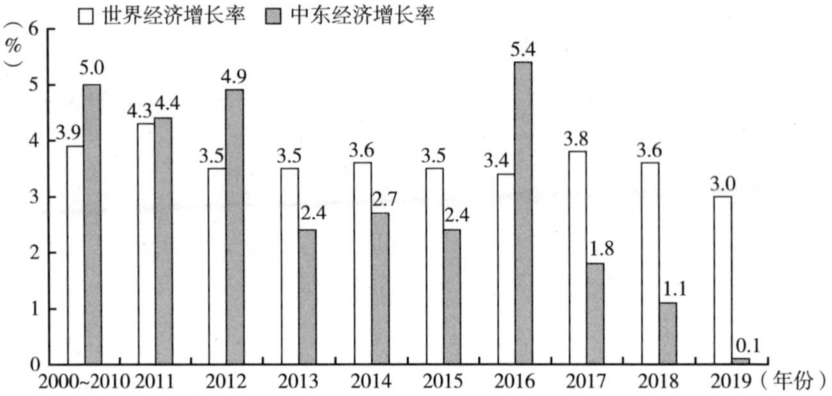

图 1　中东经济增长率

资料来源：IMF, World Economic Outlook, October 2019, pp. 147 – 167。

与此同时，世界经济复苏缓慢，以及国际油价低迷，导致中东国家贸易条件逐渐恶化，从 21 世纪头 10 年的 2.3 下降至 2011 ~ 2020 年的 – 0.9。中东国家经常项目账户状况堪忧，2019 年经常账户余额仅为 28 亿美元（2010 年经常账户余额高达 1891 亿美元），占 GDP 比例 0.1%。财政赤字压力不断加大，石油进口国财政赤字占 GDP 比例高达 5% 以上，2019 年海合会国家财政赤字占 GDP 比例为 2.4%。[①] 由于缺乏财政调节与内生性增长，中东石油进口国公共债务水平不断上升。一些国家公共债务占 GDP 比例超过 85%，黎巴嫩和苏丹高达 150% 以上。一些国家的短期财政压力的最大组成部分是日益增加的利息支出。中东石油进口国的利息支出占资本投资的比例平均为

① IMF, "Regional Economic Outlook: Middle East and Central Asia", October 2019, p. 23.

50%，超过3倍的社会支出。①

尽管中东金融环境总体稳定，但受低油价和流动性紧缩影响，银行信贷增长乏力，同时不良贷款率上升，中东股市表现也是差强人意。自2008年国际金融危机以来，中东国家FDI连续10年呈下滑趋势。2019年中东地区FDI流入390亿美元，仅占2008年FDI流入高峰时的1/3。与此同时，由于石油收入减少，中东地区的FDI流出也呈下降趋势。② 中东地区失业率居高不下，社会紧张局势加剧，民众抗议活动时有发生。

地缘稳定风险是中东发展的主要障碍之一。中东地区长期动荡不安，严重影响经济发展。中东动荡的根源在发展，出路也在发展。根据世界银行报告，中东冲突的风险急剧增加，从2007年的6%增加到2017年的近20%，1/5的人现在生活在冲突附近。③

中东地缘政治矛盾和冲突也未因疫情偃旗息鼓，同时，由于疫情对经济和民生的影响，一些国家社会动荡加剧。截至2018年，中东地区只有7个国家人均GDP水平高于世界平均水平，分别是海合会六国和以色列。利比亚由于内战，人均GDP几乎下降一半，从2010年的12064美元，下降至2018年的7241美元。土耳其人均GDP从2013年的12519美元下降至2018年的9370美元。与"阿拉伯之春"前相比，2018年埃及和突尼斯人均GDP也下降了。④ 这表明中东经济转型之路困难重重，阿拉伯人的春天仍未到来。

2020年新冠肺炎疫情肆虐全球，对世界经济增长和全球格局造成严重冲击。几乎所有中东国家都出现确诊病例，尤以伊朗为甚。疫情正通过同时发生的冲击——国内和外部需求下降、贸易减少、生产中断、消费者信心下降和金融条件收紧——在中东造成严重影响。此外，由于世界需求下降（疫情的影响）和原油供应增加（价格战），国际油价持续下跌，重创

① IMF, "Regional Economic Outlook: Middle East and Central Asia", October 2019, p. 15.

② UNCTAD, "Investment Trends Monitor", January 2020.

③ World Bank, https://blogs.worldbank.org/opendata/one-five-people-middle-east-and-north-africa-now-live-close-proximity-conflict.

④ World Bank, Indicators, https://data.worldbank.org/indicator, March 6, 2020.

中东石油出口国。在疫情和低油价的双重打击下，2020 年中东经济将大幅收缩（见表 1）。

表 1 中东经济指数

单位：%

中东经济指数 2000～2019	2000～2010 平均	2016	2017	2018	2019
中东地区					
实际 GDP 增长率	5.4	5.4	1.8	1.1	0.1
经常项目余额占 GDP 比例	9.5	-4.2	-0.2	3.8	0.1
财政余额占 GDP 比例	4.0	-10.1	-5.6	-2.9	-4.4
通货膨胀率(年平均)	6.9	5.7	7.4	10.1	8.1
石油出口国					
实际 GDP 增长率	5.5	6.1	1.2	0.2	-1.3
经常项目余额占 GDP 比例	12.7	-3.2	1.8	6.2	1.7
财政余额占 GDP 比例	7.2	-10.4	-5.2	-1.9	-3.9
通货膨胀率(年平均)	7.2	4.4	3.6	8.7	7.0
海合会国家					
实际 GDP 增长率	5.4	2.3	-0.3	2.0	0.7
经常项目余额占 GDP 比例	14.8	-2.8	2.8	8.5	5.3
财政余额占 GDP 比例	11.2	-10.7	-5.6	-1.8	-2.4
通货膨胀率(年平均)	2.9	2.1	0.2	2.1	-0.7
石油进口国					
实际 GDP 增长率	5.0	3.7	4.0	4.3	3.6
经常项目余额占 GDP 比例	-1.7	-5.6	-6.7	-6.5	-5.9
财政余额占 GDP 比例	-4.9	-7.3	-6.8	-6.9	-7.0
通货膨胀率(年平均)	6.6	7.5	14.4	10.4	9.7

资料来源：IMF, Regional Economic Outlook: Middle East and Central Asia, October 2014, pp. 7-8。

三 阻碍中东国家经济发展的因素

中东地区资源丰富，人口众多，地理位置特殊，为什么仍未摆脱战争和冲突，贫穷与落后？究其原因，伊斯兰实践者们（伊斯兰教法学家和政治精英）未能深刻认识到中东社会发展的内在规律，并找到符合本国国情的经济发展道路；政治、法律制度及社会文化习俗作为上层建筑，对生产力的反作用也有消极的一面；地区不稳定严重影响中东经济发展；全球化等外部环境的挑战大于机遇。

（一）经济发展政策失误

二战以后中东民族国家以经济发展为首要任务，大致经历了计划经济建设阶段（伊斯兰社会主义和阿拉伯社会主义的混合经济阶段）、伊斯兰主义探索阶段、新自由主义的经济结构调整阶段，以及“阿拉伯之春”后经济转型阶段。但是，中东国家不发达的社会经济发展状况依然没有得到根本性改变。除了海湾产油国和两个非阿拉伯国家——以色列和土耳其之外，大多数中东国家的经济发展还很落后，人民生活水平还很低。贫穷、失业成为中东大多数国家的通病，尤其是年轻人失业问题，不论在富裕的产油国还是非产油国，都成为政府需要解决的大问题。

中东经济困难的原因主要在于国际政治经济环境变化和国内经济发展政策的失误。在计划经济阶段，中东国家大多受到当时萨米尔·阿明为代表的依附论思想影响，实行与世界经济脱钩，以进口替代战略实现国家经济独立自主。计划经济和国有化为中东国家民族经济独立自主打下一定基础，进口替代政策也奠定了一定工业基础。但由于“脱钩轮”违背经济发展规律，过度国有化和盲目进口替代带来种种弊端，再加上国际因素影响（主要是20世纪80年代中期石油价格大幅下跌和国际债务危机），中东许多国家陷入债务危机和经济衰退。

在20世纪80年代至21世纪初的新自由主义结构调整阶段，中东国家在世界银行和IMF指导下进行结构调整，自由主义市场决定一切，政府完全不干预。私有化与市场化对稳定宏观经济发挥了一定作用，但由于中东国家并不存在市场经济的前提条件，经济发展弊端逐渐暴露。例如，通过经济自由化和市场化的改革措施，突尼斯成为中东现代化发展成效最为突出的国家之一，国际机构将突尼斯经济模式树立中东的样板国家。但是，突尼斯经济发展仍面临严峻的结构性挑战，自2008年国际金融危机和欧盟经济发展乏力以来，突尼斯经济受到严重冲击，加上国内社会矛盾积累，突尼斯爆发“茉莉花革命”，从而引发了影响中东大变局的“阿拉伯之春”。即便是被奉为“土耳其模式”土耳其经济也在2018年出现里拉危机，从表面看是美国制裁和世界经济低迷，但根本原因是土耳其长期新自由发展模式弊端的集中爆发。

伊斯兰现代主义的道路也未能实现经济发展。伊斯兰教作为上层建筑和一种社会关系对经济发挥作用，伊斯兰经济思想有利于构建公正合理的社会秩序和培养企业家社会责任，但其中许多经济原则和措施对创造财富的正面激励不足，此外，根植于传统文化的中东伊斯兰国家经济体系相对封闭，处于世界经济体系的边缘地带，伊朗经济艰难与缺乏良好的外部环境有很大关系。

中东石油出口国依赖地租收入（石油美元），经济结构单一，财富积累建立在资源出口的基础上，而不是依靠科学技术的发展和创新，因此它们也不属于发达国家之列。迄今为止，海合会等石油出口国经济多元化的努力并未成功，经济受国际油价波动影响显著。

（二）地区不稳定成为经济发展重要障碍

中东地区长期动荡不安，严重影响经济发展。中东动荡的根源在发展，出路也在发展。根据世界银行报告，中东冲突的风险急剧增加，从2007年的6%增加到2017年的近20%，1/5的人现在生活在冲突附近。[①]美伊矛盾、沙特-伊朗矛盾由来已久，沙特石油生产也受到干扰。巴以冲突旷日持久，解决之日遥遥无期。叙利亚、利比亚和也门内战冲突仍在继续。地区大国与域外大国斗争博弈，导致地区局势更加复杂。此外，一些国家政局不稳导致政策多变，高企的贫困率和失业率，更容易引发社会动荡。例如，2019年阿尔及利亚、苏丹、埃及、伊拉克、黎巴嫩等国都出

① World Bank，https：//blogs. worldbank. org/opendata/one - five - people - middle - east - and - north - africa - now - live - close - proximity - conflict.

现比较严重的民众抗议活动。新冠肺炎疫情暴发后，中东地缘政治矛盾和冲突也未因疫情偃旗息鼓，同时，由于疫情对经济和民生的影响，一些国家社会动荡加剧。

（三）未能有效应对经济全球化

从中东近代经济发展史来看，正是由于早期欧洲贸易冲击、外国商人进入、欧洲工业革命冲击、资本主义入侵、殖民地半殖民地历史以及世界大战等众多因素，致使中东在经济上一步步加深对西方的依赖。中东民族国家独立后，五次中东战争、附带政治条件的经济改革、全球化的侵蚀以及发达国家对中东石油的争夺战，导致中东经济进一步处于边缘地带。在全球化浪潮的冲击下，中东地区和世界其他发展中国家的政治经济发展都不可避免地要考虑全球化的影响因素。

中东地区 20 世纪 80 年代末开始的经济改革和金融自由化政策，一方面是国内经济发展的内在需求；另一方面是对全球化挑战的自然回应。然而，全球化既带来机遇，又带来挑战和风险。能否抓住机遇，迎接挑战，取决于两个因素，即整个国际大环境的倾向性和一国自身所具有的获取机遇的条件和能力。就中东地区而言，这两个因素都表现出不利的一面，全球化对该地区挑战远远大于机遇。[①] 中东作为“世界油库”，其经济深受国际油价波动影响，20 世纪 70 年代和 21 世纪初的石油繁荣受益于高油价，80 年代石油危机导致中东国家经济陷入十年衰退。2014 年以来国际油价长期低迷，中东经济增长乏力。世界经济低迷、国际金融危机、全球公共突发事件都对中东经济造成严重冲击。2020 年突如其来的新冠肺炎疫情全球大流行，几乎所有国家进入“闭关锁国”状态，导致世界经济陷入 20 世纪 30 年代以来最严重的经济衰退。作为世界体系的一员，中东国家正遭受疫情和低油价的双重打击。

---

① 冯璐璐：《中东经济现代化的理论与现实探讨》，人民出版社，2009，第 212 页。

（四）缺少公正、充满活力的市场竞争环境

根据马克思主义的生产力理论，生产力要素包括劳动资料、劳动对象和劳动者这三个“硬件”，也包括科学技术和科学管理等“软件”。就中东地区而言，无论是从硬件还是软件来看，都未能真正促进生产力的发展。马克思主义认为人民群众是社会历史的创造者，人是生产力中最革命、最活跃的因素，传统人的低素质显然不能满足加速发展生产力的要求。纵观人类发展史，科学技术在生产发展中发挥举足轻重的作用，在知识经济和信息经济时代，科学技术是第一生产力，人力资源尤其是创新人才是推动经济发展的重要驱动力。

总体来看，绝大多数中东国家仍是发展中国家，社会生产力还比较落后，机械化率不高，半机械化半手工的生产方式对劳动者的要求仅停留在手工劳动技术上，广大农村的劳动力基本上还停留在传统耕作方式水平上。[①] 这说明中东国家还没有实现人的现代化，这与人口膨胀、人口结构失衡、大学教育专业不合理（社科、宗教、文化专业居多，理工科专业则不足）、工业发展落后以及中小企业发展不力有关。

海湾富裕国家的高新技术则是用巨额石油美元换回来的。现代化普遍建立在对外部人力资源、资金和技术的依赖之上。外部人力资源尤其是西方国家科技人员，成为中东国家现代化的关键点，他们占据着高层管理职位。[②] 缺乏先进的科学技术、先进的管理经验以及富有创新精神的人才，就无法有效发挥人民群众在生产力发展中的主观能动性。此外，中东地区上层建筑和生产关系更多地表现为负面影响。从政治制度、传统社会结构、地缘政治、商业文化环境、利益集团、政府治理能力来看，其对生产力的影响更多地表现为负面的、消极的，阻碍了生产力的发展（见表 2）。

---

① 詹家峰、张金荣、张金升：《伊斯兰教与中东国家经济现代化》，《宁夏社会科学》2002 年第 2 期，第 73 页。

② 张燕军：《试探中东现代化的动力、特征及影响因素》，《四川师范大学学报》（社会科学版）2009 年第 6 期。

表2　中东国家市场环境指数排名

中东国家	营商环境排名 2019年	清廉指数排名 2018	竞争力排名 2018
阿联酋	16	23	25
巴林	43	99	45
摩洛哥	53	73	75
沙特	62	58	36
阿曼	68	53	53
约旦	75	58	70
卡塔尔	71	33	29
突尼斯	78	73	87
科威特	83	78	46
吉布提	112		
埃及	114	105	93
伊朗	127	138	99
黎巴嫩	143	88	
阿尔及利亚	157	105	89
伊拉克	172	168	
叙利亚	176	178	
利比亚	186	170	
也门	187	176	140
以色列	35	34	20
土耳其	33	78	61

资料来源：Transparency International，Corruption Perception Index 2018，p. 10. World Bank，"Doing Business 2020"，December 2019，p. 16。

四　探索适合国情的经济发展道路

进入近代以来，面临内忧外患，中东国家出现过各种各样的伊斯兰复兴思潮，也实施了内容各异的现代化道路实践。民族主义政权的建立构成中东国家现代化的政治动力；石油和巨额石油美元成为现代化的经济动力；赶超西方的自强意识成为推动中东现代化的精神动力。[①] 然而，这些复兴思潮和道路探索——无论是世俗化的还是伊斯兰化的，无论西方的还是东方的，无论是温和的还是激进的——均未能成功，贫穷与失业、矛盾与冲突、动乱与转型构成中东政治社会的主旋律。

目前，中东社会面临的最大冲击莫过于“阿拉伯之春”带来的大动荡与大转型。与以往由宗教和世俗精英领导的自上而下的各类复兴运动不同，这场席卷地区的政治运动是中东民众重新选择本国和本地区政治经济发展道路的一次新抗争，以自下而上的方式进行。由于未曾根本改变各国政治和社会制度，因此仍属于社会改良式运动。伴随政权更迭，各派政治力量激烈博弈，地区政局动荡不安，利比亚、叙利亚甚至陷入内战边缘。

中东变局仍不断演化，军队在国家构建中的作用以及伊斯兰政治力量的两极分化是影响中东政局走向的重要因素。上层建筑的不稳定、经济基础的解构以及生产关系的落后势必阻碍生产力的发展和社会的进步。与此同时，由于缺乏现代大工业和工业文明的洗礼，中东尚处于传统农牧业社会向现代社会转型期，还没有产生能够真正代表先进生产力的社会群体和阶层，新政权及新崛起的反对派在政治上还不成熟，能否顺应历史潮流，把握社会发展内在规律，发挥广大人民群众创造历史的作用，还尚难断定。基于以上原因，处于大变局的中东国家也将相应出现新的社会思潮和展开新的道路探索。这种变化无疑将会以探寻与阿拉伯国家互为适应的政治、经济和社会发展新模式为基调，并致力于阿拉伯国家的复兴、繁荣、民主、独立和强盛。[②]

然而，在阿拉伯伊斯兰传统文化根深蒂固的中东地区，任何探寻都不能逾越这一传统。传统是每个民族赖以存在和发展的基础，中世纪阿拉伯民族曾创造经济繁荣和灿烂文化，这说明伊斯兰教与生产力具有相适应的一面。但是，伴随时代变迁，人类社会已进入市场经济时代，未经现代化洗礼的传

① 田文林：《抗拒与变迁：中东经济现代化的多维透视》，《阿拉伯世界》2001 年第 3 期。

② 王铁铮：《全球化与当代中东社会思潮》，人民出版社，2013。

统文化应适时调整以消除其不符合时代特征的消极因素。西方国家的现代化也是建立在文艺复兴和工业革命对传统文化进行改造的基础上的，越早成功改造传统文化，就越早进入现代化，片面强调自己的特殊性只能耽误现代化进程，要放弃自己的伦理思想优于西方的观念，摆正同西方的关系，以理性原则后进学习先进。①

这是因为传统文化作为人与人之间结成的一种社会关系，以及传统思想作为一种观念上层建筑，分别对生产力和经济基础产生反作用。生产力和生产关系以及经济基础和上层建筑的矛盾运动规律是人们正确认识和揭示社会历史发展的钥匙。根据生产关系一定要适应生产力状况以及上层建筑要适应经济基础状况的规律，当生产关系和上层建筑不能适应经济基础的变革要求，从而阻碍生产力发展时，要适时地变革上层建筑和生产关系，以适应生产力的发展要求。在人类社会历史发展进程中，先进终将取代落后，新事物终将取代旧事物，在新旧力量的对抗和冲突中不断进行调整，在"实践、认识、再实践、再认识"的循环往复中，实现从低级文明向高级文明的演化。认识和掌握这一规律并不断地探索实践，对于中东国家实现从农牧文明向工业文明和现代文明的变迁，走向繁荣富强，促进生产力和社会发展具有重要的理论意义和现实意义。

在具体实践和操作上，中东国家的经济现代化要解决几个问题：第一，树立正确的时代观和发展观，世界已进入全球化时代，顺应全球化潮流，以经济发展为己任，并从中获益。第二，提高国民素质，实现人的现代化，从而满足生产力发展的要求。第三，正确处理伊斯兰传统文化与现代化建设的关系，依据教法变通原则来阐释经典，解决好伊斯兰教内向型的目标诉求与外向型经济发展模式之间的问题，从而避免政治和政策导向的失误。第四，解决好伊斯兰传统文化与外来文化（主要是西方文化）之间的关系，取长补短，兼收并蓄，不可夜郎自大、盲目排外，也不可全盘否定、妄自菲薄。第五，解决好稳定、改革与发展之间的关系问题，稳定是发展的前提条件，

① 吴昊雁：《伊斯兰经济伦理思想与阿拉伯国家的现代化》，《中国穆斯林》2012 年第 2 期。

发展才是硬道理，改革是发展的必由之路。全球化的时代，伊斯兰文明如何融入全球化的大潮，如何在现代主义与传统文化之间找到契合点，促进社会生产力和社会文明的发展进步，成为21世纪最核心的国际问题之一。

和平与发展是中东国家面临的两大难题。2016年1月19～23日，中国国家主席习近平出访中东三国，在阿拉伯联盟总部发表演讲时指出："中东蕴含希望，各方要在追求对话和发展的道路上寻找希望。化解分歧，关键要加强对话。破解难题，关键要加快发展。道路选择，关键要符合国情。中东动荡，根源在发展，出路最终也靠发展。发展事关人民生活和尊严。只有让青年人在发展中获得生活的尊严，才会自觉拒绝暴力，远离极端思潮和恐怖主义。"[①] 然而，历史的多样性，决定了各国发展道路的多样性。一个国家的发展道路，只能由这个国家的人民，依据自己的历史传承、文化传统、经济社会发展水平来决定。

同为发展中国家，中国方案引起了包括中东国家在内的广大发展中国家的浓厚兴趣，纷纷"向东看"。中国提出"一带一路"倡议，并得到包括中东国家在内的大多数国家的积极响应。无论从国家对外战略，还是从国内发展需求以及经济结构等方面来看，中国与中东国家都是共建"一带一路"的天然伙伴。中国方案可以为中东国家经济发展道路提供借鉴和启示，"一带一路"倡议也将为中国和中东国家人民带来福祉和机遇，为双方全面深化合作提供更大动力。

① 《习近平在阿拉伯国家联盟总部的演讲（全文）》，新华社，http://www.xinhuanet.com/world/2016-01/22/c_1117855467.htm，登录时间：2020年10月22日。

Y.12

塞西时代的反恐与去极端化政策及其效果评估

戴 贝 涂龙德*

摘 要： 自塞西上台以来，面对埃及反恐形势日趋严峻的现实，埃及政府大力加强反恐和去极端化举措，包括采取军事行动、强化反恐审判、推动相关立法、加强国际反恐合作，以及倡导宗教改革等，这些政策使埃及反恐形势日趋改善。

关键词： 埃及 塞西时代 恐怖主义 去极端化

长期以来，由于地区、国际局势影响和自身历史、发展状况等原因，阿拉伯世界始终面临着恐怖主义、极端主义的严重威胁。近年来，尽管针对地区最危险的恐怖组织“伊斯兰国”的大规模反恐战争已取得重大胜利，但地区不少国家的反恐形势依旧严峻，各国仍在努力与恐怖主义、极端主义势力做斗争。在叙利亚、伊拉克等国，“伊斯兰国”的残余势力尚未根除；在利比亚、也门等国，长期冲突和动荡使恐怖组织和极端势力获得新的生存土壤；在埃及、沙特等国，近年来打出反恐和去极端化“组合拳”，对以穆斯林兄弟会（简称穆兄会）为首的政治伊斯兰势力造成沉重打击。本文试以埃及为例，分析埃及进入“塞西时代”以来在反恐与去极

* 戴贝，中国国际广播电台阿拉伯语部翻译，从事新闻采访、编辑、翻译等方面的工作，长期关注中东问题；涂龙德，北京语言大学中东学院教授，长期从事中东、北非地区形势的跟踪和研究。

端化领域采取的政策措施，以及取得的重要成效，从中亦可大致体会到阿拉伯地区近年来反恐形势的脉络与重点。

一　穆巴拉克下台后的埃及反恐形势

（一）政局变革改写安全形势，恐怖袭击事件频繁发生

2011 年 1 月，埃及爆发旨在推翻穆巴拉克政权的大规模民众抗议游行活动。迫于各方压力，执掌总统权力 30 年的穆巴拉克最终下台。穆巴拉克的反对者们原本希望国家由此走上更为健康、民主的发展之路，但现实是埃及安全状况出现巨大滑坡，恐怖袭击事件频发。2012 年 6 月，埃及穆斯林兄弟会旗下“自由和正义党”主席穆尔西在总统选举中胜出，穆兄会历史上首次得以掌控国家政权。然而，代表穆兄会势力的穆尔西上台后，埃及安全局势依然不容乐观，经济发展难见起色，民生问题日益严重。穆尔西就任总统仅一年便遭到代表世俗力量的军方罢黜。

除了埃及国内政局数年间历经变革，邻国利比亚自 2011 年卡扎菲政权倒台后陷入持续动荡，当地恐怖主义势力频频作恶。在地区层面，恐怖组织“伊斯兰国”自 2014 年以来一度在伊拉克、叙利亚肆虐，并不断向周边国家渗透。这些因素共同导致埃及恐怖主义、极端主义势力抬头，在埃及制造袭击事件、煽动仇恨情绪、散播极端思想，以期挑衅执政当局，制造更大影响力。

2014 年 6 月，前军方领导人塞西赢得总统选举，埃及由此步入“塞西时代”。塞西上任之初，恐怖势力并未束手就擒，而是继续在全境发动报复袭击。2013 年 12 月 24 日，埃及北部曼苏拉市警局总部遭到恐怖袭击，造成至少 15 人死亡、100 多人受伤。2014 年 11 月，埃及海军一艘巡逻艇在地中海沿岸达米埃塔海港遭袭，造成海军方面 5 人死亡、8 人失踪。2015 年 6 月 10 日，埃及南部著名旅游城市卢克索的卡纳克神庙附近发生针对游客的自杀式爆炸袭击，造成多人伤亡。6 月 29 日，埃及总检察长巴拉卡特遭遇

汽车炸弹袭击，因伤势过重，送医数小时后不治身亡。7 月 11 日，位于埃及首都开罗的意大利领事馆遭爆炸袭击，造成 1 名埃及警察牺牲、数人受伤。此外，恐怖分子还向开罗、亚历山大等埃及大城市渗透，发动了数起针对科普特教堂的袭击，造成大量人员伤亡和财产损失。

（二）北西奈地区成为恐怖袭击“重灾区”

西奈半岛位于亚洲地界，涉及埃及、以色列及巴勒斯坦加沙地带三方边境，其经济社会发展、安全问题由来已久。埃及前总统穆巴拉克政权主要通过逮捕疑似属于恐怖组织人员等手段，将地区治理重点放在安全领域。穆巴拉克政权倒台后，盘踞在西奈半岛北部的极端恐怖势力利用当地出现的“权力真空”，开始重整旗鼓、肆意作案。“耶路撒冷支持者”是其中影响力最大的组织，他们不仅频繁发动针对当地基础设施和军警的袭击，还将平民作为袭击目标，成为西奈半岛乃至埃及全境恐怖袭击活动的最主要制造者。2014 年 2 月，一辆搭载韩国游客的大客车在西奈半岛塔巴口岸附近遭自杀式袭击，造成 3 名韩国人和 1 名埃及司机遇难。2014 年 10 月，北西奈省的一处军事检查站遭自杀式汽车炸弹袭击，造成 30 多名士兵死亡。“耶路撒冷支持者”承认制造了上述两起袭击事件。

2014 年 11 月，“耶路撒冷支持者”宣布效忠“伊斯兰国”，对外更名为“西奈省”，以表明其成为“伊斯兰国”西奈半岛分支的身份。2015 年 1 月 29 日，该组织在北西奈省首府阿里什市及其附近的谢赫祖韦德镇与拉法镇制造一系列武装袭击，武装分子采用自杀式爆炸、发射迫击炮和引爆汽车炸弹等多种方式对当地军警检查站、酒店及一份国营报纸办事处进行了疯狂袭击，造成至少 26 人死亡、100 多人受伤。2015 年 7 月初，阿里什周边地区再度遭到该组织武装袭击，造成了 17 名埃及军人死亡和数十人受伤。

2017 年 11 月 24 日，极端组织再次在西奈半岛制造血腥惨案。数十名恐怖分子持枪扫射北西奈省比尔·阿布德市一座清真寺内在做礼拜的民众，造成至少 305 人死亡、100 多人受伤。尽管没有组织宣称对此次事件负责，但一些证据和各方分析均表明，该袭击系“伊斯兰国”恐怖分子所为。此次恐怖事件是近年来埃及首次发生的针对清真寺礼拜者的大规模袭击。恐怖组织意在通过此次袭击展示其“顽强实力”，但这种惨无人道的卑劣行径无疑是恐怖势力在埃及社会“最后的疯狂”，埃及政府对其进行强力清剿也成为必然。

二　塞西政权的反恐举措与成果

2014 年塞西当选埃及总统后，执政当局对恐怖极端势力始终保持高压打击态势。通过数年以来军事打击、强力执法、国际合作等途径多管齐下、综合施策，取得了显著成绩。尤其是 2018 年塞西连任以来，全国总体安全形势出现极大好转，恐怖袭击事件数量大为减少。至 2019 年，埃及官方认为该国各类恐怖主义组织已几近瓦解，其行动能力也几乎被摧毁。

（一）军事打击行动

塞西政权上台后，西奈恐怖势力作恶不断，对全国安全构成极大的威胁。对此，埃及武装部队主要发动了“烈士权利”“西奈 2018”两场大规模军事行动。

2015 年 9 月，武装部队以“烈士权利”为代号开展了一项军事行动，以消灭北西奈省多个地区的恐怖分子，在第一阶段 16 天的行动中，击毙数十名恐怖分子。行动之后持续了多个阶段，直至 2017 年结束，军队成功剿灭“耶路撒冷支持者”组织下属约 500 名恐怖分子，摧毁 130 辆车辆和 250 个恐怖分子藏匿的据点。

2018 年 2 月 9 日，埃及军方宣布进行代号为“西奈 2018”的反恐“全面行动”，这是一次针对西奈半岛北部和中部多个地区的恐怖分子的全面清剿计划，旨在通过摧毁恐怖分子前哨基地、加强对边境入口控制，实现使埃及免受恐怖主义和极端主义侵害的目标。经过 10 个月的行动，军方成功摧毁了恐怖分子的大量基础设施，如隧道、军械弹药库、行政和联络中心，收缴和销毁了大量车辆、武器、弹药和爆炸装置，击毙 500 多名恐怖分子，大批极端分子、逃犯以及他们的支持者被逮捕。行动将“耶路撒冷支持者”的许多第一级别和第二级别的领导人作为目标，最终消灭了该组织首领阿布·乌萨马·马斯里，以及行政负责人、媒体负责人等其他头目。“西奈2018”全面行动取得成功，对埃及安全形势的扭转起到决定性作用。至2018年底，埃及已极大地削弱了以宗教为掩护的恐怖主义和极端主义势力。

首先，持续的军事行动沉重打击了北西奈省和尼罗河三角洲省份的恐怖组织和极端势力。据埃及媒体统计，“西奈2018”全面行动成功消除了西奈半岛85%～90%的恐怖分子，以及三角洲各省中超过90%的恐怖分子，清除了全境95%以上的极端分子据点。此外一些起源于2013年或之前的恐怖组织销声匿迹，例如“伊斯兰教法支持者”等组织。[①] 与此前几年相比，2018年西奈半岛的恐怖袭击数量显著减少，性质恶劣程度也明显下降，西奈半岛军队和警察的牺牲人数明显减少。从埃及全国范围看，根据埃及国家信息总局统计，2018年恐怖袭击事件数量为五年以来最低。2014～2017年，埃及全国每年发生的恐怖袭击多则数百次，少则数十次，2018年骤降至8次，其中5次极端分子使用的是冲击力较小的简易爆炸装置，一些袭击也并未达到实施者的预期目标。2018年全年没有发生针对电力、供水网络等国家民生设施目标的袭击，多数恐怖行动也都依赖于随机因素或所谓的“独狼”行动。[②]

其次，埃及边境控制得到加强，整体国土安全得到有效提升。此次军事行动实现了对恐怖组织陆、海、空的同步全面打击。埃及边境和海上警卫力量在东部、西部和南部边境加强了对陆地和海上的控制，使得通往北西奈恐怖组织的资金、武器、设备和人员运输路线被封锁，切断了武装分子的资金

① منير أديب，التجربة المصرية في مواجهة الإرهاب.. العملية الشاملة سيناء 2018 نموذجا，https：//al－ain.com/article/egypt－terrorism－sinai－egyptian－army，登录时间：2019年11月1日。

② حنان حمدتو，"الاستعلامات": 8 أهداف حققتها عملية سيناء 2018"，https：//mesrion.com/story/1216517/%d8%a7%d9%84%d8%a7%d8%b3%d8%aa%d8%b9%d9%84%d8%a7%d9%85%d8%a7%d8%aa－8－%d8%a3%d9%87%d8%af%d8%a7%d9%81－%d8%ad%d9%82%d9%82%d8%aa%d9%87%d8%a7－%d8%b9%d9%85%d9%84%d9%8a%d8%a9－%d8%b3%d9%8a%d9%86%d8%a7%d8%a1－2018，登录时间：2018年12月30日。

来源和后勤支持。北西奈边境带上的多处隧洞被摧毁后，非法移民和境外恐怖分子渗入得到限制，“伊斯兰国”沦陷后外国战斗人员进入西奈的现象被消除。此外，全面行动还朝着彻底清除与邻国利比亚长达1300多公里延伸边界上的恐怖分子的最终目标迈进了一步，有效遏制了恐怖分子通过这一边界进出埃及并威胁其国家安全。

“西奈2018”全面行动取得成功，主要有几个原因。

第一，在“西奈2018”行动之前，埃及武装部队和安全部门在穆巴拉克政权倒台后为消灭西奈半岛武装组织和恐怖势力已经进行了三次大规模军事行动。除了塞西担任总统后发动的“烈士权利”，前两次分别是代号为“猎鹰Ⅰ”“猎鹰Ⅱ”的军事行动。“猎鹰Ⅰ”行动始于2011年8月12日，以回应此前发生的数次针对北西奈省向以色列出口的天然气管道的爆炸事件。始于2012年8月5日的“猎鹰Ⅱ”行动则是为回应发生在北西奈省卡姆·阿布·塞勒姆过境点附近的武装袭击，袭击造成16名埃及士兵丧生。武装部队和安全部门在这些行动中积累了宝贵经验，为实施一次更持久、全面的行动做好了充分准备。

第二，虽然“猎鹰Ⅰ”、“猎鹰Ⅱ”和“烈士权利”等军事行动已经取得一定效果，西奈半岛武装组织的人员、资金实力受到很大削弱，但其并未被彻底消灭，尤其是极端主义思想仍存空间，恐怖分子甚至将袭击目标更多转向平民。2017年11月发生在北西奈省的恐怖袭击造成300多人丧生，震惊埃及国内和国际社会。面对现实，执政当局进一步反思在国家安全和反恐行动上的不足，发动一场全面针对恐怖极端势力的歼灭性打击行动迫在眉睫。因此，此次行动在制订行动战略计划时就已经升级为包含西奈半岛在内的东部、西部和南部边界三条战略轴线的全面行动。总统塞西于2018年2月9日命令启动该行动，但他并未指定任务完成时间，可见当局对此次行动已下定不夺取决定性胜利不收兵的决心。

第三，西奈半岛恐怖势力通过针对平民的袭击行动蓄意制造恐慌和社会动荡，引起了埃及普通民众的极度反感，民众与安全部门合作打击恐怖分子的热情被进一步激发。在民众的憎恶和防范之下，尤其是西奈当地民众向武装部队和安全警察提供的支持与合作，恐怖组织头目和成员丧失了行动的能力，有效帮助了当局实现对恐怖组织和极端分子的毁灭性打击。另一方面，恐怖分子过去在当地民众中拥有的少数合作者、同情者也失去了生存空间，其一旦被发现，将会受到严惩。

（二）“先发制人”的司法行动

自 2015 年开始，在军方开展大规模清剿西奈武装分子行动的同时，埃及安全部门也在全国范围内加大对涉恐人员的搜捕力度。在尼罗河三角洲地区和山谷腹地，尤其是开罗周边一些新城，全面排查恐怖分子可能的聚集地和藏匿场所，通过“先发制人”的逮捕行动震慑恐怖主义势力。2015 年 11 月，安全部队在开罗北部击毙“耶路撒冷支持者”头目之一阿什拉夫·阿里·加拉卜利，其被认为是该组织中“最危险的人物之一”，曾企图谋杀多名埃及政府部门官员、参与意大利驻埃及领事馆炸弹袭击以及多起针对军警和边防检查站的恐怖活动。

同时，司法机关对抓获的恐怖分子进行高效的起诉、审判。其中影响较大的有：2019 年 11 月 17 日，埃及媒体熟知的“绿洲路事件”主谋阿卜杜·拉希姆·米斯马里被判死刑，这起袭击造成安全部队 16 名士兵丧生。对米斯马里起诉的罪行还包括非法持有枪支弹药、加入恐怖组织以及攻击武装部队、警察和相关设施，扰乱公共秩序，危害社会安全等。2019 年 12 月 10 日，被指参与 2017 年 12 月开罗南郊马尔·米纳教堂袭击案的易卜拉欣·伊斯梅尔被判死刑，在该起袭击中 8 名科普特人和 1 名保安遇害。①

2013 年穆尔西政权倒台后，对穆兄会组织的清算也被列为世俗政权打击恐怖主义的一项重要内容。穆兄会在埃及的一切活动和组织机构均被视为“非法”，该组织所有资金和不动产遭到罚没。2013 年 12 月，埃及临时政府更是将穆兄会列为恐怖主义集团。虽然穆兄会历史上被埃及政府视为非法组

① نجاة الجبالي，2019.. عام الانتصار على الإرهاب بمصر，https：//al – ain. com/article/terrorism – war – 2019 – egypt，登录时间：2019 年 12 月 31 日。

织，但被定性为恐怖组织尚属首次。尽管这在法律和实践层面都引起了巨大争议，但塞西当选总统后，对穆兄会仍保持高压打击态势。埃及政府对穆斯林兄弟会的大多数经济和商业设施进行接管，各级法院对穆兄会领导和成员进行了大规模、高频次的审判，欲使其组织彻底瘫痪、难以继续维持活动。

此外，埃及中央银行和其他相关部门制定了专门的财务政策，加强了对国外汇款的管控。恐怖和极端组织的资金来源被有效切断，活动能力大大受限。

（三）立法和机制支持

为全面支持军队和警方打击恐怖主义活动，埃及还在法律层面进一步完善手段，提升打击恐怖分子的效率。2015 年 6 月 29 日，埃及总检察长巴拉卡特遇袭不治身亡后，总统塞西在巴拉卡特的葬礼上发表讲话，号召使用更加严厉的法律手段对抗恐怖主义活动。

2015 年 7 月 1 日，埃及内阁通过新反恐法，旨在加快暴力和恐怖袭击案件的审判程序，以应对日益严峻的恐怖主义威胁，该法经总统塞西于 8 月 16 日签署后生效。新反恐法规定，“恐怖活动”是在埃及国内或国外使用武力、暴力、恐吓等手段扰乱公共秩序、破坏社会安全的行为。“恐怖分子”则是在埃及国内外从事或策划恐怖活动，煽动、威胁进行恐怖活动的任何人。根据新反恐法，恐怖分子嫌疑人将通过特别法庭快速受审，针对恐怖分子的刑罚最低判处 5 年有期徒刑，最高可判处死刑，向恐怖分子提供资金支持者将被判终身监禁。

2019 年 2 月，埃及内阁再次更新反恐法，对 2015 年反恐法的一些条文和细节进行了修正和补充。修正案强化了对向恐怖分子出租居所等违法行为的监控、处罚机制。其中规定：“房产出租人应将房屋租赁合同、租用人埃及公民身份编码或外国人身份证明文件复印件在房产起租之日或签订租赁合同之日起 72 小时内（以较早日期为准），提交至所辖地警察机关，违反者将被处以 6 个月以上监禁，以及 5000 埃镑以上、1 万埃镑以下的罚款。在本修订案颁布前已签订或执行合同的房产出租者应在本法规定的执行之日起一个月的期限内进行报备，违法者将被处以 6 个月以上监禁以及 2000 ~ 5000 埃磅的罚款。”①

该修正案还规定，在对恐怖主义罪行定罪的每项判决中，除法律规定的刑罚外，法院还应没收用于犯罪或犯罪获得的不动产、资金、武器、工具以及其他相关物品。因此，检察机关有权临时关闭任何设计、制造可能用于实施恐怖主义犯罪的武器场所，以及已被恐怖分子或恐怖主义团体使用或准备使用的其他场所。

此外，为进一步采取国家综合战略、完善反恐协调机制，埃及还于 2017 年 7 月成立了全国反恐委员会，委员会由塞西担任主席，成员包括政府高层官员和埃及宗教领袖。通过每两个月举行的例会或必要时的临时会议，委员会可协调宗教和安全部门共同评估反恐形势、制定相关策略。

（四）跨国合作打击

塞西政权上台后，在国际多边场合多次呼吁国际社会坚定地与埃及站在一起，共同对恐怖主义进行反击。在实践中，埃及积极同有关国家进行协调，打击威胁本国安全的境外恐怖组织，努力消除地区恐怖主义。2014 年 9 月，美国与 10 个阿拉伯国家就建立联盟打击“伊斯兰国”达成协议，埃及加入了该协议。2015 年 2 月 15 日，“伊斯兰国”利比亚分支在网上发布视频，宣称已将 21 个埃及科普特基督教徒处死。埃及于当地时间 16 日展开报复行动，对利比亚境内的“伊斯兰国”目标发动空袭，共炸死至少 40 名极端组织成员。

此外，为有效阻止邻国利比亚危机持续发酵带来的恐怖主义外溢的影响，埃及一方面与阿拉伯国家联盟保持合作，为政治解决利比亚危机付出外交努力；另一方面将代表世俗力量的哈夫塔尔领导的利比亚国民军视为盟友，埃及武装队向其提供支持，并在利比亚境内对恐怖分子发动数次空袭，

① نجاة الجبالي，2019.. عام الانتصار على الإرهاب بمصر，https：//al – ain. com/article/terrorism – war – 2019 – egypt，登录时间：2019 年 12 月 31 日。

直接介入打击当地恐怖组织，以确保埃及西部边界的安全。

2019 年 5 月 28 日，埃及从利比亚军方接收恐怖主义头目、埃及前军官希沙姆·阿什马维，此人策划了针对埃及安全人员和机构的多次恐怖袭击，包括 2014 年的法拉夫拉袭击事件和 2015 年暗杀检察长希沙姆·巴拉卡特。2019 年 11 月，埃及刑事军事法庭判处他死刑。

在地区和国际层面上，埃及积极在阿拉伯国家联盟、非洲联盟、伊斯兰合作组织、联合国和全球反恐论坛等区域组织或国际组织框架内，同有关各方讨论合作打击恐怖主义、切断恐怖主义资金来源的途径，以阻止恐怖极端组织得到来自境外的秘密支持。

三　宗教话语维新——消除极端主义思想的抓手

（一）消除极端主义思想的共识

世俗政权掌权后，基于国家在反恐斗争中所采取的立场，所有恐怖组织被视为对国家安全构成同等威胁，他们煽动暴力、残害生命、制造恐慌，而各种形式的极端主义思想是恐怖组织赖以传播邪恶理论、吸引支持者，以实现其政治目标的思想倚仗。因此，除了通过强力部门直接打击和防范恐怖主义犯罪，在思想意识领域传播正确宗教理念、消除极端主义思想同样成为埃及国家反恐综合战略中的重要环节。

穆尔西政权倒台后，埃及影响力最大的宗教机构爱资哈尔和负责监督宗教事务的宗教部采取了多项措施肃清穆兄会组织对宗教的渗透和影响，包括重新任命传教人员、制定向清真寺施舍的条例、由宗教部审定聚礼日宣讲内容等。穆尔西执政时期原宗教部任命的各清真寺管委会被勒令解散，大量伊玛目和传教人员被解职。

以爱资哈尔为代表的埃及宗教机构通过一系列旨在传播温和、宽容的宗教思想，瓦解恐怖组织所依赖的思想基础，并驳斥恐怖组织通过社交媒体大肆宣扬的极端主义内容。由于这些宗教机构在世界各地穆斯林中享有很高的声誉，其所做的努力不仅在埃及本国的去极端主义进程中发挥了作用，而且在国际上也赢得了高度评价。

然而，利用宗教进行的错误解读和激进言论并未在埃及社会被彻底肃清，这不仅为恐怖主义和极端主义提供了肥沃的土壤环境，而且成为影响社会生活方方面面的毒瘤。面对严峻的反恐形势，重新掌权的世俗政权的重要使命是如何使埃及走出一条实际可行的伊斯兰道路。为此，总统塞西试图以大力实施宗教话语维新为抓手，实现思想意识领域的去极端化目标。

（二）埃及社会对宗教话语维新的态度

宗教话语是伊斯兰教中的一个特定概念，是一种基于包括《古兰经》，先知《圣训》在内的伊斯兰教法渊源的话语，宗教话语既可以由官方或非官方宣教机构发表，也可以出自宗教人士个人，其宗旨是传播伊斯兰信仰、教法、道德和价值准则。宗教话语的一个显著特点就是，在伊斯兰信仰的框架内可以不断补充更新，而这些内容又与穆斯林的现实需求密切相关，从而服务于伊斯兰教应对当今伊斯兰世界面临的挑战。

因此，宗教话语维新本身就是近代以来伊斯兰世界的一个老话题，围绕宗教话语哪些内容需要革新、如何革新等问题出现了很多争论。早在 19 世纪末 20 世纪初，穆斯林知识分子就试图通过重新理解伊斯兰教法，推动阿拉伯民族向欧洲的近现代化靠拢。反对者则认为，话语维新必须遭到抵抗，这并非思想僵化停滞的问题，而是要保护宗教的本质免遭西化、被引入本不存在的内容，因此只需要传播伊斯兰学者对教法一致同意的正确理解，而无须进行话语维新。

在世俗力量占据主导的埃及社会，尽管政府机构、媒体、知识精英长期以来一直要求更新宗教话语，但社会全体阶层始终对此难以达成共识，尤其是在一些与宗教有关的社会问题上，各方始终争议不断。这些问题例如：男性是否对女性拥有监护权，男女是否平等享有继承权，未成年婚姻是否被允许，口头离婚是否有效，法律制订过程中对《古兰经》的考虑程度等。

（三）塞西政权力推宗教话语维新的努力

塞西就任总统后，主张建立现代宗教话语体系，从而为构建一个体现正义、宽容、善良的凝聚型社会提供思想基础，同时这种话语体系有利于培养出自觉忠诚于祖国和人民的后代。塞西在多次会议讲话中谈到更新宗教话语的必要性，认为这是在埃及和伊斯兰世界里最重要的需求之一，甚至对国家和民族来说是“生死攸关的问题”。[①] 塞西还呼吁伊斯兰教职人员更新对宗教文本某些远远落后于时代的解释，以科学的头脑努力解决当代的问题，积极同极端主义做斗争。

根据塞西的主张，埃及宗教主管部门和相关机构近年来加大举措推行宗教话语维新。埃及议会宗教事务委员会 2019 年 10 月宣布一项计划，旨在通过实施涉及宗教机构及其人员和出版物内容的十项措施，加大宗教话语维新力度。措施包括组织爱资哈尔编写回应极端主义思想的百科全书，并要求爱资哈尔积极探讨如何净化受到极端主义思想影响的宗教话语、加强对伊斯兰中道思想的正确解读；改革爱资哈尔大学和大学预科教育课程、提高学生同极端主义思想做斗争的能力；加强爱资哈尔在互联网平台上打击极端主义的作用、传播正确的伊斯兰形象。该委员会同时要求宗教部制定计划，通过向阿訇和传教人员宣传中道思想，邀请长老和理科学者在清真寺讲课，厘清教法释义中出现的混乱，阻止极端主义侵入。

（四）宗教话语维新的效果与争议

作为伊斯兰世界具有重要影响力的古老宗教机构，爱资哈尔在捍卫阿

---

① محمد شريف, السيسي: تجديد الخطاب الديني قضية حياة أو موت , https://www.masrawy.com/news/News-Videos/details/2017/6/21/1108475/%D8%A7%D9%84%D8%B3%D9%8A%D8%B3%D9%8A-%D8%AA%D8%AC%D8%AF%D9%8A%D8%AF-%D8%A7%D9%84%D8%AE%D8%B7%D8%A7%D8%A8-%D8%A7%D9%84%D8%AF%D9%8A%D9%86%D9%8A-%D9%82%D8%B6%D9%8A%D8%A9-%D8%AD%D9%8A%D8%A7%D8%A9-%D8%A3%D9%88-%D9%85%D9%88%D8%AA-，登录时间：2017 年 6 月 21 日。

拉伯和伊斯兰民族事业、传播伊斯兰教正面形象方面起着关键作用，对于打击构成恐怖组织思想基础的极端主义，并与伊斯兰国家和有关机构进行协调应对扮演着至关重要的角色。因此，爱资哈尔也将宗教话语维新列为其工作计划的重中之重。爱资哈尔通过长老讲话和该机构发表的声明，以及其下属大学、清真寺、媒体和其他宗教机构举行的学术研讨会来展示伊斯兰教话语的中立、包容，传播其正面的形象。此外，该机构致力于不断调整爱资哈尔大学的教学大纲，并在教学中加大现代科技的应用程度。在培养阿訇和教职人员时，注重训练传播体现中立、包容思想的宗教话语的能力。

对于爱资哈尔等宗教机构所做的相关努力以及一些媒体也积极参与其中，埃及一些宗教学者提出了不同意见，他们认为："宗教话语的革新不应由一个教派、团体或机构垄断。宗教话语维新涉及的话题也不应通过媒体平台向公众展示，而应限制在法学家和宗教学者之间研究讨论。"① 由此可见，埃及宗教学者对于当前宗教话语维新的进展持相对谨慎的态度，他们希望选择既符合当今时代需求又体现灿烂文明，从而有利于实现国家强大的宗教话语维新体系，但重要前提是这种革新不能以出卖伊斯兰教为代价。

埃及宗教界人士认为，进行宗教话语维新时要警惕将伊斯兰教与恐怖主义联系起来。在 2018 年 11 月 20 日埃及宗教部举行的先知诞辰纪念日庆祝活动上，爱资哈尔大长老艾哈迈德·塔伊卜在讲话中批评了那些呼吁放弃遵循先知《圣训》的人，他表示："当今伊斯兰世界中存在的真正问题是对我们的宗教起源的错误理解。"对此，同时出席活动的总统塞西当场反问："究竟是谁更冒犯了伊斯兰教？是那些呼吁放弃先知《圣训》、只遵循《古兰经》条文的人？还是那些由于秉持错误见解和极端主义思想而犯下罪行、

① أحمد يحيى，"تجديد الخطاب الديني في مصر مفهوم "مختلف عليه", https://akhbarak.net/news/2018/12/10/18835625/articles/35355390/%D9%87%D9%84-%D8%B3%D9%8F%D8%AD%D8%A8-%D9%85%D9%84%D9%81-%D8%AA%D8%AC%D8%AF%D9%8A%D8%AF-%D8%A7%D9%84%D8%AE%D8%B7%D8%A7%D8%A8-%D8%A7%D9%84%D8%AF%D9%8A%D9%86%D9%8A-%D9%85%D9%86-%D8%A7%D9%84%D8%A3%D8%B2%D9%87%D8%B1%D8%9F，登录时间：2018 年 12 月 10 日。

破坏世界穆斯林声誉的人?”① 事实上，塞西在不同场合中多次强调，认为伊斯兰世界中的问题不在于是否遵循先知《圣训》，而是在于某些穆斯林的错误行为造成了对伊斯兰教的亵渎。

显然，尽管作为埃及乃至伊斯兰世界最权威的宗教机构之一的爱资哈尔正在努力实践宗教话语维新，但在一些追根溯源的原则性问题上却同执政当局存在着分歧。这也解释了为什么在涉及宗教话语的一些具体问题上，世俗派提出的主张始终难以得到伊斯兰主义者的支持。例如，塞西呼吁宗教学者研究废除口头离婚，以解决埃及离婚率不断上升的问题，但爱资哈尔对此表示拒绝，并强调口头离婚被承认是有效的。

结　语

埃及在打击恐怖主义方面拥有近 30 年的经验。早在 20 世纪 90 年代，穆巴拉克时代的埃及安全部门就已开始全力应对当时日趋活跃的恐怖组织策划、实施爆炸袭击事件。当经历了政局变革的埃及再次回到世俗政权治理下时，面对的是更加复杂的地区安全局势，以及更加严峻的恐怖主义威胁。塞西政权通过数年努力，夺取了国内反恐战的胜利，去极端化工作也取得积极成效。根据澳大利亚著名智库经济与和平研究所 2019 年 12 月发布的《2019 年全球恐怖主义指数报告》对 2018 年数据统计评估，埃及已从世界受恐怖主义影响最严重的十大国家排名名单中被剔除，排名第 11 位，2017 年的排名为第 9 位。②

① نيرفانا محمود, شيخ الأزهر.. بين السنة النبوية ومذبحة الروضة, https://middle-east-online.com/%D8%B4%D9%8A%D8%AE-%D8%A7%D9%84%D8%A3%D8%B2%D9%87%D8%B1-%D8%A8%D9%8A%D9%86-%D8%A7%D9%84%D8%B3%D9%86%D8%A9-%D8%A7%D9%84%D9%86%D8%A8%D9%88%D9%8A%D8%A9-%D9%88%D9%85%D8%B0%D8%A8%D8%AD%D8%A9-%D8%A7%D9%84%D8%B1%D9%88%D8%B6%D8%A9，登录时间：2018 年 11 月 27 日。

② رشا عمار, مصر خارج قائمة الدول الأكثر تأثرا بالإرهاب عالميا, https://al-ain.com/article/egypt-security-terrorism，登录时间：2019 年 12 月 15 日。

未来，反恐和去极端化斗争取得初步成效、安全局势得到明显改观的埃及将有能力集中力量实施重大经济项目、加快开发北西奈地区、缩小国内发展差距，从而实现以综合反恐为保障、以发展促安全的最终目标。正如总统塞西在一次媒体采访中所说：“可持续发展是埃及应对挑战的最重要方式。面对恐怖主义，埃及同时采取了两条不同的解决路径，即发展路径和安全路径。”①

① السيسي: نواجه الإرهاب نيابة عن العالم سواء في سيناء أو على الحدود مع ليبيا, سي ان ان الشرق الأوسط, https://arabic.cnn.com/middle-east/article/2019/12/11/sisi-terrorism-libya-sinai，登录时间：2019 年 12 月 15 日。

Y.13
中东格局的再阵营化趋势

邵玉琢*

摘　要： 当前中东格局出现再阵营化趋势，形成了美国、以色列、沙特与俄罗斯、伊朗、土耳其两个阵营。再阵营化过程有两个结构上的变化，一是世界大国与地区大国在各自层面展开博弈，构成了阵营对抗的“双层博弈”结构；二是意识形态因素在阵营形成和对抗中的作用减弱，地区国家战术自主性增强。在再阵营化过程中，对抗焦点发生了转移，非国家行为体在阵营对抗中的重要性提升。再阵营化是中东地区力量失序的表现，也是形成新战略格局的重要方式，在形成稳定的权力结构前，再阵营化将是中东格局的常态。

关键词： 新冷战　中东格局　阵营化　两极格局

2019年中东安全形势依旧严峻，叙利亚问题、美伊对抗、巴以问题等地区热点问题日趋复杂化，美国逐步减少对中东地区的直接控制和干预，俄罗斯在叙利亚问题、伊核问题上积极参与，扩大地区影响力。在“美退俄进”背景下，中东地区大国在地区事务上的自主性增强，地区政治格局朝向多极化方向发展，地区大国在热点问题上有更多策略选择，地区大国与域外大国、地区大国之间在利益协调方面互动频繁，对地区安全形势带来重要影响，中东格局呈现出再阵营化发展的趋势。

* 邵玉琢，博士，北京语言大学国别和区域研究院助理研究员。

一　问题的提出与文献回顾

二战结束后，世界进入美苏两极对抗的冷战阶段。中东由于其重要的战略地理位置和丰富的油气资源，成为美苏两个阵营渗透控制的重要地区。美苏两个超级大国意识到，石油资源在战争中发挥着战略性作用，实现海空军全球投送必须有充足的石油来源保障。因此中东地区成为美苏两个阵营激烈对抗的主要战场。在两个阵营对抗的格局下，中东地区国家也都选择加入其中一方以抵御来自另一阵营的安全威胁。

西方对中东地区阵营化的研究，有“动机论”和“现象论”两种形式。“动机论”将美苏对中东地区的渗透程度与该地区的战略重要性成正比作为假设，认为超级大国对中东地区实施战略控制，是中东地区阵营化现象的原因。[①]“现象论”从美苏两个阵营的现实对抗出发，认为中东地区国家从自身地缘政治诉求出发，选择加入美苏阵营以获得政治军事支持，抵御来自另一阵营的安全威胁。[②] 两种研究路径都指向中东格局阵营化的基本机构——“核心 - 盟友”，美苏作为两个超级大国具备渗透和控制中东地区的军事实力，成为两个阵营的核心；选择各自阵营的中东国家成为超级大国的地区盟友，结成政治军事联盟以对抗来自另一阵营的威胁。

阵营化表现为在冷战和热战两方面的全面对抗，包括局部战争、军备竞赛和意识形态领域的渗透与反渗透。在冷战时期，阵营化格局的稳定性较强，因为两个阵营都将对方视为己方最大的政治威胁和安全威胁，在长期对抗过程中形成了地区势力范围的明晰边界。

在冷战时期，中东格局阵营化给各国带来了深远影响，美苏向两个阵营中的地区盟友提供政治、经济、军事和社会发展模式等各方面的援助和指导，盟

---

① Galen, Jackson, “Who Killed Détente? The Superpowers and the Cold War in the Middle East, 1969 - 77”, *International Security*, Vol. 44, No. 3, 2020, pp. 129 - 162.

② Bernhard, Blumenau, “The Other Battleground of the Cold War: The UN and the Struggle against International Terrorism in the 1970s”, *Journal of Cold War Studies*, Vol. 16, No. 1, 2014, pp. 61 - 84.

友国家不仅接受超级大国的经济军事援助，而且加入两个阵营的意识形态对抗，民族主义、泛阿拉伯主义、共产主义、反殖民主义等政治思潮均出现在中东地区。

苏联解体后，亲苏阵营失去了核心，地区盟友也转变了各自安全策略，中东两大阵营对抗格局结束。苏联阵营瓦解后，美国阵营内部的政治军事联系也发生了变化。阵营化格局的稳定性是两个阵营互为对方存在的前提，随着一方的消亡，另一方的作用也逐渐减弱，中东地区进入了美国主导的安全格局时代。

当前，在经历了反恐战争、“阿拉伯之春”后，中东地区再次出现阵营化迹象，西方学者将其称为中东“新冷战”。[①] “新冷战”意味着中东格局阵营化的回潮。国内学者注意到，中东地区格局出现了美俄博弈的新冷战格局。这在沙特与伊朗的全方位竞争，以及叙利亚危机中表现明显，并认为美国在中东的战略调整导致了中东格局的再阵营化趋势。[②]

本文从结构－功能的角度出发，对比冷战时期中东格局阵营化的特点，分析中东格局再阵营化的成因、特点，与冷战时期的区别以及未来的发展趋势。

二　大国战略调整是中东格局再阵营化的根本原因

（一）美国在中东的战略收缩

冷战结束后，美国主导建立了中东地区安全格局，阵营中“核心－盟

---

① Ruth Hanau, Santini, “A New Regional Cold War in the Middle East and North Africa: Regional Security Complex Theory Revisited”, *International Spectator*, Vol. 52, No. 4, 2017, pp. 93－111. Morten, Valbjorn, and Andre Bank. “The New Arab Cold War: rediscovering the Arab dimension of Middle East regional politics”, *Review of International Studies* , Vol. 38, No. 1, 2012, pp. 3－24.

② 参见唐志超《失序的时代与中东权力新格局》，《西亚非洲》2018 年第 1 期，第 27～47 页。刘中民《中东地区格局的冷战化趋势及其影响》，《当代世界》2018 年第 2 期，第 14～17 页。吴冰冰《中东地区的大国博弈、地缘战略竞争与战略格局》，《外交评论（外交学院学报）》2018 年第 5 期，第 42～70 页。赵建明《伊沙战略对峙、美以沙三角与中东格局的未来平衡》，《当代世界与社会主义》2018 年第 6 期，第 157～166 页。邹志强《中东地缘政治经济新格局及其对“一带一路”的影响》，《当代世界与社会主义》2018 年第 6 期，第 174～180 页。

友”结构逐渐转变为“商人-顾客”结构，美国作为地区“安全产品”的提供者，制定安全规则维护地区秩序，同时打击秩序“破坏者”；阵营内盟友享受美国提供的安全保护，并以政治经济领域合作的形式向美国“付费”。而以“伊斯兰国”为代表的恐怖组织给中东地区安全秩序带来巨大挑战，美国打击恐怖主义、维护中东地区安全秩序的“成本”陡然上升。美国开始考虑在中东地区减少军事投入，让地区盟友承担更多的反恐责任，以降低维护地区安全秩序的“成本”。

特朗普上台后大力调整美国的中东战略。这首先表现在减少中东地区的军事力量。“我们将加强伙伴关系，并建立新的伙伴关系帮助提高安全性和稳定性。”① “我们将保留美国在该地区的必要军事存在，以保护美国和我们的盟国免受恐怖袭击，并维护有利的地区力量平衡。”② 特朗普政府在加强伙伴关系的同时，强调盟友承担更多的“义务”，逐渐减少美国在中东地区的军事存在。2018 年 12 月，特朗普下令从叙利亚撤出 2000 名美军，这遭到美国国内强烈反对，最终特朗普取消了这一命令。③ 不到一年后，2019 年 10 月 17 日，美国与土耳其达成协议在叙利亚东北部停火，④ 特朗普宣布在土耳其政府同意永久遵守叙利亚东北部的停火协议后，美国将解除对土耳其的制裁，并撤出大部分军队仅保留少数军事力量以保护叙利亚石油。⑤ 2019

① The white house, “National Security Strategy of the United States of America”, https://www.whitehouse.gov/wp-content/uploads/2017/12/NSS-Final-12-18-2017-0905-2.pdf, p.49，登录时间：2020 年 1 月 2 日。

② The white house, “National Security Strategy of the United States of America”, https://www.whitehouse.gov/wp-content/uploads/2017/12/NSS-Final-12-18-2017-0905-2.pdf, pp.49-50，登录时间：2020 年 5 月 12 日。

③ Lisette Voytko, “Trump Withdraws U.S. Troops From Syria, Sparking Intense Backlash”, https://www.forbes.com/sites/lisettevoytko/2019/10/07/trump-withdraws-us-troops-from-syria-sparking-intense-backlash/#4d0d10277f48，登录时间：2020 年 4 月 4 日。

④ The white house, “The United States and Turkey Agree to Ceasefire in Northeast Syria”, https://www.whitehouse.gov/briefings-statements/united-states-turkey-agree-ceasefire-northeast-syria/，登录时间：2020 年 6 月 2 日。

⑤ Jonathan Ruhe and Ari Cicurel, “Consequences of the US withdrawal from Syria”, https://www.thedefensepost.com/2019/10/26/us-syria-withdraw-consequences-opinion/，登录时间：2020 年 1 月 8 日。

年特朗普政府与阿富汗塔利班谈判在多哈签署协议，美国决定从阿富汗撤军。美国减少在大中东地区的军事力量，一方面是战略调整的结果；另一方面也说明中东地区的战略重要性有所减弱。

美国在中东地区战略调整的另一个重要表现，就是在巴以问题上的政策出现重大转向。美国在巴以问题上长期扮演“调停者”的角色，这缘起于冷战的两极格局。“调停者”的身份便于美国介入中东事务，遏制苏联对中东地区的控制和干预。① 而特朗普政府于2017年12月承认耶路撒冷为以色列首都，并于次年将使馆迁往耶路撒冷。2019年3月25日，特朗普政府宣布承认以色列对戈兰高地的主权。特朗普政府先后宣布“认都”“迁馆”以及对戈兰高地的“确权”，反映了特朗普政府对巴以问题在美国中东战略中的重新定位和调整后的政策基点。② 冷战时期，巴以问题一直是美苏两个阵营对抗的热点，美国也利用巴以问题遏制苏联在中东地区的势力扩张。特朗普政府在巴以问题上的重大政策转变，说明冷战时期阵营对抗的热点已经被边缘化。随着“新冷战”到来，美国、以色列、沙特与俄罗斯、伊朗、土耳其构成对立的两个阵营，围绕伊核问题展开新一轮的博弈。

美国页岩气产业和石油产业发展使其摆脱了对中东的“石油依赖”，中东地区在美国整体战略中的重要性降低。在国际能源市场上，美国与其中东盟友由买卖双方转变为竞争关系。在石油能源领域美国角色的转变，导致“石油换安全”的联盟稳定性降低，美国逐渐减少在中东地区的“成本投入”。

美国在中东地区的战略收缩态势，使中东进入“后美国时代”，美国战略收缩带来的“权力真空”，为其他域外大国和地区大国带来了扩大地区控制权和影响力的机遇。俄罗斯进一步介入中东地区事务，就是在这种背景下出现的。

---

① 邵玉琢、罗林：《特朗普政府对巴以问题的政策转向——从调停到共谋》，《区域与全球发展》2019年第5期，第7页。

② 邵玉琢、罗林：《特朗普政府对巴以问题的政策转向——从调停到共谋》，《区域与全球发展》2019年第5期，第6页。

（二）俄罗斯“重返中东”战略

2000 年普京执政后，明确了俄罗斯外交战略方向，与伊朗、埃及、土耳其、叙利亚等原亲苏阵营国家逐步恢复、加强关系，重塑在中东地区的大国形象，充分利用安理会常任理事国身份，在联合国决议框架内，参与中东热点问题，提高自身话语权。[①] 特朗普政府在中东战略收缩带来的权力真空，使俄罗斯加快了“重返中东”速度。为扩大自身对地区格局的主导权，俄罗斯加强与地区内国家在政治军事上的合作，由此使中东格局朝向再阵营化的趋势发展。

特别是在叙利亚问题上，俄罗斯与伊朗、土耳其形成新的政治军事阵营，对抗美国在叙利亚的军事力量。美国学者指出，特朗普政府与土耳其达成停火协议并从叙利亚撤军，标志着美国放弃了曾经作为美国盟友的库尔德人，将叙利亚北部的控制权交给俄罗斯和土耳其。[②]

2017 年 1 月，俄罗斯为解决叙利亚危机建立了阿斯塔纳和平谈判进程，将伊朗、土耳其纳入到对话进程中。阿斯塔纳进程是俄罗斯“重返中东”的重要标志，也构成了与美国对抗的政治军事阵营。俄罗斯打算将阿斯塔纳进程作为在联合国框架内开展叙利亚问题谈判的平台，[③] 继续扩大俄罗斯主导阵营在中东地区的影响力。2019 年 9 月 16 日，俄罗斯、伊朗和土耳其三国领导人出席的安卡拉会议取得重大成功，完成了叙利亚宪法委员会谈判，叙利亚东北部问题和伊德利布的局势取得进展。[④] 2020 年 4 月 22 日，俄土

① 邵玉琢、罗林：《外交战略调整背景下的俄罗斯与沙特关系》，《俄罗斯东欧中亚研究》2018 年第 2 期，第 37 ~ 38 页。

② Jonathan Ruhe and Ari Cicurel，“Consequences of the US withdrawal from Syria”，https：//www. thedefensepost. com/2019/10/26/us – syria – withdraw – consequences – opinion/，登录时间：2020 年 4 月 2 日。

③ Charles Thépaut，“The Astana Process：A Flexible but Fragile Showcase for Russia”，https：//www. washingtoninstitute. org/policy – analysis/view/the – astana – process – a – flexible – but – fragile – showcase – for – russia，登录时间：2020 年 6 月 6 日。

④ Samuel Ramani，“Russia’s efforts to expand the Astana process in Syria”，https：//www. mei. edu/publications/russias – efforts – expand – astana – process – syria，登录时间：2020 年 7 月 23 日。

伊三国外长举行电话会议，继续强调保持中高级别的磋商和协调，是解决叙利亚危机的有效方式，强调维护叙利亚领土主权完整，继续打击恐怖主义。[①] 2020 年 7 月 1 日，俄土伊三国领导人在线上举行会议，表示维护叙利亚领土主权完整、持久解决冲突，是阿斯塔纳进程的首要任务，视频会议后三国领导人发表了一项 14 条声明，重申根据协定加强三边协调的决心。[②]

俄罗斯主导的阿斯塔纳进程不断巩固和扩大俄土伊在叙利亚问题上的影响力，虽然三国内部（土耳其与伊朗、俄罗斯与土耳其）就叙利亚北部地区问题仍存在诸多分歧，但阿斯塔纳进程的机制化协调平台一直保持稳定，成为俄罗斯在中东地缘战略博弈中的重要“筹码”。一方面，俄罗斯用阿斯塔纳进程使俄罗斯获得与美国在中东博弈的合法性；另一方面，阿斯塔纳进程以俄土伊三国为基础，协调其他阿拉伯国家，以军事存在为支撑，扩大了俄罗斯在中东的政治伙伴。

总之，中东格局再阵营化趋势根本原因是大国的战略调整，美退俄进导致了地区战略力量的调整，两个阵营的再次出现是战略力量平衡的必然结果。

三　再阵营化的“双层博弈”结构与非意识形态属性

（一）“双层博弈”的特征及表现

在冷战时期，阵营对抗的核心是对立的超级大国，阵营内其他地区国家都要服从超级大国的战略利益。这些国家既担忧被排除在阵营外失去超级大国的军事和政治支持，又担心成为两个阵营对抗争夺的焦点，影响本国政治

---

① “Iran, Russia, Turkey FMs Hold Meeting on Syria Peace”, https://www.tasnimnews.com/en/news/2020/04/22/2249368/iran-russia-turkey-fms-hold-meeting-on-syria-peace，登录时间：2020 年 5 月 2 日。

② “Leaders of Turkey, Russia, Iran hold online Astana summit”, https://www.hurriyetdailynews.com/leaders-of-turkey-russia-iran-hold-online-astana-summit-156188，登录时间：2020 年 6 月 2 日。

安全。当前，中东地区再阵营化过程中，大国的核心作用在减弱，阵营内地区国家的自主性不断增强，呈现出核心大国和地区大国双层博弈的结构。除了美俄之间的博弈外，还出现了沙特与伊朗之间的全面博弈，这种“双层博弈”结构是再阵营化的新特征。

2015 年沙特开始打击也门境内的什叶派胡塞武装，以支持哈迪政府，但此举引发与伊朗关系的紧张。2016 年沙特以反恐为名处死什叶派教士尼姆尔，引发什叶派广泛抗议活动，伊朗抗议者袭击沙特驻德黑兰大使馆，并放火烧毁了部分馆舍。由此导致沙特与伊朗断交，双方围绕叙利亚战场和也门战场展开激烈角力。在叙利亚战场，伊朗支持黎巴嫩真主党，而沙特支持一些与沙姆解放阵线结盟的赛莱菲耶圣战组织，两者在叙利亚战场上展开争夺，同时伊朗向叙利亚派遣革命卫队武装人员，沙特则向叙利亚的赛莱菲耶圣战组织提供武器。① 在也门战场，沙特在阿拉伯国家中寻求支持，并组建了多个阿拉伯国家参加的联合军队，加大对也门胡塞武装的打击力度。沙特与伊朗的关系恶化矛盾升级，表现为在周边热点地区的代理人战争。两国对中东地区的控制力和渗透力，成为两国在地区层面全面对抗的基础。

沙特与伊朗两个阵营的对抗不仅局限于军事领域，还扩大到第三国政治领域。例如，沙特和伊朗互相指责对方干涉巴林内政。巴林君主为逊尼派，而什叶派占据了巴林人口多数。沙特指责伊朗在 2011 年“阿拉伯之春”中煽动反对派推翻巴林统治家族；伊朗则指责沙特派遣军队到巴林与示威者对峙。黎巴嫩也是沙伊争夺焦点。2017 年 11 月黎巴嫩总理哈里里访问沙特期间，以伊朗干预黎巴嫩内政为由宣布辞职，虽然哈里里后来撤回自己的辞职声明，但沙特王储萨勒曼仍指责伊朗利用黎巴嫩真主党影响其军事和外交政策，使其符合伊朗的地区利益。② 两国的竞争更加明显，两个阵营的对抗也逐渐升级。

特朗普就任总统以来，壮大了阿拉伯半岛反对伊朗的力量，他完全支持

---

① الحرب الباردة بين إيران والسعودية، https：//www. bayancenter. org/2017/09/3671/.

② فدوى الشيباني، "الحرب الباردة "بين السعودية وإيران ..مهيأة للإنفجار!, https：//riyadhpost. live/12153.

盟友沙特对抗伊朗。① 2018 年 5 月 8 日，美国宣布退出伊核协议，并将对伊朗实施“最高级别”制裁。② 美国退出伊核协议对伊朗的政治影响，直接地体现在伊朗的地区大国地位和多边机制的自信上。③ 美国对伊朗的全面制裁是“双层博弈”中核心大国对地区国家的直接打击，也是阵营间对抗在两层博弈中的交叉。需要指出的是，美国将“双层博弈”聚焦在伊朗，战略目的仍是遏制伊朗及什叶派力量对中东地区的渗透，通过削弱伊朗渗透力和控制力，实现遏制俄罗斯深度介入中东热点问题的目标。

“双层博弈”最终会形成两个阵营相对稳定的状态，表现为阵营之间的边界和势力范围以及在军事力量上的均衡态势。即便阵营内部的地区国家有打破均衡的意图，核心大国也会干预实现战略上的平衡。2020 年 1 月，伊朗圣城旅司令苏莱曼尼在巴格达机场遭美军袭击身亡事件，就是“双层博弈”核心大国谋求战略平衡的事例。美国杀死苏莱曼尼与 2019 年沙特油轮多次爆炸遇袭相关，沙特指责伊朗是幕后主使。油轮在波斯湾海域遇袭爆炸严重影响到波斯湾作为能源通道的安全，美国作为阵营的核心大国打击伊朗挑战自身利益的行为，发动袭击杀死苏莱曼尼。

苏莱曼尼身亡后，伊朗最高领袖哈梅内伊表示要为苏莱曼尼复仇。④ 在

---

① خمسة أسئلة عن "الحرب الباردة" بين إيران والسعودية، https://www.masrawy.com/news/news_publicaffairs/details/2017/11/12/1189545/%D8%AE%D9%85%D8%B3%D8%A9-%D8%A3%D8%B3%D8%A6%D9%84%D8%A9-%D8%B9%D9%86-%D8%A7%D9%84%D8%AD%D8%B1%D8%A8-%D8%A7%D9%84%D8%A8%D8%A7%D8%B1%D8%AF%D8%A9-%D8%A8%D9%8A%D9%86-%D8%A5%D9%8A%D8%B1%D8%A7%D9%86-%D9%88%D8%A7%D9%84%D8%B3%D8%B9%D9%88%D8%AF%D9%8A%D8%A9.

② The white house, “Remarks by President Trump on the Joint Comprehensive Plan of Action”, https://www.whitehouse.gov/briefings-statements/remarks-president-trump-joint-comprehensive-plan-action/，登录时间：2020 年 5 月 2 日。

③ 邵玉琢、罗林：《美国退出伊核协议后海湾地区安全形势：分析与评估》，《外国问题研究》2020 年第 1 期，第 82 页。

④ خامنئي وكبار المسؤولين الإيرانيين في منزل سليماني، https://www.alarabiya.net/ar/iran/2020/01/03/%D8%AE%D8%A7%D9%85%D9%86%D8%A6%D9%8A-%D8%A8%D8%B9%D8%AF-%D9%85%D9%82%D8%AA%D9%84-%D8%B3%D9%84%D9%8A%D9%85%D8%A7%D9%86%D9%8A-%D8%A7%D9%86%D8%AA%D9%82%D8%A7%D9%85-%D8%B9%D9%86%D9%8A%D9%81-%D9%8A%D9%86%D8%AA%D8%B8%D8%B1%D9%83%D9%85.

此后几天内，美国和伊朗都宣布确定报复目标。在伊朗针对两个美军基地实施报复性打击后，五角大楼报告在伊朗的袭击中有34名美军人员受到脑震荡或脑外伤接受治疗。[①] 然而苏莱曼尼事件没有促使美国对伊朗发动全面打击。美国仍旧采取全面制裁的方式向伊朗施压，没有采取进一步军事行动以维持阵营之间的均衡态势。

（二）意识形态不再是阵营划分的标准

冷战时期，美苏两个阵营的划分与意识形态高度相关，意识形态在一定程度上决定了对外政策的基本立场，阵营对抗过程中，域外国家的政治军事援助也受到意识形态的影响；同时，意识形态领域也是两个阵营对抗的主要战场，意识形态的渗透甚至比军事力量的威胁更加严峻。1972年阿曼卡布斯苏丹指出：“共产国际为了实现他们在阿拉伯半岛的目标给亚丁提供了支持，阿拉伯半岛将变成各种共产主义理论交锋的大战场。”[②]

然而，在当前的再阵营化过程中，意识形态作用下降不再作为判断阵营属性，甚至影响对外决策的重要标准。美国阵营成员仍以盟友为主要伙伴，俄罗斯继承了苏联在中东的外交遗产、恢复与中东国家的关系过程中，已基本消除了苏联阵营意识形态的痕迹，主动协调与阿拉伯国家的关系，在地区热点问题上将自身主导的阵营包装成“多边主义”产品，协调阵营内部关系和外部关系时去意识形态化。

冷战时期意识形态领域的尖锐对抗到再阵营化阶段发生重大转变，意识形态领域的话语对抗已经转变为西方政治话语背景下的不同阐释交锋。

首先，打击恐怖主义成为阵营获得合法性的主要来源。美俄两个阵营都将打击中东地区的恐怖主义作为长期战略目标，反恐成为两个阵营开展军事

① “Pentagon says 34 U. S. service members treated for traumatic brain injuries from Iran attack”, https：//www. cbsnews. com/news/traumatic brain – injury – pentagon – says – 34 – u – s – service – members – treated – after – iran – attack – 2020 – 01 – 24/，登录时间：2020年6月2日。

② الاستمرارية والتغيير في تجربة التحديث العمانية، دار الفارابي : بيروت – لبنان، الطبعة الأولى عام 2008، ص95
الدكتور مسعود ضاهر،.

活动的“通行证”。但对于恐怖主义的内涵和恐怖组织的认定，两个阵营却有各自的标准，甚至阵营内部对这一标准的界定也存在分歧。相对于意识形态渗透，打击恐怖主义在国际社会上能够得到更多的支持，特别是在“9·11”事件之后，反恐已经成为国际政治中的“政治正确”。意识形态的划分相对固定，而对于恐怖主义和恐怖组织的界定存在很大的裁量空间，阵营可以根据自己的战略目标调整对恐怖主义和恐怖组织的认定标准，政策灵活性更强。根据意识形态划分阵营的标准适用于主权国家，而恐怖主义和恐怖组织可以囊括国家和非国家行为体甚至是个人，打击范围更广、更有针对性。

其次，保障人权成为向热点地区渗透的充分理由。美俄两个阵营都以保人权为理由，向热点地区加强渗透，甚至在联合国安理会也以保护人权为名，针对叙利亚问题投票。无论结果如何，美俄互相指责对方侵犯人权。在同一政治话语背景下，人权话题不再是美国阵营的“专利”，反而成为俄罗斯争取国际支持的方式。

最后，新冠肺炎疫情在全球暴发后，美俄阵营话语交锋的内容增添了公共卫生话题。伊朗是遭受新冠肺炎疫情影响最严重的中东国家，美国的全方位制裁，给伊朗进口防疫物资带来巨大困难，伊朗积极争取国际社会支持，伊朗外交部发言人称“医疗恐怖主义是美国外交官的新职业”。[①] 时任美国国务卿蓬佩奥回应伊朗的指责称，“美国已经准备好帮助伊朗抵御新冠肺炎疫情，但伊朗将其视为‘隐瞒’拒绝美国的帮助”[②]。

总之，在此次大国战略布局调整的过程中，核心大国对地区形势的控制力减弱，阵营内地区国家的自主性增强，出现了“双层博弈”的阵营结构；

---

① متحدث الخارجية الإيرانية: الإرهاب الطبي المهنة الجديدة للدبلوماسيين الأميركان، , https: //www. yamanyoon. com/? p = 170751.

② واشنطن ترد على "الإرهاب الطبي" بفضح "مليارات خامنئي"، , https: //www. alhurra. com/iran/2020/03/30/% D9% 88% D8% A7% D8% B4% D9% 86% D8% B7% D9% 86 – % D8% AA% D8% B1% D8% AF – % D8% A7% D9% 84% D8% A5% D8% B1% D9% 87% D8% A7% D8% A8 – % D8% A7% D9% 84% D8% B7% D8% A8% D9% 8A – % D8% A8% D9% 81% D8% B6% D8% AD – % D9% 85% D9% 84% D9% 8A% D8% A7% D8% B1% D8% A7% D8% AA – % D8% AE% D8% A7% D9% 85% D9% 86% D8% A6% D9% 8A.

而意识形态因素在阵营构成和对抗的过程中影响力下降，阵营对抗进入没有意识形态的新冷战阶段；再阵营化对抗的焦点与冷战时期相比发生了转移，围绕地区热点问题形成新的战术合作关系；非国家行为体在阵营对抗中的作用越来越强，也使武装冲突复杂化和常态化。

四　中东地区再阵营化的发展趋势

中东格局再阵营化的结构与冷战时期不同，由于大国的核心地位减弱，阵营内地区国家的自主性加强，地区国家之间的博弈和对抗构成了阵营间的次级博弈，与核心大国的战略对抗形成“双层博弈”的基本格局。再阵营化另一个结构性变化是，在阵营形成和对抗过程中，意识形态的作用逐渐减弱，两大阵营同在西方政治话语背景下形成各自的话语阐释体系，意识形态领域的对抗转变为围绕打击恐怖主义、维护人权的焦点问题，成为“没有意识形态的新冷战”。

再阵营化过程中的结构性变化，必然引发阵营功能和对抗形式的变化。首先，大国的战略调整使其作为阵营核心的作用减弱，冷战时期的阵营对抗焦点逐渐边缘化。特朗普政府在中东的战略收缩，给伊朗在周边国家支持的什叶派武装发展壮大提供了空间，美国在巴以问题上的政策转向给以色列更多的主动权。冷战期间阵营对抗焦点的巴以问题被边缘化，取而代之的是以色列和伊朗在叙利亚战场上的较量。

其次，伊核问题、叙利亚危机、也门内战成为阵营对抗的新焦点。在特朗普政府公布的国家安全战略当中，仍将伊朗作为中东地区的主要威胁，称之为“独裁”，同时将俄罗斯和中国称为“修正主义国家”。[1] 美国将遏制和打击伊朗在中东地区的渗透作为重要战术目标，中东地区涉及伊朗的地区热点问题成为再阵营化对抗的焦点。俄罗斯为实现重返中东的战略目标，积

① 王秋怡：《特朗普政府〈美国国家安全战略〉报告评析》，《国际论坛》2018 年第 3 期，第 29 页。

极参与中东地区热点问题，联合阵营内国家另起炉灶建立多边机制，俄罗斯主导的阿斯塔纳进程，既团结了传统盟友，又成为与其他阿拉伯国家协调接触的平台。

再次，地区大国自主性增强，在热点问题上的合作更为灵活。在叙利亚问题上，以色列、沙特、阿联酋就遏制伊朗支持的什叶派武装力量展开合作，沙特和阿联酋向叙利亚北部的反政府武装提供资金和武器的支持，以色列使用空中力量打击伊朗支持的什叶派武装。在巴以问题上曾经尖锐对立的阿拉伯国家与以色列在再阵营化的过程中可以合作，说明在战略目标一致的前提下，战术合作的内容更加务实灵活。

最后，非国家行为体在阵营对抗中的作用提升。一方面，非国家行为体成为阵营对抗和发动代理人战争的主要载体。非国家行为体不受主权国家和国际法约束，相比主权国家的军事力量，开展跨境军事行动更为自由灵活。伊朗采取了在周边国家支持什叶派武装的策略，对美国及其盟友的军事存在构成“不对称战略遏制”。特别是在也门战场，伊朗支持的胡塞武装将沙特领导的阿拉伯联军拖入“战争泥潭”，有效消耗了沙特及其盟友的战略资源，并对沙特东部产油区构成战略威胁。另一方面，非国家行为体造成地区武装冲突复杂化、常态化。在叙利亚北部，俄土伊三国就反政府武装和恐怖组织的认定存在分歧，其中既有伊朗支持的什叶派武装，也有土耳其支持的反政府武装，而三国对叙利亚问题政治解决的诉求不同，导致各自支持的武装力量冲突不断，难以实现全面停火和谈。

需要指出的是，在中东地区战略力量达到平衡状态形成稳定的安全体系前，再阵营化的发展趋势不会改变，但并不意味着另一种完全形式不同的新冷战。再阵营化的趋势仍保持着冷战阶段的基本特征。第一，战略遏制和全面对抗的基本功能没有改变。再阵营化仍是二元结构，美俄仍是两个阵营的核心，双方的战略目标都是维护自身战略利益，遏制对方势力渗透。第二，再阵营化过程中，冷战和热战的对抗烈度没有改变。美国对伊朗全面制裁的力度超过此前四轮制裁，相比冷战时期的全面封锁，特朗普政府对伊朗经济制裁措施更具针对性，特别在新冠肺炎疫情影响之下，伊朗经济面临巨大困难。在叙利亚和也门战场上不对称的军事对抗常态化，消耗了大量的军事资源。第三，阵营对抗中的核威胁的困境没有改变。虽然以色列没有公开宣布拥有核武器，但作为中东地区唯一的有核国家，以色列不能允许其他国家，特别是处于敌对状态的伊朗拥有核武器，而伊朗一直将铀浓缩和发展弹道导弹技术作为与美国博弈的筹码。沙特也与法国、俄罗斯接触，积极发展核电技术。再阵营化的结构虽有改变，但核威胁困局仍然没有得到解决，还需要核心大国的战略平衡防止出现核危机。第四，中东地区引发动荡的不稳定因素没有改变。教派冲突、恐怖主义等不稳定因素不但没有减少，反而有愈演愈烈之势，成为大国渗透和阵营对抗的潜在动因。

Y.14
“后巴格达迪时代”的中东反恐形势

王　震*

摘　要： 2017年10月巴格达迪被击毙，堪称“伊斯兰国”在拉卡失守以来遭受的最大挫折。这一“战绩”并不能被无限夸大，因为“伊斯兰国”赖以生存和发展的社会基础并未遭到彻底破坏，巴格达迪对于该组织的重要性也已大大下降。对全球跨国“圣战”运动而言，“伊斯兰国”在意识形态、组织模式、袭击战术以及创建“哈里发”等方面的激励作用还需要经过更长时间才能逐步体现。该组织2013年后在叙利亚迅速崛起，一方面源于叙利亚在“阿拉伯之春”后出现的长时期内乱；另一方面也与伊拉克、土耳其的局势和政策密不可分。如今，随着叙利亚局势渐趋明朗，其作为全球跨国“圣战”运动枢纽的地位或将不复存在。但是，叙利亚及其周边地区依然是全球跨国恐怖活动的“重灾区”。其中，埃及、伊拉克、也门、阿富汗等国或将是叙利亚恐怖活动“溢出效应”的新一轮受害者。

关键词： “伊斯兰国”　巴格达迪　跨国“圣战”　中东反恐

2019年10月27日，特朗普总统宣布美军在叙利亚西北部的军事行

---

* 王震，法学博士，上海社会科学院西亚北非研究中心研究员，主要从事国际安全、中东问题等研究。

动中击毙了“伊斯兰国”创始人阿布·巴克尔·巴格达迪（Abu Bakr al-Baghdadi）。[①] 这是自2017年10月该组织在拉卡失守以来遭遇的最大挫折，拉卡之战曾被一些媒体认为是“打击‘伊斯兰国’行动的重要里程碑”[②]。2013年后，“伊斯兰国”取代“基地”组织成为全球最具影响力和威胁性的国际“圣战”组织。与此同时，该组织头目巴格达迪也被认为是继2011年本·拉登被击毙之后最主要的全球跨国“圣战”运动领袖。因此，无论是对于全球跨国“圣战”运动，还是对于未来全球反恐战争来说，巴格达迪之死和“伊斯兰国”的衰亡都有着极为深远的影响。本文拟重点分析巴格达迪被击毙所带来的后果，及其对未来全球跨国“圣战”运动和中东地区反恐战争的含义。

一　巴格达迪身后的“伊斯兰国”与跨国“圣战”

从2017年夏天开始，“伊斯兰国”不断遭遇溃败，开始进入战略上的颓势。一方面，该组织在伊拉克和叙利亚境内的主要据点摩苏尔和拉卡等相继被攻破；另一方面，其控制区也被大幅压缩。在失去固定据点和控制区后，“伊斯兰国”也就失去了稳定的战略后方以及战略物资和有生力量的补给来源，无法继续维持原来的发展势头。因此，在各方力量共同围剿下，该组织逐渐转入地下，并开始向其他地区扩散。

美军击毙巴格达迪并非心血来潮，而是经过了长期的精心策划和准备。从2017年初开始，美国国务院就针对巴格达迪开出了2500万美元的赏格，希望通过重金获得关于此人的有价值线索。此外，通过“定点清除”打击恐怖组织头目也是美军惯用的战术。在击毙巴格达迪之前，美国军方已经通过其他渠道提前获得了巴格达迪的DNA样本，并在袭击过程中通过DNA样

① Staff Writer, “US Donald Trump confirms killing of ISIS leader Abu Bakr al-Baghdadi”, *Al Arabiya* (English), October 27, 2019.

② 郑一晗、车宏亮：《“伊斯兰国”何时覆灭》，新华社大马士革2017年10月18日电。

本比对最终确认了其死亡的事实。① 这些重要的战术情报信息既源于美军和情报部门的长期布局，也得益于美国与当地盟友之间的亲密合作。特朗普本人在 10 月 27 日的电视讲话中，还特地表达了对俄罗斯、土耳其、伊拉克以及叙利亚库尔德人的感谢。库尔德人领导下的叙利亚民主军（SDF）总司令马兹卢姆·阿卜迪（Mazloum Abdi）在推特上谈道："这一成功的历史性行动要归功于和美国之间的一项联合情报工作。"土耳其国防部也表示："美国在叙利亚伊德利布省开展行动之前，美土两国军事部门之间进行了信息交流与协调。"②

特朗普上台后，为了实施所谓的"美国优先"政策，虽然在战术上加大了对境外恐怖组织的打击力度，但其真正的战略目标是寻求从全球反恐战场上撤出，以减少美国在海外的军事负担。2018 年底，特朗普不顾外交与军事部门的强烈反对，突然宣布准备从叙利亚撤出。特朗普这一决定造成时任国防部长詹姆斯·N. 马蒂斯（James N. Mattis）为此愤而辞职。后者担心草率地从叙利亚撤军将会削弱美国在中东地区的战略信誉，不利于维系盟友体系，"突然撤军会对剿灭极端组织'伊斯兰国'的行动造成打击，同时背叛了与美国并肩作战的那些盟友"③。因此，击毙巴格达迪一方面可以展示特朗普政府的反恐战争成就，为其连任总统积累人气，同时也可为其从叙利亚和阿富汗撤军提供直接的借口和支持。早在 2018 年 12 月，特朗普就曾宣布，由于"伊斯兰国"已被击溃，美国将会撤出部署在叙利亚境内的 2000 名士兵。不过，他随后又改口称，该组织将会

① Alex Ward, "A former top US counterterrorism official explains what Baghdadi's death means for ISIS", Vox Media, October 27, 2019, https://www.vox.com/2019/10/27/20934608/isis-baghdadi-trump-leiter-interview，登录时间：2019 年 12 月 23 日。

② David Jackson, Michael Collins, "President Trump says ISIS leader Abu Bakr al-Baghdadi is dead after U.S. -led raid in Syria", *USA Today*, October 27, 2019, https://www.usatoday.com/story/news/politics/2019/10/27/donald-trump-isis-leader-abu-bakr-al-baghdadi-dead/2477808001/，登录时间：2019 年 12 月 2 日。

③ 南博一、施鑫：《美国前防长马蒂斯谈离职原因：与特朗普已"不再产生共鸣"》，澎湃新闻，2019 年 9 月 2 日，https://www.thepaper.cn/newsDetail_forward_4316813，登录时间：2019 年 11 月 23 日。

“在24小时内被击败”①。

由于近年来“伊斯兰国”已经取代“基地”组织成为全球跨国“圣战”运动的新旗手，巴格达迪则是该组织的最高指挥官和精神领袖。因此，无论从哪个角度看，击毙巴格达迪都可算得上是近年来反恐战争中的一个重要成就。对“伊斯兰国”及其追随者来说，失去巴格达迪不仅会对其士气造成沉重打击，也会直接打断其战略部署和行动计划，迫使其进行新的重组，乃至陷入内讧。根据美国媒体报道，巴格达迪死后不久，美军和库尔德武装又联合击毙了巴格达迪的高级助手和前发言人阿布·哈桑·穆哈吉（Abu al-Hassan al-Muhajir）。② 更重要的是，在主要活动据点和控制区丧失之后，一大批高层头目又相继被击毙，短期内“伊斯兰国”卷土重来的可能性已经不复存在，其在未来全球跨国“圣战”运动中的地位和影响力也会随之下降。对特朗普政府来说，这一行动是“特朗普在与‘伊斯兰国’的斗争中又获得了一次重大胜利”，其重要性堪与2011年美军击毙本·拉登相比。③

但是，这一“战绩”并不能被无限夸大。首先，巴格达迪对于“伊斯兰国”的重要性已经大大下降。在摩苏尔和拉卡失守之后，该组织已经调整了其组织和行动架构，巴格达迪的领导作用更多体现在神学和精神领域而非战术与行动层面。事实上，2017年以来国际社会不断传出关于巴格达迪被击毙，该组织正在选择新领导人的消息。④ 2019年2月，叙利亚民主军也宣称“彻底击败了‘哈里发’”。在2019年10月之前，巴格达迪已经有过6

① Mark Katkov, “Analysis: The End Of The ‘Caliphate’ Doesn't Mean The End Of ISIS”, NPR, March 22, 2019. https://www.npr.org/2019/03/22/701266887/analysis-the-end-of-the-caliphate-doesn-t-mean-the-end-of-isis，登录时间：2019年5月26日。

② Staff Reuters, “Trump says Abu Bakr al-Baghdadi's likely successor killed by U. S. military”, *Global News*, October 29, 2019, https://globalnews.ca/news/6096248/abu-bakr-al-baghdadi-successor-killed/，登录时间：2019年11月23日。

③ Alex Ward, “A former top US counterterrorism official explains what Baghdadi's death means for ISIS”, Vox Media, October 27, 2019, https://www.vox.com/2019/10/27/20934608/isis-baghdadi-trump-leiter-interview，登录时间：2019年11月13日。

④ 赵婧：《IS头目巴格达迪若真死，继任者将是谁?》，《解放日报》2017年7月17日。

次以上“被击毙”的报道，一些当地民众甚至认为巴格达迪其人不过是美国的“杜撰”。[①] 曾于2007～2011年担任美国国家反恐中心主任并参与击毙本·拉登行动决策的迈克尔·莱特（Michael Leiter）也指出：特朗普“夸大了巴格达迪的重要性”，即使巴格达迪被消灭了，该组织的数千名武装分子“也将继续构成威胁”。[②]

其次，虽然该组织在连续遭遇溃败后已经转入了地下，但其生存和发展的社会基础并未遭到彻底破坏。一方面，2003年伊拉克战争所激发的教派矛盾、部族冲突和地缘政治失衡等问题远未消失；另一方面，由于许多“伊斯兰国”武装分子藏身于平民当中，对于这些亦兵亦民的武装分子，甄别起来非常困难。美国国家反恐中心副主任拉斯·特拉弗斯（Russ Travers）在2019年表示，仅叙利亚和伊拉克境内的“伊斯兰国”武装分子就多达14000名左右，遑论在其影响下的其他地区“圣战”势力。[③] 另据美国媒体报道，截至2019年10月，伊拉克和叙利亚境内的“伊斯兰国”武装仍有18000人。除此之外，还有约12000名受到指控的“伊斯兰国”武装分子被当地库尔德武装监押。[④]

再次，对于日趋松散化的“伊斯兰国”跨国网络而言，即便巴格达迪被击毙，也并不意味着该组织会停止在全球范围内扩散的步伐。“伊斯兰

---

① Fatma Tanis, Jane Arraf, Daniel Estrin and Lama Al-Arian, “‘We Didn’t See A Body’: Baghdadi’s Death Draws Doubts In Lands Where ISIS Ruled”, NPR, October 29, 2019. https://www.npr.org/2019/10/29/774129683/we-didn-t-see-a-body-baghdadi-s-death-draws-doubts-in-lands-where-isis-ruled，登录时间：2019年11月12日。

② Alex Ward, “A former top US counterterrorism official explains what Baghdadi’s death means for ISIS”, Vox Media, October 27, 2019, https://www.vox.com/2019/10/27/20934608/isis-baghdadi-trump-leiter-interview，登录时间：2019年12月13日。

③ Mark Katkov, “Analysis: The End Of The ‘Caliphate’ Doesn’t Mean The End Of ISIS”, NPR, March 22, 2019. https://www.npr.org/2019/03/22/701266887/analysis-the-end-of-the-caliphate-doesn-t-mean-the-end-of-isis，登录时间：2019年4月23日。

④ Camilo Montoya-Galvez and Caroline Linton, “ISIS leader dead after U.S. commandos stage dramatic raid in Syria”, CBS News, October 27, 2019. https://www.cbsnews.com/news/abu-bakr-al-baghdadi-isis-leader-dead-killed-in-us-raid-in-syria-2019-10-27/，登录时间：2019年10月25日。

国”宣布建立“哈里发”前后，来自世界各地的“圣战”分子和极端分子蜂拥而至，各种国际极端武装组织也竞相宣布效忠于该组织。“伊斯兰国”失去控制区后，除了战死与被俘者之外，这些被称为“外国战士”的境外武装分子陆续通过各种渠道离开，成为叙利亚战场上的新一代“圣战毕业生”。与此同时，曾经宣誓效忠于“伊斯兰国”的其他极端武装势力也并未消失，它们或者继续以该组织的名义发动恐怖袭击，或者改头换面后继续存在下去。巴格达迪被击毙一周后，“伊斯兰国”公布了将由阿布·易卜拉欣·卡拉什（Abu Ibrahim al-Qarashi）接替巴格达迪担任新头目的消息，该组织在西奈和马里等地的分支也相继宣布继续对其保持效忠。①

最后，受“伊斯兰国”意识形态、组织架构、恐怖战术及其“战绩”所激励的跨国“圣战”运动依然方兴未艾，这一势头同样不会因为巴格达迪的存在与否而消失。美军在击毙巴格达迪后，不仅破坏了其被击毙时的活动据点，还将其和本·拉登一样进行了焚尸和“海葬”，以避免与其本人有关的遗迹成为新“圣迹”。即便如此，对于巴格达迪的追随者来说，“伊斯兰国”所倡导的“萨拉菲圣战”意识形态，及其将常规战争、游击战术和恐怖袭击融为一体的作战手法和令人印象深刻的效果，已经成为他们未来群起效尤的典范。这些潜在影响，并不会因为巴格达迪的死亡而消失。只不过，这些柔性影响需要更长时间才能显现出来。

二　叙利亚：全球“圣战”枢纽的兴起与衰落

“伊斯兰国”之所以在短时间内异军突起，与叙利亚局势的发展密不可分。2011 年 3 月，叙利亚南部城市德拉的一批青年学生因在公共场所墙壁上涂写反政府标语而被捕，由此引发了大规模的社会抗议活动。阿萨德政府虽然在 4 月 21 日取消了社会紧急状态，并推出了一系列改革措施，但这并

① Yoni Ben Menachem, “The Mystery Successor of Abu Bakr al-Baghdadi”, JCPA, November 4, 2019, https://jcpa.org/the-mystery-successor-of-abu-bakr-al-baghdadi/，登录时间：2019 年 12 月 23 日。

未阻止抗议浪潮持续扩大。随着民众抗议浪潮和政府镇压力度的同步升级，这场社会抗议活动最终演变成了旷日持久的内战。叙利亚反对派在外部力量支持下，一方面拒绝与阿萨德政府进行政治对话，坚持推翻阿萨德政权；另一方面开始采取各种形式的武装斗争，包括烧毁公共财产、袭击政府安全部队，等等。内战使叙利亚国内秩序迅速失控，形成了大面积权力真空。同时，大批叙利亚民众因为战乱而不得不流离失所、背井离乡。据联合国难民事务高级专员（UNHCR）2019 年 6 月发布的统计，叙利亚目前已成为全球难民危机“最严重的国家”。半数以上的国民被迫逃离家园，其中包括滞留在周边邻国的 560 万难民和叙利亚境内失去家园的 660 万灾民。以至联合国难民事务高级专员菲利波·格兰迪（Filippo Grandi）表示，叙利亚是我们这个时代“最大的人道主义和难民危机，也是持续不断的苦难之源”[①]。

叙利亚地处五海三洲之地，被认为是“中东地区的心脏”。叙利亚还是现代阿拉伯民族主义的发祥地之一，叙民族主义者长期自诩为“阿拉伯民族主义跳动的心脏”。[②] 再加上叙利亚长期以来坚定的反美立场，内战爆发后一些外部力量迅速介入，试图借机推翻阿萨德政权。2011 年 5 月底，欧盟宣布对阿萨德总统进行制裁，禁止其入境并冻结其海外资产。8 月中旬，美国总统奥巴马公开表示，巴沙尔·阿萨德应当下台。同时，美国还与欧洲盟友一道，一方面在联合国安理会框架内推动达成谴责叙利亚政府并对其实施制裁的决议；另一方面大力支持、资助并武装叙利亚反对派。外部势力的介入使叙利亚内战迅速演变成为一场混合的“代理人战争”，它既有国家层面的冲突和对抗，也有亚国家或非国家层面的武装斗争。[③] 战争的一方是美国、欧洲、沙特等支持下的叙利亚反对派武装，另一方则是俄罗斯、伊朗和伊拉克什叶派政府支持下的叙利亚阿萨德政权。由于这场代理人战争发

① United Nations High Commissioner for Refugees（UNHCR）, The UN Refugee Agency, *Global Trends Forced Displacement in 2018*, Geneva, June 20, 2019, pp. 3, 73; please see the website of UNHCR, https://www.unrefugees.org/emergencies/syria/，登录时间：2019 年 12 月 23 日。

② 王新刚：《中东国家通史·叙利亚和黎巴嫩卷》，商务印书馆，2003，第 266～267 页。

③ Erica Gaston and Douglas Ollivant, *U. S. – Iran Proxy Competition in Iraq*, Washington, February 2020, pp. 37 – 38.

生在国际格局转型的大背景下，冷战后作为全球唯一超级大国的美国进入战略收缩期，其干预外部事务的能力和意愿出现同步下降，而其他各国短期内又不足以取代美国在当地的霸权地位。于是，叙利亚内战不仅成了叙国内各政治派系武装力量之间的军事斗争，还是外部大国通过其代理人进行的局部对抗。短期内，任何一方都无法打破战争僵局，而这场久拖不决的内战僵局却为全球跨国“圣战”运动提供了难得的活动空间和发展机遇。

2003 年美国推翻伊拉克萨达姆政权后，扎卡维等人便创建了“两河流域基地”组织，2006 年，该组织更名为“伊拉克伊斯兰国”，并由巴格达迪担任埃米尔。2011 年 12 月，美军从伊拉克撤出。逊尼派反叛武装与这些伊斯兰极端势力联手，在伊拉克北部乘势崛起，直接对伊拉克什叶派政权构成威胁。叙利亚内战爆发后出现的权力真空又使其获得了一定战略纵深，其势力逐渐扩展到叙利亚西部和北部地区，并于 2013 年 4 月更名为“伊拉克与黎凡特伊斯兰国”（ISIL）。2014 年 6 月，巴格达迪自称是所有穆斯林的“哈里发”，并将该组织更名为“伊斯兰国”（IS）。[①] 在其鼎盛时期，该组织控制区的人口超过千万，面积超过了约旦，并一度逼近伊拉克首都巴格达。正因为其空前的规模和影响力，才引发了学界关于其真实属性的争论。[②]

土耳其是影响叙利亚“圣战”局势的另一个外部关键因素，其影响力主要通过两国相邻的地理优势得以体现。土叙之间拥有长达 511 英里的共同边界，且边界地区大多为难以管控的偏僻山区。[③] 这种地理便利为形形色色的国际“圣战”分子和战略资源进入叙利亚提供了可能，土耳其当局的政

---

① Mohamed Nawab Mphamed Osman，“ISIS Caliphate Utopia”，*RSIS Commentary*，No. 143，July 16，2014

② 即“伊斯兰国”究竟是一个“恐怖组织”，还是一个“准政权”，抑或是一种“革命运动”？关于该组织性质的讨论，可参见王震《全球反恐战争问题新论》，时事出版社，2018，第 77 ~ 80 页。

③ Joseph Kiprop，“Which Countries Border Turkey?” WorldAtlas，February 28，2018，worldatlas. com/articles/what - countries - border - turkey. html，登录时间：2019 年 12 月 23 日。

策摇摆和反复也为国际“圣战”势力的跨界流动提供了机会。在叙利亚陷入内战之前，土叙关系已经出现了大幅改善。一方面，叙利亚在 1998 年驱逐了库尔德工人党领袖阿卜杜拉·奥贾兰（Abdullah Öcalan），并在“9·11”事件后向土耳其移交了一批库尔德工人党激进分子；另一方面，土耳其正义与发展党（AKP）上台后，对外奉行“零冲突”外交，致力于缓和与周边国家的关系。加之美国入侵伊拉克后，双方均担心伊拉克境内的库尔德人独立建国，因此双边关系一度大幅改善。但是，叙利亚内乱爆发后，双方关系迅速降温。首先，大量难民从叙利亚涌入土耳其，以便借道土耳其进入欧洲，这给土耳其造成了不小的压力；[①] 其次，这些难民当中鱼龙混杂，土耳其政府难免被叙利亚政府指责包庇某些“反政府人员”；[②] 再次，土耳其作为“北约”成员，并一直在寻求加入欧盟，也不希望在叙利亚问题上与西方国家的立场背道而驰；最后，土耳其当局还担心叙利亚和伊拉克境内的库尔德人借战乱之际加强联合，使其多年来遏制境内库尔德人独立的努力付诸东流。为此，埃尔多安当局迅速调整了叙利亚政策，一方面默许乃至纵容各种跨国“圣战”势力和各种战略物资通过其境内进入叙利亚，以推翻阿萨德政权，并左右未来叙利亚政治局势；另一方面，土耳其频繁出动武装力量，直接打击叙利亚境内的库尔德武装和其他潜在敌对势力。[③]

正是在各种内外因素作用下，叙利亚一度成了全球跨国“圣战”活动的主战场。关于“伊斯兰国”溃败前的真实军事力量，各方根据不同信息来源，给出了不同的评估数据。美国中情局估计约为 2 万 ~3.1 万人；叙利亚人权观察人士认为，仅叙利亚境内就高达 5 万人；俄罗斯总参谋长认为大

---

① 据联合国难民署难民事务高级专员 2019 年 6 月公布的数据，土耳其是目前全球接收难民数量最多的国家，境内难民人数约为 370 万人；其次为巴基斯坦，境内难民人数约 170 万人。参见 United Nations High Commissioner for Refugees（UNHCR），The UN Refugee Agency，*Global Trends Forced Displacement in 2018*，Geneva，June 20，2019，p. 3.

② 王震：《土叙之争背后的较量》，《世界知识》2012 年第 21 期。

③ 王震：《土耳其：玩火自焚还是引火烧身?》，《世界知识》2015 年第 21 期；Lacin Idil Oztig，“Syria and Turkey：Border - Security Priorities”，*Middle East Policy*，Volume 26，Issue 1，Spring 2019.

约为7万人；巴格达安全专家希沙姆·哈希米（Hisham al-Hashimi）认为，总数大约为10万人；库尔德军事领导人则认为，总数大约为20人。[①] 如此庞大的武装力量，足以让历史上出现的其他跨国武装势力相形见绌。更重要的是，“伊斯兰国”通过吸纳前萨达姆时期的1000多名复兴党军事精英，并夺取伊拉克政府军遗弃的军事装备，完全具备了开展常规地面作战的能力。与此同时，它还能娴熟地开展旷日持久的游击战，或是进行无差别的自杀性袭击。在“伊斯兰国”庞大的武装力量当中，还有着为数众多来自世界各地的“外籍战士”和“国际圣战分子”。根据美国苏凡集团（The Soufan Group）2015年12月发布的评估报告，有2.7万~3.1万人参加了叙利亚和伊拉克“伊斯兰国”，它们来自全球至少86个国家。[②] 2017年10月，该机构发布的最新报告中认为，从2014年6月“伊斯兰国”宣布建立哈里发前后至今，已有超过110个国家的4万人参加了“伊斯兰国”在伊拉克和叙利亚的战斗。根据土耳其当局公布的数据，截至2017年6月，由于担心本国居民经土耳其入境叙利亚和伊拉克参战，共有146个国家向土耳其当局提交了请求监控出入境的人员名单，总人数高达53781人。[③] 尽管各国提交给土耳其名单的依据各不相同，但这一举动本身足以反映各国对此问题的关注和重视。从历史上看，规模如此庞大的跨国动员，在战后世界历史上也是绝无仅有的。无论是在人员数量还是在多样性和复杂性方面，它都已远远超过了当年的阿富汗战争、波黑战争与科索沃战争。

2015年9月底，俄罗斯向叙利亚战场直接派兵后，叙利亚局势出现了有利于阿萨德政权的变化。政府军在战场上越战越勇，命悬一线的阿萨德政权逐渐起死回生。2016年7月15日，土耳其武装部队总参谋部部分军官企图发动军事政变，却以失败而告终。这场未遂军事政变不仅使埃尔多安通过大面

① Malcolm Nance, *Defeating ISIS: Who They Are, How They Fight, What They Believe*, Skyhorse Publishing, 2016, pp. 42 – 44.

② The Soufan Center（TSC），“Foreign Fighters: An Updated Assessment of the Flow of Foreign Fighters into Syria and Iraq”, December 2015, p. 4.

③ Richard Barrett, “Beyond the Calphate: Foreign Fighters and the Threat of Returnees”, The Soufan Center（TSC）, October 2017, pp. 7 – 16.

积国内清洗巩固了自身权力，也使土耳其当局调整了“阿拉伯之春”以来在叙利亚问题上追随西方的立场，转而开始寻求与俄罗斯进行协调与合作。土耳其这一转向推动了战场局势开始向着有利于阿萨德政权的方向演进。一方面，对叙利亚境内的国际“圣战”势力而言，其最为重要的外部人员和战略物资补给来源被土耳其切断，成了被各方围殴的“瓮中之鳖”；另一方面，对阿萨德政权来说，在俄罗斯和伊朗等外部盟友支持下，逐步取得了叙利亚战场的主动权，并一步步地压缩了反对派和跨国“圣战”势力的活动空间。2019 年下半年以来，针对美国支持的库尔德武装不断壮大的现实，土耳其屡屡出兵对叙利亚境内的库尔德武装进行直接军事打击。[①] 2020 年以来，随着叙利亚政府军不断收复失地并向土叙边境地区推进，土叙之间的矛盾和冲突有所升级。由于“伊斯兰国”在叙利亚和伊拉克境内大势已去，短期内要想东山再起已不复可能。换言之，叙利亚作为全球跨国“圣战”运动“天堂”与核心战场的事实正在成为历史。但是，无论叙利亚还是伊拉克，其国内教派斗争的潘多拉盒子已经打开，国内政治秩序的恢复和国家重建都不是一朝一夕的事情。加上国际格局转型与地区秩序重构等因素叠加，未来叙利亚境内跨国“圣战”活动并不会轻易消失。

三 “圣战”活动的外溢：叙利亚周边地区反恐形势

前已提及，叙利亚境内的跨国“圣战”活动并不是孤立的，它深受周边局势和全球跨国“圣战”运动影响。同样，叙利亚作为“阿拉伯之春”后全球跨国“圣战”运动的核心区域，其境内“圣战”局势同样会对其他周边国家带来深远影响。事实上，叙利亚和伊拉克周边地区大多数国家都深受“圣战”活动外溢的影响，虽然程度各不相同。囿于篇幅，此处不再一一赘述，仅择其要者做适当介绍。

---

① 关于土耳其与库尔德武装之间的复杂关系，并非本文重点，故此处不再赘述。参见邹志强《土耳其出兵叙利亚的背景、影响及局势走向》，《中国社会科学报》2019 年 11 月 14 日。

1. 伊拉克

到2018年底，伊拉克政府安全部队在名义上收复了所有曾被“伊斯兰国”控制的领土。但是，伊拉克境内的恐怖活动却并未因此而减少。据联合国有关统计，“伊斯兰国”溃败后，其在伊拉克境内的恐怖活动与暴力冲突略有下降，但仍处于高位，特别是该组织仍具备在伊拉克发动大规模恐怖袭击的能力。截至2018年11月，与“伊斯兰国”有关的恐怖暴力共造成3000名平民死亡和4600位平民受伤。[①] 一方面是因为该组织在失去大面积控制区后不得不转入地下秘密活动，越来越多地针对警察和地方政治领导人进行暗杀，包括使用简易爆炸装置针对政府及相关平民目标发动袭击；另一方面主要是因为伊拉克国内政治重建仍未完成，教派之间的矛盾和仇恨并未消除，“滋生恐怖主义的土壤仍然存在”[②]。比如，有迹象显示，伊拉克境内的“伊斯兰国”仍试图在尼尼微、基尔库克、迪亚拉，萨拉赫丁市和安巴尔等地寻求支持。

除了与“伊斯兰国”有关的恐怖袭击外，库尔德工人党和什叶派民兵武装真主党旅（KH）等也被认为参与并制造了伊拉克境内的一系列恐怖袭击事件。美国国务院年度恐怖主义报告提供的数据表明，2018年伊拉克境内共发生了765起恐怖袭击，共造成1520人死亡、1829人受伤，另有140人被劫持和绑架。[③] 根据经济与和平研究所（IEP）“人类远景”（Vision of Humanity）项目发布的2018年全球恐怖主义指数报告，2017年伊拉克境内

① 需要指出的是，由于对恐怖组织和恐怖活动的认定标准不同，不同的统计机构往往会得出不同的数据。本文引用这些数据，只是为了反映恐怖活动的基本发展趋势，并已注明完整的出处，并不表明笔者已完全认同其在统计过程中的认定标准。Bureau of Counterterrorism, United States Department of State, *Country Reports on Terrorism 2018*, Washington, October 2019, pp. 127 – 129.

② 魏玉栋、程帅朋：《“伊斯兰国”溃败伊拉克为何仍恐袭频发》，新华社巴格达2018年1月15日电。

③ 需要指出的是，由于对恐怖组织和恐怖活动的认定标准不同，不同的统计机构往往会得出不同的数据。本文引用这些数据，只是为了反映恐怖活动的基本发展趋势，并已注明出处，但这并不表明笔者已完全认同其在统计过程中的认定标准。此处数据来自 Bureau of Counterterrorism and Countering Violent Extremism, Department of State, Annex of Statistical Information in *Country Reports on Terrorism 2018*, Bethesda, MD, October 2019, p. 22。

共发生恐怖袭击 1956 起，共造成 4271 人死亡、4086 人受伤，全球恐怖主义指数为 9.746，排名全球第一。[①] 在该机构发布的 2019 年度报告中，伊拉克 2018 年共发生恐怖袭击 1131 起，共造成 1054 人死亡、1723 人丧生，全球恐怖主义指数为 9.241，全球排名第 2 位。[②] Statista 发布的 2019 全球恐怖主义指数（GTI）也显示，伊拉克恐怖主义活动指数为 9.24，在全球排名仅次于阿富汗。[③]

2. 埃及

“伊斯兰国”在伊拉克和叙利亚两地遭遇军事溃败后，该组织在西奈半岛的分支和一些“圣战”老兵的跨国流动对埃及安全局势带来了重要影响。根据前述经济与和平研究所（IEP）“人类远景”项目发布的 2018 年全球恐怖主义指数报告，2017 年埃及境内共发生恐怖袭击 169 起，共造成 655 人死亡、481 人受伤，恐怖主义指数为 7.345，排名全球第 9 位。[④] 当年 11 月底，“伊斯兰国”西奈分支在埃及北西奈省一苏菲派清真寺内制造的恐怖袭击案中，共造成 305 人死亡，128 人受伤。[⑤] 2018 年后西奈半岛遭遇的恐怖袭击次数虽有所减少，但危害性却丝毫未减。同时，埃及其他地区的恐怖袭击数量则略有所上升。这些恐怖袭击主要针对埃及安全部队，境内的基督教徒和其他平民，乃至部分外国游客。经济与和平研究所发布的 2019 年恐怖主义指数中，埃及得分为 6.794，名列全球第 11 位。[⑥] 这一统计与 Statista

① The Institute for Economics & Peace (IEP), “Global Terrorism Index 2018: Measuring the impact of terrorism”, Sydney and New York, December 5, 2018, p. 19.

② The Institute for Economics & Peace (IEP), “Global Terrorism Index 2019 (GTI): Measuring the impact of terrorism”, Sydney and New York, November 20, 2019, p. 20.

③ Statista Research Department, Global terrorism index 2019, December 9, 2019. https://www.statista.com/statistics/271514/global-terrorism-index/，登录时间：2019 年 12 月23 日。

④ The Institute for Economics & Peace (IEP), “Global Terrorism Index 2018: Measuring the impact of terrorism,” Sydney and New York, p. 27.

⑤ 郑凯伦：《突遭重大空袭，埃及反恐形势再起波澜》，新华社开罗 2017 年 11 月 25 日电。

⑥ The Institute for Economics & Peace (IEP), “Global Terrorism Index 2019 (GTI): Measuring the impact of terrorism”, Sydney and New York, November 20, 2019, p. 8.

2019 年公布的数据和排名并无太大差别。[①]

“伊斯兰国”西奈半岛分支（ISIS－SP）和其他“圣战”网络被认为是目前埃及境内最为主要的“圣战”暴力组织，其攻击手法包括简易爆炸装置、车载简易爆炸装置（VBIED）、伏击、绑架和有针对性的暗杀等。埃及“哈斯姆运动”（Harakat Sawa's Misr）、“革命旗帜武装运动”（Liwa al-Thawra，也称“勒瓦·萨瓦拉”组织），以及“伊斯兰团”（IG）等激进“圣战”武装也被认为是具有威胁性的“恐怖组织”，但近年来其武装暴力活动已有所减少。[②] 为了应对“伊斯兰国”西奈半岛分支不断升级的恐怖威胁，埃及军方于 2018 年 2 月发起了“西奈 2018”反恐行动。截至当年年底，埃及军方在行动中打死恐怖分子约 450 名，逮捕了近千名恐怖分子或嫌犯，成功摧毁了一批恐怖组织的据点、隧道、武器库等。[③] 在塞西政府的严厉打击下，2018 年埃及安全形势略有好转，但并未从根本上改变埃及的反恐形势，这些“圣战”恐怖组织通过重组很快恢复了攻击能力。2018 年以来，埃及境内发生的重大恐怖袭击案件包括：2018 年 4 月 14 日，14 名“伊斯兰国”武装分子携带枪支、导弹和自杀式背心对埃及武装部队发起袭击，造成 8 名武装部队成员死亡；11 月 2 日，“伊斯兰国”武装分子对 3 辆载有科普特朝圣者的公共汽车发动袭击，造成 7 名科普特朝圣者被杀、19 人受伤；12 月 29 日，一辆旅游巴士在吉萨金字塔附近遭遇路边炸弹，3 名越南游客和 1 名埃及导游被炸死，11 人受伤。2019 年 2 月 18 日，开罗市中心著名的爱资哈尔清真寺附近发生恐怖爆炸，造成 3 人死亡（其中 2 人为正在执法中的警察）、3 人受伤；4 月 9 日，西奈半岛发生自杀性恐怖袭击，造成至少 7 人死亡、27 人受伤；6 月 25 日，西奈半岛北部阿里什市多处检查站

---

① 发布的 2019 全球恐怖主义指数显示，埃及境内恐怖主义活动指数为 6.79，在全球排名第 11 位，参见 Statista Research Department, Global terrorism index 2019, December 9, 2019, https://www.statista.com/statistics/271514/global－terrorism－index/，登录时间：2019 年 12 月 28 日。

② Bureau of Counterterrorism, United States Department of State, *Country Reports on Terrorism 2018*, Washington, October 2019, pp. 124－126.

③ 黄培昭：《埃及恐袭事件再敲安全警钟》，《人民日报》2019 年 2 月 20 日。

发生武装袭击事件，造成至少 11 人死亡；8 月 4 日，开罗国家癌症研究所外发生恐怖爆炸，造成至少 20 人死亡、40 多人受伤；9 月 27 日，西奈半岛一小镇发生恐怖袭击，造成 7 名埃及士兵和 1 名平民死亡，“伊斯兰国”随后宣称对此负责；10 月 12 日，一枚炸弹击中西奈半岛北部地区一辆行进中的卡车，造成至少 9 人死亡、6 人受伤。同一天，比尔阿卜德地区一辆装甲车发生爆炸，造成 6 名安全部队成员受伤。面对频频发生的恐怖袭击，塞西政府从 2017 年底开始不得不一再延长国内紧急状态。次第发生的恐怖袭击足以表明，虽然“伊斯兰国”在伊拉克和叙利亚战场已经溃败，但其散布在各地的分支仍有能力发起大规模恐怖袭击，并对当地社会安全构成严重威胁。

3. 也门

从 2014 年开始，也门陷入了久拖未决的内战。其中，一方是阿卜杜拉布·曼苏尔·哈迪（Abdrabbuh Mansour Hadi）领导下的也门政府及其南方盟友，沙特、埃及、摩洛哥、苏丹、阿联酋等阿拉伯国家是其背后的主要外部支持者；另一方是伊朗支持下的北部胡塞（Houthi）武装，胡塞人原本是也门境内什叶派中宰德派（Zaydi，又称“五伊玛目派”）的分支，人数约占也门总人口的 1/4，因不满中央政府的政策而拥兵自立。外部力量的加入使这场冲突更像是一场中东逊尼派和什叶派之间的“代理人战争”，至今未分胜负。① 一方面，长期的战乱和武装冲突造成了严重的人道主义危机，超过 300 万民众流离失所，沦为难民。此外，还有 800 多万民众面临着严重的饥荒，以及“也门现代历史上最为严重的霍乱疫情”②。另一方面，这场战乱还

---

① Paul R. Pillar, “The Saudi War in Yemen Is Strengthening Terrorism”, Just Security, March 20, 2018, https://www.justsecurity.org/54106/saudi-war-yemen-strengthening-terrorism/; Colm Ó Mongáin, “Yemen: The civil war and how it came about”, Raidió Teilifís Éireann (RTÉ), October 20, 2018, https://www.rte.ie/news/world/2018/1019/1005376-yemen-conflict-explainer/.

② Kelly McFarland, “Yemen Civil War: Understanding the Conflict & Crisis”, *The Conversation*, June 23, 2018, https://theconversation.com/yemen-understanding-the-conflict-98296，登录时间：2019 年 8 月 23 日。

为各种跨国“圣战”势力在其境内的扩张提供了机会，使之成为继叙利亚、伊拉克之外的另一个跨国“圣战”活动的天堂。[①] 目前活跃于也门境内的跨国“圣战”势力主要有两支：①阿拉伯半岛“基地”组织（AQAP），或称“基地”组织阿拉伯半岛分支，它是“基地”组织最核心的分支机构之一。2011 年 5 月底，该组织占领阿比扬省首府津吉巴尔，并宣布以此为首都建立“伊斯兰酋长国”。目前，该组织已成为“基地”组织在阿富汗和巴基斯坦之外“行动最活跃的分支机构”。“基地”组织阿拉伯半岛分支主要活动在也门的南部、东部和中部地区，其目标主要是推翻也门政府与胡塞武装，最终在也门建立一个伊斯兰“哈里发”机构，同时“清除西方国家的存在和影响”[②]。②“伊斯兰国”。2015 年 3 月 20 日，也门首都萨那和萨达省的清真寺与政府机构遭到恐怖爆炸袭击，造成至少 137 人死亡、350 人受伤。[③] 袭击当天，“伊斯兰国”即宣称对此负责，这是该组织首次在也门进行重大恐怖袭击。该组织目前主要在也门南部和中部活动，并在南部地区建有训练营。也门“伊斯兰国”的目标是取代也门政府与胡塞武装，代之以一个用“沙里亚”治理的伊斯兰社会。不过，与“基地”组织阿拉伯半岛分支相比，“伊斯兰国”在也门的规模和影响要小得多。

据统计，2017 年也门境内共发生恐怖袭击 141 起，共造成 378 人死亡、417 人受伤，恐怖主义指数为 7.534，全球排名第 8 位；[④] 2018 年也门境内共发生恐怖袭击事件 227 起，造成 301 人死亡、325 人受伤，恐怖主义指数

---

① Con Coughlin, “Islamist-inspired Terrorism Returns to Yemen”, Gatestone Institute, September 5, 2019, https://www.gatestoneinstitute.org/14818/islamist-terrorism-yemen, 登录时间：2019 年 9 月 5 日。

② Charity & Security Network, “Yemen: Listed Terrorist Groups and Humanitarian Crises”, August 30th, 2016, https://charityandsecurity.org/country/yemen/; The Central Intelligence Agency (CIA), *The World Fact book*, April 27, 2020. https://www.cia.gov/library/publications/the-world-factbook/geos/ym.html.

③ 刘万利、商英侠：《极端组织“伊斯兰国”宣称制造了也门爆炸袭击事件》，新华网萨那 2015 年 3 月 21 日电，http://www.xinhuanet.com/world/2015-03/21/c_1114714375.htm，登录时间：2019 年 12 月 23 日。

④ The Institute for Economics & Peace (IEP), “Global Terrorism Index 2018: Measuring the impact of terrorism”, Sydney and New York, December 5, 2018, p. 27.

为7.259，全球排名仍为第8位。[①] 2014～2016年，也门的恐怖主义指数分别为7.64、8.08和7.88。[②] 显然，和前几年相比，也门境内的恐怖主义指数已经出现了明显下降，但其境内的恐怖活动仍然处于高位，仍然是全球受恐怖活动影响最为严重的国家之一。[③] 更为重要的是，随着近日也门南方过渡委员会宣布下属“南方派系”实行自治，胡塞武装与政府军和“南方派系”之间的斗争短期内难以停止，未来也门局势可能会进一步复杂化。只要也门境内的教派矛盾和政治动荡没有消除，其境内跨国“圣战”活动也将会一直存在下去。

4. 阿富汗

冷战结束后，陷入战乱当中的阿富汗一度成了全球跨国“圣战”运动的天堂，来自世界各地的“圣战”分子云集于此。“9·11”事件后，本·拉登领导下的“基地”组织虽然受到重创，仍旧是全球跨国“圣战”运动的旗手。2013年后，“伊斯兰国”在伊拉克和叙利亚地区异军突起，吸引了大批国际“圣战”分子竞相涌入。然而，随着2017年底以来该组织在伊拉克和叙利亚地区遭遇大面积溃败，大批跨国“圣战”分子又返回到了阿富汗境内，这里正在重新成为全球跨国“圣战”分子活动的天堂。据统计，目前活跃在阿富汗境内的反政府武装组织至少有20多家，这些武装组织包括：①以北瓦济里斯坦为基地的哈卡尼网络；②“基地”组织；③“伊斯兰国”呼罗珊省分支（ISIS－K）；④穆罕默德军（Jaish-e-Mohammad）；⑤虔诚军（Lashkar-e-Taiba）；⑥伊斯兰“圣战”联盟（IJU）；⑦巴基斯坦塔利班（TTP）等。此外，还有来自其他周边地区的众多跨国“圣战”组织。比如，来自乌兹别克斯坦的“乌伊运”（IMU）势力，源自中国新疆地区的“东伊运”（ETIM）组织，以及来自车臣、塔吉克斯坦和阿拉伯世界

---

① The Institute for Economics & Peace (IEP), “Global Terrorism Index 2019 (GTI): Measuring the impact of terrorism”, Sydney and New York, November 20, 2019, p. 26.

② The Institute for Economics and Peace, “Yemen Terrorism Index 2002－2018 Data”, https://tradingeconomics.com/yemen/terrorism－index，登录时间：2019年11月14日。

③ Dominic Dudley, “Terrorist Targets: The Ten Countries Which Suffer Most From Terrorism”, *Forbes*, November 20, 2019.

等国的其他“圣战”组织。①

在阿富汗境内跨国“圣战”组织当中，尤其值得一提的是“伊斯兰国”呼罗珊省分支。该组织大约在2014年前后进入阿富汗，最初活动于阿富汗和巴基斯坦边界地区，是“巴基斯坦塔利班”组织的分支，之后对“伊斯兰国”宣誓效忠，继而在当地建立了所谓的“伊斯兰国”呼罗珊省分支。为了向阿富汗地区进行渗透，该组织积极挑起当地什叶派和逊尼派之间的矛盾，频频针对什叶派目标发动袭击。2016年，阿富汗境内发生了4起针对什叶派清真寺的恐怖袭击，该组织宣称对其中的两起负责。其中，当年7月针对喀布尔市什叶派哈扎拉族示威人群的袭击共造成80多人死亡、231人受伤，成为2001年以来“阿富汗死伤人数最多的炸弹袭击事件”②。随着2017年以来“伊斯兰国”在伊拉克和叙利亚地区出现军事溃败，不少国际“圣战”分子正在向阿富汗地区转移。一些专家认为，阿富汗与中亚各国接壤，其境内的政治生态非常脆弱、社会动荡、地形多山、宗教色彩浓厚，是一个非常理想的藏身之地。有统计表明，在叙利亚和伊拉克地区，来自中亚和前高加索地区的“外籍战士”人数仅次于中东地区，不少人在战争结束后陆续来到阿富汗境内。目前，阿富汗境内的“伊斯兰国”成员主要包括两部分：一部分主要在北部地区活动，人数在600～1000人，以乌兹别克人、吉尔吉斯人、塔吉克人、车臣人等为主；另一部分主要在南部地区活动，其成员以普什图人为主，约有数千人，他们和巴基斯坦境内的其他极端势力也存在联系。关于该组织的具体人数，目前尚未有准确的评估。根据伊朗情报部门2016年初估计，巴基斯坦境内的“伊斯兰国”成员为3000人，阿富汗境内的人数约为8000～8500人。巴基斯坦三军情报局认为，巴基斯坦境内的“伊斯兰国”成员约为2000人，在阿富汗境内活动的成员为

① Abdul Wali Arian, “20 Terrorist Groups Fighting Against Afghan Government”, *TOLO News*, February 26, 2017, https://tolonews.com/afghanistan/20-terrorist-groups-fighting-against-afghan-government; The Central Intelligence Agency (CIA), The World Fact book, May 4, 2020, https://www.cia.gov/library/publications/the-world-factbook/geos/af.html，登录时间：2019年8月23日。

② 郑思远：《阿富汗遇15年来最惨重恐怖袭击300多人伤亡》，新华社2016年7月25日电。

5000~6000人。阿富汗国家安全局官员在2016年6月表示，“伊斯兰国”在阿富汗境内的武装人员大约有7500人，有4500~5000人。[①] 不过，根据俄罗斯媒体2017年底的报道，目前该组织在阿富汗境内的人数已经达上万人。[②]

根据经济与和平研究所（IEP）发布的2017年全球恐怖主义指数报告，2016年阿富汗境内共发生恐怖袭击1342起，共造成4574人死亡、5057人受伤，恐怖主义指数为9.441，全球排名第2位。[③] 2018年度全球恐怖主义指数报告显示，截至2017年阿富汗境内共遭受恐怖袭击1168起，造成4653人丧生、5015人受伤，恐怖主义指数为9.391，全球排名仍为第2名。[④] 从2019年度全球恐怖主义指数报告来看，截至2018年阿富汗境内共发生恐怖袭击1443起，共造成7379人丧生、6514人受伤，恐怖主义指数为9.603，高居全球榜首。显然，从2018年开始，阿富汗境内的恐怖活动出现了大幅上升的势头。其中，加兹尼、坎大哈、喀布尔和法拉（Farah）是恐怖活动最为猖獗的四个地区，2018年加兹尼省的恐怖袭击案件同比增长了225%。[⑤] 其中，塔利班武装反叛活动的增强，“伊斯兰国”呼罗珊省分支的渗透，以及持续的政治动荡是造成阿富汗境内恐怖活动快速升级的重要原因。从2018年10月起，美国政府与塔利班在卡塔尔首都多哈举行和谈。2020年2月29日，美国与塔利班在多哈正式签署和平协议。根据协议，在

---

① Antonio Giustozzi, *The Islamic State in Khorasan: Afghanistan, Pakistan and the New Central Asia Jihad*, Landon: Hurst & Company, pp. 140-141.

② “10, 000+ Daesh militants present in Afghanistan: Russia”, December 24, 2017, http://www.presstv.com/Detail/2017/12/24/546653/Russia-Zamir-Kabulov-Daesh-Afghanistan; Tasnim, “Daesh Declares War on Taliban in Afghanistan”, June 25, 2017, https://www.tasnimnews.com/en/news/2017/06/25/1446759/daesh-declares-war-on-taliban-in-afghanistan.

③ The Institute for Economics & Peace (IEP), “Global Terrorism Index 2017: Measuring the impact of terrorism”, Sydney and New York, November 15, 2017, p. 23.

④ The Institute for Economics & Peace (IEP), “Global Terrorism Index 2018: Measuring the impact of terrorism”, Sydney and New York, December 5, 2018, p. 20.

⑤ The Institute for Economics & Peace (IEP), “Global Terrorism Index 2019 (GTI): Measuring the impact of terrorism”, Sydney and New York, November 20, 2019, p. 26.

未来135天内，美国将会使驻阿富汗美军数量从目前的1.3万人削减至8600人，剩余美军和其他联军士兵将在未来14个月内全部撤出。塔利班则承诺切断与“基地”组织、“伊斯兰国”等伊斯兰“圣战”势力之间的联系，不再充当国际“圣战”分子的庇护所。同时，双方还将交换战俘和被关押人员，美方则承诺在2020年5月之前解除对塔利班的制裁。① 这份协议固然有利于特朗普政府以“体面”的方式撤出阿富汗，摆脱战争包袱，但未必能够给阿富汗带来真正的和平。有媒体指出，由于塔利班与阿富汗政府在世俗化、国家政治体制等诸多问题上存在严重分歧，“一旦驻阿美军撤离，阿富汗国内政治也可能面临重新‘洗牌’”②。

四　后巴格达迪时代的反恐前景

2017年以来，“伊斯兰国”在叙利亚和伊拉克境内的大面积溃败，包括其创始人与“哈里发”巴格达迪被击毙等是全球反恐战争过程中的重要转折点，它意味着此类带有“准政权”色彩的新型“圣战”恐怖组织昙花一现般地迅速走向了衰落。但是，“伊斯兰国”带给国际社会的后续影响与思考却远未结束，还需要进行更多跟踪与观察。简言之，“伊斯兰国”虽然遭遇了军事溃败，短期内卷土重来的可能性也较为有限，但其跨国网络和意识形态并未消失。无论是其袭击战术、“圣战”思想，还是其跨国网络和“叙利亚毕业生”的后续影响，都需要更长时间才能体现。有学者指出，就目前而言，虽然外国武装分子返回原籍国所构成的威胁“比预期的要低”，但是仍然有大量武装分子下落不明，其中一些人可能会前往其他冲突地区，并充当“那些在虚弱、失败国家中进行内战或反叛活动的‘圣战’组织的力

① S. B. Asthana, “Is US - Taliban peace deal a compromise”? *The Economics Times*, March 1, 2020; Matthew Lee and Kathy Gannon, “United States to leave Afghanistan in 14 months under peace terms with Taliban: ending America's longest war”, *Chicago Tribune*, February 29, 2020.

② 杨淳:《美国与塔利班达成“减暴”协议，阿富汗和平前景仍存变数》，《中国国防报》2020年2月23日。

量倍增器”。[①]

对欧美各国来说，由于“9·11”事件后各国本土反恐防范空前加强，外来恐怖分子对当地的渗透和袭击能力已大大下降。一方面，“土生土长”的恐怖分子正成为欧美各国本土安全面临的最大恐怖威胁。布鲁斯·霍夫曼等专家在2010年已指出，“9·11”事件后参加极端暴恐组织的美国公民数量有所增加，美国公民在恐怖活动中扮演的角色也在上升。乔治·华盛顿大学与海牙国际反恐中心2017年联合发表的一份研究也表明，2014年以来，在欧美国家发动袭击的恐怖分子绝大多数为所在国公民。[②] 另一方面，除了激进伊斯兰“圣战”思想驱动下的各类恐怖组织外，一些欧美国家的种族主义仇恨和恐怖活动近年来也出现了大幅增长。比如，美国犹太委员会（AJC）2019年进行的一项调查显示：88%的美国犹太人认为反犹主义是当今美国社会中的一个“问题”，84%的美国犹太人认为过去5年来美国本土的反犹主义出现了增长。与此同时，35%的美国犹太人表示过去五年内曾经成为反犹主义的目标，42%的美国犹太人认为其安全程度比一年前有所降低，62%的美国犹太人强烈反对特朗普处理反犹主义的做法。[③] 美国联邦调查局官员在2019年5月指出：2018年秋以来，联邦调查局抓捕的“白人至上主义者”（White Supremacist，也称“白人种族主义者”）嫌犯增加了40%，其中一些活动明显受到了“伊斯兰国”的袭击方式、宣传内容等影响。[④]

显然，在“9·11”事件二十周年即将到来之际，国际社会的反恐斗争

① Colin P. Clarke, “Trends in Terrorism: What's On the Horizon in 2020”, Foreign Policy Research Institute, January 2, 2020, https://www.fpri.org/article/2020/01/trends-in-terrorism-whats-on-the-horizon-in-2020/，登录时间：2020年3月23日。

② 王震：《特朗普式反恐的困境》，中美聚焦网站，2019年11月15日，http://cn.chinausfocus.com/peace-security/20191115/41622.html，登录时间：2019年11月23日。

③ Avi Mayer, “American Jews on Anti-Semitism in America: Insights from AJC's Landmark Survey”, in *AJC 2019 Survey of American Jews on Anti-Semitism in America*, American Jewish Committee, October 2019, p. 2.

④ Jeff Mordock, “FBI sees ‘significant’ rise in white supremacist domestic terrorism since fall”, *The Washington Times*, May 23, 2019.

远未达到预期效果。人类社会不仅没有完全消除恐怖主义现象及其危害，反而要面对一个更为复杂和不确定的恐怖主义前景。在中东地区，虽然包括巴格达迪在内的诸多恐怖分子相继被击毙，但滋生恐怖主义的社会土壤依然存在。直到今天，中东地区依然是全球恐怖主义活动最为猖獗的地方。这里不仅是汇聚全球极端分子的天堂，更是各类“圣战毕业生”和恐怖分子外溢的重要输出源。因此，如何汲取过去二十年中反恐斗争的经验和教训，如何在下一个二十年中面对形形色色的恐怖主义威胁，仍是值得我们每个人认真思索的时代命题。

Y.15
"世纪协议"与巴以问题前景

刘风华 *

摘　要： 2019 年巴以问题并未取得实质性进展。美国政府承认戈兰高地为以色列领土，否认约旦河西岸犹太人定居点违反国际法，公布所谓推动解决巴以问题的"中东和平新计划"，导致巴以矛盾进一步激化，双方冲突持续升级。2020 年初席卷全球的新冠肺炎疫情促使双方暂时搁置矛盾，携手展开联防行动。本文梳理近一年巴以问题进程中的重大事件，并在此基础上分析影响和阻碍巴以和平进程的原因，并对 2020 年巴以问题前景做出展望。

关键词： 巴以问题　"中东和平新计划"　世纪协议

一　2019年巴以问题的新进展

回顾 2019 年巴以问题发展历程，巴以冲突较之前有所升级。国际社会一直呼吁以"两国方案"为基础，通过和平对话解决巴以争端。但巴勒斯坦内部各派分歧严重，不能团结起来共同与以色列抗衡。以色列国内大选不断，政局复杂，对巴以问题态度更为强硬。美国则实质性偏袒以色列，其公布的"中东和平新计划"进一步激化了巴以矛盾。

---

* 刘风华，北京语言大学中东学院副教授，主要研究方向为阿汉语言对比研究与翻译、中东热点问题研究。

2020年1月28日，美国总统特朗普公布所谓推动解决巴以问题的“中东和平新计划”，即所谓“世纪协议”。此前，早在2019年6月，白宫公布了该计划的经济方案，内容包括在未来10年促成对巴勒斯坦超过500亿美元的投资，为巴勒斯坦人创造100万个就业岗位，将其失业率降至接近个位数，等等。计划还提出“现实的两国方案”，承认耶路撒冷为以色列“不可分割的首都”，巴勒斯坦国未来将在东耶路撒冷部分地区建立首都；承认以色列在约旦河西岸犹太人定居点的主权；计划扩大巴勒斯坦控制领土，但要求巴勒斯坦实现“非军事化”；要求以色列在未来4年停止扩建定居点，在此期间与巴方展开谈判。① 计划公布后，以色列对此表示支持，巴勒斯坦则拒绝接受。

计划公布当日，联合国秘书长古特雷斯的发言人迪雅里克重申，联合国继续支持用“两国方案”解决巴以问题的立场。迪雅里克在当天举行的例行记者会上表示，联合国多年来关于巴以问题“两国方案”的立场是由安理会和联合国大会相关决议所决定的，“联合国仍然致力于支持巴勒斯坦人民和以色列人民根据联合国决议、国际法以及双边协定化解冲突，并实现以色列和巴勒斯坦两个国家在公认的基于1967年之前边界基础上和平共处的愿景”②。

2020年2月1日，应巴勒斯坦民族权力机构要求，阿盟当天召开紧急外长会议，讨论美国政府提出的所谓旨在解决巴以问题的“中东和平新计划”。巴勒斯坦总统阿巴斯在会上表示，巴方拒绝接受这一计划，并将断绝与以色列和美国的一切关系。阿盟外长紧急会议宣布拒绝接受该计划，支持巴勒斯坦国的合法权利。③

2020年2月11日，巴勒斯坦总统阿巴斯在联合国安理会中东局势和巴

① 《美国“世纪协议”的提出及其主要内容》，http：//www.81.cn/gjzx/2020-01/29/content_9727764.htm，登录时间：2020年1月29日。

② 《联合国重申继续支持用“两国方案”解决巴以问题的立场》，http：//www.taihainet.com/news/txnews/gjnews/sh/2020-01-29/2350489.html，登录时间：2020年1月29日。

③ 《阿盟宣布拒绝美国政府“中东和平新计划”》，http：//world.people.com.cn/n1/2020/0202/c1002-31566746.html，登录时间：2020年2月6日。

勒斯坦问题公开会上发表讲话，坚决拒绝美国“中东和平新计划”，但同时表示愿意与以色列展开谈判。阿巴斯说，该计划不会给地区带来和平与稳定，巴方不接受该计划，将反抗该计划的实施。他还重申该计划或计划的任何部分均不能作为谈判的参考。他将这一计划称为“以色列－美国提议”，指出这是以色列和美国制定的先发制人的计划。①

早在该计划公布前，数千名巴勒斯坦人聚集在加沙城举行抗议，焚烧特朗普和内塔尼亚胡的照片，并竖起“巴勒斯坦非卖品”的横幅。② 计划公布后，巴勒斯坦多个城市迅速爆发游行示威，巴示威民众与以军发生冲突，地区紧张局势升级。2 月 7 日，巴勒斯坦民众在约旦河西岸城市图勒凯尔姆举行抗议示威，并与以色列士兵发生冲突。一些示威者焚烧轮胎，还向以军士兵投掷石块。以军士兵则发射催泪弹、橡皮子弹甚至实弹进行反击。巴勒斯坦卫生部表示，一名 19 岁巴勒斯坦青年在冲突中被以军士兵发射的实弹击中，经抢救无效死亡。此外，据巴卫生部消息，2 月 6 日，巴勒斯坦民众在约旦河西岸城市杰宁举行抗议示威时与以军发生冲突，一名巴勒斯坦青年和一名巴勒斯坦警察被以军开枪打死。2 月 5 日，一名巴勒斯坦青年在约旦河西岸城市希伯伦被以军开枪打死。另据巴媒体报道，几天来的冲突还造成数十名巴勒斯坦人受伤。以军战机当天还空袭了加沙地带巴武装人员控制的多处军事目标，以报复巴武装人员向以色列境内发射火箭弹。③ 2 月 23 日，以色列国防军向两名试图在加沙外围围墙放置爆炸装置的巴勒斯坦伊斯兰圣战组织成员开火，导致其中一人丧生。此后，巴勒斯坦伊斯兰圣战组织人员向以色列发射了 40 多枚火箭弹，以色列国防军则在加沙地带进行多次空袭，导致加沙有 5 人受伤。以色列国防军 23 日还袭击了位于叙利亚的巴勒斯坦伊斯兰圣战组织目

① 《阿巴斯坚决拒绝美国“中东和平新计划”》，http：//www.xinhuanet.com/world/2020－02/12/c_ 1125563758.htm，登录时间：2020 年 2 月 28 日。

② 《美国公布巴以问题“世纪协议”》，http：//www.chinanews.com/gj/2020/01－29/9072354.shtml，登录时间：2020 年 1 月 29 日。

③ 《巴以冲突造成一名巴勒斯坦人死亡系近 3 天来第 4 人》，https：//news.sina.com.cn/w/2020－02－08/doc－iimxxste9710817.shtml，登录时间：2020 年 2 月 9 日。

标，导致两人死亡。①

2020年初以来，新冠肺炎疫情肆虐全球。随着以色列和巴勒斯坦国内疫情形势日渐严峻，两国暂时搁置争议，开始携手共同对抗疫情。这在一定程度上缓和了巴以间的冲突。

自巴勒斯坦3月5日出现首批疑似病例起，巴以双方随即开始共同行动。巴勒斯坦疫情首先在伯利恒暴发，巴方将7名疑似患者的病毒取样送往以色列进行检测后确诊。巴勒斯坦随后宣布封闭伯利恒，除非紧急情况禁止出入该城市。以色列也宣布关闭通往伯利恒的检查站。以色列民政部门卫生协调员达利娅·巴萨说，病毒没有边界之分，巴勒斯坦如果遭受病毒肆虐，最终以色列人会被殃及。约旦河西岸居住着40多万犹太人，每天有数万巴勒斯坦人穿过检查站去以色列境内工作。为共同预防和抗击新冠病毒，巴以双方开始密切联系，每天互通疫情动态，商量应对措施。负责与巴勒斯坦协调民政事务的以色列机构披露，以方已向巴方转交250个试剂盒，双方还联合培训了医务人员。巴勒斯坦卫生部长马伊·凯拉2月下旬表示：“我们与以色列在应对新冠肺炎疫情方面互相协调，因为病毒不分边界。”但凯拉同时也强调，巴以双方仅在应对新冠病毒领域有协调关系。以色列卫生部官员阿舍·萨尔蒙说，双方之间的合作不关乎政治。②

但与此同时，国际社会参与调解巴以冲突的意识不断增强，由此为巴以和平带来一丝曙光。多年来，联合国一直致力于支持巴以双方根据联合国决议、国际法和双边协定解决冲突。2020年2月4日，联合国巴勒斯坦人民行使不可剥夺权利委员会在纽约总部召开会议，联合国秘书长古特雷斯亲自主持会议。他在会议上表示，解决巴以冲突仍然是中东可持续和平的关键。巴以问题久拖不决所产生的影响远远超出以色列和被占领的巴勒斯坦领土本

---

① 《联合国特使：巴以缺乏和平前景恢复谈判乃正确道路》，https://news.un.org/zh/story/2020/02/1051241，登录时间：2020年3月2日。

② 《病毒不分边界！以巴搁置冲突联手抗疫》，http://big5.gmw.cn/g2b/world.gmw.cn/2020-03/09/content_33632120.htm，登录时间：2020年3月29日。

身的地域范围，并在该地区继续导致进一步的激进化。[1] 2 月 11 日，联合国秘书长古特雷斯在安理会就巴以问题举行的高级别辩论中重申，他个人和联合国支持各方实现两国解决方案的努力。他强调，联合国在巴以问题上的立场是由安理会和联合国大会决议确定的。他认为现在是对话、和解并保持理智的时候。他还敦促以色列和巴勒斯坦领导人表现出必要意愿，推进公正和持久和平的目标，而国际社会必须要对此加以支持。联合国中东问题特使姆拉德诺夫表示，秘书长一贯公开反对单方面的吞并步骤和计划。它将关闭谈判大门，对整个地区产生负面影响，并严重破坏双方关系正常化和实现区域和平的机会。[2] 联合国一直努力为巴勒斯坦带去一定程度的救济，试图在各方之间做出斡旋，坚持以“两国方案”解决巴以争端。

“中东和平新计划”出台后，许多国家和地区组织也纷纷表明自己的立场。阿拉伯国家联盟和伊斯兰合作组织发表声明拒绝承认该提议，称其不符合巴勒斯坦人民的最低权利和愿望。欧盟高级代表表示，这项提议偏离了“国际商定的参数”。一些非洲联盟成员国也在近期的首脑会议上拒绝了这一提议。

需要指出的是，中国始终坚持通过和谈解决巴以问题的立场。早在 1 月 28 日美国总统特朗普公布“中东和平新计划”政治部分内容之初，中方便表明立场，认为联合国有关决议和“两国方案”“土地换和平”原则等国际共识构成了解决巴勒斯坦问题的基础，应当得到遵守。任何有关巴勒斯坦问题的解决方案，应该倾听主要当事方特别是巴勒斯坦方面的看法和主张，应该通过平等对话和谈判达成协议，应该有利于推动巴勒斯坦问题早日实现全面、公正、持久解决。[3] 5 月 19 日，据法新社报道，在美国的操纵下，以色

---

① 《联合国秘书长：不能违反国际法和联合国决议削弱两国解决方案的前景》，https：//news. un. org/zh/story/2020/02/1050302，登录时间：2020 年 5 月 29 日。

② 《安理会就美国中东和平倡议举行辩论，联合国重申致力于“两国解决方案”》，https：//news. un. org/zh/story/2020/02/1050641，登录时间：2020 年 4 月 29 日。

③ 《外交部发言人华春莹就美国公布“中东和平新计划”政治部分内容答记者问》，https：//news. sina. cn/gn/2020 – 01 – 29/detail – iihnzahk6929623. d. html？ vt = 4&pos = 3，登录时间：2020 年 4 月 20 日。

列开始明目张胆地吞并巴勒斯坦领土。对此，中方表示，以色列吞并领土的做法完全违背了国际法和安理会第2334号等决议，国际社会应当发挥建设性作用，巴以双方应该通过和谈解决问题，有关各方应该避免局势进一步升级。[①] 中国仍会坚持一贯立场，与国际社会一道积极推动巴以和谈，努力推动中东和平进程。

二 巴以矛盾激化的主要原因

2019年巴以矛盾日益激化，主要有以下几个原因。

首先，美国极具偏向性的中东政策。在安全方面，“中东和平新计划”的出发点不是为了通过和平方式解决巴以问题，而是将巴勒斯坦纳入以色列的发展轨道，将其视为服从于美以统治的“被治理者”。在政治方面，“中东和平新计划”体现出特朗普明显的单边主义政策。特朗普政府一改过去历届政府在巴以问题上的谨慎立场，将驻以使馆从特拉维夫迁往耶路撒冷，关闭巴勒斯坦驻美办事处，承认以色列对戈兰高地主权，支持以色列在巴勒斯坦土地修建犹太人定居点。这些举动反映出美国对以色列的明显偏袒，力图巩固和维护以色列的强势地位与既得利益，由此进一步压缩巴勒斯坦的生存空间。在经济方面，美国企图以“和平促繁荣”构想迫使巴勒斯坦做出政治让步，实现“主权换援助”。该计划承诺十年内筹资500亿美元投资巴方基础设施建设，提供100万个就业岗位，使巴国内生产总值十年内翻一番，贫困人口减少一半，使巴勒斯坦人享受实实在在的和平红利。[②] 但这一切仅仅停留在构想阶段，没有具体实施计划，实际等同于一纸空文。

美国推出“世纪协议”的目的，更大程度上是出于特朗普为自身政治前途的考虑。特朗普是在白宫欢迎来访的以色列总理内塔尼亚胡时宣布这份计划的。当前特朗普正因“通乌门”面临被弹劾困扰，而内塔尼亚胡则因

① 《总统深夜撕毁全部协议，反美第一枪终于打响，中东大战一触即发》，https：//kandianshare.html5.qq.com/v2/news/2507335798339823938，登录时间：2020年5月29日。

② 《美国“中东和平新计划”的醉翁之意（观察家）》，《环球时报》2020年2月4日。

涉嫌贪污被以色列总检察长正式起诉。位于华盛顿的智库阿拉伯中心的执行主任哈利勒·贾山认为，这是被弹劾者和被告之间的首脑峰会。分析人士认为，特朗普此时推出“中东和平新计划”，有转移外界对美国国会审理其弹劾案关注的考虑。同时，2020 年是美国大选年，特朗普希望进一步强化亲以立场，从而吸引美国亲犹太势力和基督教福音派支持，捞取更多选票和政治支持。

然而，一份缺乏兼顾巴勒斯坦人诉求的协议，终究不是解决问题的最好办法。美国《新闻周刊》文章认为，特朗普的“和平”计划给以色列、巴勒斯坦和我们所知的国际法律秩序带来了风险。文章指出，特朗普怪诞的计划没有为以色列与巴勒斯坦之间的和平铺设道路，只是给其亲密盟友内塔尼亚胡的一份礼物。①

其次，巴以力量对比此消彼长，以色列在巴以问题上日趋强硬。2011 年“阿拉伯之春”后，随着阿拉伯世界整体陷入动荡分裂，以色列实力和影响力相对凸显，“以强巴弱”态势更加明显，以色列在巴以问题上态度日趋强硬。巴以和谈自 2014 年 4 月中断后就一直处于停滞状态。

2019 年以色列举行两次大选，内塔尼亚胡领导的利库德集团与以色列前国防军总参谋长本尼·甘茨等人组建的蓝白党展开激烈竞争。纵观以往，凡是大选年，以色列政坛各方都较为强硬，特别是在巴以问题上，政策会比较偏激，甚至带有一定的冒险性。

内塔尼亚胡面临来自中左翼蓝白党的威胁。他还面临着总检察长的起诉，卷入严重的政治危机和个人危机之中，若不能赢得大选，等待他的将是身陷囹圄数年的结局。内塔尼亚胡需要利用在巴勒斯坦问题上的强硬姿态获得政坛右翼的支持，从而保障自己的政治前途。大选期间，内塔尼亚胡通过与美国总统特朗普之间围绕耶路撒冷问题、戈兰高地问题和犹太定居点问题的政治“二人转”来吸引以色列民众的核心关切，即通过打“主权牌”和“安全牌”来最大限度稀释涉腐案带来的负面影响，力保其本人以及利库德

---

① 《美国的“中东和平新计划”难获和平》，《光明日报》2020 年 2 月 7 日。

集团在新一轮议会大选中顺利过关。内塔尼亚胡近期为了争夺右翼选票，提出了兼并约旦河西岸犹太人定居点的方案，此举旨在向右翼选民展示他在该强硬的关键时刻绝不会手软的鲜明态度。长期以来犹太人定居点问题是美国对以施压的一个重点领域，此次内塔尼亚胡敢于在总理任期内明确提出兼并犹太人定居点的企图，既说明了他对于能够获取美国的支持充满自信，也反映了随着以色列竞选“白热化”的到来，美国会不遗余力地突破原有的对以政策框架，对内塔尼亚胡和利库德集团采取强烈支持的态度。

内塔尼亚胡的竞争对手蓝白党具有浓烈的军方背景，在巴以问题上的态度比内塔尼亚胡还要强硬。所以，不论是内氏连任阁揆，抑或是蓝白党的甘茨和拉皮德“轮流坐庄”组阁，以色列在巴以问题上的强硬态度都将得到延续。①

相比之下，巴勒斯坦内部分裂加剧，始终难以形成合力。“温和派”法塔赫与“激进派”哈马斯之间的矛盾难以弥合，“分治”僵局依旧。自2018年10月巴勒斯坦宣布与以色列“脱离接触”以来，国内人民生活每况愈下，只能通过在加沙地带向以色列境内发射火箭弹的行为宣泄不满与愤怒。但这一切只会激化双方矛盾，使两国再次陷入暴力冲突之中。

最后，地区环境出现深刻变化，巴以问题日趋被边缘化。巴以冲突与中东局势发展紧密相关。特朗普上台后，美国中东政策大幅调整。这主要体现在三个方面：一是大幅减少在中东地区的资源投入；二是将伊朗作为主要对手，试图建立地区反伊联盟；三是推动阿拉伯国家和以色列之间改善关系。此外，以色列和沙特将伊朗视为共同的敌人，双方因共同面临伊朗的威胁而从幕后走向台前，并通过一系列过去难以想象的公开亲密互动与示好行为，向国际社会表明态度。

对美国退出伊核协议并重启对伊制裁，沙特和以色列一致表示支持，沙特甚至在特朗普政府承认耶路撒冷为以色列首都，以及正式迁馆耶路撒冷问

① 《以色列大选开始投票，蓝白党异军突起，但无论谁上台都将对以巴关系持强硬态度》，http：//www.whb.cn/zhuzhan/huanqiu/20190410/255011.html，登录时间：2020年4月29日。

题上，都保持了冷处理的态度。其目的就是与以色列共同对付伊朗。以抗衡伊朗为目的的美、以、沙准联盟逐渐浮出水面，同时，以色列还趁机加强了与阿曼和阿联酋等海湾国家的公开交往。作为“伊斯兰世界盟主”的沙特与以色列的不断聚拢，使以色列在与法塔赫、哈马斯的三边复杂博弈中的优势更加显著。巴以关系遭遇层出不穷的中东热点问题的巨大冲击，已呈现出越来越明显的边缘化趋势。①

三　巴以问题发展前景展望

进入 2020 年，受全球疫情影响，巴以暴力冲突暂时缓和。在此次严峻的新冠肺炎疫情面前，因和平进程陷入僵局而长期势成水火的巴以双方，意识到同舟共济的重要性，抛开以往仇怨联手抗击疫情。此前冲突不断的加沙地带近来呈现出“少有的平静”。当地居民说，他们已连续一个月没有听到爆炸声。② 巴勒斯坦加沙地带卫生部门官员日前证实，在以色列方面协调下，一批由世界卫生组织捐赠的抗疫医疗物资和设备运抵加沙地带，包括数百套防护服、约 1650 份检测试剂等。据以色列媒体报道，以色列此前已向实际控制加沙地带的哈马斯方面移交了数百个检测试剂盒和 1000 套防护服。媒体分析认为，巴以双方协调采取严厉管控措施，有效限制了人员密集流动，不仅为巴勒斯坦的公共卫生系统争取了应对时间，也减少了疫情输入以色列的压力。③ 面对疫情，两国暂时搁置矛盾，从保证两国民众的健康角度出发，共同抗疫，这让我们看到了双方共克时艰的态度，也表明了两国未来是有能力在其他领域进行合作的。

但总体看，巴以和平前景黯淡。主要表现在以下几个方面。

① 钮松：《巴以问题在中东日趋边缘化》，http：//www. haijiangzx. com/2018/1119/2001654. shtml，登录时间：2020 年 4 月 29 日。

② 《疫情阴云笼罩停火刻不容缓》，http：//ccwb. yunnan. cn/html/2020 - 04/13/content_1341677. htm？div = -1，登录时间：2020 年 4 月 29 日。

③ 《巴以联手抗击疫情》，http：//paper. people. com. cn/rmrb/html/2020 -04/09/nw. D110000renmrb_20200409_ 4 -17. htm，登录时间：2020 年 4 月 29 日。

首先，以色列在定居点等问题上态度强硬，使巴以问题更加复杂。近年来，以色列不断通过兴建定居点蚕食巴勒斯坦领土。2019 年 11 月底，美国承认以色列的犹太人定居点不违反国际法，此一做法明显有违国际法，也触及了巴以问题最为敏感的神经，但也使以色列更加有恃无恐。以色列政府随即表示，将在约旦河西岸地区设立更多犹太人定居点，以此使以色列对这一区域内土地占有合法化。以方此举首先是为了配合美国所谓“中东和平新计划”的出台，其次是出于国内政治博弈的需要。以方企图通过修建大量定居点、侵占大量土地来换取更多利益，企图在逼迫巴方以土地换和平的过程中谋求本国利益最大化。

定居点问题及其负面影响已波及整个国际局势。2019 年 12 月 3 日，在沙特、卡塔尔、古巴等国的共同提议下，联合国就巴勒斯坦权益与戈兰高地问题举行投票。针对巴勒斯坦权益的提案竟然遭到了过去支持类似提案的 13 个国家的“集体反水”，德国、捷克、巴西、保加利亚等国都投了反对票。这些国家的理由是：提案过于偏袒巴勒斯坦，忽视了犹太人遭受巴勒斯坦极端分子的恐怖袭击，很多遇袭的犹太人就生活在定居点里。①

其次，巴勒斯坦内部仍无法团结起来一致对外。巴勒斯坦自开展独立建国运动以来，历经战火磨难，依然没有完全成立巴勒斯坦国，反而在以色列蚕食下，领土面积日益缩小。过去鼎力支持巴勒斯坦的阿盟，现在为对抗日益强大的伊朗，已开始和以色列逐步缓和关系。② 在如此严峻而不利的外部环境下，巴勒斯坦内部的“巴解组织”和“哈马斯”为争权夺势，曾一度爆发激烈冲突，严重影响了国家的内部稳定。如今，两大派别兄弟阋墙，需要外部力量的积极推动，实现对话，谋求内部和解。目前来看，两派和解尚无转机，令一些支持巴勒斯坦民族解放事业的国家感到失望。

最后，美国搅局越发肆无忌惮。美国特朗普政府推出“中东和平新计

---

① 《定居点问题让巴以关系更加难解》，http：//opinion.china.com.cn/opinion_1_215801.html，登录时间：2020 年 3 月 29 日。

② 《巴勒斯坦内斗，比外敌以色列更影响国家的建立和发展》，https：//dy.163.com/v2/article/detail/ECNED0T505416ZSM.html，登录时间：2020 年 4 月 29 日。

划”，该计划其实就是美国政府为进一步保护以色列非法既得利益而推出的美以双边协议，其本质是对国际法的亵渎和漠视。未来，美国仍将继续偏袒以色列，由此使巴以和平根本无从谈起。

结　语

2019 年至今，美国干涉巴以问题，导致两国矛盾不断激化。犹太移民定居点问题和耶路撒冷归属问题仍是巴以和平进程中的主要阻碍。现今世界以和平、发展、合作、共赢为潮流，协商对话仍是解决争端的主旋律。巴以问题虽有逐渐边缘化的趋势，但国际社会并未放弃努力，仍旧致力于以“两国方案”为基础，寻求巴勒斯坦问题全面而公正地解决。

Y.16

土耳其与阿拉伯国家关系：以海湾国家和利比亚为例

李秉忠 〔希腊〕尼克斯·克里斯托菲斯 刘 姜 〔英国〕西万·赛义德*

摘　要： 土耳其作为中东地区的一个传统大国，在中东事务中发挥着重要的作用。自2016年以来，土耳其逐步推出和完善其“积极进取的人道主义”外交，取代之前的“零问题睦邻”外交和“宝贵孤独”外交。土耳其外交政策调整引发各界广泛关注，土耳其高度重视与阿拉伯国家的关系，深度介入中东国家内部事务。土耳其外交政策变化与其地缘政治想象具有内在互动关系，进而也影响到自身的国际形象和中东局势的整体变迁。土耳其21世纪的外交政策在阿拉伯世界起到了分裂性而非聚合性的作用。

关键词： 土耳其　海湾国家　利比亚　外交政策

当前，土耳其外交政策调整引发各界广泛关注。自2016年以来，土耳其逐步推出和完善其“积极进取的人道主义”外交，取代之前的“零问题睦邻”外交和“宝贵孤独”外交。其基本特征之一，就是高度重视发展与

---

* 李秉忠，教授，陕西师范大学历史文化学院副院长，土耳其研究中心主任；尼克斯·克里斯托菲斯、西万·赛义德，陕西师范大学历史文化学院教师，土耳其研究中心成员；刘姜，陕西师范大学历史文化学院硕士研究生。本文受“教育部国别和区域研究专项基金”资助，项目号：19GBQY069，属于国家社科基金重点项目“土耳其国家治理难题研究”阶段性成果，项目编号：17ASS003。

阿拉伯国家关系，除发展经贸关系外，还深度介入区域国家内部事务，土耳其与阿拉伯国家关系正在发生着深刻变化。土耳其积极进取的外交取向，某种程度上被认为起到了分裂性而非聚合性的作用。

土耳其外交政策变化与其地缘政治想象具有内在互动关系，进而也影响到其国际形象和中东局势的整体变迁。土耳其与阿拉伯国家关系还牵扯到阿拉伯国家内在的诸多问题。20 世纪的历史证明，中东和北非诸多国家或多或少都具有某种人为制造的特征，也有国家已经被证明是“失败国家”，这点在阿拉伯国家身上表现得尤为突出。20 世纪初期奥斯曼帝国的解体，除了造成地缘政治的真空以及西方殖民者在其基础上人为制造边界和国家等遗产外，也给当地民众和政治家留下了两大心理创伤：一方面，失败的经历和中东的碎片化，使当地民众和政治家对殖民大国和殖民政策持有某种依赖感；另一方面，民众又生活在某种虚幻的回归昔日荣光和争取民族荣耀的缥缈心态中。[①] 这两点导致中东北非诸多阿拉伯国家获得自由和独立的进程更为复杂，现代化进程也经历着更多的挫折。

伊斯兰世界不仅分裂为逊尼派和什叶派，而且两大宗教派别内部还在进一步裂化。以民族国家名义缔造的国家往往只代表少数精英和统治者，并不代表广大民众的利益，他们或者是部落国家（如海湾国家），或者是代表狭窄政治利益的政党统治的国家（如伊拉克、叙利亚、黎巴嫩和本地区多数国家），或者是君主制国家（如摩洛哥、约旦和沙特阿拉伯），其他号称为“共和国”的国家，其代表性很大程度上也存在不足。[②] 中东国家发展缓慢和滞后、对域外大国的依赖、发展道路屡屡受挫等，导致中东不断陷入混乱状态。

进入 21 世纪以来，土耳其前所未有地介入中东事务中来。从地缘政治角度来看，奥斯曼帝国在中东的遗产使土耳其政治家不经意间就会回想昔日的荣光。特别是正发党政府 2002 年主政以来，土耳其有了新的地缘政治想

① Beverly Milton-Edward, *Contemporary Politics in the Middle East*, 4th (ed.), Polity Press, 2018, p. 9.

② Adeed Dawisha, *Iraq: A Political History*, Princeton University Press, 2009, p. 198.

象，对于奥斯曼帝国的政治和文化遗产做了新的诠释，尤其是希望获取权力和资源。相较于中东其他国家，土耳其政治、经济和社会发展情况相对良好，进一步坚定了它要在中东有所作为的信心。在软实力方面，2012 年土耳其软实力在全球软实力排名表中上升至第 20 位。[①] 另外，阿拉伯世界的碎片化和分裂化，以及它们对西方的依赖，使土耳其介入中东事务的成本，至少从眼前看并不算高。

本文主要以土耳其与海湾国家关系，以及土耳其与利比亚问题为例展开论述，前者较为全面地讨论双方的政治、经济和外交关系，后者则更为集中探讨当前的利比亚危机以及土耳其的介入，最后综合评价土耳其 21 世纪的外交实践并提出相关的政策建议。

一　土耳其与海湾国家关系

2019 年 5 月 29 日，来自 57 个伊斯兰国家的官员齐聚麦加，参加伊斯兰合作组织第十四届峰会。在本次峰会期间，伊斯兰合作组织的主席一职正式由土耳其移交给沙特阿拉伯。在通常情况下，土耳其总统埃尔多安应该见证这一重要时刻，但考虑到近期外交局势的紧张，埃尔多安没有亲自出席，而是派外交部部长梅夫吕特·恰武什奥卢（Mevlüt Çavuşoğlu）参加伊斯兰合作组织的主席交接仪式。

自埃尔多安执政以来，土耳其高度重视扩大与阿拉伯国家的外交和经济关系，特别是与盛产石油的海湾君主国。沙特和阿联酋成为土耳其最重要的两个经济伙伴，土耳其经济获益于双方之间的高水平贸易、旅游业和投资。然而，一方面受意识形态和地缘政治竞争影响；另一方面由于海湾国家内部存在分歧，土耳其与海湾国家的外交关系一直不太稳定。2017 年 5 月爆发的卡塔尔危机不仅撕裂海合会，也损害了土耳其与海湾国家的关系。沙特和

① 参阅 Konstantinos Zarra and Oğuzhan Göksel, "Assessing the Regional Influence and Relations of Turkey and Saudi Arabia after the Arab Spring", in Hüseyin Işıksal and Oğuzhan Göksel (eds.), *Turkey's Relations with the Middle East*, Springer, 2018, p. 128。

阿联酋对卡塔尔进行经济封锁，土耳其却向卡塔尔提供援助，导致土耳其与沙特、阿联酋关系迅速恶化。2018 年 10 月，沙特记者贾马尔·哈苏吉（Jamal Khashoggi）在沙特驻伊斯坦布尔领事馆内被谋杀后，土耳其与沙特的关系进一步恶化。①

土耳其与沙特、阿联酋关系恶化，直接影响到土耳其经济发展。土耳其与沙特、阿联酋和卡塔尔的经济关系主要体现在双边贸易、外国投资、对土耳其房地产的投资和旅游业四个方面，而这四个方面都容易受到国家行为和危机所引发的不确定性的影响。土耳其与沙特关系恶化后，土耳其与沙特经济关系受到冲击，但下降幅度并未像预期的那样严重。比较而言，土耳其与阿联酋之间的贸易和投资关系遭受到更大损害。土耳其则希望通过加大对卡塔尔的出口和投资抵销这些损失。

（一）土耳其与海湾国家持续变化的外交关系

中东内部的权力关系正经历复杂演变。中东存在着三组相互交织在一起的权力斗争：伊朗领导的对抗以色列和西方入侵的反抗轴心；沙特领导的反对伊朗地区霸权的逊尼派－什叶派之争；逊尼派内部的维持现状派（沙特、阿联酋、约旦）与土耳其、卡塔尔的权力之争。正是逊尼派内部的裂变导致土耳其和沙特关系紧张局势的攀升。②

而两方关系的起伏又与伊朗不无关系。1979 年伊朗伊斯兰革命后，逊尼派－什叶派之争在中东权力斗争中影响力陡然凸显。考虑到土耳其的政治、经济与军事实力，以沙特为首的逊尼派国家寄希望于土耳其作为逊尼派阵营内的重要一员，共同遏制伊朗影响力的扩张，尤其是在伊拉克逊尼派政权倒台后，这种愿望越发迫切。土耳其基于务实的外交原则，一方面维持着

① Amberin Zaman, "MBS chats with Erdogan as Khashoggi leaks flow", Almonitor, October 24, 2018, https://www.al-monitor.com/pulse/originals/2018/10/erdogan-phone-call-mbs.html，登录时间：2020 年 2 月 1 日。

② Konstantinos Zarra, "Assessing the Regional Influence and Relations of Turkey and Saudi Arabia after the Arab Spring", in Hüseyin Işıksal, Oğuzhan Göksel (eds.), *Turkey's Relations with the Middle East*, Springer, 2018, p. 128.

和伊朗政治、经济关系的发展；另一方面则屡屡公开指责伊朗在地区推行扩张主义的外交政策，为逊尼派阵营站台。在打击伊朗这点上，土耳其与海湾国家达成了一定程度的利益契合。然而，这始终无法掩盖逊尼派阵营内部日益加深的利益分歧。

对待穆斯林兄弟会的态度就是最为鲜明的体现。沙特和阿联酋都认为，本国乃至整个阿拉伯世界的穆斯林兄弟会运动威胁到了它们的统治和地区稳定，而土耳其对2011年阿拉伯世界动荡的反应，以及对与穆斯林兄弟会关联派系的支持，导致了它同沙特和阿联酋的紧张局势。土耳其和卡塔尔对具有政治伊斯兰特征的穆斯林兄弟会都持支持态度，因此双方加强了军事和战略关系。

尽管存在这些紧张局势，但2013年7月埃及军方对穆斯林兄弟会支持的埃及总统穆尔西发动军事政变前，土耳其与沙特、阿联酋的关系并没有明显恶化。沙特希望能与土耳其和卡塔尔合作，共同对抗叙利亚总统巴沙尔·阿萨德政权。叙利亚长期扮演着伊朗借以输出地区影响力窗口的角色，打击阿萨德政权意在借机打击伊朗。在沙特看来，伊朗对自身的威胁远大于穆斯林兄弟会，因而与土耳其的合作具有必要性。

当2011年阿拉伯世界的动荡蔓延至叙利亚时，土耳其、沙特和卡塔尔向叙利亚的反政府力量施以援手。击败阿萨德的共同愿望使这三个国家得以管控彼此间的紧张关系，这种合作关系一直持续到2013年上半年。2011年2月14日，巴林爆发反政府示威活动，要求推翻逊尼派王室统治，阿拉伯世界走向动荡。3月14日，在海合会的支持下，沙特和阿联酋的1500名军警进驻巴林，帮助该国平息内乱，哈马德国王宣布全国进入为期三个月的紧急状态。出于更大战略目标的考量，土耳其对沙特军方积极支持下的镇压巴林内乱行动没有表示抗议。

2013年7月，埃及发生反对穆尔西的军事政变，这导致了沙特、阿联酋与土耳其、卡塔尔（也强烈支持穆尔西）两方严重不和。土耳其反对针对穆尔西的军事政变，而沙特和阿联酋对此却表示支持。土耳其欢迎许多被迫离开埃及的穆斯林兄弟会领导人前往土耳其，卡塔尔继续为各阿拉伯国家的穆斯林兄弟会和伊斯兰组织提供资金支持，因此在随后几个月中，沙特与土耳其、卡塔尔之间的紧张关系升级。“沙特和卡塔尔关系不和代表的海湾国家的内部分裂，在埃及、叙利亚、也门和巴勒斯坦都有体现，卡塔尔试图追求独立的外交，因而受到了沙特的打压。”

“对于穆巴拉克的倒台，沙特怀疑背后有卡塔尔的影子，尤其是卡塔尔对于穆兄会的支持。因此，沙特对于其后埃及军方推翻穆尔西政府持欢迎态度。穆尔西执政时期，土耳其认为是推广自身在中东和北非影响力的最佳时期，问题是土耳其与卡塔尔的接近以及对穆斯林兄弟会的支持惹恼了沙特。”① 2014 年 3 月，沙特政府宣布穆斯林兄弟会为恐怖组织，并召回驻卡塔尔大使。它虽然没有以同样的方式减少与土耳其的外交往来，但也取消了一些高级别外交会议。沙特与土耳其之间的紧张局势也导致土耳其与海合会第五次战略对话取消。自 2008 年以来，埃尔多安就大力促进双方的对话，土耳其成为海合会的战略伙伴国，战略对话的中断对土耳其外交而言无疑是一次重大挫折。

强调伊斯兰世界的团结，尤其是支持穆斯林兄弟会，是土耳其外交的优先选择。与此同时，由于土耳其屡屡发生军事政变，正发党反对任何形式的军事干政现象，这二者之间有某种内在的关联性。从 2006 年开始，土耳其就将伊斯兰事业作为其外交政策的意识形态基础，对哈马斯和穆斯林兄弟会给予极大支持。2011 年，土耳其要求阿萨德与叙利亚穆斯林兄弟会改善关系，同时大力支持突尼斯、利比亚和埃及的穆斯林兄弟会。土耳其将相当一部分的外交资源都投放给穆斯林兄弟会。2013 年穆斯林兄弟会在埃及失势对土耳其外交是沉重一击。而且穆尔西是以军人干政的方式下台，土耳其对此更是强烈指责，甚至不惜损害与埃及和海湾国家的关系。

但是，随着 2014 年“伊斯兰国”在伊拉克和叙利亚的快速扩张，以及穆兄会对埃及威胁减弱，沙特减轻了对土耳其和卡塔尔的敌意，并希望与它们开展更广泛合作，共同对抗“伊斯兰国”和阿萨德政权。埃尔多安和萨

① Michelangelo and Oǧuzhan Göksel, “Reevaluating the Sources and Fragility of Turkey's Soft Power after the Arab Uprisings”, in Hüseyin Işıksal, Oǧuzhan Göksel (eds.), *Turkey's Relations with the Middle East*, Springer, 2018, p. 160.

勒曼国王在两国首都进行几次会晤后，土耳其与沙特关系在2015～2016年得到明显改善。2015年3月和12月，埃尔多安访问了沙特。2015年11月和2016年4月，萨勒曼国王访问了土耳其。由于阿联酋和沙特对穆兄会的看法相似，并且都关注土耳其对阿拉伯世界的干预。因此，随着土沙关系改善，土耳其与阿联酋关系也走上了缓和道路。2016年4月，土耳其外交部部长访问阿联酋，此后土耳其与阿联酋的外交关系也有所改善。

土耳其与沙特和阿联酋关系再度紧张，始于2017年5月沙特对卡塔尔的经济封锁，即所谓卡塔尔断交风波。2017年5月23日，卡塔尔国家通讯社网站播发了据称是卡塔尔埃米尔塔米姆的讲话，称支持伊朗和巴勒斯坦的哈马斯运动，批评美国和沙特，并谴责对卡塔尔支持恐怖组织的有关指控。6月5日，巴林、沙特、阿联酋、埃及、也门、利比亚及南亚的马尔代夫，以“卡塔尔支持恐怖主义活动并破坏地区安全局势”为由，分别宣布与卡塔尔断绝外交关系。在此次由沙特主导的对卡塔尔的封锁中，土耳其没有保持中立，而是通过支持卡塔尔卷入这一断交风波中。土耳其的干预在帮助卡塔尔抵制沙特和阿联酋领导的联盟方面发挥了关键作用，却引发了沙特和阿联酋的高度不满。先前沙特和阿联酋只是不认同土耳其的外交政策，此次土耳其对卡塔尔的支持则被认为是更大的“罪行”，是对沙特和阿联酋利益更大程度的损害。

沙特和阿联酋对土耳其的干预采取了反制措施，开始与叙利亚库尔德武装力量“人民保卫军”（YPG）接触。人民保卫军是叙利亚北部的库尔德准军事组织，土耳其将其视为恐怖组织，而且长期认定该组织是同样被视为恐怖组织的本国境内库尔德工人党（PKK）的分支机构。[①] 针对土耳其对叙利亚北部人民保卫军的军事行动，阿联酋外长甚至公开呼吁国际社会要保护“人民保卫军”和该地区的库尔德领土免受土耳其的袭击，他还反对土耳其在叙利亚北部地区建立“安全区”的计划。支持库尔德人武装力量，某种

① Samuel Ramani, “UAE steps up anti-Turkey efforts in Syria”, *Almonitor*, February 25, 2019, https://www.al-monitor.com/pulse/ru/contents/articles/originals/2019/02/uae-syria-turkey-containment-efforts-kurds-erdogan.html，登录时间：2020年1月20日。

意义上触及了土耳其外交的底线，因而从更深层次上损害了中东海湾国家与土耳其的关系。

2018 年 10 月 2 日，美国《华盛顿邮报》的专栏作家沙特人贾马尔·哈苏吉（同时拥有美国绿卡）进入沙特驻伊斯坦布尔的领事馆后死亡。“哈苏吉事件”导致土耳其与沙特关系进一步恶化。当时土耳其政府发布了一段录音，其中涉及沙特高级官员。① 土耳其情报部门收集了领事馆内部沙特情报官员与利雅得一些高级官员之间的对话录音，这为证明该行动已得到沙特高官批准提供了重要证据。在土耳其政府发布这些爆炸性的音频记录前，亲政府的土耳其报纸泄露了一些与沙特政府最初否认参与谋杀相矛盾的信息。显然，沙特领导人已与埃尔多安开始接触，希望阻止这些录音泄露，但无济于事。许多记者和分析人士担心，这将使土耳其与沙特和阿联酋的经济关系处于危险之中，从而使土耳其经济受到严重损害。② “哈苏吉事件”只是诱因，根本性问题还在于土耳其和沙特对地区领导者的角色之争，以及在诸多问题上持有不同立场，如双方对于穆斯林兄弟会这样的组织有着迥异立场。

（二）经济关系的改变

自卷入沙特、阿联酋和卡塔尔的危机以来，土耳其外交关系的巨大转变影响着它与这三个国家的双边经济关系，特别是以下四个经济指标：双边贸易、外国投资、对土耳其房地产的投资和旅游业。在上述这些石油资源丰富的国家中，经济在对外交关系中敏感度很高。政府控制着大量经济资源以便运用于外交，而且这些国家素有这样的传统。因此，随着土耳其与沙特关系紧张，学界和政界预计土耳其与沙特和阿联酋的经济关系将会下降，相反与卡塔尔的关系将会加强。

---

① “Audio transcripts of Jamal Khashoggi's murder revealed”, al-jazeera, September 10, 2019, https://www.aljazeera.com/news/2019/09/audio-jamal-khashoggi-gruesome-murder-revealed-190909163642769.html，登录时间：2020 年 1 月 10 日。

② Zia Weise, “Erdogan's risky Saudi strategy”, *Politico*, October 26, 2018, https://www.politico.eu/article/recep-tayyip-erdogan-jamal-khashoggi-turkey-saudi-arabia-high-stakes-saudi-arabia-strategy/，登录时间：2020 年 1 月 15 日。

（1）双边贸易。自20世纪80年代中期以来，土耳其开始了以自由出口为导向的经济改革，旨在发展具有竞争力的出口导向型经济——促进贸易、投资和出口是正发党政府执政第一个10年（2002～2012年）外交政策的首要任务。土耳其还寻求解决与阿拉伯邻国之间的安全和外交紧张局势，并将海合会成员国置于外交中的优先地位。因此，海合会所在区域成为土耳其发展对外经济的最优先区域。在海合会国家中，土耳其更为重视与沙特和阿联酋的经贸关系，因为与其他国家相比，这两国的经济体量更大。

从2002年到2018年，土耳其与卡塔尔、沙特和阿联酋的贸易额（特别是进出口数据）都有显著增加。卡塔尔危机对土耳其与这三个国家的双边贸易都产生了影响。正如预期的那样，2017年和2018年，土耳其对卡塔尔的出口量有所增长（尤其是2018年）。在沙特等国宣布经济封锁后，土耳其立即向卡塔尔提供了许多替代性商品，尤其是卡塔尔以前从沙特和阿联酋进口的乳制品、家禽等农产品。2017年后，土耳其与阿联酋贸易大幅下降：出口下降66%，进口下降32%。这对土耳其影响很大，因为阿联酋是土耳其2017年最大贸易伙伴。令人惊讶的是，土耳其与沙特的贸易受到的影响要小得多。自2015年以来，土耳其对沙特的出口量呈下降趋势，但2018年的降幅（3.6%）远小于2017年（13.8%）。有趣的是，土耳其从沙特的进口量不仅在卡塔尔危机后没有下降，反而在2018年增长了9.9%，总量达到23亿美元。这些数据表明，尽管2018年局势不断升级，但两国之间的双边贸易却表现出出乎意料的弹性。同样处于外交关系紧张的状态，土耳其与沙特和土耳其与阿联酋贸易之间的巨大差异颇为令人困惑。①

（2）外国投资。自2002年以来，土耳其除了与沙特和阿联酋进行大量的商品和服务贸易外，还积极推动双边投资，发展商业关系。近几十年来，

① “UAE：Impact of events in Turkey on the UAE’s overall trade is likely to be limited”，*Middle East Insurance Review*，August 27，2018，https：//www.meinsurancereview.com/News/View－NewsLetter－Article？id＝43964&Type＝MiddleEast，登录时间：2020年2月20日。

这些国家和土耳其互相提供了诱人的投资机会。阿联酋和沙特一直保持开放、热情好客的商业环境，以吸引外资。同时，房地产业的蓬勃发展，以及政府对国内基础设施项目的大规模投资，为两国的国际投资者创造了许多有利可图的投资机会。

近几十年来，土耳其在许多经济领域采取了商业友好的政策，加大力度欢迎外国投资。1973～2002 年，流入土耳其的外国直接投资（FDI）仅为 150 亿美元。在 2003～2017 年，土耳其获得了高达 1930 亿美元的外国直接投资。在此期间，海合会国家是土耳其最大的投资者，占总投资额的 9.4%。由于其庞大的石油收入和发达的金融机构，沙特、阿联酋以及其他海合会国家，已成为全球经济金融资本和外国直接投资的主要供应国，这些国家在土耳其的投资也显著增长。①

2017 年和 2018 年，卡塔尔在土耳其的资产价值均有所上升，而沙特和阿联酋投资者的资产在 2018 年分别下降了 30% 和 27%。降幅看似较大，但其实仅略高于全球对土耳其投资的平均降幅，不能将这种下降归因于这些国家与土耳其之间紧张的外交关系。土耳其与海湾国家“政冷经热”的特点明显。

另外，卡塔尔在土耳其直接投资的价值显著增长，这可以归因于前面解释的积极的政治因素。2016 年 6 月土耳其军事政变失败后，卡塔尔为进一步支持土耳其经济，在土耳其的直接投资大幅增长。2017 年卡塔尔在土耳其的直接投资进一步增加，2018 年达到 63 亿美元，从而抵销了沙特和阿联酋投资减少的部分。

（3）对土耳其房地产的投资。在 2012 年 5 月之前，外国公民在土耳其购买房地产面临许多限制。其中包括财产所有权互惠规则，以及 2.5 公顷（6.2 英亩）的土地面积限制等。2012 年通过的对土耳其《外国投资法》的相关调整中取消了所有权互惠限制，并将土地面积限制从 2.5 公顷提高到

① “Trade between Turkey, Arab countries up 250% in 10 years”, *Middle East Monitor*, September 12, https://www.middleeastmonitor.com/20190912-trade-between-turkey-arab-countries-up-250-in-10-years/，登录时间：2020 年 1 月 16 日。

60公顷（148英亩），这些变化导致阿拉伯国家（主要是海合会成员国）在土耳其投资住宅和商业房地产的兴趣激增。

在2017年，土耳其通过一项法律，规定外国人在土耳其房地产投资100万美元以上就可以获得公民资格。2018年9月，该最低投资门槛降至25万美元。这一门槛的下降发生在2018年8月土耳其出现银行和货币危机一个月后，当时土耳其政府正致力于吸引外国投资。另外，对完全的公民权利不感兴趣的外国人也可以通过购买较小价值的房地产获得土耳其居留权。这些变化也进一步刺激了海合会国家，特别是沙特对土耳其房地产市场的兴趣。

从2017年的3345套住房购买数量到2018年的2718套住房购买数量，沙特在土耳其的房地产购买量下降了19%，同期科威特的购买量却增长了30%。2019年前10个月内，沙特在土耳其外国购买房地产总额中所占的比重从2018年的6.8%降至5.0%。在此期间，沙特仍然购买了土耳其1840套住房，这表明尽管沙特政府采取了负面行动，但对土耳其房地产的需求仍很旺盛。2019年5月，利雅得工商会的沙特政府官员向沙特公民发出了禁止在土耳其投资的警告。沙特政府官员声称收到了许多沙特投资者投诉土耳其官员在房地产交易中有欺诈和勒索行为，甚至一些在土耳其购买资产的沙特国民被拒绝使用其财产。2019年7月，沙特媒体还发起了一项运动，以阻止沙特游客前往土耳其旅游，他们援引了沙特驻安卡拉大使馆发出的多次警告，称沙特游客面临着越来越高的犯罪和偷窃风险。由于沙特国民在土耳其购买住房的主要动机是将其用作夏季度假屋，因此这些旅行警告也可能会对沙特购买土耳其房地产的需求产生不利影响。沙特政府的这些行动可能是采取新战略的征兆，即政府主动阻止其公民和私营部门投资者对土耳其投资、开展贸易。

（4）旅游业。由于土耳其的自然美景、地理位置的便利、免签证政策（在抵达机场时发放签证）以及与其他伊斯兰国家共同的文化价值，它一直是海合会国家公民的热门旅游地，同时也是热门购物胜地——近年来，土耳其货币贬值，吸引了更多的国际游客在此消费。游客入境数据显示，尽管自阿拉伯世界动荡以来土耳其和沙特之间关系紧张，但自2011年起，沙特游客入境人数一直稳定增长。紧张局势升级的2017年和2018年依然呈现积极向好态势，赴土的沙特游客人数多达74.7万人。①

2019年上半年土耳其入境游客数据进一步反映了沙特和阿联酋对土耳其的旅行需求。2019年上半年，来自这两国的游客人数比2018年上半年要少，但并未呈现出大幅下降。沙特游客降幅为15%，阿联酋为8%。此外，与2017年上半年卡塔尔危机前相比，2019年上半年的沙特游客人数有所增加。与沙特和阿联酋相比，2019年上半年来自巴林、科威特和卡塔尔的游客人数明显增加。

沙特政府试图阻止游客前往土耳其。政府发布了各类相关安全和金融风险的警告，而非直接禁止，包括阿拉伯电视台和《沙特公报》在内的沙特媒体都回应了政府对土耳其的担忧。在官方发出警告前，社会媒体于2018年12月发起了一场消费者抵制土耳其的运动。有所不同的是，尽管阿联酋外交部部长持续批评土耳其的中东政策，但阿联酋政府并未就前往土耳其旅行发出类似的警告。

（5）卡塔尔危机给土耳其造成的经济代价的评估。在双边贸易方面，同土耳其与沙特的贸易相比，2018年土耳其与阿联酋的贸易遭受更大挫折。同样，与阿联酋相比，沙特游客赴土耳其旅游的人数也更有弹性。尽管两国政府关系紧张，但2018年土耳其里拉的贬值使土耳其在沙特人眼中极具吸引力。自2017年以来，来自沙特的游客数量增长了15%，来自阿联酋的游客数量下降了12%。然而，在2019年前6个月中，来自这两个国家的游客人数相比于2018年上半年有所下降。在外国直接投资方面，沙特和阿联酋流入土耳其的资金较2017年有较大比例下降，这与全球对土耳其总体投资比例的下降密切相关。这表明，两国的投资均未因卡塔尔或哈苏吉事件而进一步减少。

---

① Sophia Soltani, "Turkey turns to Gulf Nations to support tourism following political instability", Hotel Catering News Middle East, 2016, https://www.hotelnewsme.com/news/turkey-turns-to-gulf-nations-to-support-tourism-following-political-instability/.

总之，将土耳其在沙特和阿联酋的经济损失与在卡塔尔的经济收益进行比较时，我们能明显发现，土耳其与卡塔尔经济往来的增加能够抵销其在沙特和阿联酋的部分损失。同沙特和阿联酋相比，卡塔尔的经济规模较小，因此无论如何，指望其完全抵销是不现实的。但是，土耳其与沙特经济关系表现出的出人意料的弹性，进一步降低了自 2017 年以来受双方多重外交紧张关系影响造成的经济损失。

（6）土耳其与沙特经济关系的弹性。对土耳其与沙特、阿联酋经济关系的分析表明，自 2017 年卡塔尔危机以来，前所未有的外交紧张局势并未对土耳其与两国的双边贸易和投资关系造成实质性破坏。尽管哈苏吉被暗杀后土耳其与沙特的关系更加紧张，但事实证明，土耳其与沙特的经济关系比与阿联酋的关系更具弹性。这可以归因于以下两个因素。

首先，土耳其与沙特的贸易是多样化的，沙特与土耳其的贸易及投资中很大一部分是由私营部门推动的，而私营部门受外交的影响较小。2019 年许多沙特私营企业继续在土耳其进行投资活动。4 月，总部位于沙特的 SAK 咨询公司宣布将在土耳其投资 1 亿美元的项目。该公司董事长苏莱曼·克莱吉（Solaiman Khereiji）为这一决定进行辩护时称，政治不应影响经济关系，应该区别对待。

其次，在卡塔尔危机和哈苏吉危机期间，沙特和土耳其政府均未采取任何措施限制经济关系或终止外交关系。有迹象表明，在这两次危机期间，埃尔多安尽量将对经济关系的损害降到最低。例如，在“哈苏吉案件”调查期间，他一再表示，相信萨勒曼国王没有在暗杀或掩盖真相中扮演角色，而是请国王确认并惩罚负责任的政府官员。

随着 2019 年上半年紧张局势的持续，沙特和阿联酋政府继续通过相关举措阻止其公民在土耳其投资和旅游。虽然数据表明这些消极活动迄今尚未成功，但它们可能对未来的经济关系产生不利影响。沙特和阿联酋都强烈谴责土耳其于 2019 年 10 月在叙利亚北部进行的军事行动。在此行动后不久召开的阿盟峰会上，阿联酋外交部部长安瓦尔·加尔贾什（Anwar Gargash）称：“土耳其对叙利亚东北部赤裸裸的军事侵略，对所有阿拉伯国家的主权构成了威胁。”① 沙特与阿联酋同土耳其的关系并未呈现出在短期内缓和的迹象。

同时，埃尔多安的实用主义和政策灵活性也不应被低估，埃尔多安已经展示出这种能力。最典型的案例莫过于，在 2015 年 11 月土耳其在叙利亚击落一架俄罗斯战斗机后，埃尔多安在短时间内修复了两国关系。沙特的“2030 愿景”是另外的外交考量，土耳其无法拒绝沙特市场。而且，由于其他国家正逐渐将哈苏吉事件抛诸脑后，竞相进入沙特市场，埃尔多安可能还会面临土耳其商界的压力，要求其缓和与沙特的紧张关系。

有先例表明，沙特和阿联酋在经历周期性紧张局势后，并非不愿同土耳其和解。2014 年因埃及军事政变而导致双方关系严重紧张后，两国于 2015 年改善了与土耳其的关系。因此，我们不应排除卡塔尔与沙特、阿联酋争端逐步缓和的可能性。虽然封锁仍在继续，但双方都不愿使局势进一步升级——尽管在海合会内部发生了卡塔尔危机，但这三个国家都愿意参加海合会的官方活动并维护该组织。2018 年 12 月，第 39 届海合会峰会在利雅得举行，会上沙特外交部部长阿德尔·朱拜尔（Adel al-Jubeir）发表的评论最能证明这一点，“委员会的成员国坚信，卡塔尔危机不会给委员会整体及其结构造成负面影响……我们的目标是在危机结束前保护所有这些重要的结构，希望危机能尽快结束”②。

二 土耳其与利比亚危机

土耳其对于利比亚危机的介入，表明土耳其积极进取的外交政策有了新的试验田，再次显现出土耳其外交的宏大抱负。而利比亚局势宽广的牵涉

① Edward Yeranian, “Arab League Condemns Turkey's Syria Incursion, Calls for UN Action”, October 12, 2019, https://www.voanews.com/middle-east/arab-league-condemns-turkeys-syria-incursion-calls-un-action.

② “GCC summit ends without roadmap to resolve ongoing crisis”, al-jazeera, December 10, 2018, https://www.aljazeera.com/news/2018/12/gcc-summit-ends-roadmap-resolve-ongoing-crisis-181210074639694.html.

面，多种势力的介入，使土耳其外交的介入面临诸多考验，自然也影响到区域局势的走向。

（一）当前危机的根源

2011 年，利比亚爆发民众起义，自 1969 年以来长期执政的卡扎菲政权倒台，并由此使利比亚陷入全面内战。

2011 年 2 月，要求民主化改革的抗议民众发起和平示威，由于当局暴力镇压，和平抗议很快演变成全面内战，卡扎菲对此做出了更加极端的回应。联合国安理会以保护平民为由，随即制裁卡扎菲政权，并且最终通过了军事干预的决议。起初，为遏止卡扎菲政权对反对派的进攻，美、英、法三国发动了空袭和协同攻击。当北约决议发动“联合保护者行动”（Operation Unified Protector）后，军事干预更加明确地走向推翻卡扎菲政权。反对派武装在北约联军的支持下向的黎波里推进，卡扎菲最后于该年 10 月被打死。

由于没有明确的向民主政权过渡的规划，旧政权的垮台造成权力真空，全国各地的地方民兵武装围绕政治、经济、种族及部落展开相互争斗。随着政府权力垄断的瓦解，部落主义战胜了民族主义，过渡政府无法管理利比亚的大片领土。一些地区毫无秩序可言，当地民兵和激进的“圣战”分子都在争夺着地方控制权。迄今为止，举行选举以及其他种种试图促进国家统一的努力都没有取得任何成果，反而导致出现更多的派系争夺国家控制权。

对于后卡扎菲时代的利比亚难以摆脱危机的原因，有着多种解释。一些人指出，国际社会针对利比亚局势没有一套连贯的方案，另一些人则归咎于利比亚国内的某些因素，诸如缺乏社会凝聚力、国家机构孱弱和社会经济条件的不足。还有人认为，就那些在革命中幸存下来的腐败的、不透明的经济机构，如利比亚中央银行和利比亚国家石油公司而言，改革的力度还不够。而缺少稳定、统一的领导，破坏性的外部势力干涉以及被动的国际社会可能加快了上述因素的结合。

（二）当下局势的发展

2011 年利比亚内战爆发，其复杂性充分说明了利比亚政治版图的严重分裂。利比亚陷入了四分五裂的局面，大量小规模的民兵武装松散地合并形成两大派系，挑起了一场复杂的冲突。哈里发·哈夫塔尔（Khalifa Haftar）曾是卡扎菲手下的一名军官，在 20 世纪 80 年代利比亚与乍得的战争中，他叛逃至美国，2011 年回到利比亚，与卡扎菲政权作战。如今，哈夫塔尔的军队已围困的黎波里和联合国承认的利比亚民族团结政府（GNA）达一年之久。就在哈夫塔尔和他的利比亚国民军（LNA）取得重大进展后，对的黎波里的围攻陷入了僵局，首都南部郊区成了交战的前线。各方都得到多个区域及区域外大国的支持，随之而来的军事僵局，粉碎了许多人在 2011 年卡扎菲下台后向民主政权过渡的希望。在这个支离破碎的国家，国家机构普遍无法完成从旧政权向新政权的转变，社会凝聚力乃至大众安全的观念仍然极度匮乏。

目前，内战表现为低强度的政治和军事困局，在交战前线每天都有无人机袭击以及小规模的战斗。自 2019 年 4 月哈夫塔尔对的黎波里发动攻势以来，已有超过 12 万利比亚人流离失所。据联合国难民事务高级专员办事处（UNHCR）称，有 100 多万人需要人道主义援助。①

由于哈夫塔尔不愿将“国民军”并入统一的利比亚军队，民族团结政府难以寻求政治解决的方案。一些欧洲国家试图出面充当和事佬，团结各个派系，但都以失败告终。事实上，许多南欧国家采取了迥然不同的策略，显示出它们在北非地区有着不尽相同的利益考量，这使分裂和动荡愈演愈烈。尽管谈判仍在继续，外部势力依然在通过输送先进武器来加强对各个派系的支持。这只会进一步增强交战各方的破坏能力，为民众提供安全保障的种种努力因而付诸东流。近来，俄罗斯和土耳其做出了外交斡旋努力。两国呼吁

① UNHCR，“Libya Fact Sheet”，http://reporting.unhcr.org/sites/default/files/UNHCR%20Libya%20Factsheet%20-%20August%202019.pdf，登录时间：2020 年 2 月 2 日。

停火，邀请交战各方的领导人赴莫斯科谈判——在写作本文时，虽然围绕利比亚和平进程开展的外交活动进展迅速，但上述外交努力还称不上是成功的。

（三）外部因素

利比亚内战日益成为一场代理人战争。该国的石油储备、庞大的移民迁出量，以及内战中各种伊斯兰主义、自由主义和反伊斯兰主义运动的竞相开展，让不少地区性和国际性势力牵涉其中。一些外国政府进行干预主要是为了抑制竞争对手的影响力。因此，利比亚深受区域权力斗争动态变化的影响，这种权力斗争（诸如所谓的“阿拉伯冷战”）塑造了西亚北非地区的格局。如前所述，不仅土耳其、沙特、埃及、卡塔尔和阿联酋等国对后卡扎菲时代利比亚的未来进行了投资，意大利和法国等欧洲国家也积极涉足，美国和俄罗斯亦在不同程度上参与其中。此外，尽管成效有限，联合国自 2011 年以来一直参与利比亚政权的过渡。①

2011 年至今，联合国一直对利比亚实施武器禁运，但这项决议并没有被严格执行，前文提及的几个国家向利比亚提供了大量的武器和军事装备。对主要交战各方的经济制裁也不到位，联合国安理会提出的几项旨在限制哈夫塔尔军事行动的动议，均遭到俄罗斯和美国的否决。这样的外交活动，再加上阿联酋和沙特政府的游说，使哈夫塔尔反而成为在国际社会上冉冉上升的外交明星——美国总统特朗普因他打击恐怖主义分子的行为而赞扬了他。反观民族团结政府，虽然得到了联合国正式承认，却始终未能进一步消除针对其的敌对行为。联合国原本倡议在 2019 年秋季召开利比亚国民大会，双方可以在大会上讨论政治解决方案，随着哈夫塔尔向的黎波里的推进，大会也只能推后。② 在

---

① Mikael Eriksson, “A Fratricidal Libya and its Second Civil War-Harvesting Decades of Gaddafi’s ‘Divide and Rule’”, Totalförsvarets forskningsinstitutt （December 18, 2015）, https://www.foi.se/rapportsammanfattning?reportNo=FOI-R—4177—SE，登录时间：2020 年 2 月 2 日。

② Nicola Missaglia, “Chaos in Libya: A Background” （Milano: Istituto per gli Studi de Politica Internazionale, February 2, 2017, https://www.ispionline.it/it/pubblicazione/chaos-libya-background-17108，登录时间：2019 年 2 月 15 日。

此背景下，外部势力可分为两派，一派支持哈夫塔尔及其利比亚国民军；另一派则支持民族团结政府。

（四）土耳其的介入

土耳其对于利比亚“民族团结政府”的支持有着一定的历史原因，比如在米苏拉塔、的黎波里等西部沿海城市生活有几十万古卢格利人（Kouloughlis），他们是奥斯曼帝国时期土耳其人与当地妇女的混血后裔，[①] 又比如土耳其与卡扎菲政府之间数十亿美元的合同。卡扎菲政府虽然倒台，但土耳其不可能坐视数额如此巨大的合同打了水漂，与合法的新政府建立联系成了迫切需要。2012 年，利比亚穆兄会成员正式创建“公正与建设党”，土耳其从晦暗不明的利比亚局势中窥见了重要的政治机遇。“阿拉伯之春”引发的社会动荡给以阿拉伯世界重重一击，但在土耳其眼中，利比亚的权力真空状态是让伊斯兰事业开花结果的极佳试验田。

埃及和阿联酋等地区角色以及俄罗斯等域外大国的介入让利比亚局势走向远远超出一国所能控制的范围，而具有了宽广的牵涉面、强大的溢出效应。埃尔多安声言要挫败那些妄图将利比亚变成第二个叙利亚的人，[②] 利比亚纷争被土耳其视为追求地区霸权的战略考量的重要组成部分。土耳其在利比亚问题上大动干戈也是为了抓取更多筹码，以便在同俄罗斯的谈判中抬高身价、卡住关键位置。[③] 总而言之，埃尔多安开始在这场冲突中扮演越来越重要的角色，比如向被流放的利比亚伊斯兰主义者提供包括军火贸易在内的一系列便利，再比如说援助民族团结政府大批军火，帮助其实施无人机精确打击。在民众对“利比亚黎明”等西利比亚伊斯兰组织的支持减弱后，土耳其进一步发展了与“民族团结政府”总理法耶兹·萨拉杰（Fayez el-

---

① Wolfgang Pusztai，“LIBYA’S CONFLICT A very short introduction”（European Union Institute for Security Studies，November 2019），https：//www. jstor. org/stable/resrep21119，登录时间：2020 年 3 月 29 日。

② Tarek Megerisi，“LIBYA’S GLOBAL CIVIL WAR”（European Council on Foreign Relations，June 2019），https：//www. jstor. org/stable/resrep21624，登录时间：2019 年 3 月 29 日。

③ 李亚男：《土耳其出兵利比亚：突围还是陷入?》，《世界态势》2020 年第 6 期。

Sarraj）的外交关系。这一外交关系坚定了土耳其保卫的黎波里的决心。此外，2020 年初土耳其议会正式批准向利比亚部署军队。不过这些人员仅限于军事顾问和教官，以及从叙利亚派出的几百名叙利亚武装人员和雇佣军。[①]

除引发动荡和各种国内外安全问题外，利比亚冲突和该国政治动态，也对东地中海国家间的关系产生了直接、间接的影响。举例来说，土耳其与“民族团结政府”的密切关系——以及后者对来自安卡拉的支持的依赖——已经转变成一种地区争端，加剧了东地中海地区存在的问题。[②] 2019 年 11 月 27 日，土耳其与“民族团结政府”签署谅解备忘录。正如利比亚外交部部长穆罕默德·萨亚拉（Mohamed Sayala）指出的，“海事谅解备忘录旨在保护两国在各自（专属）经济区的合法权利”，同时也旨在“保护利比亚在地中海地区的主权”。谅解备忘录实质上为两国划定专属经济区和大陆架铺平了道路。

土耳其试图通过与其长期支持的民族团结政府相合作，来达成这份谅解备忘录，由此为其海上诉求找到一个长期性的法律依据。不过目前来说，这一谅解备忘录只被北塞浦路斯所承认。北塞浦路斯是一个被土耳其和土裔塞浦路斯人所控制的分离政治实体，并且作为国家，只被土耳其所承认。土耳其通过与利比亚建立专属经济区（尽管只是纸面上的），使未来依托利比亚和北塞浦路斯构建战略三角的设想成为可能，进而在地中海地区资源争夺战中分得更大份额的蛋糕，[③] 同时还对希腊－埃及专属经济区的划界提出挑战，希腊－塞浦路斯专属经济区可能同样受此影响，对东地中海天然气管道（连通塞浦路斯、以色列、希腊和意大利）的前景造成了阻碍，从而对相关国家的经济、能源安全构成潜在威胁。

反对土耳其－利比亚“民族团结政府”的这份谅解备忘录的，除了外

① Tarek Megerisi，“Policy Brief：Libya's Global Civil War”（European Council on Foreign Relations，June 2019），https：//www. ecfr. eu/page/ －/libyas _ global _ civil _ war1. pdf，登录时间：2019 年 9 月 18 日。

② Zenonas Tziarras，*The Eastern Mediterranean：Between Power Struggles and Regionalist Aspirations*，Nicosia：PRIO Cyprus Centre，2018.

③ 李亚男：《土耳其出兵利比亚：突围还是陷入?》，《世界态势》2020 年第 6 期。

部势力，也有利比亚国内的力量。与哈夫塔尔的利比亚国民军结盟的利比亚东部议会，谴责这份谅解备忘录“公然侵犯”了利比亚的国家安全和主权。哈夫塔尔本人也谴责土耳其与“民族团结政府”的协议是“威胁国际和平与安全以及海上航行的侵略行为”，同时敦促联合国安理会“对抗和挫败土耳其旨在恢复其在该地区破坏性影响力的阴谋”。[①] 欧盟也发表了一份欧洲对外行动署（EEAS）的声明，声明称欧盟“考虑到近来土耳其在东地中海，包括爱琴海采取的行动，将全力支持希腊和塞浦路斯。土耳其需要尊重所有欧盟成员国的主权和权利”。

从结果上看，土耳其与“民族团结政府”的协定使利比亚冲突进一步复杂化，并可能给和平进程带来新的障碍。哈夫塔尔可能会获得更多对“民族团结政府”失望的各方势力支持，从而使危机升级。这种情况也允许各种外部势力利用利比亚问题来攫取自己的战略利益。土耳其－利比亚民族团结政府协定是一个很好的例子，说明政治解决方案的缺乏将持续加剧动荡局势、地缘政治问题和安全威胁，这不仅会对利比亚的未来，而且会对更广泛的地区，尤其是土耳其、希腊、埃及、塞浦路斯、以色列等国产生重要影响。

利比亚危机的复杂性要求欧洲及其盟友一改之前的软弱形象，采取更加一致的立场。这场冲突造成的动荡可能从萨赫勒延伸到撒哈拉以南的非洲，乃至南欧和东地中海地区，为非洲和受影响的欧洲盟国提供资金并与之密切协调，因此欧盟加大介入利比亚危机的力度。考虑到东地中海国家与欧洲在地理上的毗邻，欧盟有可能在调解努力中发挥主导作用。

由于利比亚安全和社会方面高度分裂，欧洲斡旋从何处着手委实难点重重。总体看，欧盟可以通过实施新的经济计划和理顺利比亚复杂的经济结构来实现。这将有助于增强社会凝聚力，为民众提供难得的经济机遇。同时，

---

① “Haftar Slams Maritime Agreement between Turkey, GNA, Urges UN Intervention,” asharq al-awsat, December 5, 2019, https://aawsat.com/english/home/article/2021906/haftar-slams-maritime-agreement-between-turkey-gna-urges-unintervention，登录时间：2019 年 5 月 12 日。

消除非法贸易、贩运及民兵武装的扩充，将进一步稳定局势，改善过境移民的处境。此外，还要与那些正在为利比亚民兵武装提供资金、武器和雇佣兵的国家斡旋。如果利比亚国内局势能够稳定下来，受益的将是整个地中海和北非地区。

三　土耳其外交政策评估

土耳其外交在21世纪以来取得了相当的成就，土外交部指出当今世界有194个国家，土耳其与142个国家建立了大使级外交关系，土耳其拥有243个驻外外交机构，这一数量在全球位居第5位。① 土耳其外长恰武什奥卢认为，土耳其外交政策已然成为世界品牌。② 阿拉伯世界是21世纪土耳其外交的重心所在，确实取得了长足的进步，但也面临着巨大的挑战。土耳其为自身编织的外交网络异常复杂，某种程度上超出了其能力范围。③ 何况，中东诸多问题属于结构性问题。英国前外交大臣威廉姆·黑格发出这样的警告："可悲的是，中东多地正在上演的无序和混乱很可能还处在初期阶段，终场还远未到来。"④ 面临如此晦暗不明的区域局势，土耳其外交新政只能说是在黑暗中的摸索。

（一）域内外大国介入导致中东局势复杂程度呈几何倍数攀升

20世纪以来，中东地区的阿拉伯国家受到空前程度的掠夺。阿拉伯国

① "Turkey's Enterprising and Humanitarian Foreign Policy"，参见土耳其外交部网站，http：//www. mfa. gov. tr/synopsis – of – the – turkish – foreign – policy. en. mfa，登录时间：2019年12月9日。

② Mevlüt Çavuşoğlu，Speech at the Opening Session of the Eleventh Annual Ambassadors' Conference，参见土耳其外交部网站，http：//www. mfa. gov. tr/sayin – bakanimizin – bkon – acilis – konusmasi – 5 – 08 – 19. en. mfa，登录时间：2019年12月5日。

③ 李秉忠、〔希腊〕尼克斯·克里斯托菲斯：《土耳其近期地方选举及其政治影响》，《福建师范大学学报》（哲学社会科学版）2019年第3期。

④ Gareth Stansfield and Mohammed Shareef，*The Kurdish Question Revisited*，C. Hurst & Co. Ltd，2017，p. xvii.

家在这一过程中遭受了空前的政治失败，并导致了难以痊愈的心理创伤。在经历了持续百年的崩溃和挫败之后，依赖大国观念已牢牢占据该地区统治者和人民的头脑，几乎所有阿拉伯国家都在政治上或军事上依赖超级大国或地区强国。目前，美国军队以及作为其合作伙伴的英国军队的身影，出现在伊拉克、叙利亚、利比亚、科威特、沙特、阿联酋、卡塔尔、巴林，乃至最大阿拉伯国家埃及。俄罗斯军队在过去几年也重返中东，在当下的叙利亚和利比亚危机之中，扮演着主要决策者的角色，而且在谋求介入海湾事务。这三个域外大国在军火贸易中激烈竞争。从 F－16 战斗机到 S－400 防空系统，从坦克到重型火炮，这一竞争无处不在。

此外，伊朗和土耳其作为地区强国，在该地区也扮演着重要角色。土耳其在叙利亚已经至少投入了上万兵力，以及五百余辆坦克和重型火炮，并且还在索马里、卡塔尔、利比亚和伊拉克拥有驻军。伊朗同样在该地区的政治和军事事务中拥有强大的影响力，在伊拉克、叙利亚、黎巴嫩和也门，伊朗拥有数以千计的士兵以及更多的由伊朗革命卫队所控制的民兵。

根本性的问题还在于，阿拉伯国家内部存在着巨大摩擦和冲突，几乎所有阿拉伯国家为了解决内部纠纷都选择与外部势力达成合作，由此导致局势复杂程度呈几何倍数攀升。土耳其在“阿拉伯之春”以来，迅速介入区域事务中，而且由话语干涉阿拉伯国家内政，转向结盟和军事介入，与域外大国发生了直接碰撞。

一方面，土耳其在区域内的积极介入政策，不仅引起西方反感和戒心，而且与俄罗斯也有利益冲突。如土耳其与西方在对待穆兄会问题上立场对立。土耳其指责以色列在暗中支持埃及针对穆尔西的军事政变，美国反过来批评土耳其这一做法系无中生有。土耳其在叙利亚行动主要针对的对象是库尔德武装力量，西方则支持库尔德武装力量。土耳其自身利益的追求和欧盟对难民的担忧，这两者间的平衡仍是土耳其与欧盟关系的重要观察点。这表明，土耳其与西方存在着根本性的利益冲突，也预示着土耳其与西方关系的质变，是世界其余部分的整体性崛起，虽然前景远未明朗，却符合世界多极化趋势。

另一方面，俄罗斯在中东扩大影响力需要与土耳其相向而行，土耳其实现其叙利亚战略目标（建立“安全区”）更需要俄罗斯的默许。俄罗斯总统普京在2014年瓦尔代国际辩论俱乐部年会演讲中指出，俄罗斯在西亚北非缺席20年后，将再次回归，因而需要在西亚北非重建盟友关系，重建战略纵深。有迹象表明，俄罗斯除了与阿拉伯国家重建友好外，特别注重与非阿拉伯的以色列、伊朗和土耳其发展关系。[1] 当然，土耳其与俄罗斯也存在诸多利益冲突，如在伊德利布的争夺。而且，土耳其和西方关系与土耳其和俄罗斯关系夹杂在一起。如难民问题上，土耳其需要特别关注俄罗斯和欧盟的立场。

埃尔多安的个性特征决定其难以轻言放弃。埃尔多安近期就正发党内部问题表态时，表达了所有党员以死来服务于正发党理念的决心。[2] 希腊总理米佐塔基斯近期指出，土耳其很难对付，总是四处挑衅。[3] 这既可以从侧面反映埃尔多安的个性特征，也在一定程度上表明土耳其现有外交短期内不会改变，也就意味着土耳其将长时期在俄罗斯与西方之间“走钢丝”。这一结果会影响到土耳其究竟可以成长为何等影响力的区域大国。

（二）土耳其怀有宏大的战略抱负，实现的道路却布满荆棘

土耳其（或者说埃尔多安）怀揣将土耳其影响力扩展至整个地区的梦想，至少要实现《国民公约》（Misak-ı Millî）的部分目标。简言之，就是要将《国民公约》中所规定的叙利亚北部和伊拉克北部，重新纳入土耳其控制范围，特别是重新控制伊拉克北部拥有丰富石油和天然气资源的摩苏尔省，将会满足土耳其一系列的经济需求。埃尔多安的外交贴着“新奥斯曼

① Beverly Milton-Edward, *Contemporary Politics in the Middle East*, 4th (ed.), Polity Press, 2018, p. 283.

② “Erdogan Says only Death Ends Loyalty to His Political Movement”, *Ahval*, February 11, 2020, https://ahvalnews.com/turkey-politics/erdogan-says-only-death-ends-loyalty-his-political-movement，登录时间：2020年2月11日。

③ Eleni Chrepa, “Greek Prime Minister Says Turkey-Libya Deal is Unacceptable and Illegal”, *Bloomberg*, January 23, 2020.

主义”的标签，他很早就在质疑1923年《洛桑条约》关于边界的划定，土耳其无法心甘情愿地接受土耳其现有的边界，告诉年轻一代摩苏尔曾经属于土耳其。① 这一梦想的来源，一方面是土耳其在历史上在这些地区所拥有的利益；另一方面也是中东地区阿拉伯国家的分裂和虚弱让土耳其看到了实现野心的可能性。例如，当下发生在叙利亚和利比亚的危机，使域外和区域大国都可以参与到瓜分盛宴之中，当事的阿拉伯国家却被排除在外。

在叙利亚，俄国人、美国人、英国人、法国人、土耳其人和伊朗人的军事力量已然深入其中，并且在他们之外，若干非国家行为体也具有影响力。例如库尔德人组织的叙利亚民主军（Syrian Democratic Forces），以及数以十计的伊斯兰恐怖分子和宗教激进主义组织。主要包括：①“基地”组织的叙利亚分支，即努斯拉阵线（Jabhatul Nusrah）；②“伊斯兰国”所分离出来的宗教护卫组织（Hurras Al-Dean）；③另外一个被称为自由沙姆人阵线的组织（Ahrar Al-Sham）；④拥有5000名战士和数千支持者的“东突厥斯坦伊斯兰组织”（East Turkistan Islamic Group）。还有一系列伊朗所支持的民兵组织分布在叙利亚从东到西的一些地区，比如伊拉克真主党（Hizbulla of Iraq）、黎巴嫩真主党（Hizbulla of Lebanon）和人民动员军（Hashd Al-shaabi）。这些非国家行为体与阿拉伯国家都没有直接的联系组织，这一现实体现了当前阿拉伯国家的脆弱与分裂，并再次印证了我们此前所做出的判断：20世纪接连挫败及其造成的心理阴影仍然挥之不去。

利比亚的情况也是如此。它拥有丰富的石油资源，却缺乏能与其邻居埃及和阿尔及利亚相提并论的人口。在阿拉伯世界动荡之后，政府的失败、群众和政治人物的不稳定与不团结，使军队成为后卡扎菲时代利比亚局势中的主要角色，这其中就包括当今控制了利比亚主体部分的国民军。国民军的领袖哈夫塔尔将军目前受到俄罗斯政府的支持，而土耳其不顾国民军的愤怒，仍然支持利比亚现政府。在利比亚，土耳其募集了数以千计的战士，他们曾

① Jared Malsin, “Recep Tayyip Erdogan: A failed coup left the Turksih President even more Powerful”, *Time Magazine*, December 19, 2016.

经在叙利亚危机中为土耳其所用。根据消息，目前已经有四千余名战士在土耳其政府的直接支持下，经由土耳其，被从叙利亚送往利比亚。

照此分析来看，除了土耳其在阿拉伯世界意识形态上、历史上以及政治上的霸权，随着土耳其新战略的推进，试图实现以下两大目标。

第一，土耳其会将国内政权的危机借此输出，缓解国内政治的压力。借由在叙利亚制造混乱，埃尔多安得以推迟土耳其国内公众与政党不满与愤怒的爆发，为全民动员、一致抗击外敌提供条件。这种策略在某种程度上是有效的，但却无法持久。当下土耳其的现状向我们显示出，这种愤怒将会对土耳其的政府乃至国家产生何等负面的影响。2020 年 3 月 4 日，正义与发展党的议会代表与共和人民党的同僚们在议会发生一场口角，并最终升级成为一场斗殴。这是当下土耳其社会极端化的直接体现，同时也是埃尔多安时代土耳其政治状况的直接体现。

第二，击败正在叙利亚和伊拉克蓬勃发展的库尔德运动。这两个地区都是《国民公约》所划定的土耳其控制范围，并且人口结构都是以库尔德人为主。库尔德人在叙利亚和伊拉克的运动，显然会对土耳其的库尔德运动产生直接的影响，并且会使库尔德人寻求在其区域内建立一个政治实体。这对于想要重现《国民公约》并在这一地区建立霸权的土耳其来说，毫无疑问是其最大也是最危险的威胁。这一抱负或野心无疑会对土耳其自身以及区域局势产生巨大影响，催生出巨大的变化。

（三）土耳其将继续推行“积极进取的人道主义外交”

土耳其正发党政府提出了“新土耳其”的概念。尽管“新土耳其”本身的内涵尚不明确，但可以肯定的是，这不仅仅是一句口号。作为概念的“帝国的追溯”[①] 以一种新奥斯曼主义的形式出现，打破了凯末尔主义与过往之间的联系。与此同时，伊斯兰的要素得以广泛使用，服务于复活奥斯曼

---

① Nora Fisher Onar, “Between Memory, History, and Historiography: Contesting Ottoman Legacies in Turkey, 1923 –2012”, in Kalypso Nikolaidis, Berny Sebe, and Gabrielle Maas (eds.), *Echoes of Empire: Memory, Identity, and Colonial Legacies*, I. B. Tauris, 2015, p. 149.

帝国辉煌历史的目标。在新愿景的话语体系中，土耳其已经不再满足于仅仅作为“东方”和“西方”之间的“桥梁”，而想要成为一个在地理与文化上都处于世界“心脏”的核心国家地位，[①] 这也是土耳其穆斯林精英群体的集体预期。[②] 与这一定位相匹配，土耳其认为应该执行更加积极的外交政策。

有学者指出，土耳其应该认识到自己丰富的历史文化以及战略潜力，并以此来塑造其外交政策。正发党的领导人强调，不仅通过军事实力和地缘政治重要性来展示土耳其，还要通过民主身份和经济实力来实现这一目标。[③] 在正发党所创建的新范式中，伊斯兰世界不再处于边缘地位，转而步入中心。用亨德里克（Hendrick）的话说，正发党尝试在当今的资本主义世界体系下“复活”伊斯兰历史上的地理格局，提高穆斯林在整个国际体系中的份额。[④] 显然，正发党地缘政治的想象有着更为开阔的空间。这种地缘政治构想，反映出正发党对西方所主导的国际体系的不满，其目的是使伊斯兰世界成为整个世界体系的中心。[⑤] 这一逻辑发展至 2016 年，催生出土耳其新的外交政策——“积极进取的人道主义外交”。

土耳其需采取积极主动的外交政策应对脆弱多变的国际形势，用埃尔多安总统的话来说，就是“体现我们国家的进取精神和人道主义价值”。土耳其外长指出，以国父凯末尔提出的“家和，天下和”的原则为指导，制定“积极进取的人道主义外交政策”。[⑥] 新土耳其民族主义、伊斯兰主义和新奥

---

① Christofis, Nikos, “Turkey, Cyprus and the Arab Uprisings”, In *Turkey's Relations with the Middle East: Political Encounters after the Arab Spring*, edited by H. Işıksal and O. Göksel, Springer, 2017, pp. 133 – 147.

② 〔希腊〕尼克斯·克里斯托菲斯、李秉忠：《21 世纪以来土耳其外交政策演变及前景》，《当代世界》2020 年第 2 期。

③ Hakan M. Yavuz, *Secularism and Muslim democracy in Turkey*, Cambridge University Press, 2009, p. 204.

④ Joshua D. Hendrick, *Gülen: The ambiguous politics of market Islam in Turkey and the world*, NYU Press, 2013, p. 241.

⑤ 〔希腊〕尼克斯·克里斯托菲斯、李秉忠：《21 世纪以来土耳其外交政策演变及前景》，《当代世界》2020 年第 2 期。

⑥ “Turkey's enterprising and humanitarian foreign policy”，请参见土耳其外交部网站，http://www.mfa.gov.tr/synopsis-of-the-turkish-foreign-policy.en.mfa。

斯曼主义等词汇是解读当前土耳其外交政策的核心词，但其实现的方式却由推崇“零问题”睦邻外交和软权力转变为积极干涉和介入地区事务。这一“积极进取”的外交政策转向在土耳其介入利比亚问题和叙利亚问题上体现得尤为明显。土耳其采取的一系列军事行动成为影响中东地区秩序的重要因素。①

考察土耳其与主要阿拉伯国家关系的发展变化，2013 年 7 月埃及军事政变是土耳其与阿拉伯国家（尤其是海湾国家）关系走向复杂的重要节点，围绕着穆斯林兄弟会的存废问题，土耳其、卡塔尔与沙特、阿联酋两方之间表现出巨大的利益分歧。2017 年的卡塔尔断交风波将这一分歧推向了顶峰，土耳其动作不断，不仅大力给予卡塔尔经济援助、贸易支持，还进一步加强了在卡塔尔的军事存在，与沙特领导的联盟打擂台。土耳其和沙特之争，本质上是对地区领导者角色的争夺。虽然如此，两国间的经济关系实际上并没有受到很大影响，表现出政冷经热的明显特点。总的来说，土耳其的介入给海湾国家带来的更多是分裂、不稳定的因素，因而饱受诟病。

在叙利亚，土耳其积极进取的外交表现得较为强硬，军事干涉的色彩十分浓厚。叙利亚库尔德武装力量的存在，对土耳其边界安全构成严重威胁，也对土耳其境内的库尔德人口产生辐射效应，因此土耳其必欲除之而后快。自 2016 年 8 月起，土耳其先后发起了三次针对库尔德武装的军事行动。第一次代号为“幼发拉底河盾牌”，目的是打击“伊斯兰国”武装并阻止叙北部库尔德人的势力扩张。第二次发生在 2018 年 1 月 20 日，代号为“橄榄枝”，主要打击对象是叙利亚库尔德人民护卫军。第三次发生在 2019 年 10 月，代号为“和平之泉”，目的是在叙利亚境内构建起将库尔德武装力量与土耳其隔离开来的“安全区”。2020 年 3 月，埃尔多安赴莫斯科与普京展开会谈，俄土达成协议，在叙利亚伊德利布省设立“安全走廊”。通过直接的

① 〔希腊〕尼克斯·克里斯托菲斯、李秉忠：《21 世纪以来土耳其外交政策演变及前景》，《当代世界》2020 年第 2 期。

军事干涉手段，土耳其的叙利亚政策取得了一定的成果，但同时日益陷入难以施展的泥潭。一方面，阿萨德政府收复失地，彻底结束内战局面的决心与日俱增；另一方面，俄土之间的战略默契能否维持难以预料，叙利亚问题早已不是土耳其自说自话所能解决的。

利比亚是土耳其通过军事手段介入地区事务的又一重要试验田。后卡扎菲时代的权力真空给各方势力的干涉打开方便之门，利比亚局势已然演化为代理人之间的战争。土耳其和卡塔尔一道公开支持利比亚“民族团结政府”，土耳其不仅为其提供武器装备，帮助其实施无人机精确打击，甚至决定直接向利比亚派遣军队。土耳其还与“民族团结政府”就保护双方专属经济区和大陆架签署协定。站在对立面的则是得到阿联酋、沙特和埃及支持的利比亚东部武装“国民军”。土耳其的所作所为既是出于经济利益，也有支持利比亚穆兄会的意图，还有进一步在地中海和北非地区辐射自身影响力的战略考量。利比亚问题的牵涉面相较于叙利亚，有过之而无不及。土耳其的“如意算盘”究竟能打到什么程度尚待考验。

当前，土耳其积极进取的人道主义外交正遭受重大考验。在叙利亚，俄罗斯要求土耳其推出在伊德利布、阿勒颇已占领的土地，土耳其难以从命。叙利亚局势极有可能导致俄罗斯－土耳其－美国三角关系向着更为复杂且更具冲突性的方向发展。2020 年 2 月 3 日，土耳其 8 名士兵在伊德利布遇袭，再到 2 月 5 日埃尔多安誓言报复，叙利亚局势正步入新的冲突点。美国明确表态为土耳其站台，借口是土耳其无力再次接收 3.5 万名叙利亚难民，因而有权利采取相应行动。[①] 土耳其近期关于叙利亚局势的强硬表态，[②] 既是其积极行动主义外交的体现，也很大程度上决定土耳其行动主义外交的命运。

① “Turkey Cannot Handle 3 Million more Syrians – U. S. Envoy”, *Ahval*, February 13, 2020, https: //ahvalnews. com/james – jeffrey/turkey – cannot – handle – 3 – million – more – syrians – us – envoy，登录时间：2020 年 2 月 13 日。

② Diego Cupolo, “Erdogan Vies for Leverage in Syria’s Idlib as Turkish Troops Reinforce Position”, *Almonitor*, February 13, https: //www. al – monitor. com/pulse/originals/2020/02/erdogan – idlib – turkish – forces – leverage. html，登录时间：2020 年 2 月 13 日。

此外，土耳其国内经济的困境、正发党自身的分裂，都会对外交造成致命打击。①

在土耳其积极进取的人道主义外交中，人道主义的一面连贯性更强，也获得了较大成功。土耳其外交的人道主义主要表现为在全球范围内施行人道主义援助和对难民的救助。2016 年的“全球人道主义援助报告”指出，2015 年土耳其在全球人道主义援助国中紧随美国，位居第二。② 土耳其外交部的相关数据表明，土耳其现在已成为全球最大的人道主义捐助国。全球人道主义报告中显示，土耳其 2018 年援助金额为 83.99 亿美元，这个数据高于第二位的美国，但这个数据中包含了对叙利亚难民的救助。③ 土耳其对叙利亚和利比亚的人权状况也表现出相当的关切，目前土耳其已经接收了 357 万叙利亚难民，花费 400 亿美元为难民提供援助和服务。④

人道主义一面为土耳其塑造区域大国的良好形象大大加分。譬如在得到土耳其大量援助的索马里，出现了给新出生的男孩取名埃尔多安，给女孩取名土耳其和伊斯坦布尔的现象。⑤ 但其积极进取的一面，无论在叙利亚还是利比亚依然面临诸多挑战。“积极的人道主义”外交在较长一段时间内，将持续指导土耳其的外交实践。土耳其在叙利亚和利比亚高调介入的态势并未出现调整的迹象。

2020 年 1 月 29 日，美国总统特朗普公布了“中东和平方案”，土耳其外长称该方案为合并方案，隐藏着占领巴勒斯坦领土和取缔“两国方案”的险恶用心，这证明土耳其外交中对于正义原则的坚持和对区域大国形象的

---

① Conn Hallinan, “Turkey's Latest Quagmire: Intervention in Libya”, https://fpif.org/turkeys-latest-quagmire-intervention-in-libya/, 登录时间：2020 年 2 月 5 日。

② Emel Parlar Dal and Ali Murat Kurşun, “Assessubg Turkey's Middle Power Foreign Policy in MIKTA”, *International Journal*, Vol. 71, No. 4, 2016.

③ “The Global Humanitarian Assistance Report 2019”, Development Initiatives, September 30, 2019, https://devinit.org/publications/global-humanitarian-assistance-report-2019/#downloads.

④ “Turkey's Enterprising and Humanitarian Foreign Policy”, http://www.mfa.gov.tr/synopsis-of-the-turkish-foreign-policy.en.mfa, 登录时间：2019 年 12 月 19 日。

⑤ Pitel, L. “Somalia reaps rewards of Ankara's investment”, *The Financial Times*, May 25, 2016, https://www.ft.com/content/bae31b04-fa6f-11e5-8f41-df5bda8beb40.

不断塑造。种种迹象表明，土耳其外交积极进取的一面将会继续，也将持续强调外交中的人道主义色彩。问题是中东局势一旦恢复常态，土耳其或许就难觅推行“积极进取的人道主义”外交的合适舞台。有评论指出，土耳其长期奉行国父凯末尔之“国内和平，国外和平”理念，然而埃尔多安治下的土耳其既难保障国内和平，亦难维护国外和平。[①] 笔者以为，土耳其试图抓住国际和区域所提供的机遇，实现区域大国的理想充满了阵痛，这或许是崛起过程中必然支付的代价。不过，土耳其需要谨慎判断机遇和风险之间的平衡问题。

土耳其的情况比较复杂，特别是外交政策在国内外争议都很大，具有某种蛇吞象的感觉，对区域秩序以及国际秩序都有一定的冲击，有一些动向值得研究和关注。

第一，从世界大势来看，多极化发展的进程中，不能只看大国，还要看到并重视地区性大国的快速崛起和发展，土耳其至少在中东属于一个区域性大国。

第二，土耳其“积极进取的人道主义”外交的意识形态基础仍然是伊斯兰事业，对穆斯林兄弟会的支持是其软肋。土耳其支持突尼斯、利比亚和埃及的穆斯林兄弟会，而穆斯林兄弟会的迅速失势对土耳其外交是重要打击。对穆斯林兄弟会的支持直接损害了土耳其与海湾国家关系，阿拉伯世界将土耳其积极进取外交定性为好战及扩张主义。

第三，土耳其鲁莽的外交政策成为一种分裂性因素，可能引发更大范围的冲突。土耳其在地中海的行动威胁到欧洲国家的根本利益，毕竟地中海一直是欧洲的内海，欧洲国家长期在此耕耘。埃尔多安的炮舰外交和欧盟对于难民的担忧二者之间的平衡，是判断土耳其与欧盟关系的重要观察点。埃尔多安无法改变国际秩序的大走向，却可以引发国际秩序的混乱。

第四，美国 - 土耳其 - 俄罗斯的三角关系正在上演着复杂演变，将对国

---

① Jared Malsin, “Recep Tayyip Erdogan: A failed coup left the Turkish President even more Powerful”, *Time Magazine*, December 19, 2016.

际局势产生一定影响。一方面，埃尔多安被看作普京安插在北约的“特洛伊木马”，另一方面西方又批评土耳其越来越远离西方的价值观。土耳其则认为俄罗斯和美国一样不可靠。土耳其外交选择的余地并不大，美国既不情愿在中东倾注过多的精力，也不肯完全撤离中东，倾向于通过地区代理人来远程幕后操纵，因此也难以放弃土耳其。土耳其与俄罗斯的关系远未巩固，穆斯林人数占俄罗斯总人数的10%且增速迅猛，普京将其作为俄罗斯国内面临的重要威胁。① 由此导致的结果是，埃尔多安越是成功，对俄罗斯威胁就越大，由此决定了土耳其与俄罗斯关系难以走远。

第五，土耳其在中东也面临现实的挑战，库尔德独立问题就是土耳其的心腹大患，很大程度上绑架了土耳其的外交，决定着土耳其的安全文化。土耳其插手叙利亚就是防止库尔德独立和着眼于叙战后利益分配的先手棋，插手利比亚和中东其他热点也有类似的考虑。但总体上看，土耳其的动作过大给人留有“蛇吞象”的印象，这不仅引起西方反感和戒心，而且与俄罗斯也有利益冲突。这些都值得我们关注。

① Soner Cagaptay, *The New Sultan: Erdogan and the Crisis of Modern Turkey*, I. B. Tauris, 2017.

大国对阿政策分析

Analysis of Big Powers' Policies towards Arab Countries

Y.17 2019年美国中东政策评估

寿慧生 *

摘　要： 2019年，美国的中东政策跌宕起伏。本文以伊朗、叙利亚和巴勒斯坦三个国家作为主线，对特朗普政府第三个年度的中东政策进行梳理，寻找政策动因，评判政策效果，分析其内在限度和对未来发展的制约。本文特别从美国政府的宏观战略意图和局限及特朗普政府自身的独特风格两个层面分析美国中东政策的趋势，借以更好地理解美国外交在新的国际环境中面临的挑战。

关键词： 特朗普　美国外交　中东政策　伊朗　以色列

* 寿慧生，北京语言大学国别和区域研究院研究员，主要研究领域为国际关系、国际政治经济学、中美关系、国际发展、全球与区域治理、比较公共政策。

自特朗普2017年任职以来，美国的中东政策一直给人一种扑朔迷离的感觉，充满变数。2019年美国的中东政策更加跌宕起伏，在战争与和平之间急速摇摆，也令国际社会随之不断调整。本文以伊朗、叙利亚和巴勒斯坦作为主线，在对特朗普政府第三个年度的中东政策进行梳理，寻找政策动因，评判政策效果，并分析其内在的限度和对未来发展的制约。本文特别从美国政府的宏观战略意图和局限，以及特朗普政府自身的独特风格两个层面，分析2019年美国中东政策的趋势，借以更好地理解美国外交在新的国际环境中面临的挑战。

一　局势盘点

自2017年特朗普上任以来，美国政府的中东政策基本上有三条主线可循：一是遏制伊朗；二是叙利亚问题；三是巴勒斯坦问题。美国与中东主要国家之间的关系以及美国在中东地区的主要政策关切，都是围绕着这三条主线展开的。

尽管这三条线彼此关联纠葛，但在特朗普前两年任期内仍然界线清晰。进入2019年后，这三条线的界线开始逐渐模糊，在2019年结束时基本上聚合为一条主线：遏制伊朗成为特朗普政府的核心议题；其他两条线几乎完全被吸纳到反伊朗的议程当中，并为之服务。反恐作为特朗普上台之初最主要的议程，如今已经成为反伊朗行动的一部分，或者说，反伊朗行动本身已经变为反恐行动。同样，巴以和平进程也因完全为反伊朗行动服务而发生根本性变化。有鉴于此，本文以这三条主线为线索，结合近年来美国中东政策的变化趋势，对2019年美国中东政策进行梳理评估。

（一）全面遏制伊朗：军事威慑与经济制裁

遏制伊朗是特朗普政府中东政策的核心。特朗普在2017年上任之初就开始推动美国政府全面审查伊朗政策，并强调一旦得出新结论“即明确且坚定地应对伊朗提出的挑战”。在特朗普看来，奥巴马时期的伊朗政策已

“彻底失败”，原因在于它使伊朗在核武能力、导弹计划和什叶派地区扩张三方面实现突破，成为能够挑战美国在中东主导地位的地缘强国。这不仅无助于恢复美国在中东的威望和地位，反而极大地损害了美国及中东盟友的安全与经济利益。究其根源，他认为奥巴马政府对伊朗的“接触加怀柔”的政策，削弱了美国在地区中的威慑力，不足以迫使伊朗朝美国希望的方向发展。① 对特朗普来说，威慑不仅仅体现在让对方看到自身的实力，更需要对方看到美国愿意施展这种实力的决心。

正是这种思维指导着特朗普的“极限施压”策略。在2020年1月13日的一次演讲中，国务卿蓬佩奥为特朗普政府近年来的伊朗政策做了一次全面的归纳总结：由外交孤立、经济制裁、军事威慑三部分组成的一套政策组合拳。这套政策组合拳有两个目标：一是使伊朗政权区域扩张的资源枯竭，二是迫使伊朗行为像正常国家一样。②

这一政策框架从2017年10月特朗普国家安全决策团队制定并批准了新的伊朗外交战略之后就开始明晰。该战略的核心内容包括抵制伊朗的国际影响力、加强同中东盟国的合作、消除伊朗导弹及其他大规模杀伤性武器特别是核武器的开发计划等。此后，美国政府的伊朗政策就在此方案指导下逐步推进。

进入2018年后，伴随极端组织“伊斯兰国”的逐步溃败，美国与伊朗的反恐合作行将结束，特朗普政府进一步加紧对伊朗的遏制，将用于打击极端组织的军事力量加以调整，打击亲伊朗的也门胡塞武装组织、推翻叙利亚阿萨德政府、切断伊朗同真主党之间的联系等。

最为重要的政策变化发生在2018年5月8日。经过几个月的鼓动和威胁，特朗普终于宣布正式退出2015年奥巴马政府期间签订的《联合全面行动计划》（JCPOA），并寻求对伊朗采取“最高级别”的经济制裁，声称任

① 刘畅：《特朗普政府伊朗政策评析——兼论其在中东的逆动》，《和平与发展》2019年第6期。

② Pompeo, “The Restoration of Deterrence: The Iranian Example”, the Hoover Institute at Stanford University, January 13, 2020. https://www.state.gov/the-restoration-of-deterrence-the-iranian-example/，登录时间：2020年1月15日。

何帮助伊朗获得核武器的国家和企业都将面临制裁，也就是“次级制裁”，对同伊朗有合作关系的外国实体进行金融服务和支付工具限制，令其不敢同伊朗开展业务联系，在最大限度上对伊朗经济造成杀伤。

其他遏制政策随后跟进。同年9月，国务卿蓬佩奥集体会见海合会6国及埃及、约旦外长，正式宣布同这8个国家组建“中东战略联盟”，共同对抗伊朗。该联盟主要包含三个核心支柱：一是安全支柱，包括协调各成员的作战行动和安全合作、加强成员防务系统的集成性、允许美国监管各国出口武器的最终用途等；二是政治支柱，包括提升各成员国内部的治理能力和成员间互助、为成员提供分歧解决机制和地区危机协调平台、推动阿以和解等；三是经济和能源支柱，包括促进成员间贸易与投资、加强成员间能源投资和基建活动、协调阿拉伯国家为地区稳定和援助项目提供财政支持等。依靠“中东战略联盟”，特朗普政府希望消除地区盟友对美国的离心倾向，在美国淡出中东后继续遏制伊朗、打击恐怖组织和平衡中俄地区影响力扩展，甚至借此拉近阿以关系，从机制化角度推动阿以和解，进而真正维护以色列安全。[①] 正是在这种思路指导下，美国延续几十年的巴勒斯坦政策开始发生根本性变化。2018年10月4日，美国新版《反恐战略》将伊朗单独列为“恐怖主义首要代表”，改称其为“支持恐怖主义的头号国家”，显示出其长期以来的“反恐战略”转变为服务于对伊朗的全面遏制。

可以说，2017年和2018年是特朗普政府对伊政策的准备阶段，基本方针和具体政策都已明晰，2019年的则是将政策落实。此时，“伊斯兰国”在叙利亚东部的残余已于2019年2月份被肃清，美伊在反恐方面的合作彻底结束，伊朗成为特朗普政府新“反恐战略”的主要目标。2019年4月，美国政府宣布将伊朗伊斯兰革命卫队列为恐怖组织，意图消灭其地区代理人，遏制伊朗的地区扩张行为，阻止其在伊拉克、也门和巴林填补权力真空。

美伊冲突自此开始升级。2019年5月，美国军方开始向中东海域部署

① 刘畅：《特朗普政府伊朗政策评析——兼论其在中东的逆动》，《和平与发展》2019年第6期。

航母打击群、轰炸机特遣队、导弹防御系统等，并威胁派驻多达 12 万名士兵前往中东。尽管派军未发生，但地区紧张局势已经令人担忧。

此后，海湾局势日趋紧张。2019 年 6 月 20 日，伊朗击落美国一架军用无人机，特朗普在最后一刻取消了对伊朗的报复性军事打击，但他下令对伊朗展开网络攻击，使伊朗军力蒙受重大损失，并同时加大对伊朗的制裁。7 月 31 日，美国再度宣布对伊朗制裁豁免延期 90 天，对 5 个伊核协议签署国生效。针对 5 月以来的多起油轮在霍尔木兹海峡遭袭击和被扣押，以及伊朗扬言封锁霍尔木兹海峡等举动，美国和英国相继表示要建立“护航联盟”，在霍尔木兹海峡等重要海上通道“保障通行自由与安全”。8 月 16 日，美国司法部对伊朗油轮“格雷斯 1 号”发出扣押令。

8 月 17 日和 9 月 14 日，沙特东部的阿美石油公司油田的炼油设施接连两次遭也门胡塞武装组织发动的无人机袭击，引起全球油价震荡，更令世界担忧美伊战争一触即发。尽管美国等西方国家认为伊朗是幕后主使，但特朗普依旧强调无意开战。美国的回应是继续制裁（9 月 20 日针对伊朗央行）和增强军事防御（向沙特部署 200 名美军、1 套导弹系统和 4 套雷达）。

种种迹象表明，美国无意对伊朗采取军事行动，双方更倾向于采取代理冲突的模式来表达不满。2019 年 12 月 27 日，美国位于伊拉克基尔库克附近一处军事基地遭火箭弹袭击，导致 1 名美国承包商死亡，另有 4 名美国军人和 2 名伊拉克安全部队人员受伤。美国声称此次袭击是伊朗支持的伊拉克什叶派武装组织“真主旅”所为。作为回应，美国于 12 月 29 日用无人机对 3 处位于伊拉克境内、2 处位于叙利亚境内的“真主旅”目标实施打击。该行动随即引发数十名伊拉克什叶派民兵组织支持者在 12 月 31 日撞开美国驻巴格达使馆大门、纵火焚烧接待区。至此，美伊双方仍然没有采取正面对抗。

然而，2020 年 1 月 3 日，美伊对抗骤然升级：伊朗伊斯兰革命卫队下属的“圣城旅”指挥官卡西姆·苏莱曼尼在巴格达国际机场外遭美军无人机袭击身亡。苏莱曼尼被美国视为伊朗革命输出、支持中东地区极端武装力量的主要策划人和指挥官。据称 12 月 27 日美军伊拉克基地遇袭导致美方人员死亡成为此次行动的重要原因之一。美国刺杀苏莱曼尼，似乎兑现了特朗普此前宣称的“美国人员伤亡是发动战争的底线”的诺言，显示美国政府为遏制伊朗方面不惜发动军事行动的决心。但与此同时，特朗普及其团队在事件发生后称击毙苏莱曼尼是为了阻止战争，美国不寻求伊朗政权更迭，而且针对2020年1月8日伊朗导弹袭击美军驻伊拉克“阿萨德空军基地”的报复行动不予反击，也显示出特朗普尽管喜欢走险棋，并无意将两国推到战争中去。

（二）巴以和平进程：历史性转折

特朗普上任伊始就迅速改变奥巴马政府时期对巴以问题政策。如果说以色列对奥巴马是个麻烦和包袱，对特朗普来说则是主要帮手。这一认识上的巨大反转决定了特朗普政府对以色列和巴以关系的政策基调。

特朗普在2017年上任之初，即暗示会支持可能达成的“任何协议”，包括让巴勒斯坦领土成为以色列的一部分的“一国方案”。在当年年底，他宣布承认耶路撒冷为以色列首都，并将把美驻特拉维夫大使馆搬迁至耶路撒冷（后于2018年5月正式搬迁），并声称“早就应该如此了”。尽管特朗普在2018年联合国大会期间会晤内塔尼亚胡时首次认可“两国方案”，但并未明确说明两国方案将包括回到1967年第三次中东战争前的边界，并且东耶路撒冷是被占领土而非以色列的一部分。期望特朗普的中东政策回到过去的巴以和平进程的轨道上自此已经没有太多可能。

如果说执政头两年的这些工作只是准备，2019年就是特朗普巴以政策的全面展示之年。2019年3月21日，特朗普宣布承认以色列对戈兰高地拥有主权，标志着在以色列从叙利亚手中夺取这片土地数十年后，美国针对这一有争议领土的政策出现了重大转变。

在以色列总理内塔尼亚胡4月赢得议会选举胜利后，特朗普表示内塔尼亚胡的胜利增加了促成和平的机会，并暗示有可能很快将提出由其女婿兼白宫高级顾问库什纳两年多来秘密制定的“中东和平计划”，也即所谓的“世纪协议”。此后的5月和6月，美国表示以色列近期在加沙冲突中有“自卫权”，并有权吞并约旦河西岸“部分”占领区。6月25日，美以主导的关于巴勒斯坦经济发展的会议在巴林首都麦纳麦开幕，这是美国旨在解决巴以冲突的广泛倡议的内容之一，是所谓的“世纪协议”的经济部分。在会议上，库什纳展示其“从和平到繁荣”计划书，向巴勒斯坦人施压，呼吁巴勒斯坦人接受“世纪机遇”：如果他们希望达成最终的和平协议，必须首先签“世纪协议”。11 月，特朗普政府宣布以色列在约旦河西岸修建定居点不违反国际法，彻底与美国维持数十年的政策相背离。

所有这些步骤终于在 2020 年 1 月 28 日的湖海庄园发布会上集中展示为美国的“中东和平计划”。该计划承认耶路撒冷为以色列不可分割的首都，允许以色列将其在所占领的巴勒斯坦领土上建立的、联合国视为非法的定居点据为己有。该计划设想最终赋予生活在由公路和隧道连接起来的飞地上的巴勒斯坦人有限的自治权，但前提是要满足以色列设置的条件。自 20 世纪 70 年代以来持续几十年的以“两国方案”为核心的巴以和平进程由此画上句号。巴以关系进入一个新的但也是不确定的时代。

（三）反恐与叙利亚问题

进入 2019 年后，“伊斯兰国”基本被歼灭，特朗普政府的反恐政策目标转向该组织在叙利亚和伊拉克地区留下的“权力真空”中，如何阻挡伊朗和俄罗斯的力量扩张。与此同时，特朗普政府积极寻求从叙利亚撤军，这两个目标之间的矛盾造成特朗普政府在叙利亚问题上的混乱和摇摆。

早在 2018 年 12 月，特朗普就正式宣布要从叙利亚撤军。这一决定遭到国内强烈反对，时任美国国防部长马蒂斯因此宣布辞职，引起轩然大波。2019 年 2 月 22 日，特朗普批准军方提议，同意在叙利亚东北部和南部坦夫美军基地各留 200 人。据称，特朗普之所以转变态度并同意在叙利亚留驻部分军人，是为了拉欧洲盟友入伙，组建一支千人规模的多国观察员部队，一同在叙利亚北部设立“安全区”，以维护美国在中东地区的利益。①

① Lara Seligman, “U. S. Considering Plan to Stay in Remote Syrian Base to Counter Iran”, *Foreign Policy*, January 25, 2019, https://foreignpolicy.com/2019/01/25/us - considering - plan - to - stay - in - remote - syrian - base - to - counter - iran - tanf - pentagon - military - trump/, 登录时间：2019 年 3 月 2 日。

2019 年 2 月 14 日，美国和波兰在华沙宣布联合发起成立一个国际工作组，以推动在中东地区的反恐、打击非法金融、保障能源安全、遏制导弹发展和武器扩散等领域合作。这是美国在 2019 年最初几个月涉及反恐方面所做的不多的努力之一。这些努力显然无法平衡俄罗斯、土耳其、伊朗三国共同主导的“阿斯塔纳和平进程”及其框架下的“叙利亚全国对话大会”对美国中东影响力的挑战。自 2017 年以来，这个三国主导的外交努力借促进和平结束叙利亚危机的机会正在成功填补中东地区的权力真空。

2019 年 9 月，埃尔多安在安卡拉主持了与普京和伊朗总统鲁哈尼之间的峰会，商讨在叙利亚叛军控制的叙利亚伊德利布省谈判停火。峰会上俄罗斯支持土耳其在土叙边界沿线建立安全走廊的要求，并同意土耳其将库尔德人领导的“叙利亚民主力量”（SDF）定义为“恐怖组织”。土耳其愿意承认预定于 2021 年举行的叙利亚大选结果，意味着承认叙利亚总统巴沙尔·阿萨德的合法性，为土耳其与叙利亚之间的政治和解铺平道路。这些商讨结果彻底终结了美国长期以来寻求阿萨德下台的希望，也为其后土耳其对 SDF 发动进攻准备了条件。

此后埃尔多安不断宣称即将对叙利亚北部进行军事袭击。10 月 9 日，土耳其发动名为“和平之泉”的军事行动，袭击靠近土叙边境的库尔德武装力量。据称，在土耳其发动这次行动之前，美土两国曾围绕在叙利亚北部建立安全区的问题展开多轮谈判，但最终因为分歧过大无果而终。10 月 6 日晚，特朗普与土耳其总统埃尔多安再度就此问题进行磋商，随后白宫宣布美国军队将撤离土耳其军事行动的附近地区，实际上是给土耳其开了绿灯。① 尽管特朗普后来威胁称，如果土耳其做出他认为是“禁区”的任何举动，他将“彻底摧毁”土耳其的经济，但他的“美国优先”意图非常明显，制裁之说显然是政治做戏。13 日，白宫下令从叙利亚北部地区撤走余下的 1000 名美军士兵，以避免与土耳其军队发生直接冲突。

---

① Laura Pitel, Chloe Cornish, Henry Foy and Demetri Sevastopulo, “Turkey launches offensive in Syria”, *Financial Times*, October 10, 2019.

在土耳其的军事进攻下，库尔德人和叙利亚政府军达成协议，服从政府管制来换取政府军接管防御，协助防御土耳其进攻。10 月 17 日，美国副总统彭斯访问土耳其，同埃尔多安达成停火 5 天的协议。协议规定，库尔德武装从土叙边境 32 公里区域内撤出；美国有条件停止对土耳其经济制裁。10 月 23 日，特朗普表示，鉴于土耳其方面已很好地履行了在叙利亚北部的停火协议，并且承诺在当地“永久停火”，美方因此将解除此前对土耳其施加的制裁。

如果局势就此停止，那后果将会非常明确：叙利亚政府军重夺北部重镇而进一步巩固阿萨德政权；库尔德人丧失了自己的根据地和打击“伊斯兰国”残余的能力；而美国则丧失在叙利亚的军事存在。显然，这样的结果会极大地增强俄罗斯和伊朗对叙利亚的影响，对美国的战略利益极为不利。从叙利亚撤军又是特朗普“美国优先”政策的必然要求，因此不难理解此后白宫的政策多次反复，矛盾重重。

10 月 26 日，在大部分美军撤离叙利亚北部仅 5 天后，一支美军重新返回叙利亚北部，据称是遵照特朗普的命令去保护该地区的油田安全，防止油田被“伊斯兰国”的残余势力或其他组织接管。11 月 27 日，一位美国官员称，美军已在叙利亚北部恢复针对“伊斯兰国”的大规模反恐行动。这些变化似乎显示美国不仅暂停了从叙利亚全面撤军的计划，而且还可能增强了作战实力。但是在 12 月 4 日，美国国防部长埃斯珀称，美国已经完成了对叙利亚东北部的军事撤军。在重新部署和裁减部队之后，美国在该地区的军人数量将从 1000 人减至约 600 人。12 月 19 日，又有报道称，美军将再次进驻从叙利亚撤军的 16 个基地和据点中的 6 个基地，并修建新的据点。

在美军从叙利亚撤军和增兵问题上不断反复之际，美国国会对特朗普政府持续施压，要求对土耳其进行制裁。12 月 17 日，美国国会认定 1915 年大规模杀害亚美尼亚人的事件是“种族灭绝”，为安抚因此感到愤怒的土耳其，特朗普对此予以反驳。12 月 18 日，有报道称美国共和、民主两党议员誓言将继续推进对土耳其的制裁措施。12 月 25 日，美国国会批准 2020 财年国防授权法案，明确提出制裁土耳其，包括禁止土耳其继续参与 F－35 战机项目，除非土耳其放弃购买俄罗斯 S－400 防空导弹系统。

二 政策动因

特朗普政府在遏制伊朗上面几乎倾注了所有政策资源，而且入职3年来日趋强硬，手段逐步升级，到了近乎偏执的地步。正如有些专家所指出的，从力量均衡的角度来看，美伊实力对比悬殊，美国在遏制伊朗方面如此巨大投入并非理性，而且从结果来看，遏制伊朗实际上让美国陷入“波斯陷阱”中，[①] 令美国从奥巴马政府以来所追求的从中东战略收缩的目标遥遥无期。在叙利亚问题上，特朗普政府在撤军和增兵问题上反复无常，自相矛盾。在巴以关系上，特朗普的“中东和平计划”被认为是对美国20世纪70年代以来长期奉行的中东政策的彻底摧毁，是对巴勒斯坦的背叛，遭到国际社会的强烈谴责，看起来也是逆流而动，缺乏理性。总之，特朗普政府在中东问题上的立场和做法都不按常理出牌，令外界难以捉摸。

（一）伊朗

特朗普政府对伊政策的最大特点就是放弃过去“又打又拉”的策略，而是一味追求遏制，手段近乎偏执。[②] 造成这种现象的原因是多方面的。

首先必须从个人层面上解释。在很大程度上，特朗普并不反对奥巴马从中东进行战略收缩的主张，这从他上台前后的言行上都清晰可见。尽管如此，特朗普在伊朗问题上的态度却与奥巴马截然相反。如很多人指出的，个性使然，特朗普执迷于与奥巴马唱反调，极力破坏奥巴马的政治遗产。作为奥巴马时期的标志性外交成就，伊核协议自然被特朗普视为必须废弃的目标。同样的道理，奥巴马时期对以色列态度冷淡，在巴以关系上压制以色列的诉求，那么对特朗普来说推进美以关系就顺理成章。此外，特朗普的个性

---

① Daniel Benjamin and Steven Simon, “America's Great Satan: The 40 - Year Obsession With Iran”, *Foreign Affairs*, November/December 2019, pp. 56 - 66.

② Robert Malley, “The Unwanted Wars: Why the Middle East Is More Combustible Than Ever”, *Foreign Affairs*, November/December 2019, pp. 38 - 46.

和人生体验也决定了他喜欢采取“极限施压”这种高风险高回报而且短平快的策略，而不肯使用奥巴马的传统外交协商手段。

个人喜好终究要服从于政治考虑。特朗普作为共和党人，“挺以遏伊”可以迎合共和党代表的右翼势力的意识形态诉求。从特朗普上台以来美国政治的特点看，2017 年后的美国面临的不仅仅是简单的保守势力回归。在党派更替和政治循环的惯常变动之外还有另一层动力，那就是特朗普的反建制倾向对中右势力（传统的保守主义）的压制为美国极右翼势力提供了冷战结束后难得的政治机遇。无论是内政还是外交，这股极端势力都不遗余力地抓住机会将美国政治扭转回到冷战时期。[①] 遏制伊朗代表的不仅是力量均衡的传统考量，更是助力极右翼势力意识形态回归的重要机遇。最明显的是近年来美国政界和智库都热衷于直接套用冷战时期的“遏制”战略来针对伊朗，甚至有人直言需要重新使用里根政府时代对付苏联的“遏制战略”来绞杀伊朗。[②]

因此，特朗普的上台不仅将对伊朗政策重新拉回到 1979 年伊朗伊斯兰革命后美国历届政府对伊朗的政策基调，甚至一反奥巴马政府对伊朗的“接触加怀柔”政策，升级为“遏制与围堵”，以此巩固他在共和党和保守势力内部的政治地位。与此相应，增进美以关系、维护以色列在中东的地位，不仅是右翼政府常规的外交需求，更是维护民主价值、打击专制政体的必要手段。

从个人认知和价值观上考虑，特朗普与这股极右势力有很大的交集。他对传统建制派的反感和他浓厚的 19 世纪重商主义价值观，都让他在伊朗问题上远离以奥巴马为代表的接触主义、多边主义和全球化视角，相反他更偏好单边主义、军事威慑、强力介入。这些偏好与极端派契合，双方据此各取所需，但特朗普与极右势力之间的差异也很明显。特朗普的价值观不具有强

① Daniel Benjamin and Steven Simon, “America's Great Satan: The 40 - Year Obsession with Iran”, *Foreign Affairs*, November/December 2019, pp. 56 - 66.

② Paul R. Pillar, “Why the Cold War Containment Model Doesn't Apply to the Middle East”, *Responsible Statecraft*, February 10, 2020, https: //responsiblestatecraft. org/2020/02/10/cold - war - containment - model - middle - east/, 登录时间：2020 年 3 月 2 日。

烈的意识形态，他对民主体制最多可以说是接受而非热衷；他对专制政权的态度常常模棱两可，有时甚至多有赞赏。他的商人背景和机会主义特质也让他在目标设定和获取方面具有强烈的实用主义和灵活性，很难受限于极右势力的偏执倾向，由此他对极右势力的态度常常是机会主义的利用而不愿令其主导自己的政策。

特朗普与极右势力之间的复杂关系最典型地体现在他与前安全顾问博尔顿之间。博尔顿素以极端意识形态倾向和好战著称，他的任命在当时令外交界不安，担心特朗普开始被极端意识形态左右其外交决策。但此后的一系列事件表明，特朗普任命博尔顿的主要目的为了他的“极限施压”策略，用以压迫伊朗和朝鲜。但此后二人之间发生的矛盾冲突以及博尔顿的离职明确显示，特朗普最终不愿让博尔顿的极端倾向绑架他的“交易外交”。他在对待伊朗方面表现出的左摇右摆、“欲打还休”等问题，有战略模糊、政策混乱的原因，但一定程度上也源于他与极右势力的这种若即若离的复杂关系。同样，他在以色列问题上更多是出于实用主义考虑而不是完全顺从极右势力的意识形态诉求。

除个人特性和价值观、党派政治、利益集团等因素之外，特朗普的伊朗政策还受制于一个结构性要素的影响：“后伊斯兰国时代”中东地区力量平衡的变化。自特朗普上台以来，中东地区的主要矛盾从共同打击“伊斯兰国”转向大国地缘政治博弈，伊朗从美国心照不宣的反恐盟友变成美国主导的中东秩序的挑战者。对特朗普政府而言，美伊在中东的结构性矛盾不可能调和。伊朗利用“阿拉伯之春”和“伊斯兰国”兴起等事件造成的地区动荡而成功改变中东地区的力量分布，打破了长久以来逊尼派力量主导的格局，更威胁到以色列和沙特等美国盟友的地位，当然也打破了长久以来美国和俄罗斯在该地区的力量分配。

尽管战略收缩是美国在中东政策的一个走向，但从美国的全球战略角度看，战略收缩并不意味着美国愿意放弃中东，拱手让给俄罗斯或其他域外大国，或者让任何地区国家主导。伊朗和什叶派的崛起确实在将局势向这种不利方向推进，因此遏制伊朗的扩张态势是美国维护中东秩序以及美国全球地位的必然要求。但在实力下降不足以依靠自身力量来维护地区稳定的情况下，美国必须寻求新的策略。在这个层面上，特朗普与奥巴马采取不同甚至是截然相反的方式来应对，体现出二者的个人认知、价值观和依赖的资源的不同，从而为上述各种因素影响美国中东政策提供了空间。从地缘政治和力量平衡的角度看，奥巴马和特朗普的策略差异巨大，但都受制于美国当前的实力与现实之间的矛盾，因而也都表现出自相矛盾和摇摆的政策共性。

（二）反恐与叙利亚问题

相比于伊朗问题，特朗普在叙利亚问题上的摇摆和自相矛盾表现得更为充分，其原因如下。

从特朗普的个人层面上来理解他的政策动机。对特朗普而言，“美国优先”原则意味着一旦“伊斯兰国”不再成为国际威胁，美军应该尽快从叙利亚撤军，而没有继续驻留的必要，否则徒增美国负担，甚至造成人员伤亡，令他无法兑现竞选承诺，甚至会影响他的 2020 年总统大选，因此美军从叙利亚撤军是他难以妥协的政策目标。与此同时，撤军所涉及的复杂因素又是他无法完全左右的，由此造成各种矛盾冲突和混乱。

在白宫之外，军方、国务院、国会代表的建制派力量最关切的并非撤军，而是其他多重目标，几乎所有这些目标的实现都与库尔德人武装组织的存在相关。首先，防止“伊斯兰国”死灰复燃。这一点无疑必须依赖库尔德人武装力量。其次，库尔德人武装力量的存在可以有效牵制阿萨德政府军主导叙利亚北部地区，由此帮助美国防范伊朗和俄罗斯借此扩张影响力。最后，作为协助美国消灭“伊斯兰国”的最主要的地方武装力量，库尔德人因美军撤出而陷入绝境必然极大地损害美国的国际形象，在道义上令美国失去国际舆论的支持，很有可能波及其他政策领域。

所有这些美国建制派顾虑的问题都与库尔德军事武装的存在息息相关。一旦任凭土耳其将其摧垮，美国过去几年所有的努力都有可能付之一炬，美国在叙利亚的影响也会消失殆尽。对于建制派来说，美军在叙利亚的存在是维护美国全球和中东地区战略利益非常必要的付出，但这个逻辑有违特朗普的“美国优先”原则和他个人的政治考量；对特朗普来说，遏制伊朗是更为重要的目标。为实现此目标，必须分化俄罗斯、土耳其、伊朗三国组合。土耳其是该组合当中最薄弱的环节。牺牲库尔德人的利益，实则是暗中助力土耳其达到其目标，以此缓和美土关系，可以帮助美国分化瓦解俄罗斯和伊朗在中东的联盟阵线。

因此，白宫和美国其他权力机构之间的战略目标和利益上的矛盾造成特朗普政府政策制定和执行上的混乱，更造成外界对美国总体战略意图和策略的困惑。

（三）巴以关系与中东和平进程

特朗普政府在巴以关系上对以色列的极力偏袒甚至纵容，通常被解读为遏制伊朗而讨好以色列，出卖巴勒斯坦。尽管这确实是特朗普政策的重要推动因素，也符合特朗普缺乏意识形态制约、热衷于交易的特性，但显然将该政策背后的动因简单化了。具体而言，特朗普的巴以政策还受制于美国犹太人因素。

特朗普自身和他决策团队的“犹太人”背景。特朗普女婿所在的库什纳家族的犹太背景一直是舆论焦点，而库什纳是特朗普中东和平问题的全权大使和策划人，这种背景自然会影响特朗普的政策取向。此外，长期以来犹太人游说集团对美国巴以政策的影响力不可低估，尤其是在共和党执政时期更为明显。[①] 因此可以说，特朗普偏袒以色列的政策倾向是很现实的政治选择。党派交替同样影响美以关系，如小布什期间美以关系升温、奥巴马时期关系相对冷淡。

但这种“身份决定决策”的认知，实际上忽视了美国在巴以问题上所面临的窘境，以及巴以问题的复杂。[②] 人们常常倾向于夸大美国在巴以问题上的主导作用，将巴以关系的后果归因于美国决策者。犹太人游说集团理论尽管合理，但在一定程度上也夸大了这种影响，低估了巴以关系内在的发展

---

① John Mearsheimer and Stephen Walt, *The Israel Lobby and U. S. Foreign Policy*, Farrar, Straus and Giroux, 2007.

② 王晋：《特朗普的“中东和平计划”为何只是一场“海湖庄园秀”?》，澎湃新闻，2020 年 1 月 20 日。

逻辑。事实上，特朗普选择的政策在一定程度上是对现实的承认。

第一，巴以双方几乎不存在信任，而巴以互信是此前长期以来美国政府奉行的“接触带来和平”理论的基础。该理论认为，更多的对话和了解会化解双方矛盾，可以让此前的“土地换和平”方案得到实现，而美国的调停是增进双方互信的重要助力。这种影响力被1993年《奥斯陆协议》签字仪式上令人感动的画面进一步渲染。但事实上，经过多年来的冲突，尤其是双方内部极端势力的扩张，导致巴以之间的这种互信（特别是政治层面的谅解）已荡然无存。美国在这方面的影响力也几乎不存在。

第二，巴以双方内部政治极化严重，政治分歧日益尖锐，难以达成任何妥协。在以色列一方，拉宾被刺杀后以色列政坛内宗教右翼团体崛起，与左翼政党之间的对立日益严重，近年来这种分裂趋势更为明显。从2018年末至今，以色列经历了两次大选都无法成功组建政府，国内在内政外交诸多议题上表现出的分裂和对立都是历史罕见。在缺乏“用一个声音说话”情况下，必然无法就巴以关系进行实质性的让步。同样，法塔赫主导的巴勒斯坦民族权力机构的执政表现令人失望，贪腐、纷争和各类丑闻极大地削弱了巴勒斯坦民众和国际社会对该组织的信任度，使其无力与以色列进行博弈。极端组织哈马斯对法塔赫的挑战、近年来更加激进的巴勒斯坦伊斯兰圣战组织“吉哈德”对哈马斯的挑战以及流亡在外的达赫兰对法塔赫的干扰，都撕裂了巴勒斯坦，拒绝任何妥协立场。

第三，巴以妥协的外部条件也几乎不复存在。随着近年来中东地区民族主义的再次崛起，泛阿拉伯主义和泛伊斯兰主义开始式微，阿拉伯国家对于巴勒斯坦人的地位的关心程度已经大不如从前。自“阿拉伯之春”以来，阿拉伯国家普遍陷入内部纷争，无暇自顾，巴以问题也逐渐沦为边缘性话题。与此同时，阿以关系也趋于缓和，阿拉伯国家联合对抗以色列、帮助解决巴以问题也变得不现实。在此背景下，巴以问题越来越成为阿拉伯世界的“政治正确”，而非真正意义上的核心议题。[①] 对美国来说，在这样的条件下

① 王晋：《特朗普的“中东和平计划”为何只是一场“海湖庄园秀”?》，澎湃新闻，2020年1月20日。

按照过去的思路来协调显然行不通。

第四，特朗普认为，长久以来“以土地换和平”的两国方案本身就是不现实的，而他的个性让他愿意抛弃往届总统无法摆脱的陈旧思路。上任伊始，他直言“可以考虑任何方案，包括一国方案”，即已显示他从根本上对过去的政策不再认同，也不愿因为政治正确而接受不现实的方案。他也许会赞赏那些反对两国方案的专家们对过去几十年来美国中东和平方案的严厉批评：这个方案从根本上违背了基辛格20世纪70年代的现实主义思维，企图以一个全面且一劳永逸的两国方案来解决中东问题，而整个计划的核心是迫使以色列对巴勒斯坦聚居区以及周边占领土地的放弃。但几十年过去了，以色列发展成为一个强大的现代工业国家，巴勒斯坦踏步不前，其他阿拉伯国家已经将以色列视为一个正常国家，一个在中东地区力量平衡的永久博弈当中的一个正常参与者。特朗普所做的不过是对这个无法逆转的现实予以承认，[①] 并寻找一个新的替代方案，即便这个方案最核心的部分不在于它的内容是否合理和可行，而在于它让美国放弃作为巴以关系的主导者，并认识到巴勒斯坦不再是美国的核心战略利益，而以色列绝对是美国在新的中东地缘政治中不可或缺的战略伙伴。无论这些意见是否正确，这个现实是否令人接受，都令人不得不承认，特朗普可能正在用他的直觉和鲁莽终结一个时代，正像很多其他外交领域正在发生的那样。

三　政策评估与未来走向

如何评价特朗普政府的政策效果？这些政策存在哪些问题？这些政策特点和内在的问题会怎样影响未来的中东政策走向？必须承认，无论特朗普政府的中东政策意图是否合理，政策本身的问题是显而易见的，在战略指导上和政策规划和执行上都存在严重不足。

---

① Michael S. Doran, “The Dream Palace of the Americans: Why Ceding Land Will Not Bring Peace”, *Foreign Affairs*, November/December, 2019, pp. 21–29.

（一）战略意图

在战略规划上，很多批评者认为，为了建立反伊朗同盟，特朗普以给予以色列和沙特更大的自由政策空间为代价，让两者完全承担遏制伊朗的责任，而美国以极小的代价全身而退。这种看似精明的“外包政策”事实上是不切实际的幻想。在中东各派势力错综复杂的情况下，美国给予盟友更大的政策空间将会导致同盟内斗，也可能会让盟友在自身实力有限的情况下寻求俄罗斯的帮助，其结果不仅可能削弱地区联盟，瓦解遏制伊朗的力量，同时也会让俄罗斯乘虚而入，扩大影响力。[①]

这种“外包政策”的选择本身源于美国在中东地区战略目标与战略资源之间的冲突。很多人批评因特朗普的中东政策目标不清晰而导致地区秩序混乱。但更合理的说法可能是他的目标过于宽泛，企图得到的太多，同时美国的战略资源又不足以满足实现这些目标。例如，针对伊朗，特朗普希望能用遏制战略一劳永逸地将这个几十年来的敌人一朝臣服，而避免反反复复的外交妥协；在叙利亚问题上“撤而不退”的态度也反映出特朗普政府在战略收缩的现实和继续维护美国地区影响力的意图之间难以取舍；在巴以问题上特朗普同样面临这种两难窘境。这种窘境一方面源于美国在当今全球事务中以及中东地区的特殊环境中大不如前的地位；另一方面是特朗普自身性格和认知。

（二）政策规划和执行

在政策规划和执行上，如蓬佩奥自己所强调的，有效的威慑必须以足够的决心为基础。[②] 但正是在这一点上，特朗普和他的团队远没有做到他们自

① Martin Indyk, "Disaster in the Desert: Why Trump's Middle East Plan Can't Work", *Foreign Affairs*, November/December, 2019 , pp. 10 – 20; Daniel Benjamin and Steven Simon, "America's Great Satan: The 40 – Year Obsession With Iran", *Foreign Affairs*, November/December, 2019, pp. 56 – 66.

② Pompeo, "The Restoration of Deterrence: The Iranian Example", the Hoover Institute at Stanford University, January 13, 2020, https://www.state.gov/the-restoration-of-deterrence-the-iranian-example/，登录时间：2020 年 2 月 2 日。

己宣称的那样好。特朗普表面上对伊朗采取了极其严厉的制裁措施，但他的行为常常暴露出他并没有足够的军事决心。相反，他出尔反尔的性格导致伊朗的反击，同时也降低了制裁的效果和盟友的信心。正因为如此，大量针对特朗普政府中东政策的批评不无道理：他的政策反复无常、前后自相矛盾、缺乏连贯性，无论是己方还是对方都可能感到困惑。在伊朗和叙利亚问题上，这些政策弊端都表现得非常充分。

除特朗普自身的个人特点之外，还有两个原因解释特朗普政府在政策规划和执行上的混乱。一方面是特朗普的小团队决策模式。他的决策团队由数量很少的一组人员组成，而且都是根据对他的忠诚度来决定任职时间长短和在团队中的地位。这种现象造成的后果是这些人员更多地需要迎合特朗普的个人喜好而不是依据职业要求来决策。以蓬佩奥为例，作为国务卿，他对特朗普削减国务院经费和裁减人员的做法似乎没有太多反对意见，任凭国务院沦为“无足轻重”的机构，而他自己也几乎沦为特朗普的发言人而不是首席外交官。同样，国防部部长的频繁更换也必然削弱该机构的独立性。在没有国务院和国防部这些机构全力协助的情况下，一个必然后果是缺乏多元观点碰撞和部门间协商，造成战略谋划上缺乏长远战略布局；决策和执行上缺乏约束，造成政策容易摇摆不定，前后矛盾。正是这一点令美国外交家们哀叹“美国外交之死”。一个极其严重的后果是造成特朗普政府的伊朗政策变成威慑过多而缺乏实际影响力的“跛足外交”。①

另一方面，尽管特朗普不愿意受制于国防部和国务院等部门的约束，但这些部门的影响并非不存在，甚至可能远远超过特朗普希望的程度，尤其在政策执行方面，这些机构的影响非常明显，由此导致“平行外交体系”②（parallel universe of diplomacy）的说法：特朗普政府有两套自行运转的外交体系，决策和执行双轨并存——一种是常规的，由外交官根据美国传统外交政策开展；另一种是非常规的，由特朗普幕僚按照总统意愿进行。由于二者

① William J. Burns, “The Lost Art of American Diplomacy: Can the State Department Be Saved?” *Foreign Affairs*, May/June 2019, pp. 98 – 105.

② Adam Taylor, Trump's parallel universe of diplomacy, *the Washington Post*, October 24, 2019.

的目标可能不一致，各部门和各类人员所看到的现象和希望解决的方式也可能会有冲突。无论是出于补救特朗普造成的政策灾难，还是故意掣肘的考虑，这些机构在执行中都可能会按照自己的意志行事，由此不可避免会造成混乱。

（三）制度衰败

所有这些问题的症结可以归结为在美国社会面临的一个严重挑战：制度的削弱和衰败。这个问题并非仅存在于特朗普执政时期，[①] 但特朗普的上台确实让这个问题变得极为突出。

现代政治最根本的变化是建立各种制度来约束政治领袖个人的偏好和性格，将政治人物的行为纳入理性规范当中，以此避免外交决策中的随意性，从根本上克服人类社会几千年来曾经面临的无政府状态，让国家间的互动产生协调和制约机制，避免让猜忌、失信、先发制人成为国家关系层面的道德准则。这种趋势在战后进一步得到强化，使得国际关系被纳入一个国际制度的密集网络中，从而有效地避免了国家间的冲突，让人类社会进入一个相对和平繁荣的时代。在制度的确立和维护方面，美国是最为典型的国家之一。然而，特朗普正在颠覆这个传统。在这一点上，可能所有以往的美国总统都没有达到特朗普这样的程度——让外交变成领袖自我表达的舞台。正是在这个层面上，特朗普上台令人担忧——美国民主从未被置于如此危险境地，美国外交也从未这样令世界不安。[②] 正是在这个大背景下，我们才能更清晰地理解美国中东政策的不确定性，理解其面临的挑战。

发展趋势

通过以上所分析的问题与挑战有助于理解美国中东政策未来的发展趋

---

① Francis Fukuyama, *Political Order and Political Decay: From the Industrial Revolution to the Globalization of Democracy*, New york: Farrar, Straus and Giroux, 2014.

② 寿慧生：《给中国的忠告：重视特朗普的个性特点》，金融时报中文网，2016 年 12 月29 日。

势。在特朗普任期的最后一年，中东政策的总体框架和战略意图甚至政策目标和执行方式，都不太可能发生根本性变化。这就意味着特朗普在2020年的中东政策将基本延续过去已经形成的风格，向着已经确定的目标前进。我们已经熟悉的诸多问题，尤其是政策摇摆、自相矛盾等也都不会消失，甚至可能会因大选年为了吸引选票，刺激特朗普加大“极限施压”力度，导致更大不确定性和危险性。但我们有必要看到特朗普的另一面：为了选票，他也有可能在施压过程中向对方递出协商的信号以获得必要的政策结果，这种策略在朝核问题和中美贸易问题上都有体现。在一定程度上，这种在冲突中示好的策略，也是他的政策不稳定和自相矛盾的一个重要因素。

这些特点在伊朗问题上会表现得最为充分。从苏莱曼尼被害之后的发展态势来看，特朗普政府明显希望能在威慑之后与伊朗进行谈判，由此不排除在2020年大选年特朗普会向伊朗进一步表达协商的意愿。然而，过去发生的一切都显示，特朗普的让步程度会非常有限，无论是出于他自身的意愿还是美国政治结构的制约。同时，伊朗内部的意见和力量博弈也在制约着特朗普政府的政策选择。总体而言，双方在2020年进行妥协（多半是私下协商）的可能性非常大，但是产生有成效结果的可能性应该非常小。

在叙利亚问题上，特朗普政府可以利用的资源更少，收缩态势会更为明显。在不断摇摆的过程中，特朗普政府可能更多会以人道主义的名义继续驻兵，而实质上把更多空间留给土耳其、俄罗斯和伊朗。

在巴以问题上，特朗普的政策目标较为明确，除了舆论批评外，受到的实质性干扰（例如其他国家的直接干预）较少，因此摇摆程度最小，在2020年的主要目标将会是落实新中东和平协议，这并不是说该协议在2020年能够取得任何实质性进展。事实可能正相反，2020年很有可能是一个口头宣讲多于实际行动的年份。但对特朗普来说，巴以问题上他的最主要目标是让世界承认以色列主导巴以关系这个事实，这也是新中东和平协议签署的最根本意义，至于协议当中的具体条款是否能够落实并非关键所在。

Y.18
2019年俄罗斯中东外交及效果评估

尚　月*

摘　要： 2015年9月，俄罗斯直接军事介入叙利亚战争。5年来，俄罗斯在该地区稳扎稳打，步步为营，既在全球层面与美国在该地区分庭抗礼、形成对峙，又在地区层面巩固、恢复和开拓了多组双边及多边关系，逐渐提升了对该地区的影响力，并收获了经济、安全等方面的战略利益。2019年，俄罗斯继续以叙利亚为支点，在中东以小博大，多点发力，在巩固既得利益的基础上力求有所突破，谋求实现自身利益的最大化。俄罗斯在中东充分彰显了大国外交的鲜明特色，但在作用和效应方面仍存在一定的局限性。

关键词： 俄罗斯　中东外交　叙利亚　大国外交

自2015年决定军事介入叙利亚内战以来，俄罗斯以灵活多样、稳扎稳打、谨慎克制的战术步步进取，逐渐掌控叙利亚内战的主导权，并以叙利亚作为支点，在中东以小博大，全面提升对地区影响力，也收获了经济、安全等方面的战略利益。2019年，在中东地区形势复杂变化的背景下，俄罗斯中东外交继续务求实效，多点发力，谋求巩固既得利益并力求有所突破，努力实现自身利益最大化。俄罗斯在中东充分彰显了大国外交的鲜明特色，但仍存在一定的局限性。

---

* 尚月，博士，中国现代国际关系研究院欧亚研究所所长助理，副研究员。

一 2019年俄罗斯中东外交的背景

中东是世界的“十字路口”，是贯通东西，连接南北的咽喉，与外高加索和中亚地区紧邻，是俄罗斯构建完整地缘政治空间的关键所在。俄语中将“中东”称为“近东”，足见该地区与俄罗斯相距之近、相关之切、利益之深。2015 年军事介入叙利亚内战后，俄罗斯逐渐成为叙利亚问题的主角，进一步整合中东外交资源，有效打击恐怖主义，稳步恢复了在该地区的影响力。2019 年，中东地区形势呈现出乱局依旧，博弈不断之势，以下背景成为俄罗斯运筹中东外交的重要考量因素。

一是美国决定逐渐从叙利亚撤军。2018 年 12 月，美国白宫宣布开始从叙利亚撤军。特朗普发推特称，美国“已经击败”叙利亚境内的“伊斯兰国”势力，针对“伊斯兰国”的军事行动是本届政府驻军叙利亚的“唯一原因”。[①] 但紧接着，特朗普政府又放缓口风，强调美军将“缓慢”撤离，仍将清缴“伊斯兰国”残余分子。2019 年 10 月，特朗普顶住国内巨大压力再次表示，美国军队不应充当全球警察，决定将美军撤出叙利亚北部。同年 12 月，美国国防部部长马克·埃斯珀透露，美国已经完成对叙利亚东北部所有驻军的撤离，在重新部署和转移部队后，目前叙利亚全国其他地区一共剩约 600 名美军士兵。尽管美国在叙利亚撤军问题上存在反复、“撤而不离”，但实际上，近年来特朗普政府出于内政选情、在中东利益变化等多重考虑，在中东地区“甩包袱”的倾向已经十分明显：“不支持、不参与”土耳其对叙利亚东北部库尔德武装的进攻、任由以色列在伊拉克空袭、美国无人机被伊朗击落、沙特石油设施遭胡塞武装袭击等都是例证。有媒体称，美国已经对叙利亚问题明显失去兴趣，其可靠性成为一个“紧迫问题”，曾在安全方面对美国寄予厚望的中东各国普遍感到失望。于是，以色列、沙特、

---

① 《特朗普称美国已击败叙利亚境内“伊斯兰国”势力》，http://www.xinhuanet.com/world/2018-12/19/c_1123877307.htm，登录时间：2020 年 9 月 3 日。

阿联酋、埃及等美国的传统盟友纷纷把目光转向俄罗斯。“美撤俄进”成为近几年贯穿中东地区国际关系演变过程的一条重要线索。

二是美国与伊朗的紧张关系升级。早在2018年5月，美国执意退出伊朗核问题全面协议就已经为两国关系转变埋下了伏笔。2019年4月，美国国务院宣布将不再向目前正在进口伊朗原油或凝析油的国家或地区发放制裁豁免，并放话称要将伊朗石油出口量“归零”。此前，伊朗石油出口量在100万桶/日以上，但此番美国制裁决心坚定，多数国家不敢违背，这导致伊朗石油出口锐减。此事之后，美国持续加大对伊朗的制裁力度，其范围覆盖了伊朗国民经济的主要部门，甚至包含伊朗的强力部门。伴随着美国不断发起“极限施压”，伊朗对美政策由“保持战略耐心”转为“抵抗与报复”。2019年5月，伊朗宣布中止履行伊核协议部分条款。6月，伊朗击落美国一架“全球鹰”无人机。随后伊朗还开启了布什尔核电站的扩建工程，并宣布发现新的大型油田。鲁哈尼总统表示，美国的极限施压政策已经“失效”。美伊关系一度剑拔弩张，而俄罗斯一直把伊朗视为其挑战美国主导地位的国际战略的一部分，普京总统则在2019年内4次与伊朗总统鲁哈尼会面，两国在军售、军事技术交流和民用核合作等领域不断强化。2019年11月，在俄罗斯的技术支持下，伊朗布什尔核电站二期工程举行混凝土浇筑仪式。伊朗原子能组织主席萨利希表示，发展核能对伊朗至关重要，也是伊朗实力的源泉。

三是地区强国伺机而动。2019年，在叙利亚、也门、伊拉克、利比亚等国出现不同程度战乱的背景下，土耳其、以色列、伊朗等中东地区传统大国谋求有所作为，以期获取对己有利的形势。最近3年，为逐步实现建立缓冲区、打击叙利亚库尔德武装、控制土地和反恐等多重目的，土耳其已3次向叙利亚北部出兵。2019年10月，土耳其对叙利亚北部库尔德工人党等武装发动“和平之泉”军事行动。以色列凭借着美国的偏袒（美国宣布承认耶路撒冷为以色列首都，把美国驻以色列使馆从特拉维夫迁到耶路撒冷等举措）更加有恃无恐，一方面持续肆无忌惮地空袭叙利亚、伊拉克境内的伊朗目标；另一方面在巴以、叙以等老问题上优势更加明显。伊朗在面对美国

“极限施压”、特别是石油出口被全面封杀的同时，也在积极寻求反制、反击。中东强国不甘寂寞、动作频频，导致该地区局势深刻变化。这既为俄罗斯运筹中东外交带来了挑战，也创造了机遇。

二 2019年俄罗斯中东外交重点

俄罗斯敏锐地嗅到了中东局势正在发生的一系列变化，并在这一背景下稳扎稳打，以维护和巩固战略利益为目标，在叙利亚、伊核和利比亚等几大热点问题上同时发力，持续灵活地展开中东外交。

（一）愈加关注叙利亚战后重建问题

叙利亚是俄罗斯立足中东的主要支点和重要盟友。2019 年是叙利亚危机爆发的第 9 年，这场大规模冲突显露出逐渐收尾的迹象。与此同时，在美国有意从叙利亚逐步“抽身”的背景下，更加复杂与艰巨的叙利亚重建进程缓缓拉开序幕。俄罗斯对叙利亚国内问题及其外溢效应的研究非常细腻。俄罗斯联邦总统直属战略研究所学者苏波妮娜（Е. Супонина）就指出，“大量难民外溢（约 600 万人）导致叙利亚是中东唯一一个近年人口非但没有增加反而减少（从 2200 万人减少到 1800 万人）的国家”。她进一步指出，“叙利亚 90% 的人口遭受冲突和战争之苦，也门有 55%，利比亚也有 10%”。因此，俄罗斯在叙利亚的首要任务之一就是确保该国稳定和政治和解，恢复被摧毁的经济并解决难民问题。“俄罗斯需要一个稳定、主权领土完整的叙利亚。”①

为此，俄罗斯一边继续支持叙利亚政府军巩固地盘；另一边利用与中东各国较为融洽的关系，积极开展对话，试图将所得利益通过制度安排巩固下来：一方面，继续稳固叙利亚的安全形势，不仅在叙利亚部署 30 多套可以

① Россия на Ближнем Востоке-основной гарант безопасности，https：//riss. ru/analitycs/61535/，登录时间：2019 年 12 月 11 日。

探测和攻击低空飞行物体的铠甲－S1 防空系统，还扩大了在叙利亚上空的巡逻飞行区域，开始在叙利亚北部和东北部省份的新区域巡逻；另一方面，对叙进行经济援助和贸易合作。2018 年底，俄叙政府间委员会制定“2019～2021 年两国工业和贸易合作路线图”，其中包括 30 个恢复叙利亚工业和农业基础设施的项目。叙利亚同意俄罗斯积极参与恢复该国的运输基础设施，发展铁路基础设施，包括重建现有的仓库、提供机车车辆和员工培训。帮助叙利亚恢复航运业，并建立联合运输空运和海运公司。2019 年 4 月，俄罗斯副总理鲍里索夫访问叙利亚，双方讨论了此前签署的能源、工业、贸易等领域协议的落实情况，并决定进一步加强各领域双边合作。鲍里索夫强调，俄方将持续向叙方提供支持。2020 年伊始，普京 3 年后再度访问叙利亚，并首次到访大马士革。目前，俄叙达成的贸易合同数额超过万亿美元，俄还计划在塔尔图斯等地建设机场。

（二）加强与土耳其、伊朗协调立场和利益捆绑

在中东局势起伏动荡、地区大国蠢蠢欲动的背景下，俄罗斯在该地区的“临时联盟”也面临着利益的分化与调整。俄罗斯非常清楚，进一步推进中东战略不能仅靠追求自己的利益，而是应通过促成各国寻求共同利益并推动与俄合作才能实现。为此，俄罗斯进一步加强与土耳其、伊朗协调立场，强化利益捆绑，灵活应对形势变化。

2019 年 10 月，在土耳其与库尔德武装停火协议即将到期之时，普京力邀埃尔多安总统访问俄罗斯索契，两国领导人密谈长达 6 个多小时后，最终就叙利亚北部局势达成了“十点备忘录”。双方在土叙边界叙方一侧 30 公里内设立“安全区”这一问题上达成共识，俄罗斯将协助土耳其建立“安全区”。随后，俄罗斯国防部表示，俄土两国正在积极落实谅解备忘录，俄将增派 300 名军事警察及赠送 33 套作战设备，用以维护当地秩序。11 月，俄军又在叙利亚东北部城市卡米什利设置一座基地并部署武装直升机，其在叙行动力得到有力提升。实际上，俄罗斯与土耳其不止在地区安全方面有共同利益，在能源领域还是紧密伙伴。2019 年底，自俄罗斯经黑海至土耳其

的“土耳其流”天然气管道正式建成，管道输气能力超过300亿立方米/年。2020年1月，普京出席在土耳其伊斯坦布尔举行的天然气管道开通仪式并指出，这一天然气管道的开通不仅对土耳其和黑海地区经济发展有重大意义，也能有助于南欧国家的发展且保障欧洲的能源安全。他进一步表示，俄土两国在各领域的合作持续发展。尽管目前国际局势十分复杂且有国家阻挠两国扩大合作，但俄土合作并没有受到影响。[①]

伊朗是俄罗斯在中东地区发展势力的另一个重要抓手。2019年，普京与鲁哈尼总统在双边和多边场合共进行了4次会晤，两国外长也屡次会面沟通。在叙利亚问题上，双方立场相近，均认为需以尊重叙利亚主权和领土完整为基础，通过对话方式推进叙利亚幼发拉底河东岸局势的长期稳定。在双边合作上，在美国对伊朗“极限施压”的背景下，俄罗斯积极声援伊朗并给予其实际支持。两国在联合国、上海合作组织在内的其他组织框架下积极合作。俄罗斯全力支持有关各方努力履行伊核协议，努力寻找绕过美方制裁的合作方式，特别是进一步强化了在核能领域的合作。此外，2019年10月27日，由俄罗斯主导的欧亚经济联盟与伊朗之间的优惠贸易协定正式生效。根据协议，欧亚经济联盟成员国的食品、纺织品、建筑材料等商品将按照更低的关税税率对伊朗出口，同时伊朗的多种蔬菜水果等也将对成员国减免进口关税。[②] 据报道，这一优惠贸易协定是迄今为止伊朗签署的最详尽、最全面的协议，共有9章，包括一般规则以及有关贸易和相关主题的法规。[③] 2019年12月27～30日，俄罗斯与中国、伊朗在阿曼湾国际海域举行首次海上联合军演，这也是自1979年伊斯兰革命后伊朗第一次与中俄两国进行联合军演。

除了双边层面的互动，俄罗斯还持续推动与土耳其、伊朗的“阿斯塔纳和谈”机制。为推动叙利亚政府和反对派的日内瓦和谈进程，将战场优

① 《俄土“土耳其流”天然气管道开通》，https：//m. chinanews. com/wap/detail/zw/gj/2020/01－09/9054718. shtml，登录时间：2020年2月12日。

② 《欧亚经济联盟与伊朗之间的临时自贸区协定正式生效》，https：//www. lenta. inform. kz/cn/article_ a3579448，登录时间：2020年9月1日。

③ 《伊朗与欧亚经济联盟优惠贸易协定生效》，https：//www. imsilkroad. com/news/p/388772. html，登录时间：2020年3月4日。

势转化为谈判优势，俄罗斯在2016年就向土耳其提出，为叙利亚境内实现各方停火并缓解紧张局势而在阿斯塔纳进行俄罗斯、土耳其和伊朗三方和谈，作为日内瓦和谈进程的补充。截至2019年8月，三方已经举行13轮和谈。由于取得了换囚、停火、建立“冲突降级区”等重要成果，该机制的作用日益凸显，逐渐超越日内瓦进程成为解决叙利亚危机的主要机制，演变成各方争夺叙利亚问题主导权的重要平台。2018年1月，叙利亚全国对话大会在俄罗斯索契举行，大会决定设立叙利亚宪法委员会，叙利亚政治进程迈出了重要一步。2019年，“阿斯塔纳和谈”进程持续推进。4月，在哈萨克斯坦首都努尔苏丹举行了第12轮叙利亚问题阿斯塔纳和谈。作为叙利亚停火担保国，俄罗斯、土耳其和伊朗一致同意在叙利亚伊德利布省加强合作，减少交火，开展联合巡逻，以改善该地区安全形势。各方对“阿斯塔纳和谈”这一机制所发挥的重要作用予以充分肯定，表示愿继续通过该平台沟通立场。8月，第13轮阿斯塔纳和谈取得重大进展，叙利亚政府与反对派就在伊德利布实现停火达成协议。该停火协议以俄土此前达成的索契协议为基础，要求将“极端组织”落实索契协议作为停火条件，撤出重型和中型武器，并从伊德利布冲突降级区边界撤退20公里。此外，2019年9月，俄、土、伊三国外长在第74届联大会议期间举行了三边会晤，同意协助宪法委员会在日内瓦举行首次会议。10月底，在三国撮合下，叙利亚宪法委员会首次会议在日内瓦开幕，俄罗斯推动的叙利亚问题政治解决进程更进一步。此外，俄罗斯外交部于2019年2月称，伊拉克和黎巴嫩有意以观察员身份参与“阿斯塔纳和谈”机制。

（三）逐步改善与海湾国家关系

尽管海湾地区传统上是美国、英国等西方国家的势力范围，但俄罗斯在中东的“野心”显然不仅仅局限在叙利亚。在美国在中东的影响力和信誉下降的背景下，俄罗斯有意借机改善与海湾阿拉伯国家的关系。2017年10月沙特国王访问俄罗斯，俄罗斯与沙特改善关系为其调解沙特与伊朗冲突增加了筹码。近几年，双方也曾在OPEC和双边层面为稳定国际油价开展积极合作。2019 年 9 月中旬，沙特两处石油设施遭受袭击后，普京随即表示愿向沙特提供 S－300 或 S－400 系统。同年 10 月，俄罗斯总统时隔 12 年后再次出访沙特阿拉伯。双方就稳定国际油价、能源、军事技术、农业等合作问题进行了充分讨论。此外，普京还特别与沙特国王讨论了叙利亚问题、海湾局势、巴以问题等中东热点。随后，普京又到访阿拉伯联合酋长国（以下简称阿联酋）。此前，俄罗斯与阿联酋于 2018 年签署《战略伙伴关系宣言》。阿联酋主权基金是俄罗斯直接投资基金的首批合作伙伴之一，双方已经合作落实了超过 45 个项目，价值 23 亿美元。[①] 普京此访促成双方签订总价值约 14 亿美元的多份新合同。阿布扎比王储称，“有许多战略因素使阿联酋和俄罗斯团结在一起，这有助于加强关系并使他们的回报最大化”[②]。

除了巩固双边关系之外，俄罗斯还在该地区力推区域安全构想。2019 年 7 月 23 日，俄罗斯总统中东与非洲国家特使、外交部副部长米哈伊尔博格丹诺夫提出《波斯湾地区集体安全构想》，由俄罗斯外交部网站全文公布。这一构想是在美国对伊朗制裁层层加码、“极限施压”和波斯湾、霍尔木兹海峡水域接连发生油船被袭或被扣事件的背景下应运而生，凸显了俄罗斯对该地区安全形势的密切关注和长远谋划。该构想提出，确保波斯湾这一重要战略地区的安全是现代区域关键问题之一，其主要是为海湾地区“建立一个真正包容性的区域安全体系”[③]。该构想内容主要有：区域参与者遵守国际法准则；透明的军事合作；缔结军备控制协定，包括建立非军事区以及各方均衡削减军事能力；签署打击国际恐怖主义、非法武器贩运和移徙、贩毒和有组织犯罪的条约；采取措施将该地区变为无大规模毁灭性武器区等

① 《普京访问阿联酋签 14 亿美元大单 两国将加强经济与安全合作》，http：//news. cctv. com/2019/10/16/ARTINAgXkmCTDigaZEvv315D191016. shtml，登录时间：2020 年 8 月 31 日。

② 《普京访问阿联酋签 14 亿美元大单 两国将加强经济与安全合作》，http：//news. cctv. com/2019/10/16/ARTINAgXkmCTDigaZEvv315D191016. shtml，登录时间：2020 年 8 月 31 日。

③ О российской Концепции обеспечения коллективной безопасности в зоне Персидского залива，https：//www. mid. ru/rossijskaa－koncepcia－kollektivnoj－bezopasnosti－v－zone－persidskogo－zaliva/－/asset_ publisher/2lVdNGBn6g2B/content/id/3733575，登录时间：2019 年 11 月 30 日。

内容。俄外交部在该构想中提到，俄方向海湾地区国家以及这一区域外国家提议放弃武力和以武力相威胁来解决问题，在军事领域互相履行透明义务、签署军控协议和建立非军事区、加强中东地区核不扩算机制、签署打击国际恐怖主义、武器走私、贩毒和有组织犯罪协定。在军事领域，俄罗斯特别提到，各方就军事主张进行对话、建立热线、互相通知军演和军事飞行、波斯湾以外国家放弃永久驻军以及交换武器和武装部队情报等。① 俄方已将其提出的《波斯湾地区集体安全构想》作为正式文件，提交给了联合国安理会和联合国大会。2020 年 1 月初，美国狙杀伊朗军事指挥官苏莱曼尼以及伊朗对驻伊拉克美军进行报复性导弹攻击之后，海湾地区的紧张局势升级。俄罗斯外长拉夫罗夫直言“俄非常关心当地局势”，并指出“俄罗斯一直建议海湾国家考虑集体安全机制……从建立信任措施和邀请对方参加军事演习开始”。从目前看，至少中东国家并不反对俄方提出的“集体安全”概念，这也为中东国际关系的进一步演变提供了可能。

（四）加强对利比亚的政治军事介入

苏联曾和利比亚关系亲密，双方合作涉及诸多领域尤其是军事领域。包括利比亚国民军司令哈利法·哈夫塔尔在内的诸多利比亚军官曾赴苏联培训。苏联在 20 年里派遣了 1 万多名军事专家驻利比亚工作。在卡扎菲执政时期，利比亚是少数愿意用现金结算购买俄式武器的国家。2008 年，俄罗斯免除利比亚 45 亿美元债务，以换取利比亚购买价值在 40 亿 ~ 100 亿美元的武器合同。与此同时，两国油气公司、铁路部门也积极开展合作。但随着 2011 年卡扎菲政权倒台，俄罗斯遭受了地缘政治和经济利益的双重损失。俄罗斯《政治杂志》主编彼得·阿科波夫在俄《观点报》网站发表文章称，尽管目前同哈夫塔尔关系更近，但俄罗斯的利益在于推动利比亚冲突各方走

---

① О российской Концепции обеспечения коллективной безопасности в зоне Персидского залива, https://www.mid.ru/rossijskaa-koncepcia-kollektivnoj-bezopasnosti-v-zone-persidskogo-zaliva/-/asset_publisher/2lVdNGBn6g2B/content/id/3733575，登录时间：2019 年 11 月 30 日。

向谈判，促使该国建立一个强大的统一国家。唯有如此，才有可能恢复俄罗斯在该国的战略利益。[①] 早在 2017 年，俄罗斯石油公司就与利比亚国家石油公司签署关于能源领域投资的框架协议。同年 10 月，俄罗斯石油公司开始以每月 1 ~2 批的量购买利比亚石油。2019 年以来，尽管俄罗斯矢口否认直接参与冲突，但西方媒体一再报道俄罗斯派遣军事公司“瓦格纳集团”的精锐进攻部队参加利比亚内战，称当地活跃着约 2000 名俄罗斯雇佣兵。当前，利比亚危机不仅越来越牵动中东地区局势，其引发的难民潮也直接威胁着欧洲的安全与稳定。俄罗斯欲在其中发挥积极作用，充当冲突各方的调停者：一面与土耳其发表联合声明，呼吁利比亚交战双方尽快实现停火；另一面多次与法国、德国、意大利、埃及等国就利比亚危机进行元首层面的沟通协调。2020 年 1 月，俄罗斯邀请利比亚冲突各方齐聚莫斯科，就停火问题进行谈判。随后，普京便飞赴德国参加柏林利比亚问题国际会议，在其积极斡旋下，利比亚局势有所“降温”。可以说，积极介入利比亚局势是俄罗斯继叙利亚问题之后扩大它在中东地缘政治影响力的重要一环。更有分析家指出，俄罗斯以叙利亚为模板，找到了一条以支持政治军事强人换取政治影响力、军事基地和高附加值商业合同的中东战略。当前俄罗斯主动介入、调解利比亚冲突，不但有助于维护自身在中东地区的政治经济利益，有效提升国际地位，同时为缓和、加强俄欧关系创造了抓手和机遇。

三　俄罗斯中东外交的特征

在过去的四五年，俄罗斯在中东取得的成就是显而易见的。自 20 世纪 80 年代后期以来，俄罗斯首次以重要角色重返中东，其与苏联大相径庭的政策强烈冲击着该地区各国对俄罗斯的认知。Rugum 网站的评论文章指出，“俄罗斯是否会成功改变根植于几个世纪的中东传统，这将由时间来证明，

---

① 《俄媒：参与利比亚问题将提升俄罗斯国际地位》，http：//column. cankaoxiaoxi. com/2020/0225/2402941. shtml，登录时间：2020 年 3 月 10 日。

但进行这种尝试的本身就对于该地区乃至整个世界非常重要”①。从目前来看，俄罗斯的中东外交有以下几个显著特征。

首先是得多失少。俄罗斯在中东地区的介入不深，投入不多，进退自如，没有严重消耗国力，并收获了良好的国际声誉和经济、安全效益。在过去几年里，俄罗斯逐渐掌控叙利亚问题的主导权，奠定了在叙利亚战后重建中的关键地位，对中东影响力升至冷战后最高点。不仅有效地在该地区打击和遏制了恐怖主义，填补美国投入减少留下的“权力真空”，还在美国与盟友之间打楔子。既巩固了与中东传统盟友的关系，又以务实的态度找准与美国中东盟友之间的利益契合点，打造新的“朋友圈”。俄罗斯以相对较少的物质资源投资和最小的战斗损失，设法从中东大国博弈中脱颖而出，变成了主要行动者之一。特别是如果将俄罗斯在叙利亚的行动结果与美国及其盟国在 2003 年干预伊拉克进行比较时，俄罗斯的成功看起来更加令人印象深刻。

其次是务实灵活。俄罗斯外交的一大特点是务实主义，特别注重实际成果，从不设定不切实际的目标。不仅如此，俄罗斯非常重视在中东获得明显的地缘政治和经济利益，以及取得某些短期成果。在开展军事行动时，俄罗斯非常了解中东各种军事力量博弈的复杂性和本国作战能力的局限性，因此对中东军事行动的投入相对较小。伴随着叙利亚局势逐步稳定，俄罗斯随即撤出了大部分部队，并停止大规模军事行动。在发展对外关系时，俄罗斯首先将重点放在积极和富有前景的议程上，暂且搁置各方立场差异巨大而无法达成共识的问题。以与土耳其的关系为例：最初，俄罗斯只在经贸、旅游、天然气管道建设和核电站等领域向土耳其抛出橄榄枝，并未与其深入探讨恐怖分子和叙利亚问题。但伴随两国共同在叙利亚开始行动后，土耳其被俄罗斯拉住一起打击恐怖主义，然后与伊朗共同参加“阿斯塔纳和谈”机制。两国合作不断向更深层次发展，俄罗斯向土耳其出售了 S－400 防空导弹系统，土耳其也提出加入上海合作组织的可能性。

---

① Россия формирует новый Ближний Восток，https：//regnum. ru/news/polit/2747406. html，登录时间：2020 年 4 月 3 日。

在处理矛盾时，俄罗斯能做到以大局和利益为重，表现出极大的耐心、智慧和克制，这被称为近年来俄罗斯外交的最有效政策。2015～2016 年，土耳其击落俄罗斯战机、俄罗斯驻土耳其大使卡尔洛夫在土耳其首都安卡拉遭枪击身亡等事件更令双边关系蒙上阴影。但彼时俄罗斯正需要土耳其在叙利亚问题上的支持和协作，更希望在乌克兰危机后以土耳其为突破口进一步密切与欧洲的联系，遂“忍气吞声”，低调处理双方分歧，力主两国关系迅速回暖。有消息称，2016 年 7 月土耳其发生未遂军事政变后，正是俄提供的情报给予埃尔多安有力支持。随后，普京成为首个向埃尔多安慰问的大国元首，两国不仅迅速修复了政治关系，还进一步加强了在各领域的合作。

再次是去意识形态化。冷战时期，苏联外交以向他国输出意识形态为基础，而俄罗斯的中东外交强调互惠互利，不以意识形态、政治制度或经济模式划定限制。这从根本上区别于苏联和美国干预中东事务的逻辑、手段和目标。除了不与恐怖分子交往，莫斯科与中东几乎所有力量保持着建设性关系，其在该地区的“朋友圈”涵盖什叶派与逊尼派、犹太人和阿拉伯人、土耳其人和库尔德人、以色列人和巴勒斯坦人等，这导致其与各方关系富有弹性和灵活度。比如，在俄罗斯与伊朗积极合作的背景下，克里姆林宫也设法与以色列保持对话。两国军队建立联系，定期交流信息。除此之外，俄罗斯致力于与中东小国（巴林、约旦、科威特等）开展合作，不仅在外交表态上展现出高度关注，而且在实际行动上确保双方关系的平等，这极大地促进了这些国家对克里姆林宫以及对普京的个人信任。在这方面，俄罗斯的表现与冷战时期苏联和美国对待中东小国（除巴勒斯坦外）的态度截然不同。在处理与美国在中东的关系上，俄罗斯认为两国关系不同于冷战时期，不是零和游戏。尽管俄美关系在乌克兰危机后持续恶化，双方在各领域交锋不断，但俄罗斯既无意把反美情绪带到中东，也无意与美国在该地区竞争并彻底取代美国的地位，而是充分利用了美国投入减少留下的“权力真空”，选择那些美国没兴趣参与的地区性冲突以及不竭力追求的经济利益，从而有效减少了它在中东外交面临的阻力。

最后是扮演“调解员和仲裁者”的角色。俄罗斯参与中东事务具有深刻的历史根源。俄罗斯东方学研究力量强大，底蕴深厚。时至今日，俄罗斯中东问题学者都是该国外交和安全领域最著名的专家，其中最负盛名的莫过于前总理普里马科夫。专业度极强的学者们对该地区历史与现实的长期跟踪研究为俄罗斯政治精英正确决策提供了强有力的支持。近几年，俄通过对叙利亚战场的军事行动成功打开了中东外交的局面，它在中东的影响力攀升至苏联解体以来的最高峰，成为影响中东北部地区的主要外部力量和中东局势的重要仲裁者。在该地区局势呈现“所有人反对所有人”的复杂情况下，俄罗斯总是能够迅速地厘清各方诉求，并清晰地确定本国利益所在以及实现利益的方式，及时与各派力量展开沟通和对话。正如俄罗斯联邦总统直属战略研究所专家苏波妮娜所说：“永远都要记住，俄罗斯在中东有自己的利益。我们需要以不同的方式在该地区工作，同时扩大接触并与各派力量建立联系，不被悲观的情绪和复杂的局势吓倒。”①

四　俄罗斯中东外交的局限性

尽管俄罗斯重返中东收获颇丰，也彰显了其大国外交的鲜明特色，但在未来的中东局势中，俄罗斯的作用和地位仍存在一定的局限性。俄罗斯在中东所取得的成就并没有从根本上颠覆美国在这一地区的主导地位，也未对突破俄与西方关系僵局产生重要影响，其战略设想在实施过程中仍将面临一系列的挑战和难题。

从绝对实力上看，俄罗斯无法也无意取代美国在中东的主导地位。尽管“美国撤军和俄罗斯进取”特别引人关注，但不应得出仓促的结论。第一，俄美中东博弈的变化具有相对性而非绝对性。从绝对实力上看，美国仍然是中东地区最强大的外部力量，其在中东部署的部队数量最多、具有盟友和最强影响力，而俄罗斯仍局限于在某些具体问题上发挥作用。第二，俄罗斯和

① Россия на Ближнем Востоке-основной гарант безопасности, https: //riss. ru/analitycs/61535/，登录时间：2020 年 5 月 6 日。

美国也在经济和军事实力方面存在差距。这也影响俄罗斯重返中东的可持续性及其长期利益的规模。在当前国际油价大幅震荡、俄罗斯经济增长乏力、财政捉襟见肘的背景下，俄罗斯恐难仅凭一己之力维系在叙利亚的大规模投入。第三，俄罗斯本身也无意大举干涉中东事务，而只是想成为某些事务的重要参与者和调停者。俄罗斯国际事务委员会尤里巴林表示，俄罗斯并不想要在任何地方取代美国，这将产生非常高昂的代价。在俄罗斯争取影响力的过程中，存在很多随意和机会主义的观点。[①] 兰德公司的报告也指出，俄罗斯的中东政策集中于短期目标，完全是"机会主义"和交易性的，这种交易的价值较低。由于俄罗斯的资源和实力有限，在过度卷入中东事务后，俄将被迫依赖其他参与者。[②]

从预期效果来看，俄罗斯虽然在中东表现"亮眼"，倡议频频，但未来俄中东战略能否继续顺利推进和落实，仍有待观察。以《波斯湾地区集体安全构想》为例，这个类似于20世纪70年代欧洲"赫尔辛基进程"的中东版本，最终落地将面临诸多困难。俄罗斯国际事务委员会的报告指出，俄罗斯一直希望在中东建立具有包容性的区域集体安全机制，认为这是解决中东问题的最佳方案。但创建类似的集体安全体系"是不可能的"[③]。首先，该体系要求阿拉伯国家和非阿拉伯国家（土耳其、以色列和伊朗）强制参与其中，这在今天的中东局势下是很难想象的事情。其次，阿拉伯世界本身仍深陷分歧，难以以任何方式团结起来。沙特阿拉伯和卡塔尔的海湾断交危机证明海湾合作委员会"身不由己"，而阿拉伯国家联盟的作用则更为有限。最后，即使有可能在中东建立集体安全系统，目前也不清楚这一机制将

---

① "In the Middle East, Russia is back", https://www.washingtonpost.com/world/in-the-middle-east-russia-is-back/2018/12/04/e899df30-aaf1-11e8-9a7d-cd30504ff902_story.html? noredirect=on&utm_term=.a31cfbba479a，登录时间：2018年12月8日。

② James Sladden, Becca Wasser, Ben Connable, Sarah Grand-Clement, "Russian Strategy in the Middle East", https://www.rand.org/pubs/perspectives/PE236.html，登录时间：2018年12月11日。

③ "Россия на Ближнем Востоке: тактические победы и стратегические вызовы", https://russiancouncil.ru/analytics-and-comments/analytics/rossiya-na-blizhnem-vostoke-takticheskie-pobedy-i-strategicheskie-vyzovy/，登录时间：2020年1月11日。

如何有效应对非国家行为体带来的威胁和挑战。从近年的经验来看，正是这些威胁和挑战越来越多地决定中东地区的安全议程。

俄罗斯清楚地认识到，中东形势的复杂性决定了任何外部力量都不是影响该地区局势的最主要因素。俄罗斯国际事务委员会的报告进一步指出，“未来俄罗斯中东战略的基本原则是什么？首先，俄罗斯应该从这样一个事实出发：其在该地区的作用像所有其他外部参与者一样，将不可避免地受到限制。从中长期来看，不可能保持俄罗斯目前的影响力水平，并不是因为俄罗斯将被美国、欧盟或中国取代，而是因为没有任何外部力量可以决定甚至严重影响自‘阿拉伯之春’开始以来中东社会、经济和政治进程的发展。在任何情况下，外部参与者的角色都是微不足道的”①。与俄罗斯中东外交取得显著成就形成鲜明对比的是，俄学界对该地区的命运表达了高度警觉的态度。正如俄罗斯国际事务委员会执行主席安德烈·科尔图诺夫强调的那样，“在该地区，我们必须为新的惊喜和转折做好准备”②。

从俄罗斯的外交大局看，尽管中东外交风生水起，但是难以彻底改善其所处的国际环境，难以撬动改善与西方关系的杠杆。2015 年，俄罗斯出兵叙利亚的战略目标之一即试图通过叙利亚战争扩大与美欧外交接触平台，谋求与西方谈判的筹码，从而改善乌克兰危机后日益恶化的外部环境。4 年以来，美俄高层虽就叙利亚问题多次沟通协调，两国元首也曾于 2017 年 7 月亲自促成叙利亚西南部地区停火协议（美俄两国在叙利亚问题上第一次展开实质性合作），并就军事合作打击“伊斯兰国”展开对话，但总体而言合作领域和合作程度都非常有限，未能实现大幅改善俄美关系的初衷。西方国家在就叙利亚、乌克兰问题与俄交换条件上也意兴阑珊。当前，西方对俄经济制裁非但没有减除，反而一浪高过一浪。双方关系短期内难以出现迅速转圜的可能性。

---

① Россия на Ближнем Востоке: тактические победы и стратегические вызовы, https: //russiancouncil. ru/analytics – and – comments/analytics/rossiya – na – blizhnem – vostoke – takticheskie – pobedy – i – strategicheskie – vyzovy/，登录时间：2020 年 1 月 11 日。

② Россия на Ближнем Востоке-основной гарант безопасности, https: //riss. ru/analitycs/61535/，登录时间：2020 年 5 月 6 日。

Y.19

2019年欧盟在中东的整体态势及效果评估*

贾烈英　郝博闻　焦欣慧**

摘　要：　欧盟对中东问题的关切程度体现了欧盟对地区安全策略的政策选择。“阿拉伯之春”的爆发对中东的政治格局产生了深远影响，同时也对欧洲的政治和安全利益产生重大影响，再加上欧盟共同外交政策的实践困境，使欧盟需要在处理中东问题上付出更大努力。本文通过分析欧盟在伊朗核协议问题、巴以冲突和库尔德问题这三个中东重大问题上采取的具体措施及问题前后的事态变化，对欧盟在中东问题上的整体态势进行总结和梳理，并对干预和处理的效果进行评估。

关键词：　欧盟　伊朗核协议　巴以冲突　库尔德问题

欧盟在2016年通过了《欧盟外交与安全政策的全球战略》（以下简称《欧盟全球战略》），相比较2003年的《欧洲安全战略》，《欧盟全球战略》将欧盟“自身安全”作为战略目标的首位，而且不再将推进民主化和政权更迭作为战略目标，取而代之的是强调欧盟在东部和南部周边地区建设有韧

---

* 本文为北京语言大学梧桐创新平台项目“软实力视域下的中美亚太政策走势研究”（中央高校基本科研业务费专项资金资助，项目编号18PT03）阶段性成果。

** 贾烈英，北京语言大学国际关系学院院长、教授、博士生导师；郝博闻，伦敦国王学院政治经济学专业研究生；焦欣慧，北京大学国际关系学院本科生。

性的国家和社会。这里的“韧性”，主要指的是提高这些国家承受内外压力和在遭遇破坏时具有的强大恢复能力。此外，该战略的核心思想是“有原则的务实主义”，这相当于在一定程度上是对国际政治现实主义的回归。[①]

“阿拉伯之春”的爆发使欧盟的安全环境愈发恶化，恐怖主义的迅速蔓延、战争带来的难民危机、大规模杀伤性武器的扩散以及领土的持续纠纷，使欧盟对自身和周边的安全前景很不乐观。有学者认为，现在的欧盟正处于内忧外患的时代，且自身安全正在受到威胁。[②] 鉴于目前中东局势的发展，欧盟对其保持密切关注，并力图改善中东地区的安全环境。

但作为一个超国家行为体，欧盟整体对外政策的效果有较大的局限性，[③] 因为欧盟成员国一方面为自己的联盟共同制定了在外交政策领域中更为有抱负的目标，另一方面，每个成员国仍有继续捍卫其执行独立外交政策的能力。在决策制度层面上，较大的参与者的霸权冲动将决定政策的产出，较小的参与者没有选择的空间却只能去适应并通过附带条款得到补偿。[④] 从这些角度分析，欧盟的共同外交政策也许只能被认为是最低共同点政治的表达，它不能挑战任何国家的核心外交政策利益。[⑤] 这是欧盟参与地区政治事务的一大困境，将限制欧盟的影响力和干预的效果。

本文将从中东传统的三类安全问题出发，即大国在中东地区的博弈和政策冲突、地区与边界的领土纠纷、主权国家内部不同政治党派的冲突，分析欧盟在这三类安全问题主要的代表事件中所采取的政策选择，并对其采取的措施进行效果评估。

---

① 叶江：《试析欧盟安全战略的新变化——基于对欧盟2003与2016安全战略报告的比较》，《学术界》2017年第225期，第1页。

② Shared Vision, “Common Action: A Stronger Europe - A Global Strategy for the European Union's Foreign And Security Policy”, p. 7.

③ 余国庆：《欧盟与中东关系》，社会科学文献出版社，2018，第207页。

④ Mouritzen, H., “Tension between the Strong, and the Strategies of the Weak”, *Journal of Peace Research*, Vol. 28, Issue 2, 1991, pp. 217-230.

⑤ Ben T. and Thomas C., *The study of EU foreign policy between international relations and European studies*, Manchester University Press, July, 2018.

一　伊朗核协议问题——欧美之间的政策冲突

（一）欧盟与美国的政策冲突

中东的地区秩序和安全环境依然处于深刻调整中，大国间的博弈仍在持续加剧。尽管美国前总统奥巴马试图推进伊朗核协议来建构更为稳定与安全的中东局势，但特朗普上台后，退出了《联合全面行动计划》（JCPOA，以下简称伊朗核协议），并开始制裁伊朗。伊朗石油出口受到严重影响，其他一些国际金融实体也和伊朗切断了贸易往来，主要是担忧与伊朗合作会引来美国的制裁。①

但欧盟采取了与美国完全相反的政策。国内学者如吕蕊和赵建明指出，美国一直强调军事打击在解决伊朗核问题中的决定性作用，而且除了奥巴马政府，就像特朗普退出伊朗核协定并制裁伊朗一样，几乎每一任总统都否认伊朗拥有和平使用核能的可能性；但欧盟认为伊朗拥有和平利用核能的权利，而且欧盟希望以核问题介入中东安全事务并打破美国对中东事务的垄断，以及试图采用规范性力量帮助伊朗。② 国外学者高达特认为，欧美在政策上的冲突是因为欧盟与伊朗有着密切的贸易往来，他认为欧盟关于伊朗核协议问题的主要目的是想达成一项长期有效的解决方案，此外解除国际上针对伊朗的制裁，并信任伊朗能够和平利用核能。③ 然而，将欧盟保护伊朗核协议与伊朗利益的动机主要归结为经济因素是不够严谨的，因为据欧洲统计局公布的数据，美国和中国是欧盟的主要贸易伙伴，远超与伊朗的贸易总

① Ellen R. Wald，"10 Companies Leaving Iran As Trump's Sanctions Close In"，*Forbes*（June，2018），https：//www.forbes.com/sites/ellenrwald/2018/06/06/10 - companies - leaving - iran - as - trumps - sanctions - close - in/#6d1a1d15c90f，上网时间，2019 年 12 月 6 日。

② 吕蕊、赵建明：《欧美关系视角下的伊朗核问题——基于 2016 年以来欧美伊核政策的比较分析》，《欧洲研究》2019 年第 1 期，第 22 页。

③ Bahgat，G.，*The Iranian nuclear crisis：An assessment*，ARMY WAR COLLEGE CARLISLE BARRACKS PA，2013，pp. 72 - 73.

额，因此欧盟的主要政策选择还是优先考虑维护地区和平与稳定。

欧盟与美国的政策冲突产生的原因有三个方面。一是欧盟与美国的政策制定出发点不同。欧盟一直强调多边主义和规范性力量的作用；美国自特朗普上台后，将“美国优先”政策贯穿国际事务中，认为在多边协定下，美国的利益会受到损害，再加上除奥巴马外的历届总统都认为伊朗无法安全使用核能，美国退出核协议也显得顺理成章了。

二是欧美之间的地缘差异。伊朗在中东地理位置非常关键，处于大国利益交汇的地区，伊朗国家稳定不仅关系中东整体安全，还决定着欧盟的安全环境。因此在伊朗核问题上，欧盟不能接受伊朗研发核武器，但更不能接受伊朗成为美国军事打击的目标。一旦中东再燃战火，那么难民、恐怖主义等造成的地区不稳定因素将更加严重。在美国退出伊朗核协议之后，欧盟既不希望本来约束伊朗的核协议遭到破坏，更不希望因为受到制裁的伊朗开始重新回到追求核武器力量的行列，所以欧盟在特朗普计划退出核协议时试图游说美国政府，并利用国际组织和其他国家的力量来劝阻美国。

三是欧盟与美国在同伊朗的贸易合作有本质差异。伊朗是欧盟重要的贸易合作伙伴之一，双方经济往来非常密切。然而，美国对伊朗的制裁，将会严重影响伊朗的石油出口，欧盟在伊朗的投资也会受到影响。因此出于对欧盟成员国和公司利益的考量，欧盟也不会配合美国共同制裁伊朗，取而代之的是出台实质性措施保护欧盟的实际利益。

（二）欧盟力图维持伊朗核协议

基于上述背景，欧盟明确表示要维护伊朗核协议，使伊朗免受之后几轮的制裁。在保护核协议方面，欧盟采取了多项举措。一是在美国打算退出核协议前进行劝阻，具体体现在美国对伊朗发出最后通牒后，欧盟增加了对美国的游说力度。法国总统马克龙向特朗普表示，美国退出伊朗核协议会增加伊朗重新发展核武器的可能性，并加剧中东的动荡。二是在美国退出核协议后，英国、法国、德国发表了维护伊朗核协议的联合声明，称欧盟将尽力保障伊核协议框架的完整，不会采取阻碍核协议实施的任何行动，并研究美国的相关制裁，保护欧盟与伊朗公司的利益。[①] 2019 年 1 月和 4 月，因伊朗侵犯人权行为，欧盟对伊实施制裁，但针对的只是单纯的机构公司和几十个人，并没有认定伊朗已经违反当初的核协议。

虽然欧盟最后没有能够让美国放弃退出伊朗核协议的计划，但欧盟在游说美国前就做好预案，并且有信心将美国对伊制裁和伊朗核协议失败的影响降到最低。[②] 总体来看，欧盟采取的多种政策，目的是帮助伊朗抵消部分因美国退出带来的消极影响。

然而，美国重启制裁对伊朗经济造成巨大影响。国际货币基金组织的报告指出，伊朗核协议增加了伊朗的石油出口及就业。2016 年伊朗 GDP 上涨了 12.5%，到 2018 年上半年石油日出口相比之前增加了一倍。[③] 进入 2019 年，国际货币基金组织显示，伊朗实际 GDP 增长率为 -9.5%，这也是伊朗近 30 年来 GDP 增长率下降最显著的一次。[④] 因此，伊朗从 5 月开始宣布停止履行伊朗核协定的部分条款，7 月伊朗总统表示将不再限制铀浓缩活动的产品丰度。[⑤] 伊朗通过这些举动不仅表达了对欧盟维护核协议失败的不满，也向美国展现了伊朗政府要反抗下去的决心，给伊朗民众注入一剂强心药。

（三）欧盟建立多边贸易支付体制

为稳定中东局势，打消伊朗继续提升核能力的动机，保护伊朗的对外贸

---

① Patrick Wintour and Jennifer Rankin, "EU Tells Yran It Will Try to Protect Firms from US Sanctions", *The Guardian*, May 15, 2018, https://www.theguardian.com/world/2018/may/15/eu-tells-iran-it-will-try-to-protect-firms-from-us-sanctions，登录时间：2019 年 12 月 6 日。

② See Silvia Amari, "Europe Fights to keep the Iran Nuclear Deal Intact After Trump Pulls Out", *CNBC*, https://www.cnbc.com/2018/05/09/europe-fights-to-keep-the-iran-nuclear-deal-intact-after-trump-pulls-out.html，登录时间：2019 年 12 月 6 日。

③ Amir Paivar, "Nuclear Deal: Is Iran's Economy Better off Now"? *BBC News*, (May 4, 2018) https://www.bbc.com/news/world-middle-east-43975498，登录时间 2019 年 12 月 7 日。

④ IMF DataMapper, https://www.imf.org/external/datamapper/NGDP_RPCH@WEO/IRN，登录日期：2019 年 12 月 7 日。

⑤ 张丹：《伊朗重压之下寻求"破局"》，《解放军报》2019 年 7 月 5 日，第 4 版。

易正常进行，欧盟于2019年1月31日创建了欧洲专用的贸易互换支持工具（INSTEX）。贸易互换支持工具是由作为初始股东的法国、德国和英国发明的特殊目的载体（Special Purpose Vehicle，SPV）。欧盟认为，最需要解决的就是欧洲公司和伊朗的贸易要设法避开美国的制裁，而这个载体为欧洲公司和伊朗保持金融交易和贸易提供了可能。①

具体来说，这个贸易互换支持工具是一个为欧洲经济实体和伊朗开展贸易的便利记账式贸易平台，在这个平台的交易过程中不必使用银行结算系统（SWIFT 结算体系）。② 例如，首先伊朗将对欧盟出口的石油以欧元计价的方式纳入这个特殊目的载体，然后伊朗在购买欧盟的商品时可以使用在这个特殊目的载体中的金额进行抵付。还有一个特殊的优势就是，这个平台上产生的交易不受美国的监管和控制。再加上不以美元计价，那么理论上伊朗则可以继续平稳地与欧洲地区的公司进行贸易。尽管这个机制不会给伊朗带来显著的财务增长，但这个平台可以保证伊朗经济在相当长时间内不会因美国的制裁而崩溃。正像伊朗外交部部长扎里夫表示的那样，伊朗十分期待多边贸易支付体制能够发挥作用，欧盟终于做出了履行承诺的事情。③

然而，这个支付平台有一个明显的弊端，就是以伊朗的石油出口作为抵扣商品的资金，在可预见的范围内将会出现交易额上限。伊朗每年向欧盟出口的能源价值为240亿~360亿美元，这些转化为支付额度之后很明显难以满足伊朗的全部进口需求，若油价下跌或欧盟对石油需求下

---

① INSTEX，“Europe Sets up Transactions Channel With Iran”，*DW*，January 2019，https：//www.dw.com/en/instex-europe-sets-up-transactions-channel-with-iran/a-47303580，登录时间：2019年12月7日。

② 在美国对伊朗的制裁中包括使 SWIFT 停止为伊朗央行和指定的伊朗金融机构服务，这就相当于切断了伊朗对其他国家商品进行支付的手段。

③ Islamic Republic News Agency，“INSTEX positive step to secure Iran Deal interests：MP”，February 2019，https：//en.irna.ir/news/83197339/INSTEX-positive-step-to-secure-Iran-Deal-interests-MP，登录时间2019年12月10日。

降，那么通过这个载体所买卖的商品和服务也就会大幅下降。[①] 伊朗《金融论坛报》指出，2019 年上半年，伊朗和欧盟之间的贸易总额仅为 25.6 亿欧元，同比下降了 76.01%。[②] 这反映了贸易互换支持工具还有待完善。

（四）欧盟政策选择的效果评估

欧盟在伊朗核协议问题中先后采取了两大政策：一是修订阻断法令；二是构建多边贸易支付体制。前者的目的是禁止欧盟有关经济实体执行美国的制裁法，也禁止执行美国的判决与命令，同时也允许欧盟公司追索因美国制裁造成的经济损失。表面上看，这项阻断法令充分表达了欧盟想维护伊朗的决心，同时对美国退出伊朗核协议的行为表示不满。但实际上，欧盟出台阻断法案的受众群体是欧盟的公司或实体，可是这对欧盟公司来讲是一种困境（见图 1）。如果美国政府发现欧盟公司按照欧盟的阻断法律而不顾美国对伊朗的制裁，那么美国政府将会采取制裁欧盟公司的策略，在这样的背景下，为保护自己的利益，欧盟公司如果只考量经济得失，就会选择不执行欧盟的阻断法案。再加上即使违反阻断法案，欧盟也难以强制执行相关处罚，因此违法这个阻断法案会被认为成本较低。

造成这种情况的原因之一，就是欧盟地区的公司十分依赖美国的市场，而且一旦引来美国制裁，这些公司可能会因为无法加入国际银行体系而失去和其他国家合作的机会。因此，欧洲内部的一些银行和企业认为不遵循欧盟的政策是出于理性的选择（将自己的利益最大化），毕竟和美国的 19 万亿美元市场规模相比，4000 亿美元的伊朗市场显得相对渺小。法国道达尔公司、德国戴姆勒汽车公司等都先后响应美国对伊朗的制裁，中

---

① 吕蕊、赵建明：《欧美关系视角下的伊朗核问题——基于 2016 年以来欧美伊核政策的比较分析》，《欧洲研究》2019 年第 1 期，第 40 页。

② 中华人民共和国商务部：《伊朗和欧盟上半年贸易额下降 76%》，中华人民共和国驻伊朗伊斯兰共和国大使馆经济商务参赞处网站，2019 年 8 月 20 日，http://www.mofcom.gov.cn/article/i/jyjl/j/201908/20190802892365.shtml，登录时间：2019 年 12 月 15 日。

止了与伊朗的合作。[①] 这些公司的态度也从侧面体现了阻断法案所取得的效果较为有限。基于这样的情况，欧盟随后采取一项受体是国家而非公司的政策，即开始构建。

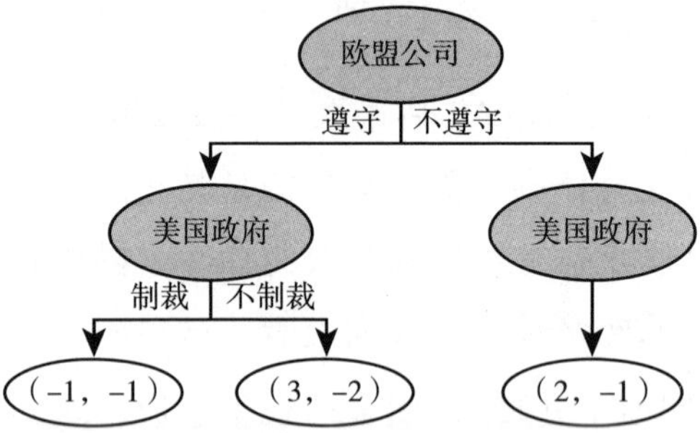

图1　贸易互换机制

（数字只表示收益关系大小）

总的来看，欧盟十分关切伊朗核协议问题，也通过自己的行动践行了对伊朗核协定的承诺。无论是出台拥有投资保护的阻断法案，还是构建封闭贸易互换支持工具，都是想帮助伊朗抵消美国的制裁。毋庸置疑，这些政策取得一些积极意义，它既没有让美国的极限制裁压垮伊朗经济，也没有让伊朗冒进地提升核能力。但阻断法案的受众是欧盟的公司，这些公司担心受到牵连而忽视欧盟的阻断法案。相比之下，创建贸易互换支持工具的意义就要深远得多了。

首先，这个贸易互换支持工具是反对美国金融霸权的一项重要举措。目前，国际上超过 40% 的贸易以美元结算，欧元紧随其后，占比超过 30%，而且美国对国际金融组织占据较大的投票否决权。因此，当美国想插手国际事务或制裁其他行为体时，首选的必然是用这些具有公共属性的金融平台和

① Holly Ellyatt, "Oil Giant Total has Pulled Out of Iran and Giant Gas Project, reports say", *CNBC News*, https://www.cnbc.com/2018/08/20/total-pulls-out-of-iran-and-giant-gas-project-reports-say.html，登录时间：2019 年 12 月 10 日。

服务作为要挟。[①] 因此，欧盟此举对制衡美国的金融霸权、削弱美元计价权地位具有重要意义。

其次，打破了美国想将单边制裁发展为多边制裁的想法。为了将制裁效果最大化，美国一般会向盟友施压以支持自己的外交政策，而欧盟曾是支持美国的重要盟友之一。然而，在这次伊朗核协议事件中，欧美分歧使美国处理国际事务上的威信受到冲击。

最后，欧盟的干预也遏制住了伊朗要升级核武器研发能力的意图。2019年上半年，伊朗已经接近核协议规定的临界点，一旦做出什么危险的决策，势必会引起美国更加严重的制裁甚至是军事打击，这不仅对伊朗和欧盟，而且对整个世界都有较大冲击。因此，尽管未来多边贸易互换支持工具还有待完善，但已经为妥善处理伊朗核协议问题取得了积极的成效。

二　巴以持续冲突下的欧盟政策选择

目前，欧盟在中东另一个关注点就是巴以冲突。自2017年12月特朗普公开宣布耶路撒冷是以色列首都，并将驻以色列使馆搬迁至耶路撒冷后，巴以冲突迅速升级。进入2019年，巴勒斯坦和以色列之间的冲突出现新的发展趋势。一方面，巴勒斯坦问题在不断边缘化。尽管欧盟一直试图维护和恢复巴勒斯坦的合法民族权益，建立国际认可的正常主权国家，但由于美国插手与提出“世纪协议”（Deal of the Century）[②]，使巴勒斯坦在恢复国家地位上阻力增加，再加上非传统阿拉伯国家的崛起，使得国际社会对巴勒斯坦问题的关注度有所下降。[③] 另一方面则是以色列在美国支持下，坚持将耶路撒冷作为自己的首都。此外，2019年5月4日和11月16日，以色列分别对加

① 吕蕊、赵建明：《欧美关系视角下的伊朗核问题——基于2016年以来欧美伊核政策的比较分析》，《欧洲研究》2019年第1期，第41页。

② 2019年6月22日，由白宫高级顾问贾里德·库什纳率领的工作小组撰写的“特朗普和平计划”，该计划目的是解决巴以冲突，该计划被各大新闻机构称为“世纪协议”。

③ 李伟建：《中东安全形势新变化及中国参与地区安全治理探析》，《西亚非洲》2019年第6期，第96页。

沙中心地带的里马勒住宅区和哈马斯目标发动空袭，共有 56 名巴勒斯坦人丧生，这种剧烈的武装冲突对欧盟的“自身安全”优先的原则也产生了巨大的影响，因此欧盟也需要采取行动以稳固巴以局势。

（一）欧盟对巴勒斯坦的新援助计划

以色列在美国政治和经济的双重保障下，已经成为中东地区大国之一，导致巴勒斯坦在巴以冲突上处于劣势。从 1993 年开始，欧盟一直是巴勒斯坦主要的经济援助方。到 2019 年，欧盟对巴勒斯坦经济援助超过 1 亿欧元，还有大量的医疗等方面的援助。在美国宣布取消对巴勒斯坦难民的捐款后，欧盟立刻追加捐款，降低美国取消经济援助的消极影响。这已经不是欧美首次在中东政策选择上出现不同，美国在巴以问题上明显袒护以色列，欧盟却倾向于给巴勒斯坦提供更多帮助。此外，新援助计划还将继续推动巴勒斯坦国家正常化进程。需要指出的是，尽管早在 2018 年 2 月欧盟就曾提出一揽子援助计划，但那时更多强调的是人道主义援助和经济发展建设，提出的两国解决方案也没有能够发挥作用。

2019 年 11 月，欧盟委员会外交和安全政策高级代表莫盖里尼明确表示，以色列在巴勒斯坦领土定居属于非法活动，违反了国际法，并呼吁以色列根据占领国承担的义务终止其定居活动。[①] 这份声明认为，以色列正违犯着国际法，侵占着耶路撒冷领土。目前，巴勒斯坦的经济状况仍然不容乐观，欧盟给予的经济援助也只能较为有限地改善生活、教育等状况，因此欧盟想进一步开启多方会谈，来共同和平解决巴以问题。

（二）首届欧盟 - 阿拉伯联盟峰会

2019 年 2 月 24 ~25 日，欧盟和阿拉伯联盟峰会在埃及举办，欧盟方面多名国家元首或政府首脑与会，充分说明此次峰会的重要性。峰会主要

① Zoya S. ,“EU holds firm on West Bank settlements as US eases stance. *Politico*”, November 2019, https：//www. politico. eu/article/eu – holds – firm – on – west – bank – settlements – as – us – eases – stance/，登录时间：2019 年 12 月 21 日。

内容就是以“投资”换取“稳定”。巴勒斯坦和以色列的有关谈判陷入僵局，双方各执一词，再加上美国偏袒以色列，使双方通过谈判方式和平解决领土纠纷难上加难。因此，欧盟想出了带动阿拉伯有关国家一起对解决巴以问题发挥积极作用，以公平的立场解决领土纠纷，并帮助巴勒斯坦进行国家治理。

欧盟外交与安全政策高级代表莫盖里尼指出，中东的事情需要中东国家和欧盟共同努力解决。比如，正是依靠阿拉伯国家和欧盟的共同努力，巴勒斯坦难民儿童的上学问题才得以成功解决。另外，莫盖里尼重申，和平解决巴以问题应该成为本次峰会议题的重点议程。[①] 巴以冲突最好的解决办法就是双方进行谈判，以和平的方式解决，因为武力冲突已经持续将近 70 年，至今没有解决。而且，战争只会带来更多的难民与经济的落后。因此欧盟发起举办的首届欧盟－阿盟峰会为巴勒斯坦和以色列提供了一个长效的协商平台，这个平台可以尽量绕开美国的管辖，防止其干扰中东的和平化进程。

（三）欧盟政策对巴以问题政策的效果评估

欧盟在解决巴以冲突所采取的政策取得了两个较为积极的效果：一是改善了巴勒斯坦的经济及安全环境；二是为日后巴以重新进行和平谈判搭建了平台。具体来说，近东救济工程在特朗普政府撤销捐款后，面临自 1949 年来最严重的财政危机，但在欧盟资金的支持下，该工程得以正常运转并帮助巴勒斯坦解决战争造成的难民问题。此外，欧盟还提供了相应的教育、医疗、救济等服务，不仅改善了巴勒斯坦及周边地区安全环境，同时也减少了因难民造成安全隐患的可能。

---

① Strategic Communications，“EU-Arab League Summit：End conflict in the region through cooperation，not shortcuts”，*European Union External Action*，February 2019，https：//eeas. europa. eu/diplomatic－network/middle－east－peace－process/58673/eu－－－arab－league－summit－end－conflicts－region－through－cooperation－not－shortcuts_ en，登录时间：2019 年 12 月 21 日。

正当巴以冲突愈演愈烈并无法解决时，特朗普政府利用各国一筹莫展的空隙，提出了“世纪协议”的解决方案，在没有更好替代方案的情况下，各国开始评估这个协议的可操纵性。然而，这份协议显然不是从公平角度出发，而是将经济和政治挂钩，以经济帮扶换取政治妥协。在这个背景下，欧盟准备创建多边谈判机制，即首届欧盟－阿盟峰会，尽量避开美国的干预。

目前，尽管巴以冲突仍在继续，巴勒斯坦问题仍无法从根本上得到解决，但从欧盟采取的政策可以看出，他们在坚持“两国政策”和认定以色列违反国际法的基础上，努力推动以色列和巴勒斯坦双边和包括阿拉伯国家一起协商、共同解决，同时防止美国从中进行干涉，这对稳定中东安全局势和保障欧洲地区经济持续发展具有重要意义。

三　欧盟在库尔德问题上的政策转变

库尔德问题可以算是中东地区仅次于巴以冲突的第二大热点问题。约3000万库尔德人被划分在不同国家，因此库尔德人成为中东地区没有建国的最大跨界民族。这些年来，库尔德人一直寻求扩大民族权利、恢复独立。库尔德人在不断游说和寻求各方支持过程中，引起一些国家不满和报复，乃至引发中东动乱。欧盟内部有将近200万库尔德移民，随着库尔德政治游说集团逐渐壮大，欧盟对库尔德人的政策正在发生积极变化。尽管欧盟仍反对库尔德人独立建国，但从欧盟近两年的政策实施可以看出，库尔德人在欧盟心中的地位已经有了显著提升。

（一）欧盟对库尔德问题的政策选择

2019年，欧盟对库尔德人问题的政策可以从两个方面进行分析。第一，欧盟将库尔德人视为重要的地区合作伙伴和反恐合作盟友。随着欧洲社会支持库尔德人的声音越来越多，欧盟开始对库尔德人的遭遇表示同情，并采取一系列帮扶手段，如提供资金和保护人权等方面。欧盟还表示，库尔德人在世俗和民主价值观方面与欧盟保持一致。[①] 因此，库尔德人的地位在欧盟中东政策的重要性得到逐渐提升，尤其是库尔德人在反恐中发挥的作用，得到欧盟高度认可。在伊拉克和叙利亚的反恐军事行动中，库尔德人成为最关键的地面作战武装，也因此成了西方打击“伊斯兰国”恐怖主义的可以信赖的主要合作伙伴。[②]

库尔德人视反恐行动为一次重要机会，这不仅能得到欧盟认可，也可以增加其拥有军事武装的合法性。2018 年底，美国政府宣布将从叙利亚北部撤军，这意味着叙利亚库尔德人将有可能遭到土耳其的军事打击，因为他们不再受到美国保护，但欧盟表示，将在叙利亚设立安全区来保护库尔德人免受土耳其的侵害。

此外，欧盟开始不断增加对库尔德人的军事援助。一是帮助其提升抵抗恐怖主义的能力；二是提升保卫自己民族权益的能力。尽管欧盟始终表示不支持库尔德人建国，但给予库尔德人军事援助，表明库尔德人近些年来游说努力取得成果，也代表了欧盟原有政策方针正在松动。

第二，欧盟因库尔德问题与土耳其关系恶化。2019 年 3 月欧盟议会以 370 票赞成对 109 票反对通过正式取消土耳其入欧资格的决议，就是欧盟因库尔德问题向土耳其施压的结果。2019 年 10 月，土耳其对叙利亚北部库尔德人发动军事袭击，欧盟多个国家表示强烈谴责，其中德国、法国、芬兰、挪威等国决定中止对土耳其军售。土耳其用难民威胁欧盟，声称若得不到欧盟支持，土耳其将把将近 360 万难民送到欧洲。

然而，欧盟一直坚守自己的政策底线，即不支持库尔德人建国。尽管欧盟不断加强和库尔德地区政府和社会团体的联系，越来越多的欧盟政治家开始支持库尔德人建国，但欧盟始终秉持着 20 世纪开始时的政策，即不支持

---

① David Patrikarakos, “Why won't Britain Support the Kurdish Referendum”? *The Spectator*, September 2017, https://blogs.spectator.co.uk/2017/09/why-wont-britain-support-the-kurdish-referendum/，登录时间：2019 年 12 月 23 日。

② 唐志超：《政治游说与社会公关：库尔德移民对欧盟库尔德政策制定的影响》，《西亚非洲》2019 年第 3 期，第 90 页。

库尔德人在中东建立自治区或者国家。[①] 重要原因之一就是有将近3000万库尔德人住在土耳其、伊拉克、伊朗和叙利亚，一旦欧盟支持其建国，库尔德人便可能对这几个国家的领土所属权造成威胁，很可能爆发新的中东战争，这与欧盟追求自身安全优先的原则相悖。

（二）欧盟对库尔问题政策的效果评估

近年来，尽管库尔德人的游说产生了积极效果，但难以对欧盟的政策产生实质性影响。欧盟目前对库尔德问题的介入停留在保护人权、权利、生活条件等方面，但没有支持其独立。

尽管欧盟与土耳其关系恶化，但难民问题始终是欧盟难以承受之重。土耳其乃是难民涌入欧洲的主要中转站，因此欧盟做出的一系列关于制裁土耳其的决定对其产生的影响是非常有限的。例如欧洲人权法院对土耳其侵犯库尔德人人权做出了多项裁决判定，但没有减少土耳其对叙利亚北部库尔德人的违法现象，土耳其甚至在美国撤军后发动军事袭击。[②] 原本计划建立的安全区也因土耳其反对而未能实施。2019年10月9日，土耳其宣布发动代号“和平喷泉”（Peace Spring）的行动，开始对叙利亚北部进行军事打击。总的来说，欧盟在库尔德问题上采取的措施不少，但实际效果比较有限。在某种程度上，欧盟更乐于充当调解者的角色，而非仲裁者、保护者。[③]

结　论

当前中东的权力格局正在经历深刻的变化，阿拉伯世界成为各国博弈的

---

① Hisham Arafat, “EU, US Compromise with Turkey on Human Values”, May 2016, https: //www. kurdistan24. net/en/interview/964ff3c7 – de47 – 4187 – 8428 – 8165e877302e/ ‘eu – – us – compromise – with – turkey – on – human – values’, 登录时间：2019年12月24日）

② Research Information Centre, “The ECHR and Human Rights Violations against Kurds in Turkey”, *European Commission*, October 2018, https: //ec. europa. eu/research/infocentre/article _ en. cfm? artid = 49702, 登录时间：2019年12月24日。

③ 唐志超：《政治游说与社会公关：库尔德移民对欧盟库尔德政策制定的影响》，《西亚非洲》2019年第3期，第96页。

战场，因此欧盟对中东重大事项和问题保持密切关注。欧盟与美国的中东政策经常冲突，欧盟竭力捍卫自家“后花园”的安全，美国则在特朗普上台后非常清楚地体现出想以低成本方式维护美国在中东地区影响力的意图。

总的来看，欧盟对伊朗核协议问题有着很高的关注度，力图保全伊朗核协议，先后出台了阻断法案和贸易互换支持工具两大政策。但阻断法案没有产生实际的效果，但贸易互换支持工具有助于绕开美国制裁与伊朗进行贸易，也可以减轻美元在国际贸易的权重。

在巴以问题上，欧盟提供单一的经济支持很难从根本上解决巴勒斯坦问题，欧盟－阿盟峰会在一定程度上给双方提供了沟通平台，但想要彻底解决巴以问题，单纯靠沟通平台很难奏效。以色列近年来国家实力迅速提升，再加上美国偏袒，使巴以力量对比日趋失衡，阿拉伯世界难以形成统一声音。因此，欧盟在推动巴以和平进程的能力比较有限。

近年来，库尔德人在欧盟中东政策中的地位不断提升，但欧盟更偏向于充当调停者的角色，很难做出有实质性举措。总的来看，欧盟高度关注中东发生的重要事件，积极推动中东地区的和平与稳定，但欧盟干预产生的效果比较有限，这不仅和美国的政策摩擦有关，还与欧盟本身这个超国家行为体有关。各成员国在中东问题上仍有不同的利益诉求和角色行为，若想更加有效地解决中东问题，欧盟对外需要联合俄罗斯、中国，利用国际影响力减少美国对中东的干预；对内则需提升欧盟外交决策和倡议对其成员国的约束力。只有如此，欧盟才能更好实施自身的中东政策，有效维护中东的和平与稳定。

中阿关系

China-Arab Relations

Y.20 新冠肺炎疫情下的中阿经贸合作

罗 林*

摘 要： 新冠肺炎疫情在全球蔓延给中阿经贸合作带来巨大的挑战，同时也孕育着机遇和新的增长点。当前，中国与阿拉伯国家经贸合作呈现四大特征：保证传统领域和现有项目顺利推进；防疫相关领域成为合作新动能；中阿加强数字化合作；高科技领域合作备受鼓励。最后，本文对深化中阿经贸合作提出若干建议。

关键词： 新冠肺炎疫情 中国 阿拉伯国家 经贸合作

* 罗林，教授、博士生导师，高校国别和区域研究工作秘书处主任、教育部国别和区域研究基地——北京语言大学阿拉伯研究中心主任、北京语言大学中东学院院长、国别和区域研究院院长，主要研究领域为阿拉伯伊斯兰文化和中东问题研究等。

中阿经贸合作是中阿双边关系的“压舱石”和“推进器”，双方合作基础良好。当前，阿拉伯国家政治局势逐步趋于稳定，与我国经济互补性强，“两洋三洲五海之地”区域优势明显，市场辐射力强。中东各国经济转型规划为中阿开展产能合作提供了广阔空间。2019 年，中国与阿拉伯国家贸易额达 2664 亿美元，同比增长 9%。其中中方自阿方进口额达 1460 亿美元，同比增长 4.8%；中方对阿方出口额达 1204 亿美元，同比增长 14.7%。中方对阿方全行业直接投资 14.2 亿美元，同比增长 18.8%。中国企业在阿新签承包工程合同额为 325 亿美元，同比下降 8.7%，完成营业额为 305 亿美元，同比增长 9.8%。①

然而，2020 年新冠肺炎疫情全球蔓延，不仅对全球公共卫生构成威胁，也成为全球宏观经济变化的催化剂和放大器。全球经济面临巨大风险挑战。第一，在全球经济疲软的态势下，疫情导致经济衰退风险加大，经济发展进入“长期停滞”期，长期下降风险急增；国际原油、液化天然气和黄金等国际大宗商品价格大跌，国际金融市场发生剧烈波动，多国股市多次“熔断”，国际进出口贸易下降。第二，疫情放大经济全球化的短板，导致民粹主义、保护主义抬头，“逆全球化思潮”进一步加剧，经济全球化在未来一段时间里不容乐观。第三，疫情改变了全球供应链格局。全球制造业、能源、技术、金融、物流的产业链供应链发生深刻变化和调整，全球消费市场低迷，极大地影响了国际经贸规则体系。中东石油资源丰富，剧烈波动且快速下滑的原油价格大概率会维持相当长的时间，对中东的经济造成了雪上加霜的叠加效应。第四，全球经济结构性矛盾更加突出。目前多数国家再次启动量化宽松货币政策，采取“大水漫灌”的刺激计划，进一步加剧全球供需矛盾。

在中美博弈、“后疫情时代”大背景下，中阿合作确实受到一定影响。2020 年第一季度，中国与一些阿拉伯国家的贸易额出现严重下滑。以阿尔

① 《2019 年中阿经贸合作数据统计》，中国商务部网站，http：//xyf.mofcom.gov.cn/article/tj/zh/202004/20200402952711.shtml，登录时间：2020 年 7 月 10 日。

及利亚为例，阿尔及利亚是中国在海外最大承包工程市场之一，尽管中国自阿尔及利亚的进口额同比增长了31.13%，但由于中国向阿尔及利亚的出口额大幅下降45.28%，整体贸易额下降了35.81%。对于其他资源匮乏、工业体系相对薄弱的阿拉伯国家也出现相似的情况，如中国与黎巴嫩贸易额下降58.29%，与毛里塔尼亚贸易额下降13.02%。

但总体来看，在这场疫情中，中阿双边关系历久弥坚，并在关键时刻经受住了考验。中阿经贸合作也在疫情背景下表现出极强的韧性。2020年第一季度，中国与阿拉伯国家贸易额仍然实现了2.63%的增长，达到613.37亿美元。其中原因有三方面：一是在疫情期间，中阿双方的能源贸易受到全力保障，从未停止；二是正在进行的基础设施和工程承包项目也在保障防疫的同时尽可能坚持复工复产；三是中阿双方努力培育新的增长点。具体地说，在新冠肺炎疫情背景下，中阿经贸合作呈现出若干新特征。

一　克服疫情影响，保证传统领域和现有项目顺利推进

中国和阿联酋、科威特等阿拉伯国家排除困难、通力合作，在“一带一路”倡议下的一些能源、基建合作项目取得重要进展。此外，出于对中国伙伴的看好与信任，卡塔尔还在2020年2月中国疫情蔓延的紧要关头，将其光伏电站大单交给中国电力建设集团有限公司，该公司与卡塔尔签署了哈尔萨800.15兆瓦光伏电站EPC合同（一同签约的企业还有日本丸红株式会社以及法国能源巨头道达尔公司）。按照卡塔尔的计划，此光伏电站将成为卡塔尔首座非化石燃料充电站，预计将在2022年世界杯前全部投产发电，可满足卡塔尔用电高峰时10%的电力需求。

疫情对中国和埃及贸易合作影响不大，第一季度双边货物进出口额为31.85亿美元，比去年同期还增长0.91%，中国仍为埃及第一大贸易伙伴。中埃合作共建的大项目，如新行政首都中央商务区（CBD）项目、斋月十日城市郊铁路项目、新首都车站工程和苏伊士经贸合作区建设均在顺利推进，还在疫情防控方面做出了有益探索，实现了既生产又防控的双重目的，

为埃及在疫情期间的经济发展、民生保障做出了积极贡献。

中方与突尼斯方面加强沟通，克服疫情影响，推动现有项目顺利推进。2019 年底，中国援建斯法克斯综合医院竣工，中方应突方请求，正积极考虑为该医院提供部分大型医疗设备，截至 2020 年 4 月，双方正就相关设备清单内容进行对接与商讨。中方当前正就援突高教部超级计算中心项目进行国内公开招标采购。外交培训学院、本·阿鲁斯青体中心项目将在疫情过后继续积极推进。

二　防疫相关领域成为合作新动能

中阿双方通过“医疗外交”“人道主义外交”进一步加深双方感情，分享防控信息和抗疫经验的同时，也在相关经济领域开展广泛合作。

中国发生新冠肺炎疫情后，中东国家纷纷声援并提供支持。迪拜的哈利法塔、德黑兰的自由塔、开罗的萨拉丁城堡等先后以中国红、中国国旗、“中国加油”等标语声援中国。新冠肺炎疫情在中国暴发后，沙特国王萨勒曼第一时间对中国表达慰问和支持，并指示“萨勒曼国王人道主义援助和救济中心”对华援助防控物资。沙特民众在社交媒体推特上发起话题标签“我们与中国伟大的人民站在一起”，表达对中国抗疫的支持和祝愿，并一度登上沙特趋势话题榜首页。

沙特基础工业公司（SABIC）作为世界顶级石化企业，于 2020 年 2 月初向湖北省慈善总会捐赠人民币 800 万元，全力支持武汉及周边城市抗击疫情。还迅速响应国家号召，通过紧急调配及供给原材料满足个人要求、医用产品与医疗设备的生产需求，支持国家疫情防控与民众的个人防护。SABIC 在华与中石化有一家合资企业，在重庆、上海和广州有 3 家独资企业。这 4 家企业均从事生产输液管、输液袋等医疗器械需要的医用塑料和医用高透明包装塑料。其中，与中石化的合资企业从未停产，3 家独资企业在当地政府的要求和指导下，全力确保员工防护安全的情况下，于 3 月初复工生产医疗保障用品。武汉暴发疫情后，一线呼吸机极度短缺。SABIC 积极调配努力支持原材料供应，以满足呼吸机等紧急医疗设备的生产。自2020年1月以来，SABIC为客户紧急供应了生产4000余台呼吸机所需的原材料和物资，这些呼吸机被应用于抗疫第一线。2020年第一季度，中国与沙特的贸易额实现了4.73%的增长，达到183.98亿美元，这与疫情期间双方积极培育新的增长点直接相关。

其他阿拉伯国家也给中国运来医疗物资，其中包括仍处在战乱之中的伊拉克。众多航空公司为加强防控而采取了对华航班的限制后，卡塔尔航空却宣布，将通过全球航线网络，调集上百架飞机，免费为中国从全球170余个驻外使馆运送医疗物资。阿拉伯卫生部长理事会第53次会议发表的声明表示，阿拉伯国家卫生部长高度赞赏中国在防止新冠肺炎疫情扩散方面所做的努力，相信中国有能力完全控制疫情，并推动全球抗击疫情的国际合作。

中国在本国疫情相对稳定后，也对阿拉伯国家的抗疫工作给予了力所能及的帮助。截至2020年6月，中国已向伊拉克、沙特阿拉伯、科威特、阿尔及利亚、苏丹、巴勒斯坦派出医疗专家组抗击疫情，向埃及、黎巴嫩、叙利亚等多国提供援助物资。为伊拉克援建实验室救急检测，为苏丹援建方舱医院。除物资和技术支援，中国本着开放透明的原则，积极与各国分享抗疫经验。

埃及卫生部3月2日称，中国不仅向埃及提供医疗物资，还向埃方提供了应对病毒的重要技术文件。4月7日，中埃双方合作的医用外科口罩生产线项目在埃及正式投产。该项目总投资额约350万美元，全程为无菌车间，生产非灭菌医用外科口罩。该项目投产后使口罩产能翻倍，大大缓解了埃及口罩市场缺口。

阿联酋是中东最早发生疫情的国家，中国抗疫经验在这里受到重视。中国驻阿联酋使领馆同阿外交部、卫生与预防部等部门，以及机场、边检、海关、航空公司等单位密切沟通，及时通报疫情及中方防控措施。

在沙特面临疫情严峻挑战时，中国坚定支持沙特抗疫。4月15日，中国赴沙特抗疫医疗专家组抵达沙特首都利雅得。为应对新冠病毒检测需求，沙特从全球大量进口试剂与设备，中国深圳华大基因科技有限公司成为其主要供应商之一。4 月 26 日，沙特政府与华大基因公司签署了一项总额为 9.95 亿沙特里亚尔（约合 2.65 亿美元）的新冠病毒检测合作协议，旨在提高该国新冠病毒检测能力。根据协议，双方将合作建设沙特国内的 6 个大型实验室，其中包括一个每天可进行 1 万次测试的移动实验室。此外，中方将提供可以完成总计 900 万人次新冠病毒测试必要的设备和材料，同时派遣 500 名医疗专家到沙特进行相关测试工作并培训沙方医疗人员等。来自中国的试剂和设备为沙特筑起检测防线发挥了重要推动作用，沙特新冠病毒检测规模持续稳步扩大。4 月中旬，沙特每天进行 5000 ~ 6000 次测试，到 5 月中旬，沙特已每天进行 1.5 万 ~ 1.8 万次测试。截至 2020 年 6 月，沙特已将测试规模扩大至每天约 2.7 万次。①

总体来看，抗疫和人道主义合作进一步加深了中国与阿拉伯国家之间的感情。2020 年 7 月 6 日，国家主席习近平通过视频连线方式，向中阿合作论坛第九届部长级会议致贺信，倡议打造中阿命运共同体，共同推动构建人类命运共同体。国务委员兼外长王毅在出席中阿合作论坛第九届部长级会议时表示，疫情阻不断中阿友好合作的潮流，在各方共同努力下，本届会议形成三份成果文件，展现了中阿携手战胜疫情的坚强决心以及相互支持、命运与共的坚定意志。②

三　数字化合作成为中阿合作新亮点

当前，数字化技术正加快进入世界各国民众的工作和生活中。网上购物、视频会议、远程教育、智慧城市等数字化技术提升了人们的生活体验。疫情推动阿拉伯国家加快数字化升级转型。

在疫情防控期间，由于宵禁等原因，阿拉伯国家不少实体店暂停营业，

① 《中国全力帮助阿拉伯国家抗疫》，https：//www. sohu. com/a/404184149_ 117351？_ f = index_ pagefocus_ 4，登录时间：2020 年 6 月 9 日。

② 中国外交部网站：《中阿合作论坛举行第九届部长级会议》，https：//www. fmprc. gov. cn/web/wjbz_ 673089/xghd_ 673097/t1795308. shtml，登录时间：2020 年 7 月 10 日。

习惯于实体店的阿拉伯民众也只能选择在线购物，这也为电商产业带来了新的增长点。埃及国家计划研究所研究显示，疫情发生前，仅8%的埃及互联网用户选择网上购物，如今埃及线上消费数据快速增长，预计电子商务销售额将增长50%以上。沙特官方统计显示，沙特民众网上购物总额自2月以来增长了约4倍，消费者网购快速消费品比率从6%飙升至55%。国际版抖音Tiktok也有着超强的“带货”能力，Tiktok上连卖日杂生活小产品的店铺都能吸粉无数。几个居家产品小视频都可以得到上千上万的浏览量。数字化为阿拉伯国家经济复苏、实现互利共赢注入动力。

中国在数字化领域蓬勃发展，创新领域世界领先。电商经济的发展需要依托产业链、供应链、物流服务、在线支付等多项技术。为更好地推动这一新兴领域的发展，越来越多的阿拉伯国家乐于支持中国电商企业来本国发展，学习中国企业在平台建设、物流管理等方面的技术和经验，期待通过中国经验，更好地来支持和保障这一新型产业。数字化领域合作成为疫情期间双方合作的新亮点。

浙江执御信息技术有限公司是最早深入中东运营的电商平台之一，经营状况良好，目前已覆盖阿联酋、阿曼、巴林、卡塔尔、科威特和沙特六国80%以上的互联网用户。在疫情期间，沙特政府部门将浙江执御作为保障民生供给的重要物流企业，在其开展当地配送服务等方面给予政策支持。该公司在沙特物流覆盖的城市从疫情前的60个增至近百个。公司还受邀参加多场由中东国家举办的讨论会，分享数字平台应对疫情挑战的做法。

中东本土电商Noon正在积极学习中国电商的成功模式，与多方合作，推出一系列新的电子业务。例如，在阿联酋推出无现金接触服务，在沙特将大部分订单转为信用卡支付，在埃及通过与当地银行合作提升其电子服务能力等，业务领域得到很大拓展。这既有效地促进防疫，也有力地推动了数字化和经济发展。

此外，数字化还在人力资源培训上发挥了重要作用，远程教育平台极大地保障了教育的顺畅和延续性。以埃及为例，在疫情期间，中埃信息与通信领域的合作进一步深化。6月，埃及通信和信息技术部与华为共同设立了人工智能培训项目“人工智能教室”，旨在为教育资源相对匮乏的阿斯旺等省份提供包括4G和5G移动通信网络、光纤宽带网络、人工智能、大数据科学以及云计算等内容在内的技术培训，同时还将为埃及国家通信研究院培养200名国家级培训讲师。中国在线教育企业网龙网络公司开发的远程教育平台Edmodo，目前已被推广给埃及全国2200多万名学生和100多万名教师，为师生在停课期间提供远程学习支持。网龙还量身定制推出移动智慧教室。该教室以集装箱大小的空间为载体，融入人工智能、虚拟现实、大数据等先进技术，打造有体验效果的教育模式。①

四　高科技领域合作备受关注

为应对疫情冲击，一些中东国家积极鼓励、重点发展5G技术、人工智能、生物技术、绿色经济等前沿科技领域，以推动经济复苏和转型升级。沙特《中东报》评论指出，中东国家对5G技术应用有浓厚兴趣，希望早日推广应用5G移动服务。“中东在线”新闻网文章指出，沙特通信和信息技术委员会已启动第一个实时5G试验，旨在成为运用该技术的领先国家之一。

截至2019年底，华为已与阿联酋、沙特、科威特、阿曼和巴林等中东国家的11家电信公司签署5G技术协议。2020年6月，华为又和沙特智慧城市解决方案公司签署合作协议，聚焦智慧城市合作。前期服务将集中于停车和移动网络服务、节能和照明管理、智能废弃物管理等，还包括一个实时覆盖城市活动的智能运营中心，将为城市管理提供决策支持。

7月6日，中阿合作论坛第九届部长级会议通过互联网在线召开。中国卫星导航系统委员会主席王兆耀表示，中国愿与阿拉伯国家携手同行，让北斗系统拥抱阿拉伯国家，服务阿拉伯国家建设发展，秉持“中国的北斗，世界的北斗，一流的北斗”发展理念，服务全球，造福人类。②

---

① 《中阿加强数字化合作》，《人民日报》2020年7月9日，第3版。

② 《北斗导航将推动中阿集体合作向着更高水平发展》，https：//baijiahao. baidu. com/s？id = 1671468764373929284&wfr = spider&for = pc，登录时间：2020年7月9日。

2016年1月，中国分别与沙特、阿拉伯信息通信技术组织、阿拉伯科技海运学院签署北斗合作谅解备忘录，建立正式合作机制；2017年5月，第一届中阿北斗合作论坛召开，构建起中阿卫星导航领域高端合作论坛；2018年4月，首个海外北斗中心在突尼斯建成，搭建起中阿卫星导航开放合作平台；2018年12月，中国通过优化卫星发射计划，提前2年优先为包括阿拉伯国家在内的“一带一路”国家提供服务；2019年4月，第二届中阿北斗合作论坛召开，正式确立论坛长效机制；2019年9月，中国与伊拉克签署北斗合作谅解备忘录，明确在各领域开展北斗应用合作。

北斗导航系统和5G技术的融合运用，在打造智慧城市、智慧农业和智慧家庭等方面被寄予厚望。2018年4月，首个海外北斗中心——中阿北斗/GNSS中心在北非突尼斯落成运行，中心由办公室与阿拉伯信息通信技术组织联合成立，搭建起中阿卫星导航开放合作平台。阿拉伯信息通信技术组织秘书长穆罕默德·本·奥马尔表示：“过去几年，一些阿拉伯国家在很多领域都使用了北斗导航系统。中阿可围绕北斗导航系统开展更多合作。”①

余论：深化中阿经贸合作的若干建议

未来，中国应该深挖合作潜力，找到双方利益交汇点和特殊时期合作领域突破口。

一是要用好贸易“云平台”。由于疫情在全球的肆虐，各国经济停滞不前，我国的进出口贸易也因此受到剧烈冲击。在此背景下，为了支持国内进出口贸易的发展，我国尝试将线上平台与广交会相结合，并于在6月15日正式举行为期10天的线上广交会。展会建立线上对接平台、设立跨境电商专区、提供直播营销平台并且打造24小时线上外贸平台，为参展企业和采购商提供网上推介、供采对接、在线洽谈等服务。产品销售模式以B2B为主让中外客商足不出户下订单、做生意。买方可以提前搜索供应商的名录更

① 《中阿加强数字化合作》，《人民日报》2020年7月9日，第3版。

精准定位自己所需要的产品直接浏览，各供应商则需要实名注册会员并且向主办方提供产品的介绍详细资料包括产品照片以及产品的宣传视频。除此之外，在疫情期间，新型消费、“直播带货”等数字贸易新模式不断涌现，为传统贸易破茧重生、求新谋变创造了条件，也为市场回暖、消费升级注入强大动力。中阿双方应用好贸易“云平台”培育新动能。

二是要进一步加强技术共享和信息交流。借助电子商务平台弥补供需缺口，建立全球供应链，在业态和效率上占据先机。发挥科技创新的支撑作用，用新技术来提升经济韧性和反应速度，发挥创造性和创新能力，达到尽快重启经济、恢复经营的作用。充分运用现代化的信息网络技术，通过整合和共享企业科技资源，做好科技资源数据规划新产品数据库和专利数据库，为中阿双方提供跨企业的信息交流平台，促进企业间的知识流动和技术转移，避免企业在科技创新上的重复投入、重复开发和重复引进。通过建立共享机制和搭建互动平台，帮助双方企业及时、全面了解国际最新技术发展动态，为企业的科技长远发展与重点突破提供强有力的支撑，进一步促进中阿双方技术创新提质增效。

三是要加大对中小企业的支持力度。疫情蔓延导致全球产业链、供应链、价值链受到严重冲击，国际直接投资大幅下降，联合国贸发会议预计今年全球外国直接投资下降 30% ~40%，国际货币基金组织《全球金融稳定报告》称疫情以来投资者从新兴市场撤资 1000 亿美元。在此背景下，应加大对中小企业的支持力度，尤其是在当前国际形势复杂多变，经济压力下行的背景下，中小企业在疫情冲击下的生存现状和发展状况直接关系到国计民生。要切实为中小企业减轻负担，优化中小企业营商环境。积极推进减税降费，并允许企业延期缴纳部分保险金，免除残疾人就业保障金等；鼓励企业采用更加灵活的用工方式（综合计算工时、非全日制用工等），减少裁员。在金融支持方面，从政策上加大对企业的信贷和融资支持；对部分信用良好的企业提供免抵押贷款和贴息贷款支持，已有贷款给予允许延期还贷等。

四是持续扩大开放，降低贸易壁垒，共建“一带一路”。2019 年 11 月 5 日，习近平主席在第二届中国国际进口博览会开幕式发表主旨演讲，宣布中国采取新举措推动更高水平对外开放，表明中国开放的大门只会越开越大。中国以实际行动，进一步降低关税、培育创新以及扩大高质量服务和产品的进口，支持自由贸易。这相当于是公开邀请服务企业开拓中国市场，共享中国经济增长红利。中国出台的改革举措包括在一系列新领域进一步取消对外国投资的限制，这将鼓励外国直接投资。中国正在实施“六稳”（稳就业、稳金融、稳外贸、稳外资、稳投资、稳预期）和“六保”（保居民就业、保基本民生、保市场主体、保粮食能源安全、保产业链供应链稳定、保基层运转）。截至 2020 年 4 月，中国外贸依存度约 32%，外资对全国税收贡献约 18%，外贸外资直接和间接带动就业超过 2 亿人。稳住外贸外资基本盘，有助于克服疫情影响、做好“六稳”工作、落实“六保”任务。这是稳定经济社会发展大局、推动经济高质量发展、推进新时代更高水平对外开放的需要。

李克强总理在 2020 年《政府工作报告》中说，要留得青山，赢得未来。通过“放管服”改革把市场主体激活起来，要打造市场化、法治化、国际化的营商环境，打掉那些不合理的条条框框，让企业公平竞争。出台外商投资法实施条例，增设上海自贸试验区新片区，都是这方面的重要举措。阿拉伯国家资源禀赋、区位优势突出，营商环境良好，阿联酋、卡塔尔和摩洛哥等多国都建立了自由区，享受税率和物流优惠政策。因此，中阿双方应该用好政策红利，持续在重大项目上加强合作，高质量共建“一带一路”。

相信在双方共同努力下，定能共同推动经贸合作发展，加快经济复苏，开启全球经济新引擎。

Y.21

中国与阿拉伯国家合作中的第三方因素

——以美国和印度的政策为例*

包澄章**

摘　要： 随着中国在阿拉伯地区利益的拓展，中阿关系发展和中阿合作日益受到第三方因素影响，影响方式包括干扰或阻碍中国与阿拉伯国家合作，制约或损害中国在阿拉伯地区的利益，遏制或打压中国在地区的行为。本文以美国和印度两大域外第三方因素为考察对象，分析美国和印度的政策对中阿关系及中阿合作的负面影响。第三方因素在互动过程中产生的叠加效应、突变效应和抵消效应，也可能催化或加速中阿双方在合作过程中发生利益冲突、降低双方战略互信、削弱双方合作意愿，并可能引发合作进程逆转、合作终止等一系列后果。

关键词： 中阿合作　美国　印度　第三方因素

进入21世纪以来，中国与阿拉伯国家的关系实现了从“新型伙伴关系”到“战略合作关系”再到“战略伙伴关系”的提质升级。阿拉伯地区

---

* 本文系2019年度国家社科基金重点项目“‘中阿合作论坛’框架下中国对阿拉伯国家整体外交研究”（19AGJ010）的阶段性成果，并受到2019年上海市“浦江人才计划”（2019PJC088）的资助。

** 包澄章，博士，上海外国语大学中东研究所副研究员，研究领域包括中东国际关系、中阿关系、国际恐怖主义等。

正处于恢复稳定、推进经济和社会转型的关键期。阿拉伯国家是中国实践大国外交和以共建“一带一路”推进未来世界格局重塑和国际体系转型可以倚重的政治力量。中阿关系的整体提升，为中国在阿拉伯地区深入拓展利益提供了条件。在这一过程中，中国在阿拉伯地区的利益不可避免地会与域内外各方力量的利益发生碰撞甚至产生冲突。第三方因素的卷入以及第三方因素相互之间的互动，会催化或加速利益冲突的发生过程，导致合作双方降低战略互信、增加战略疑虑，削弱双方合作的意愿和效果，严重时甚至可能导致双方从合作走向冲突。

第三方因素一般是指存在于双边关系范畴之外，对双边关系及合作发挥负面影响的外部力量、议题或因素。其影响方式包括但不限于干扰或阻碍中国与阿拉伯国家的合作、制约或损害中国在阿拉伯地区利益的实现、遏制或打压中国在地区的行为。中国与阿拉伯国家的合作，既包括多边层面尤其是中阿合作论坛框架下的集体合作，也包括双边层面基于具体协议和机制开展的合作。虽然阿拉伯地区内部具有多样性和碎片化特征，且一般难以将该地区作为统一的整体予以考察，但第三方因素对次区域和区域层面中阿关系与中阿合作的负面作用仍具有一定的普遍性，因此本文主要关注第三方因素对中阿集体合作的整体影响。

美国是对中东事务具有长期支配性影响的域外大国，美国中东政策的调整不仅对地区格局与秩序、地区国家政策和行为等产生重要影响，也对外部国家与地区国家间的合作产生影响。中美关系是具有全局性影响的大国关系，中美之间的竞争与合作会间接推动或影响其他地区的格局走向。印度是中国的邻国，也是在地理上最接近中东地区的域外国家之一。中印同为经济长期保持中高速增长的发展中国家，两国对中东能源的巨大需求，使其与阿拉伯产油国的合作呈现出一定的同质性。本文以美国和印度两大域外第三方力量作为考察对象，分析美国和印度的政策对中国与阿拉伯国家关系发展及中阿合作的负面作用，并在此基础上考察第三方因素在互动过程中产生的各种效应及其表现。

一 特朗普时期“美国因素”对中阿合作的影响

特朗普自2017年1月入主白宫以来，凭借其个人化的行事风格和“美国第一”的外交原则，对美国中东政策进行了调整，其具体表现在以下几个方面。

第一，调动中东联盟体系以服务自身利益是美国中东政策的惯用手段。特朗普上台后，美国在巩固地区联盟体系和提高盟国军事实力的同时，奉行“美国第一”的外交原则，不断利用地区国家间的矛盾寻求利益空间，服务美国在地区的利益。美国通过军事支持沙特和巩固与以色列的盟友关系，不断压缩伊朗在地区的生存空间，这不仅导致沙特与伊朗的地缘政治博弈进一步加剧，还在一定程度上使得美国的地区盟友——以色列与沙特之间的互动不断加强。美国对库尔德武装的支持，引发地区盟友土耳其强烈不满，使土耳其不断向伊朗与俄罗斯阵营靠拢。俄罗斯利用日内瓦和谈、阿斯塔纳和谈、索契和谈等机制，不断提升对叙利亚问题的话语权，借助俄罗斯-伊朗-土耳其的三角关系，加大同美国在叙利亚问题上的博弈。特朗普政府巩固中东联盟体系的努力，虽在短期内取得收益，却催化了地区力量的阵营化对抗，导致中东地区格局持续失衡，加剧地缘政治紧张和美伊关系恶化，美国在中东乃至全球的信誉度遭遇滑坡。美国地区盟友对美国全面遏制伊朗政策的态度不一，除以色列和沙特全力支持外，土耳其、埃及、约旦、阿曼和卡塔尔等美国的传统盟友均持保留态度。

第二，美伊对峙升级引发的地缘政治动荡，进一步恶化了原本脆弱的地区安全环境。特朗普上台后，通过退出伊核问题协议、将伊朗列为“支恐”国家、对伊朗实施和追加制裁、打压伊朗地区盟友等手段，全盘否定奥巴马政府在伊核问题上的政策主张和外交遗产。2017年12月至2018年2月，特朗普政府陆续出台《新国家安全战略》、《2018年美国国防战略》和《2019财年美国国防部预算概况》三份文件，分别从指导原则、军事战略、资源投入等方面，进一步确立了美国对伊朗的新战略，2018年5月美国退出伊朗核问题全面协议则标志着这一战略的正式成型。[①] 退出伊核协议延续了特朗普上台以来对伊朗"极限施压"的政策基调。在遏制伊朗方面，美国主要运用经济杠杆和金融霸权等手段打压伊朗的能源、石化、金融等关键经济部门，同时调动美国的地区联盟体系来扭转伊朗因地区扩张而取得的战略优势，依靠美国的军事实力增加对伊朗的威慑，全方位遏制伊朗的地区生存空间。其中，经济制裁是核心手段，军事威慑、宣传战、秘密行动是辅助手段，外交谈判分量最轻。[②]

对伊朗动武并非美国实施"极限施压"的初衷，特朗普政府的目的是迫使伊朗重回谈判桌，与美国签订一份比 2015 年伊核问题全面协议"更好的核协议"。此前伊朗则通过分阶段中止履行伊核协议、制造霍尔木兹海峡紧张局势、依靠代理人对美国及其盟友进行袭扰等方式，对美国的"极限施压"予以"极限抵抗"。随着美伊对抗的升级，伊朗官方的态度从克制转向强硬，战略耐心逐渐耗尽，宣布对美国"永久关闭外交渠道"。进入 2020 年以来，美伊在对峙过程中各自突破了对方的"红线"。2020 年 1 月 3 日，美军对伊朗伊斯兰革命卫队圣城旅指挥官苏莱曼尼的"定点清除"，以极端手段击杀在整个地区具有重要影响力的伊朗军事将领；伊朗则依据其宣称的"对等报复"原则，公开袭击美国在地区的军事机构。美伊之间的对抗形式，则从此前依靠代理人袭扰对方机构和人员，扩大为直接的军事对抗。由此引发的地缘政治动荡，使原本脆弱的中东安全环境进一步恶化。

第三，以收缩军事力量、运用经济杠杆、漠视国际准则为主要特征的"特朗普主义"，本质上是奥巴马政府"离岸平衡"政策的延续。奥巴马政府基于美国利益优先顺序的判断，将与伊朗达成核协议作为美国中东战略的重点，这反过来表明奥巴马政府对"阿拉伯之春"以来阿拉伯国家实现民主转型和解决叙利亚问题不寄予任何希望。[③] 然而，特朗普政府"美国第

---

① 王雷：《透视特朗普政府对伊朗新战略》，《当代世界》2018 年第 9 期，第 46 页。

② 王雷：《透视特朗普政府对伊朗新战略》，《当代世界》2018 年第 9 期，第 46 页。

③ Marc Lynch, "Belligerent Minimalism: The Trump Administration and the Middle East", *The Washington Quarterly*, Vol. 39, No. 4, p. 130.

一”的政策取向，在实践过程中表现为依靠地区盟友在维护地区稳定和安全方面增加投入和承担责任，其本质上仍是奥巴马政府“离岸平衡”政策的延续，同时也是近年来美国对中东事务主导能力下降的表现。“特朗普主义”是“一种旨在化解可能需要采取军事行动的状况，并以进攻性的经济政策取而代之，同时无视最广泛意义上其他国家意见的政策”。①

“特朗普主义”的政策取向具体表现为：降低美国在中东的军事风险，在维护中东安全和反恐方面进一步收缩美国在地区的军事力量；注重运用经济杠杆强化美国与地区盟友的经济联系，打压地区反美政权或敲打与美国意见不合的地区国家；在涉及地区政治和安全重大问题的政策制定上，漠视国际准则、全球舆论、外国政府的意见以及美国国内建制派的批评。

“特朗普主义”并不是特朗普在竞选活动中时常承诺的孤立主义或在具体实践中体现的“好战”思想，而是一套强调脱钩（disentanglement）、收缩（retrenchment）和再结盟（realignment）的思想，是美国放弃过于理想主义的希望和不切实际的军事承诺、缩小潜在敌人的名单、巩固自身影响力的尝试。“特朗普主义”的首要目标并不是像特朗普的对手经常指责的那样“放弃美国的主导地位或放弃美国的盟友”；相反，它是为了维持美国在更易于管理的基础上的主导地位，同时将更多的精力和努力放到遏制中国的实力和影响力上。② 因此，美国是在确保其对中东事务主导权的基础上，将更多战略资源投入全球层面针对中国崛起的遏制和打压行动中。

中国与阿拉伯国家开展各领域合作需要安全稳定的地区环境。特朗普政府中东政策调整导致的地区安全环境恶化和地缘政治紧张，凸显了作为第三方因素的美国对中阿关系发展和中阿合作的负面影响。

首先，中阿伙伴关系网受到美国地区联盟体系的冲击。中国的中东政策

① George Friedman, “The Trump Doctrine”, *Geopolitical Futures*, July 11, 2018, https: //geopoliticalfutures. com/the – trump – doctrine/, 登录时间：2019 年 12 月 9 日。

② Ross Douthat, “The Trump Doctrine”, *The New York Times*, January 29, 2019, https: //www. nytimes. com/2019/01/29/opinion/trump – doctrine – venezuela – afghanistan. html, 登录时间：2020 年 1 月 5 日。

主张不结盟、不干涉内政、不选边站的外交原则，奉行“不找代理人”“不搞势力范围”“不谋求填补真空”[①] 的政策基调。在双边层面上，中国已先后同阿尔及利亚（2014 年 2 月）、埃及（2014 年 12 月）、沙特阿拉伯（2016 年 1 月）和阿联酋（2018 年 7 月）建立了全面战略伙伴关系，同卡塔尔（2014 年 11 月）、苏丹（2015 年 9 月）、约旦（2015 年 9 月）、伊拉克（2015 年 12 月）、摩洛哥（2016 年 5 月）、吉布提（2017 年 11 月）、阿曼（2018 年 5 月）和科威特（2018 年 7 月）建立了战略伙伴关系。在多边层面上，中国于 2018 年 7 月同阿拉伯国家建立了“全面合作、共同发展、面向未来”的中阿战略伙伴关系。中阿伙伴关系网是中国全球伙伴关系网络的重要组成部分，对双方在核心利益、发展战略、民族复兴方面凝聚共识和增强互信，在观念和行动层面保持一致具有重要的现实意义。

中国在阿拉伯地区建立的伙伴关系网客观上对美国借助地区联盟体系实行霸权主义、单边主义形成了一种“软制衡”，是推动形成地区多极格局、“稀释”联盟体系的外交实践，有助于与中国建立伙伴关系的国家在战略上同其他大国形成不对称的依附关系。[②]

在特朗普时期，中国与阿拉伯国家基于伙伴关系网开展的合作，不仅易受到美国地区联盟体系的干扰和阻挠，中国自身也面临被动卷入地区冲突和阵营化对抗的风险。美国在施压阿拉伯盟友和限制其与中国合作的同时，还与西方盟友共同制造和散布“中国威胁论”“秩序颠覆论”“地缘扩张论”“规则破坏论”“债务陷阱论”“经济掠夺论”等，企图将“一带一路”倡议政治化。特朗普政府的中东政策对地区联盟体系的利用和调动，旨在借助美国的地区联盟体系冲击甚至瓦解中国在地区构建伙伴关系网，以此限制中国与阿拉伯国家之间的务实合作。

其次，美国在舆论层面挑拨中国与阿拉伯国家的关系。“一带一路”沿

① 习近平：《共同开创中阿关系的美好未来——在阿拉伯国家联盟总部的演讲》（2016 年 1 月 21 日，开罗），《人民日报》2016 年 1 月 22 日，第 3 版。

② 孙德刚：《论 21 世纪中国对中东国家的伙伴外交》，《世界经济与政治》2019 年第 7 期，第 128 页。

线的伊斯兰国家集中分布在中亚、西亚、南亚、东南亚和北非地区。中东是伊斯兰世界的核心区。美国与 11 个中东国家结成同盟，除以色列和土耳其外，其余 9 个都是阿拉伯国家，即埃及、伊拉克、约旦、沙特、阿联酋、巴林、科威特、阿曼和卡塔尔。以阿拉伯国家为核心的伊斯兰国家，是中国以“一带一路”推进未来世界格局重塑和国际体系转型可以倚重的政治力量。

进入 2018 年以来，以美国为首的西方国家对涉疆问题的话语塑造，尤其将新疆问题塑造成中国整体打压伊斯兰教和穆斯林人权的问题，正在影响中国与伊斯兰世界的关系，以及“一带一路”在阿拉伯地区的推进。近年来，阿拉伯国家的反华舆论正在日益形成气候，对中国涉疆、涉伊斯兰议题的关注度和炒作频率呈现上升趋势，其中不乏美国利用涉疆问题挑拨中国与伊斯兰世界关系的因素。这令中国在涉疆问题上面临的国际环境进一步复杂。受此舆论影响，近年来，中东的伊斯兰极端组织对中国的关注度有所上升，其注重利用中国国内涉伊斯兰事件和热点问题进行炒作，鼓吹极端主义意识形态。特别是“伊斯兰国”和“基地”组织，多次对中国发出威胁，凸显了涉疆问题国际环境的新变化正对中国与伊斯兰国家间合作构成潜在风险。

最后，美国反恐政策引发的地区动荡，影响“一带一路”建设在阿拉伯地区的推进。特朗普上台后，将反恐、遏制伊朗和巩固传统联盟体系作为美国中东政策的核心目标。在国际反恐力量的合力打击下，“伊斯兰国”实体的溃败使反恐取得阶段性胜利，为美国从中东反恐战场脱身奠定了基础。进入 2019 年以来，美国不断释放从叙利亚、阿富汗撤军的信号，反恐在美国全球战略（尤其是中东战略）中的地位下降。特朗普上台后，美国的国家安全战略和国防战略均强调国家间的战略竞争，将反恐领域的战略资源转移至遏制中国、俄罗斯等美国所谓的“长期战略竞争对手”上，这已成为美国共和党与民主党之间的战略共识。

中国与阿拉伯国家的合作面临地区反恐形势变化带来的一系列现实挑战。一是恐怖活动手段更加多元，除之前惯用的简易爆炸装置、绑架、勒索等手段外，近年来中东恐怖组织对无人机、化学武器的使用频率正在上升。二是恐怖融资出现新趋势，如叙利亚境内的恐怖组织正转向使用比特币等加密货币来规避监测，这虽然在短期内无法产生重大影响，但这一动向代表了恐怖主义势力对新技术的运用。三是叙利亚当地关押恐怖分子的监狱或已达到极限。如叙利亚东部由库尔德武装控制的一座监狱关押着超过5000名“伊斯兰国”成员，其中大部分为外籍人员。四是中东地区仍存在滋生极端主义和恐怖主义的土壤，地区国家既缺乏稳定的、可持续的发展环境，而地区普遍存在的“以对抗求安全”思维定式以及对外部力量的安全依赖，进一步加大了地区国家形成安全共识的困难。五是地区反恐常沦为域内外力量用以开展地缘政治博弈的工具，反恐阵营化、反恐目标与手段的错位、不同反恐标准的差异乃至反恐双重标准等，成为地区反恐治标不治本的主要原因。中阿在开展具体合作过程中，无论是中国驻当地机构、企业和人员，还是大型基建项目、海外产业园区，都面临这类安全风险及挑战。

二　莫迪时期“印度因素”对中阿合作的影响

印度在地理和文化上比中国更接近阿拉伯地区，这为印度参与阿拉伯地区事务提供了天然条件。2019年5月莫迪连任后，中印关系表现出较之以往更为复杂的一面，中国和印度作为两个同时崛起的大国，在全球事务中既有合作又有竞争，在地区事务中时而友好和互动，时而猜忌和摩擦。[①]印度作为第三方因素，对中阿关系的影响主要体现在以下几个方面。

第一，与中国争夺阿拉伯能源市场和能源运输通道。尽管近年来新兴经济体经济增速有所放缓，但同为发展中大国和能源进口大国的中国和印度经济仍保持中高速增长，这使阿拉伯国家尤其是产油国不同程度地加大了与两

① 曾向红、陈明霞：《追求“领导性大国”：莫迪执政以来印度的中东政策》，《阿拉伯世界研究》2019年第5期，第45页。

国在能源、贸易、投资等领域的合作。能源在相当长时期内仍是中国和印度发展与阿拉伯产油国贸易最主要的驱动力。中国和印度对中东的原油依存度分别达50.7%和58.3%。2019年，中印分列全球第一大和第三大原油进口国，两国原油进口量的全球占比分别为22.6%和9.7%，自2015年以来增幅分别达77.7%和41.4%。[①] 在辛格时期，能源安全在印度国家安全战略中的地位已仅次于粮食安全。[②] 2015年印度超越日本成为世界第三大石油消费国。中国和印度对能源进口的巨大需求，使两国对中东能源市场呈现出一定的竞争态势。

印度的地理位置优势，为其拓展与海湾国家的能源贸易提供了天然便利。从能源战略通道建设的角度看，在海上，印度西海岸与能源资源蕴藏量丰富的海湾地区隔海相望；在陆上，印度与中东地区地理位置接近，尤其是与中东地区的化石能源蕴藏和生产大国伊朗之间的地缘位置更为接近，这为印度和海湾产油国开发与建设海陆能源战略通道提供了现实基础。[③]

对中国而言，印度洋海域充当着中国能源运输通道和经济贸易走廊的角色，连通霍尔木兹海峡、马六甲海峡、曼德海峡、苏伊士运河等战略通道。这一现实决定了中印在能源领域的博弈不仅是对海湾能源供应的竞争，也是围绕印度洋能源运输通道及相连海域战略通道的竞争。

第二，与中国竞争海湾劳动力市场。印度是海湾阿拉伯国家外籍人口的第一大来源国，海湾阿拉伯国家的印度籍劳工数量超过850万人。该群体是印度与海合会国家经济联系的重要纽带，也是印度外汇收入的主要来源。2018年印度籍劳工在海合会成员国的分布情况分别为阿联酋（310万人）、

---

① Zhang Zhijie and Xing Wanli, "Overseas Oil Cooperation between China and India Based on Crude Oil Trade Flow Analysis", p. 3; Daniel Workman, "Crude Oil Imports by Country", *World's Top Exports*, April 23, 2020, http://www.worldstopexports.com/crude-oil-imports-by-country/，登录时间：2020年4月30日。

② 刘红涛、张梦露：《印度在中东地区的能源战略布局及前景》，《学术探索》2017年第12期，第55页。

③ 刘红涛、张梦露：《印度在中东地区的能源战略布局及前景》，《学术探索》2017年第12期，第56页。

沙特（218.2 万人）、卡塔尔（69.25 万人）、阿曼（68.8 万人）、科威特（92.8 万人）和巴林（31.3 万人）。① 相比之下，在海湾地区工作和生活的中国人数量远低于印度人，即使在中国籍劳工和侨民数量最多、外籍人口占总人口 88.5% 的阿联酋，也只有区区近 30 万中国人。②

受近年来国际石油价格低迷、国内失业人口高企、财政收入锐减等因素的影响，海湾阿拉伯国家加快了经济改革和国家转型的步伐。沙特实行的“沙特化”就业政策，一定程度导致外籍劳工在沙特就业机会的减少，而政府上调增值税率和收紧工作许可证等举措，进一步增加了外籍劳工在沙特的生活成本。印度籍劳工主要从事能源、建筑、医疗护理、工业维修等领域的工作，而印度海外劳动基数大、海湾国家本国化就业政策、中国劳动力成本上升等因素，使中国在海湾地区推进“一带一路”建设过程中，既要面对本国海外劳动力不具备明显优势的现实，也面临当地劳动力市场来自包括印度在内的其他国家外籍劳工日益激烈的竞争。

第三，与中国开展软实力竞争。中国近年来通过教育合作、学术研讨、图书出版、媒体传播和民间交流等方式，向包括海湾地区在内的阿拉伯地区投射软实力，努力塑造“和平崛起的文明大国”形象。由于缺乏基于海外侨民、劳工的跨国文化传播网络，中国在阿拉伯地区的软实力传播面临文化传播意识不足、文化产品供给有限、文化传播精准度不高等现实障碍。

对印度而言，海合会国家的印度籍劳工成为印度拓展在海湾地区拓展软实力的重要依托对象。印度定期在阿盟成员国举办“印度文化节”，以及在印度举行的“年度文化遗产节”，成为阿拉伯 - 印度合作论坛执行计划的重

---

① 参见“Population of Overseas Indians (Compiled in December, 2018)”, *Ministry of External Affairs of India*, pp. 3 - 6, https://mea.gov.in/Images/amb1/ru2885_anxx121.pdf，登录时间：2020 年 2 月 7 日。

② 商务部国际贸易经济合作研究院、中国驻阿联酋大使馆经济商务处、商务部对外投资和经济合作司：《对外投资合作国别（地区）指南：阿联酋（2019 年版）》，第 8 页，http://www.mofcom.gov.cn/dl/gbdqzn/upload/alianqiu.pdf，登录时间：2020 年 1 月 7 日。

要内容。[①] 印度总理莫迪的“瑜伽外交”以及宝莱坞电影，已成为印度在海湾地区乃至整个阿拉伯地区提升和传播软实力的重要文化产品。在2020年新冠肺炎疫情大流行期间，在海湾地区家喻户晓的宝莱坞影星萨尔曼·汗（Salman Khan）与阿布扎比公共卫生中心联手向当地民众推广防疫知识，号召民众实行居家隔离并“像英雄一样做正确的事”，[②] 这正是得益于宝莱坞电影在海湾阿拉伯国家的广泛影响力。历史上的“百年翻译运动”曾使印度大量的天文学、数学和文学作品被译成阿拉伯语并在整个地区广泛传播，基于历史交往的文化纽带，成为印度在阿拉伯地区拓展软实力的天然优势。

第四，制衡中国在西亚地区的利益。莫迪上台后，印度政府将20世纪90年代的印度“东向政策”升级为“东向行动”（Act East）政策，不久又提出针对中东地区的“西向谋划”（Think West）政策，这一凸显印度地缘政治定位的新政策体现出新时期印度外交的泛亚洲特色，试图在实现印度洋与太平洋联动的过程中，确立印度的全球大国地位。2014年，莫迪政府以2世纪印度商人利用印度洋季风出海阿拉伯地区和印度与环印度洋各国在海上贸易、宗教活动、文化交流领域的互动为由，向联合国教科文组织申报“季风计划：海上航路与文化景观”的世界遗产项目，但遭到中国方面的反对。在外界看来，莫迪政府有意将“季风计划”（Project Mausam）与“印度制造”“萨迦尔玛拉”（香料之路）等计划整合成战略规划，提升印度的地缘政治影响力。[③] 印度学术界认为，将“季风计划”提升到战略高度，是莫迪政府针对中国“一带一路”的反制措施，这使“季风计划”和“一带

① “India-Arab Relations”, Ministry of External Affairs of India, July 2013, p. 2, https://www.mea.gov.in/Portal/ForeignRelation/India－Aarb Relations.pdf，登录时间：2020年1月12日。

② Manjusha Radhakrishnan, “WATCH: Bollywood's Salman Khan Urges Abu Dhabi Residents to Stay Home and Tackle COVID－19”, *Gulf News*, May 18, 2020, https://gulfnews.com/entertainment/bollywood/watch－bollywoods－salman－khan－urges－abu－dhabi－residents－to－stay－home－and－tackle－covid－19－1.71550555，登录时间：2020年5月20日。

③ 周良臣、谷棣：《印度季风计划申遗遭反对或系反制“一带一路”》，《环球时报》2017年1月10日。

一路”呈现竞争态势。[①]

印度实施印太外交的过程中，“制华”色彩日益浓厚，不断冲淡东进战略中的对话合作面。印度方面还强调以“西向谋划”的西进战略配合“东向行动”的东进战略，[②] 如莫迪上台后即调整了印度的中东政策，注重发展与阿联酋、沙特、伊朗和以色列等地区支点国家的关系。未来中国在西亚地区的利益或受到印度西进战略的制衡和冲击。

三　“第三方因素”互动效应对中阿合作的影响

“第三方因素”对中阿关系发展和中阿合作不同程度地产生制约、阻碍或干扰。这一过程既可以表现为第三方因素单独发挥作用以影响中阿关系的发展，也可以表现为不同的第三方因素通过相互作用对中阿关系施加影响。第三方因素在互动过程中产生的效应主要包括叠加效应、突变效应和抵消效应。

首先，叠加效应。第三方因素的相互叠加，可能会加重中阿在关键领域合作的难度。例如，美国对伊朗的“极限施压”、美国的中东盟友配合美国遏制伊朗、伊朗经济压力加重导致国内爆发民众抗议浪潮等因素的叠加，迫使伊朗选择了扣押霍尔木兹海域外国油轮，或策动地区代理人袭击沙特国内的石油设施予以回应。中国在中东地区关键石油运输航道的畅通极易受到此类第三方因素叠加效应的负面影响。又如，美国印太战略的实施配以针对“一带一路”特定领域污名化的操作，可能会改变海湾阿拉伯国家对中国的战略意图产生误解、形成负面认知至战略误判。对特定领域的污名化一旦出现向其他领域扩散的趋势，中国在次区域层面、区域层面乃至国际层面上与阿拉伯国家的合作都会受到冲击和影响。

其次，突变效应。政权更迭、政府换届、突发事件升级，可能引发的第

① 参见陈菲《“一带一路”与印度“季风计划”的战略对接研究》，《国际展望》2015 年第 4 期，第 15 ~ 32 页。

② 参见李莉《印度东进战略与印太外交》，《现代国际关系》2018 年第 1 期，第 37 ~ 45 页。

三方力量大幅调整中东政策或对华态度，进而影响中国与阿拉伯国家关系的发展及合作。但第三方因素发生突变，或向中阿合作注入不确定性。例如，特朗普政府在全盘否定奥巴马政府中东政策遗产的过程中，采取了退出伊核问题协议、将美国驻以色列使馆迁至耶路撒冷、将伊朗列为“支持恐怖主义国家”黑名单等一系列措施，凸显了特朗普本人作为美国中东政策中具有突变性特征的变量之于地区整体安全环境的不确定性。这种不确定性引发的油价波动、地区力量行为改变以及地区国家政权安全受到威胁而产生的应激性反应，都会增加地缘政治紧张局势，进而使中国在当地企业、机构、人员的利益受到因第三方因素突变而产生的连带性影响。

最后，抵消效应。第三方因素可能因相互之间存在立场冲突而相互掣肘，可以部分抵消其对中阿合作产生的负面效应，缓解中阿合作面临的外部环境压力。例如，恐怖主义、美国的反恐政策和伊朗的反恐政策是互相矛盾的三个因素。美国奉行“反恐”与“用恐”并重的策略，特朗普政府还将伊朗定为“支恐国家”；伊朗则注重借助地区反恐行动扶植地区亲伊朗的民兵势力；而以“伊斯兰国”为代表的地区恐怖主义势力，将美国和伊朗均作为其攻击对象。恐怖主义是引发地区动荡的重要因素，美国和伊朗的反恐政策虽不必然导致地区动荡，但各自在政策实施过程中的配套政策和连带行为，为地区安全注入了不稳定因素。但三种因素之间的相互掣肘，一定程度上抵消了其作为单独的第三方因素对中阿合作的负面作用。尽管美伊各自反恐的对象存在差异，但2018年以来“伊斯兰国”实体加速溃败的现实，客观上降低了中国与阿拉伯国家合作的安全成本。

第三方因素在互动过程中产生的叠加效应、突变效应和抵消效应，可能催化或加速中阿双方在合作过程中发生利益冲突，降低双方战略互信，削弱双方合作意愿，并可能引发合作进程逆转、合作过程终止等一系列后果。在具体的合作过程中，中阿双方在夯实政治互信的同时，需要管控好第三方因素主动或被动卷入合作进程，排除各类干扰合作意愿、阻碍合作进程、损害合作利益的负面因素，推动中国在阿拉伯地区构建覆盖面更广的伙伴关系网。

当前，中国正在全面深化改革，多个阿拉伯国家也都启动了国家中长期发展规划和改革计划。保持政策沟通渠道的畅通是确保中阿合作政策延续性的关键。在这方面，中方需要注重政策沟通的平衡性和平等性，避免政策沟通出现“单向灌输”，深化对阿拉伯国家现实需求的了解；拓展政策沟通领域和渠道，尤其要加强中国民营企业同当地企业的政策沟通；切实回应阿拉伯国家的重大关切，摆脱过去重经济、轻安全的政策沟通导向；加强公共外交，借助媒体、智库、政要等机构深化阿拉伯民众对“一带一路”的认知，努力“推动中阿两大民族复兴形成更多交汇”。[①]

① 习近平：《共同开创中阿关系的美好未来——在阿拉伯国家联盟总部的演讲》（2016 年 1 月 21 日，开罗），《人民日报》2016 年 1 月 22 日，第 3 版。

附 录

Appendix

Y.22 2019年阿拉伯语国家大事记

李赫男

1月

1月1日，巴基斯坦军舰抵达卡塔尔哈马德港，将与卡塔尔海军在公海和卡塔尔专属经济区举行联合海上演习。

1月5日，伊拉克首都巴格达鲁萨法（Rusafa）地区的一处妇女避难所发生火灾，造成数人死亡。警方对火灾情况说法不一。

1月7日，“伊斯兰国”称其一名成员在叙利亚东北部的拉卡（Raqqa）市某公共建筑内进行了自杀式爆炸，导致数人死亡。

1月8日，联合国也门问题特使马丁·格里菲斯于当天在沙特首都利雅得会见了也门总统哈迪。

1月10日，卡塔尔埃米尔塔米姆会见来访了的伊拉克总统萨利赫，这是伊拉克新总统就职以来首次访问卡塔尔。

1月12日，叙利亚官方通讯社援引军方消息称，周五晚些时候，叙利亚防空系统击落以色列的导弹。

1月14日，叙利亚民主军某军官称民主军正在“伊斯兰国”靠近伊拉克边境的最后据点上对其进行攻击。

1月18日，在叙利亚代尔祖尔（Deir Ezzor）东南部野外的al-Baghouz Fogani村，以美为首的国际联盟发动了空袭，20名平民死亡，包括妇女儿童。

1月21日，埃及二号卫星实施协议签约仪式在埃及首都开罗举行，中国驻埃及大使馆公使衔商务参赞韩兵和埃及国家遥感空间科学局主席马哈茂德分别代表中埃合作单位签署协议。

1月22日，叙利亚沿海城市拉塔基亚（Latakia）某繁华路段发生汽车炸弹爆炸，一位高级官员称有1人死亡、14人受伤。

1月23日，阿曼人力部宣布本周内共有442名外籍人士因违反《劳动法》被捕，另有490人被驱逐出境。

1月25日，在周五加沙边境抗议中，大约有1万名示威者进行暴力抗议活动。有一名巴勒斯坦人被以色列国防军射杀，另有十几人受伤。

1月26日，伊拉克当地媒体称抗议者袭击了一个库尔德半自治区的土耳其军营，放火焚烧瞭望塔并站在坦克上。

1月31日，世界卫生组织称过去8周内，叙利亚东北部某拥挤的营地内至少有29名儿童和婴儿主要由于体温过低而死亡。

2月

2月5日，也门政府与胡塞武装在约旦首都安曼举行了第二轮和谈。本次会谈将持续3天，双方就相互归还阵亡士兵遗体和新一轮交换战俘达成协定。

2月6日，拉娅·哈桑（Raya El-Hassan）在黎巴嫩9个月的政府僵局之后被任命为内政部长，成为阿拉伯世界第一名负责安全问题的女性。

2月9日，12名“伊斯兰国”激进分子在叙利亚东部的一片油田附近袭击了民主军，导致以美为首的联盟发动空袭，双方冲突持续了数小时直到

10 名袭击者死亡、2 名逃跑。

2 月 11 日， 27 名俄罗斯儿童已经回国，他们的母亲因加入“伊斯兰国”而被拘留在伊拉克。

2 月 13 日， 一辆装满炸药的汽车在伊朗边境省份锡斯坦 – 俾路支斯坦的扎赫丹 – 哈什公路上撞上一辆革命卫队士兵的公共汽车，造成 27 人死亡，13 人受伤。

2 月 16 日， 伊斯兰国对西奈半岛北部的安全前哨进行了恐怖袭击，造成 1 名军官和 14 名士兵被杀。

2 月 19 日， 在爱资哈尔清真寺附近发生恐怖主义爆炸事件，造成 4 人死亡、5 人受伤，其中 3 人是平民。

2 月 22 日， 伊斯兰革命卫队航空航天部队指挥官阿米尔 · 阿里 · 哈吉扎德（Amir Ali Hajizadeh）表示，伊朗已经控制了数架美国无人机。

2 月 24 日， 沙特王室颁布国王令，任命丽玛 · 宾特 · 班达尔接替哈立德 · 本 · 萨勒曼，担任沙特驻美国大使。这也是沙特历史上第一次任命女性大使。

2 月 26 日， 阿联酋阿布扎比王储兼阿联酋武装部队副总司令穆罕默德 · 本 · 扎耶德 · 阿勒纳哈扬访问韩国，韩国总统文在寅在青瓦台常春斋设宴款待王储。

2 月 28 日， 卡塔尔航空公司宣布因为卡塔尔受到了不公正的封锁，它将关闭部分飞往中非、西非国家的航线。

3月

3 月 1 日， 以色列国防军在以色列 – 加沙边境抗议中打伤 12 名巴勒斯坦人。

3 月 2 日， 根据支持反对派激进分子的 Ebaa 通讯社，“沙姆解放组织”（Tahrir al-Sham）在叙利亚伊德利布（Idlib）省草草处决了 10 名“伊斯兰国”成员。

3 月 6 日，两名男子因谋划在约旦边境的约旦河西岸袭击以色列军队而被约旦法庭宣判入狱 10 年。

3 月 8 日，路透社称根据当地医疗机构官员，1 辆汽车炸弹在伊拉克北部的摩苏尔（Mosul）导致至少 1 名儿童和 1 名安全部队成员死亡，10 人受伤。

3 月 13 日，叙利亚民主军称他们在巴古兹镇（Baghouz）的战斗中阻止了一场自杀式炸弹袭击。

3 月 15 日，叙利亚民主军宣布成功击退了极端组织“伊斯兰国”在巴古兹镇的两次进攻。

3 月 16 日，第 54 次土耳其－欧盟协会理事会，于中止的第四年在布鲁塞尔召开。这是在 2016 年“未遂政变”后，土耳其和欧盟高级官员首次在布鲁塞尔碰面。

3 月 18 日，1 名比利时男子因其“伊斯兰国”成员的身份而在伊拉克被处以绞刑，此外还有数十名外国人面临死刑。

3 月 20 日，美国国务卿蓬佩奥访问以色列，并同以色列、塞浦路斯、希腊三国领导人举行会晤。

3 月 23 日，叙利亚民主军宣布解放巴古兹镇。

3 月 24 日，阿曼与美国当天签署了一份协议，允许美军船舰和战机使用阿曼杜库姆、塞拉莱两地的港口和机场。

3 月 25 日，以色列总理本雅明·内塔尼亚胡与美国总统特朗普在华盛顿举行会晤，美国正式承认戈兰高地是以色列的领土。

3 月 31 日，在加沙以色列边境的抗议集会中，有至少 4 人死亡。这次的抗议集会是为“三月大回归”一周年纪念，大约 4 万人参与了这次的周年纪念活动。

4月

4 月 4 日，人权观察组织称在过去的 24 小时内，叙利亚西北部反对派武装组织控制地区的叙利亚政府军已经杀死了 17 名平民。

4月9日，叙利亚媒体称，在叙利亚西部某军事阵地发生的一场袭击中，携带自杀炸弹者伪装成农民，导致所有激进分子和其他3人死亡。

4月11日，伊拉克精英反恐部队（CTS）在哈姆林（Hamreen）北部地区对“伊斯兰国”阵地开火。

4月13日，叙利亚国家电视台报道称以色列飞机试图袭击叙利亚哈马（Hama）省附近的军事据点，但叙利亚空军拦截并击落了一些火箭。

4月14日，约旦国王阿卜杜拉二世与塞浦路斯总统阿纳斯塔夏季斯、希腊总理齐普拉斯在约旦首都安曼举行三方峰会，就共同关心的问题进行协调与磋商。

4月16日，装满夜市设备、无线电等军事设备的美国飞机飞往黎巴嫩，继续提高黎巴嫩的军队实力。

4月17日，沙特阿拉伯国王萨勒曼对伊拉克总理迈赫迪首次正式访问沙特表示欢迎。

4月19日，以色列在用坦克和飞机摧毁了哈马斯在加沙地区的目标，原因是哈马斯对边界对面的以色列国防军进行射击。

4月23日，埃及选举委员会宣布，宪法修正案以88.83%的支持率通过，现任总统塞西可执政至2030年。

4月24日，以色列对伊朗在叙利亚的地对地导弹工厂进行袭击，根据以色列情报公司ISI拍摄的卫星图像显示，主要的工厂建筑群完全被毁，包括主机库和邻近的三个生产机库。

4月27日，埃及总统阿卜杜勒·法塔赫·塞西出席了由中国主办的“一带一路”国际合作高峰论坛的40国领导人和政府首脑圆桌会议。

4月29日，一名涉嫌为阿联酋从事间谍活动的男子在被土耳其警方抓获后自杀身亡，土耳其方面表示这名死者名为扎基·哈桑。

5月

5月1日，沙特主导的多国联军当天向也门首都萨那机场旁的一座空军基地发动了13次空袭，并表示恐怖分子、胡塞武装已经将萨那机场变为了发动恐怖袭击的据点。

5月3日，在边境抗议中有4名巴勒斯坦人死亡，以色列军方袭击了加沙地带，此前两名以色列军人在边界附近被巴勒斯坦人开枪打伤。

5月5日，巴勒斯坦从加沙向以色列发射了近500枚火箭弹，已经有3名以色列人被证明死亡。

5月10日，加沙卫生部表示，一名24岁的加沙男子在边界抗议中被以色列军队的实弹打死。

5月13日，阿曼宣布将重新开放阿曼驻伊拉克大使馆，目前，伊拉克与海湾国家的关系正在回暖。

5月14日，沙特首都利雅得附近多处石油设施当天遭到袭击，其中至少一起袭击是通过装有炸药的无人机实施的。

5月15日，叙利亚政府及其盟友的军队在阿勒颇（Aleppo）造成3名平民死亡、20人受伤。

5月16日，沙特主导的多国联军空袭也门首都萨那，与也门胡塞武装爆发冲突。

5月18日，叙利亚国家媒体指控以色列18日晚袭击大马士革附近，这已经是24小时内的第二次，叙利亚防空系统拦截到一些导弹。

5月19日，以色列对叙利亚南部发动了空袭。叙利亚人权观察组织负责人表示：以色列飞机从被占领的戈兰高地至少发射了3枚导弹。

5月21日，叙利亚激进分子在叙利亚西北部的阵地边缘对叙利亚政府军发动反击，导致双方共23人死亡。

5月22日，阿曼女作家Jokha Alharthi凭借其作品*Celestial Bodies*获得2019年国际布克奖，这是阿拉伯语作品第一次荣获国际布克奖，她也是获得此奖项的第一位阿曼作家。

5月23日，日本防相岩屋毅与卡塔尔副首相兼国防事务大臣哈立德·阿提亚举行会谈，双方表示将加强日本自卫队与卡塔尔军队之间的防卫合作。

5月26日，随着土耳其清除了叙利亚北部地区的恐怖分子，位于土耳其边境地区的加济安泰普大学开始为获得“解放”的地区提供教育。

5月29日，美国与阿曼签署了一项战略港口协议，该协议允许美国使用阿曼杜克姆和塞拉莱的港口和基础设施，并重申了两国都致力于促进共同安全的目标。

6月

6月4日，黎巴嫩官员称3日晚1名激进分子在黎巴嫩北部的的黎波里（Tripoli）袭击了一支巡警队并在爆炸自杀前杀死了两名警察、两名士兵。

6月8日，土耳其军方恢复了对土耳其东南部和伊拉克北部库尔德工人党的行动和空袭。

6月13日，沙特内政部军事事务秘书处宣布开放招募女兵，以确保沙特女性安全。同时该处还宣布将开放护照管理局的女性岗位。

6月14日，有关当局表示，当日从加沙发射的1枚火箭弹击中了以色列边境城镇斯德洛特1栋空无一人的建筑，但没有造成人员伤亡。

6月18日，科威特埃米尔萨巴赫访问伊拉克，并与伊拉克总统萨利赫举行会晤。科威特埃米尔在会晤中表示科威特愿意为伊拉克打击恐怖主义和国家重建提供支持。

6月20日，叙利亚政府军在叙西北部的轰炸导致16名民众死亡，其中有7名儿童和3名营救工作者。

6月22日，两名反伊朗恐怖组织和圣战组织分子之间的电话通话录音泄露，显示沙特阿拉伯与圣战组织分子勾结，陷害伊朗为最近波斯湾发生油轮袭击事件的发动者。

6月26日，沙特王储兼副首相、国防大臣穆罕默德·本·萨勒曼·阿勒沙特26日起开始了对韩国为期两天的正式访问。

6月28日，以色列政府在上午证实，已经与哈马斯达成停火协议。

7月

7 月 1 日，以色列空军战机当天凌晨对叙利亚境内多处目标实施空袭，导致至少 4 名平民死亡、21 人受伤。

7 月 5 日，1400 名阿拉伯抗议者在加沙边境抗议。据哈马斯的报道大约有 40 人在抗议中受伤。

7 月 6 日，战争监察组织称叙利亚政权在西北部开火导致 14 名民众死亡，包括 7 名儿童。

7 月 10 日，叙利亚反对派已在沿海的拉塔基亚（Latakia）省山区发动了新一轮攻击，反对派活动人士称反政府武装占领了叙利亚军队的一些阵地。

7 月 12 日，伊朗伊斯兰革命卫队表示，已向伊拉克库尔德斯坦地区的一系列地点发射导弹和大炮。

7 月 14 日，叙利亚北部阿勒颇市遭遇反政府武装发射的火箭弹袭击，造成 6 人死亡、9 人受伤。

7 月 18 日，也门胡塞武装人员当天向政府军在“16 公里线”地区的驻地发动大规模攻击，企图夺取该地区的控制权，政府军击退了胡塞武装的进攻，给该武装造成重大损失。

7 月 19 日，土耳其空军当天对伊拉克境内库尔德武装展开大规模空袭。此举被认为是土方对外交官遇袭事件的回应。

7 月 22 日，叙利亚援救人员和居民称叙利亚东北部反对派占领城市的 1 个市场和一些居民区发生了空袭，造成至少 32 人死亡、数十人受伤。

7 月 25 日，突尼斯总统埃塞卜西在突尼斯军队医院去世。

7 月 29 日，人权观察组织称在猛烈的空袭和炮击过后，反对派武装撤退，叙利亚政府军从而重新控制了西北部的两个村庄。

8月

8月1日，也门政府1位官员表示，胡塞武装本周四在也门临时首都亚丁发动的空袭造成至少40人死亡，包括1名也门高级军事指挥官。

8月3日，沙特阿拉伯部长理事会本周批准了王储穆罕默德·本·萨勒曼颁布的一项王室法令，该法令允许沙特妇女申请护照，21岁以上的妇女可以独自旅行。

8月5日，科威特已向埃及引渡了8名与穆斯林兄弟会有关的逃犯。

8月7日，某激进组织称叙利亚政府在叙西北部从反对派武装及其盟友的控制中夺回了1个村庄和1个镇，其间夜晚发生了激烈冲突，近30名士兵死亡。

8月8日，伊拉克将28年前萨达姆入侵科威特及海湾战争之后的48名失踪人员遗体交给科威特。

8月10日，以色列军队击毙了4名试图越过加沙边境的巴勒斯坦武装分子。

8月13日，伊拉克当局称1个伊拉克民兵组织的火药库着火导致爆炸，造成1人死亡、29人受伤。

8月14日，叙利亚反对派成员及某战争监察组织称，俄罗斯支持的政府军包围了一个具有重要战略意义的城镇，反政府武装在伊德利布省击落了1架叙政府军战机。

8月15日，什叶派民兵武装“人民动员组织”当天在东部迪亚拉省击退极端组织“伊斯兰国”武装分子的袭击。

8月16日，大约有5000名巴勒斯坦抗议者沿加沙边界围栏示威，这是每周举行的“回归游行”骚乱的一部分。

8月18日，伊朗外交部部长扎里夫抵达科威特市后，与伊朗－科威特友好协会成员会晤并举行会谈。

8月23日，叙利亚军方宣布收复反对派武装控制的叙西北部多个村镇。

8 月 28 日，也门政府军与南方过渡委员会的武装力量在亚丁爆发激烈冲突。也门政府指责阿联酋向南方过渡委员会提供经济和军事支持。

9月

9 月 3 日，伊朗驻阿曼大使穆罕默德·雷扎·努里·沙鲁迪与阿曼外交部部长优素福·本·阿拉维·本·阿卜杜拉在阿曼首都马斯喀特会晤，双方讨论了近期地区问题的发展与双边关系。

9 月 5 日，利比亚民族团结政府总统委员会空军部队发动了一系列军事行动，除塔霍那（Tarhouna）附近的弹药库和行动室外，还袭击了哈利法·哈夫塔尔（Khalifa Haftar）的城镇部队和塔霍那与拜尼沃利德（Bani Walid）之间的军事护航队。

9 月 6 日，苏丹外交部宣布，由于民事冲突事件中苏丹领事馆的 1 名当地雇员遇害，苏丹国民从中非共和国撤离。

9 月 7 日，阿富汗总统发言人指控卡塔尔政府暗中支持塔利班武装在阿富汗境内发动的袭击。

9 月 8 日，也门胡塞武装再次违反停战协议，针对也门西部城市荷台达的联军阵营发动密集轰炸。

9 月 9 日，推翻前总统巴沙尔后的第一个苏丹政府于首都喀土穆的总统府内宣誓就职。政府由 18 位部长组成，其中有 4 位女性部长。

9 月 12 日，国际安理会一致同意延长驻利比亚政治代表团任期至 2020 年 9 月 15 日，并下达了支持停火的任务。

9 月 20 日，利比亚退役将军哈夫塔尔武装部队对首都的黎波里以东民族团结政府控制城市米苏拉塔市发动了空袭，并对迈尔祖格的塔布部落发起攻击。

9 月 23 日，伊拉克总理阿迪勒·阿卜杜勒·迈赫迪率领伊拉克有史以来最大的代表团对中国进行正式访问，希望在两国关系方面取得质的飞跃。

9 月 24 日，黎巴嫩外交部称因涉嫌在 1985 年劫持客机而被关押在希腊的黎巴嫩记者已被释放。

9 月 28 日，也门与沙特在边境发生冲突，沙特上千名士兵被俘。

10月

10 月 3 日，阿联酋首位宇航员哈扎·曼苏里完成在国际空间站长达 8 天的任务，并返回地球。

10 月 6 日，苏丹主权委员会主席阿卜杜勒·法塔赫·布尔汉及苏丹总理阿卜杜拉·哈姆多克开启对沙特及阿联酋的访问之旅。

10 月 7 日，巴勒斯坦总理穆罕默德·阿什提耶访问埃及，这是其任职以来首次访埃。

10 月 17 日，根据埃及总统塞西为庆祝 1973 年 10 月 6 日胜利日而发布的大赦令，埃及共释放 449 名囚徒。

10 月 20 日，约旦国王阿卜杜拉二世在安曼会见了南希·佩洛西率领的美国众议院议员代表团，双方探讨了重要的地区问题，特别是土耳其近期在叙利亚发起的军事行动与巴勒斯坦问题的进展。

10 月 21 日，埃及总统塞西会见科威特埃米尔萨巴赫，并签署一系列合作协议。

10 月 22 日，也门胡塞武装与政府联军在也门与沙特边境地带发生激烈交火，共造成几十名人员伤亡。

11月

11 月 1 日，伊拉克爆发的大规模示威游行活动已持续至第八天，死亡人数已达到 250 人。

11 月 5 日，也门政府与也门南方过渡委员会在沙特首都利雅得签署权力分配协议。

11 月 8 日，伊拉克安全部队与反政府示威人群再度于首都巴格达爆发冲突。

11 月 9 日，鉴于安全形势，科威特关闭驻巴士拉领事馆。

11 月 14 日，科威特首相贾比尔向科威特埃米尔萨巴赫递交内阁集体辞呈并获批准。

11 月 18 日，阿联酋副总理兼总统事务部部长曼苏尔·本·扎耶德会见俄罗斯联邦工业和贸易部部长杰尼斯·曼图罗夫，研讨发展双方经济领域的关系。

11 月 20 日，也门胡塞武装释放上周末于荷台达市北部扣留的韩国与沙特船只。

11 月 25 日，利比亚国民军控制利比亚领空，对首都的黎波里实施禁飞。

11 月 26 日，美军参谋长联席会议主席马克·米利（Mark Milley）上将于 26 日抵达伊拉克。

11 月 27 日，伊拉克示威者闯入伊朗驻纳杰夫领事馆并纵火，47 人受伤。

11 月 28 日，约旦王子贾济·本·穆罕默德（Ghazi Bin Mohammad）与以色列总统里夫林于位于伦敦的约旦驻英国大使馆进行会面，并就两国未来宗教性外交事务合作继续进行深入探讨。

11 月 28 日，苏丹主权委员会与苏丹内阁同意解散曾统治苏丹 30 年的全国大会党。

11 月 29 日，以色列国防军于周二深夜和周三凌晨对加沙的哈马斯发动空袭，以回应加沙对以色列南部发射的两枚火箭弹。

12月

12 月 3 日，埃及代表表示由于海湾国家支持“恐怖组织”“穆斯林兄弟会”，埃及已与卡塔尔断绝关系。

12 月 5 日，苏丹武装部队周四宣布，具有乍得公民身份的“博科圣地”恐怖组织成员于苏丹境内被逮捕。

12月8日， 作为放宽社会限制的又一举措，沙特政府宣布餐馆不再为女性设置单独入口。

12月10日， 卡塔尔代表团抵达利雅得参加海湾峰会，沙特国王萨勒曼·本·阿卜杜勒·阿齐兹为卡塔尔首相阿卜杜拉·本·纳赛尔·本·哈利法·阿勒萨尼举行正式的欢迎仪式。

12月13日， 利比亚退役将军哈夫塔尔第四次宣布袭击首都的黎波里，民族团结政府称其为最后的自杀。

12月15日， 约旦政府与美国国际开发署签署协议，美国将向约旦提供7.45亿美元的现金援助。

12月17日， 科威特首相萨巴赫·哈立德领导的新一届内阁宣誓就职。

12月19日， 阿尔及利亚当选总统阿卜杜勒·马吉德·特本在首都阿尔及尔万国宫会议中心宣誓就职。

12月24日， 科威特外交部发表声明说，科威特和沙特阿拉伯当天签署了恢复两国中立区石油生产的相关协议。

12月29日， 也门安全部队在举行阅兵式时遭胡塞武装袭击，10人死亡。

12月30日， 叙利亚境内最大反政府武装叙利亚国民军7名高级军官宣布辞职，伊德利布地区的国民军宣布投降。

Abstract

In the context of great change unseen in 100 years, the Middle East remains in the state of adjustment in 2019.

First of all, the overall trend of decline in the Arab world continues. The Arab Spring of 2011 is the result of the long-term accumulation of various malpractices in the Arab countries and a new attempt to explore the road of rejuvenation in the Arab countries. However, these Arab countries have not found a suitable way to develop, resulting in a situation where endogenous contradictions stay obvious and economy operates in a vicious circle. Because of the slow economic development and the increasingly difficult people's livelihood, many Arab countries witnessed popular protests and even regime changes in 2019. Seeking development became the key to getting the Arab countries out of trouble. The Arab countries have yet to find their own development path, which projects unfavorably to the economic development prospects of the Middle East. The poor resolution of development problems has left Arab countries little time to play more influence in regional affairs, resulting in a day-by-day decline of their overall influence.

Second, the transfer of power intensifies the geographical game in the Middle East, and the problem of strategic overdraft is widespread in countries in this region. The decline in regional influence of the Arab world has resulted in the "relative rise" and amplification of regional influence of such non-Arab countries as Turkey, Iran and Israel, the countries that used to take the supporting position. In recent years, the regional policies of these countries are rather aggressive, and the Arab world is increasingly regarded as the main battlefield of geographical game. However, due to their limited strength, this round of geo-game has caused not only more "secondary disasters", but also greater difficulties to themselves.

Third, the overall tone of America's Middle East policy is strategic contraction, accelerating the arrival of the "post-American era". After the Trump administration came to power, its Middle East policy was "against" the Obama administration's in an all-round manner at the tactic level, but at the strategic level the Trump administration continues the strategic contraction of the Obama period. Trump's governing style is erratic, and his Middle East contraction policy is characterized by "overall contraction, precise intervention". In the context of the accelerated arrival of the "post-American era", Russia has expedited filling the "power vacuum". Russia's geographical influence in the Middle East has expanded significantly, and its economic and trade cooperation with Middle East countries has become increasingly closer.

The content of the *Arab Development Report* (*2020*) is divided into six parts. The first part is the general report, which mainly discusses the situation inside and outside the Arabian region, the game situation of regional powers and its consequence, the strategic contraction of the United States in the Middle East and the game in the "post-American era". The second part is a national concern chapter, mainly evaluating the annual situation of Saudi Arabia, Iraq, Syria, Yemen, Tunisia, Libya, Algeria, and Sudan. Third part is a special topic chapter, which mainly focuses on the "re-camping" of the power pattern in the Middle East, the economic development of the Middle East, the game situation between the United States and Iran in the Gulf, the relationship between Turkey and Arab countries, the "Century Agreement" and the Palestinian-Israeli issue, and the "de-radicalization" of the Middle East, counter-terrorism situation in the post-Islamic State era", the impact of COVID – 19 on the Middle East, and other issues in-depth analysis. The fourth part is on the policies of major powers towards Arab countries, respectively discussing the game situation of the United States, Russia, and the European Union in the Middle East. The fifth part is on China – Arab relations, discussing China – Arab economic cooperation, and third parties factors in China – Arab cooperation in the context of COVID – 19; The sixth part is an appendix, which summarizes chronicle of events of Arab countries.

Contents

I General Report

Abstract: At present, the Middle East is in great change unseen in 100 year. In terms of domestic governance, the slow development of the Arab world has led to the "Arab Spring 2. 0" in 2019, and the Arab world as a whole is in a declining trend. When the regional situation is examined, Arab influence is decreasing, giving non-Arab countries such as Iran, Turkey, Israel and others the opportunity to "fill the vacuum", which in turn has resulted in "frequency rise, intensity decline" of Middle East conflicts. With regard to the international environment, the Trump administration intensifies strategic contraction, resulting in the accelerated arrival of the "post-American era" and Russia's stepping up its influence in the Middle East.

Keywords: Great Change Unseen in 100 years; Arab World; Geo-Game; Post-American Era

Ⅱ National Concerns

Y. 2 Saudis Arabia in Drastic Change Unseen for 100 Years

Abstract: Since Salman succeeded the king, Saudi Arabia has changed the way of throne inheritance and ushered in the "Salman Dynasty". Crown power is concentrated in Crown Prince Mohammed bin Salman, who has been consolidating power and preparing for succession. Faced with competition from oil-producing countries such as Russia and the United States, Saudi Arabia has adopted a radical oil policy, leading to a sharp decline in international oil prices, which will aggravate Saudi economic difficulties and affect the smooth implementation of Vision 2030. Saudi Arabia's ongoing "de-Wahhabi" social and cultural reforms have provoked opposition from religious classes and the conservatives. Deep reforms in the political, economic and social cultural spheres are impacting the three pillars of Saudi statehood, namely family rule, petrodollars and religious beliefs, foreshadowing Saudi Arabia's uncertain prospects.

Keywords: Saudi Arabia; Mohammed bin Salman; Petrodollars; Wahhabiism

Y. 3 Protests in Iraq: Performance, Causes and Impacts

Abstract: In October 2019, large-scale anti-government protests broke out in Iraq. The apparent causes of this wave of protests are government corruption and economic well-being, but the root causes are the failure of Iraq's economic reconstruction post the 2003 war, the defects of the political system, the uncontrolled armed forces, and the involvement of external forces such as Iran. The current wave of protests has a profound impact on Iraq's domestic politics, economy, trade and foreign policy.

Keywords: Iraq; Anti-government Protests; State Reconstruction; Mahdi

Y.4 Syria in the Quagmire of Civil War *Cao Lei* / 064

Abstract: In 2020, Syria's civil war has entered its tenth year. Although Bashar Assad's regime has reestablished its political status, the war has not completely stopped, the territory has not been fully recovered, and the economic order is also in chaos. The 2016 work report of the International Monetary Fund (IMF) pointed out that it would take at least 20 years or even longer for Syria to recover to its pre civil war level. The COVID-19 epidemic in 2020 made the road to reconstruction in Syria more difficult.

Keywords: Assad Regime; Syrian Civil War; Syrian Reconstruction

Y.5 Development trend and influence of Yemen Crisis

Liu Xinlu, *Du Pengyue* / 082

Abstract: Yemen is still mired in war in 2019. The Saudi led coalition forces have been in constant internal discord. The United Arab Emirates, Sudan and other countries have withdrawn their troops from Yemen. The strength of the southern Transitional Council supported by the United Arab Emirates has been growing, and the anti-Hussein camp has generated internal resentment. In addition, the political process of the Yemeni crisis is still fragile. *The Stockholm agreement* reached between the Yemeni government and the husai armed forces at the end of 2018 has not been implemented on schedule, and it is difficult to make substantial progress in the new peace talks. With the crisis in Yemen entering the war of attrition, the humanitarian crisis in Yemen is becoming more and more serious, and terrorism is also breeding. In the long run, political settlement is still the most effective way to resolve the crisis in Yemen. However, with various forces and complicated interests in Yemen, the deadlock is still difficult to break.

Keywords: Yemeni Crisis; Husai Armed; Saudi Coalition Forces; Humanitarian Crisis

Y. 6 Tunisia Entering a New Phase of Democratic Transformation

Wang Guangyuan / 094

Abstract: The death of President Essebsi in 2019 resulted in Tunisia's presidential election ahead of schedule. Independent candidate Gus Said stood out, reflecting a lack of trust in traditional secular and Islamic parties, also marking the younger generation in its own way to influence the political situation of the country. In terms of economy, several indicators in Tunisia have improved, but GDP growth has fallen short of expectations, because the problems of single economic structure and high unemployment have not been effectively solved. Tunisia's foreign relations maintain a good trend, further deepening friendly exchanges and cooperation with Europe, Arab countries and China. Security situation continues to improve; terrorist attacks and refugee problems, however, remain intractable. In the future, Tunisia will need to make greater efforts in the spheres of reforming economy, combating corruption and addressing the employment issue of young people, as to ensure a new phase of democratic transformation.

Keywords: Tunisia; Democratic Transformation; Economic Situation; Diplomatic Relations; Security Situation

Y. 7　Situation and Trends of Libya in 2019　*Wang Jinyan* / 109

Abstract: In April 2019, the "National Army" of the eastern Libyan forces launched a capital battle against the Government of National Unity in control of the west, marking another escalation of the domestic war in Libya. Due to its own needs, Turkey decided in early 2020 to carry out military intervention in Libya, supporting the Government of National Unity to combat the "National Army", which has intensified the international game. Since early 2020, COVID - 19 has been raging around the world, and Libya has also reported confirmed cases. Due to years of war damage, it is difficult for Libya's health system to cope with the rampage of the pandemic. China can be invited to provide assistance to respond to the humanitarian disaster facing all mankind.

Keywords: Libya; Government of National Unity; National Army; Great Power Game

Y. 8　Algeria's Political Situation in Post-Bouteflika Era Continues to Be Turbulent　*Lu Yingbo* / 123

Abstract: After the resignation of former President Bouteflika of Algeria, the military took over the government, forming a transitional government and actively preparing for the presidential election. However, the street demonstrators and different political factions have expressed strong dissatisfaction with the process, which has led to two delays in presidential election and collective boycott of the final election. The year-long standoff between the military-led government and the street demonstrators shows that it is a very difficult process to reform Algeria's political system, and that street demonstrators have become a force for major changes in Algerian society. Through an analysis of the macro-political situation, popular demonstration movement and economic downturn of Algeria in 2019, this article sorts out the situation in Algeria and tentatively projects into its future political situation.

Keywords: Post-Bouteflika Era; Algeria; Political Situation; Bouteflika

Abstract: In April 2019, the Bashir regime, which had been in power for nearly 30 years, collapsed in the protests of Sudanese people. As the first regime in the Arab world controlled by political and Islamic forces and relatively long-standing, its fall is attributable to complex reasons and will profoundly affect the regional situation. Based on the theory of political legitimacy, this paper holds that ideology, governing ability and governance performance are three important legitimacy resources connected from inside to outside. The root cause of the Bashir regime's fall lies in the loss and depletion of these three legitimate resources. Based on this analysis, a preliminary prediction is made of the future situation of the Sudan.

Keywords: Sudan; Omar al-Bashir; Political Legitimacy; Political Islam

Ⅲ Special Topics

Abstract: The most countries in the Middle East have reported cases of COVID – 19 in 2020. Although various measures have been taken to actively deal with the pandemic, the results of preventing and controlling COVID – 19 are quite varied because of the great differences in national conditions and economic development level. The outbreak of COVID – 19 reflects the low level of disease control in the Middle East, the weak ability of governance, and the complex and changeable regional relations, which jointly exert strong impacts on the oil economy that the Middle East lives on. In the meantime, the persistent refugee issue has once again touched off a tensioned relationship between the Middle East and Europe.

Keywords: COVID -19; Middle East; Oil Economy; Refugee Problem

Y. 11 A Review of Economic Development in the Middle East: Characteristics, Reform Initiatives and Solutions

Abstract: After the independence of the Middle East countries, various economic trends and practices emerged in the process of developing national economy. But none of these trends of thought and practice solved the problem of economic development. So in 2011, the "Arab Spring" swept the Middle East. Over the next decade, the countries of the Middle East have entered a long and painful political, economic and social transition. Specifically, GCC and other oil exporting countries, constrained by low oil prices, are struggling to implement economic diversification policies; transition countries represented by Egypt are launching economic reforms; and countries such as Syria are collapsing amid warfare and conflicts. There are many obstacles to economic development in the Middle East, mainly attributable to poor economic governance and policy mistakes, as well as geographical instability. So far, the Middle East countries are yet to find their own economic development path. The future path of the Middle East must be determined according to its own historical heritage, cultural tradition, and the level of economic and social development.

Keywords: Middle East; Economic Development; Economic Thought; Economic Reform

Abstract: Since Sisi came to power, the counter-terrorism and de-extremism policies have been strengthened in the face of the increasingly serious situation of counter-terrorism in Egypt, which include taking military action, highlighting counter-terrorism trials, promoting relevant legislation, strengthening international counter-terrorism cooperation, as well as advocating religious reform. These policies have improved day by day the counter-terrorism situation in Egypt.

Keywords: Egypt; Sisi Era; Terrorism; De-radicalization

Abstract: The current pattern of the Middle East shows a re-camping trend, one camp represented by the United States, Israel and Saudi Arabia, and the other by Russia, Iran and Turkey. There are two structural changes in the process of re-camping. The first is that the core powers and regional powers play games at their respective levels, which constitutes a "double-layer game" structure of camp confrontation. The second is that the role of ideological factors have been weakened in camp formation and confrontation whereas the tactical autonomy of regional powers are enhanced. In the process of re-camping, the focus of confrontation has shifted, and the importance of non-state actors has increased in camp confrontation. Re-camping is a manifestation of power disorder in the Middle East and an important way to form a new strategic pattern. Before a stable power structure can be formed, re-camping will be the norm of the Middle East pattern.

Keywords: New Cold War; Middle East Pattern; Battalization; Bipolar Pattern

Y. 14 Counter-terrorism Situation in Post-Baghdadi Middle East

Wang Zhen / 212

Abstract: Baghdadi was killed in October 2017, which represents ISIS's biggest setback since the loss of Raqqa. This "achievement", however, can not be overstated, because the importance of Baghdadi to ISIS has significantly declined already and the social base on which the organization depends for its survival and development has not been completely destroyed, and. For the global transnational jihadist movement, the Islamic State's motivational role in ideology, organizational patterns, attack tactics, and the creation of the caliphate will take longer to evolve. The group's rapid rise in Syria after 2013 stems partly from Syria's long civil unrest after the Arab Spring and partly from the situation and policies in Iraq and Turkey. Nowadays, as the situation in Syria becomes clearer, its status as the hub of the global transnational jihadist movement may no longer exist. However, Syria and its surrounding areas will remain a "disaster zone" of global transnational jihad terrorist activities. Egypt, Iraq, Yemen and Afghanistan may be new victims of the "spillover effect" of Syria's jihadist terrorist activities.

Keywords: ISIS; Baghdadi; Transnational Jihad; Middle East Counter-terrorism

Y. 15 "Century Agreement" and Prospects for the Israeli-Palestinian Issue

Liu Fenghua / 234

Abstract: No substantial progress was made on the Israeli-Palestinian issue in 2019. As the US government recognizes the Golan Heights as Israeli territory, denies that the Jewish settlements in the West Bank violate international law, and promulgates the so-called "New Plan for Middle East Peace" to promote the settlement of the Israeli-Palestinian issue, the Israeli-Palestinian contradictions have further intensified and the conflicts between the two sides have continued to escalate. In early 2020, COVID-19 swept the world, which has prompted the two sides to temporarily shelve contradictions to launch joint prevention operations. This paper reviews the major events in the process of the Israeli-Palestinian issue in the past year, and on this basis analyzes the factors that affect and hinder the Israeli-Palestinian peace process and assesses the prospect of the Israeli-Palestinian issue in 2020.

Keywords: Israeli-Palestinian Issue; New Middle East Peace Plan; Century Agreement

Abstract: As a traditional power in the Middle East, Turkey plays an important role in Middle East affairs. Since 2016, Turkey has gradually launched and improved its "aggressive humanitarian" diplomacy, replacing the previous "zero-problem good-neighborly" diplomacy and "precious loneliness" diplomacy. Turkey's foreign policy adjustment has aroused widespread concern from all walks of life. Turkey attaches great importance to its relations with Arab countries and is deeply involved in the internal affairs of Middle East countries. The change of Turkey's foreign policy has an inherent interactive relationship with its geopolitical imagination, which in turn affects its own international image and the overall changes of the situation in the Middle East. Turkey's foreign policy in the 21st century has played a divisive rather than aggregative role in the Arab world.

Keywords: Turkey; Gulf countries; Libya; Foreign Policy

Ⅳ Analysis of Big Powers' Policies towards Arab Countries

Abstract: America's Middle East policy fluctuated in 2019. This paper takes Iran, Syria and Palestine as the main line of study to comb the Middle East policy of the Trump administration in its third year, explore its motivation, evaluate its effect, and analyze its internal limits and constraints on future development. This paper discusses the trend of America's Middle East policy in 2019 from two specific aspects: the macro strategic intention and limitation of the United States government and the unique style of the Trump administration, with a view to better understanding the challenges facing American diplomacy in the new international environment.

Keywords: Trump; American Diplomacy; Middle East Policy; Iran; Israel

Abstract: In September 2015, Russia directly intervened in the Syrian war. Over the past five years, Russia has been standing firmly in the region, competing and confronting with the United States in the region at the global level while consolidating, restoring and opening up a number of bilateral and multilateral relations at the regional level. It has gradually increased its influence on the region, and harvested strategic interests in economy as well as in security. In 2019, Russia continued to take Syria as the fulcrum to double down in the Middle East, striving for a breakthrough on the basis of consolidating vested interests to maximize its own interests. Russia has fully demonstrated the distinctive characteristics of its great power diplomacy, but there are still some limitations in its function and effect.

Keywords: Russia; Middle East Diplomacy; Syria; Great Power Diplomacy

Abstract: The European Union's concern for the Middle East reflects its policy choice on regional security strategy. The outbreak of the Arab Spring has had a profound impact on the political landscape of the Middle East as well as a significant influence on Europe's political and security interests. Coupled with the practical difficulties of a common foreign policy, the EU needs to make greater efforts to deal with the issue of the Middle East. This paper summarizes and combs the overall policy of the EU in the Middle East by analyzing the concrete measures taken in three major events in the Middle East, namely the Iranian nuclear agreement, the Israeli-Palestinian conflict and the Kurdish issue, with regard to the changes before and after the events, so as to assess the effects of the EU's intervention and treatment.

Keywords: EU; Iranian Nuclear Agreement; Israeli-Palestinian Conflict; Kurdish Issue

V China-Arab Relations

Abstract: The global spread of COVID -19 has brought great challenges to Sino-Arab economic and trade cooperation; in the meantime, it has also given birth to opportunities and new growth points. At present, economic and trade cooperation between China and Arab countries presents four characteristics: smooth progress of traditional fields and existing projects ensured, epidemic prevention and related fields becoming a new momentum of cooperation, digital cooperation strengthened between China and Arab countries, and cooperation in the field of high technology encouraged. This paper also puts forward suggestions for deepening Sino-Arab economic and trade cooperation.

Keywords: COVID - 19; China; Arab Countries; Economic and Trade Cooperation

Y. 21 Third-party Factors in China's Cooperation with Arab Countries

—*The case of American and Indian policies* *Bao Chengzhang* / 337

Abstract: With the expansion of China's interests in the Arab region, the development of Sino-Arab relations and Sino-Arab cooperation are increasingly affected by third-party factors, including interference with China's cooperation with Arab countries, hindrance of the realization of China's interests in the Arab region, and containment of China's regional behavior. This paper analyzes the negative effects of American and Indian policies on Sino-Arab relations and Sino-Arab cooperation. The superposition effect, mutation effect and offset effect of such third party factors in the process of interaction may catalyze or accelerate the conflict of interest between the two sides in the process of cooperation, reduce strategic mutual trust, weaken the willingness of the two sides to cooperate, and may lead to a series of consequences, such as the reversal of the cooperation process and the termination of the cooperation process.

Keywords: Sino-Arab Cooperation; America; India; Third-party Factor

S 基本子库
UB DATABASE

中国社会发展数据库（下设 12 个子库）

整合国内外中国社会发展研究成果，汇聚独家统计数据、深度分析报告，涉及社会、人口、政治、教育、法律等 12 个领域，为了解中国社会发展动态、跟踪社会核心热点、分析社会发展趋势提供一站式资源搜索和数据服务。

中国经济发展数据库（下设 12 个子库）

围绕国内外中国经济发展主题研究报告、学术资讯、基础数据等资料构建，内容涵盖宏观经济、农业经济、工业经济、产业经济等 12 个重点经济领域，为实时掌控经济运行态势、把握经济发展规律、洞察经济形势、进行经济决策提供参考和依据。

中国行业发展数据库（下设 17 个子库）

以中国国民经济行业分类为依据，覆盖金融业、旅游、医疗卫生、交通运输、能源矿产等 100 多个行业，跟踪分析国民经济相关行业市场运行状况和政策导向，汇集行业发展前沿资讯，为投资、从业及各种经济决策提供理论基础和实践指导。

中国区域发展数据库（下设 6 个子库）

对中国特定区域内的经济、社会、文化等领域现状与发展情况进行深度分析和预测，研究层级至县及县以下行政区，涉及地区、区域经济体、城市、农村等不同维度，为地方经济社会宏观态势研究、发展经验研究、案例分析提供数据服务。

中国文化传媒数据库（下设 18 个子库）

汇聚文化传媒领域专家观点、热点资讯，梳理国内外中国文化发展相关学术研究成果、一手统计数据，涵盖文化产业、新闻传播、电影娱乐、文学艺术、群众文化等 18 个重点研究领域。为文化传媒研究提供相关数据、研究报告和综合分析服务。

世界经济与国际关系数据库（下设 6 个子库）

立足“皮书系列”世界经济、国际关系相关学术资源，整合世界经济、国际政治、世界文化与科技、全球性问题、国际组织与国际法、区域研究 6 大领域研究成果，为世界经济与国际关系研究提供全方位数据分析，为决策和形势研判提供参考。